KB204433

바다를 건넌 붓다

세계 불교 바다연대기

Buddha Crossing the Sea

The Sea Chronicles of World Buddhism

지은이

주강현 朱剛玄, Joo Kang-hyun

해양문명사가. 분과학문의 지적·제도적 장벽에 구애받지 않고 융·복합 연구를 수행해왔다. 역사학, 민속학, 인류학, 민족학 등에 기반해 바다문명사를 탐구하며 저술작업에 몰두하고 있다. 일산 정발학연(鼎鉢學硏)에 아카이브를 구축하고, 제주도에 'Museum BADA'를 만들고 있다. 오랫동안 불교에 천착해왔으며 청년 시절 『마을로 간 미륵』을 펴내면서 전국의 이름 없는 미륵불을 찾아나선 바 있다. 제주대 석좌교수, 포르투갈 Academia de Marinha 멤버, 고려대 아세아문제연구원 연구위원. 아시아퍼시픽해양문화연구원장(APOCC), 국립해양박물관 관장, 한국역사민속학회장, 국회해양문화포럼 집행위원장, 해수부 총괄정책자문위원장, 여수세계엑스포 전략기획위원, 『The OCEAN』 편집주간, 역사문제연구소 연구위원, 문화재전문위원, 100대민족문화상징 선정위원장 등을 거쳤다. 경희대에서 민속학으로 문학박사, 고려대 문화유산학 과정에서 민속학·고고학·미술사를 연계 공부하였다.

『해양실크로드 문명사』, 『환동해 문명사』, 『세계의 어시장』, 『등대의 세계사』, 『조기평전』, 『독도강치 멸종사』, 『제국의 바다 식민의 바다』, 『제주기행-키워드로 읽는 제주문화』, 『관해기』 1·2·3, 『적도의 침묵』, 『독도견문록』, 『돌살-신이 내린 황금그물』, 『두레-농민의 역사』, 『유토피아의 탄생』, 『우리문화의 수수께끼』, 『세계박람회 1862~2012』, 『상하이 세계박람회』, 『Ocean Expology』, 『왼손과 오른손-좌우상징, 억압과 금기의 문화사』, 『굿의 사회사』, 『마을로 간 미륵』 1·2, 『황철산 민속학-북한의 역사과학으로서의 민속학』, 『북한민속학사』, 『북한의 우리식문화』, 『북한의 민족생활풍습』 등 50여 권을 펴냈다. 번역서 『인디언의 바다』(Hilary Stewart)와 일서 『黃金の海·イシモチの海』(法政大), 어린이책 『독도야 강치야 동해바다야』, 『탐라국 제주』, 『조선사람 표류기』, 『명태를 찾습니다』 등도 펴냈다.

바다를 건넌 붓다
세계 불교 바다연대기

초판발행 2024년 10월 10일

지은이 주강현

펴낸이 박성모
펴낸곳 소명출판
출판등록 제1998-000017호
주소 서울시 서초구 사임당로14길 15 서광빌딩 2층
전화 02-585-7840
팩스 02-585-7848
이메일 somyungbooks@daum.net
홈페이지 www.somyong.co.kr

ISBN 979-11-5905-968-1 03220
정가 38,000원

Buddha Crossing the Sea

The Sea Chronicles of World Buddhism

세계 불교 바다연대기

주강현 지음

바다를 건너
피안의 언덕에 이르게 하므로

불교에서 바다의 비유는 참 많이 등장합니다. 바다를 건너 피안의 언덕에 이르게 하는 불법을 강이나 바다를 건너게 해주는 배에 비유하여 법선法船이라 불렀습니다. 생사의 바다인 고해를 건너게 해주는 배는 법주法舟라 했습니다. 중생으로 하여금 생사의 바다를 건너게 하는 붓다의 가르침은 대선大船에 비유하기도 합니다.

『대열반경』에 이르길, "선남자요, 비유하자면 큰 배가 바다를 가로질러 이쪽 언덕에서 저쪽 언덕에 이르고, 다시 저쪽 언덕에서 이쪽 언덕으로 돌아오듯이 부처님의 정각도 또한 그러합니다. 대열반이라는 배와 대승이라는 수레를 타고 두루 돌아갔다가는 다시 와서 중생을 제도한다"고 했습니다. 『안락집』에서는, "선지식은 마치 생사의 고해를 건네주는 큰 배와 같다"고 하였습니다. 바다를 비유로 삼은 법선, 법주, 대선 등은 모두 같은 뜻을 조금씩 다르게 표현했을 뿐입니다.

신심의 바다는 신해信海라 부릅니다. 믿음이 갖고 있는 덕이 바다와 같이 넓고 깊다는 말입니다. 『화엄경』에, '어떤 중생이 부처님을 한 번이라도 뵙게 되면 반드시 깊은 신심의 바다로 들어가게 된다'고 하였습니다. '선의 바다'를 뜻하는 선해禪海라는 말도 있습니다. 바다와 같이 넓고 깊은 붓다의 세계는 불해佛海라고 표현합니다. 서산대사 휴정休靜은 『선가귀감禪家龜鑑』에서 이르길, 붓다와 조사께서 세상에 나오신 일은 마치 바람 없는 바다에 물결을 일으킨 것과 같다고 하였습니다.

오랫동안 바다를 탐구하고 있습니다. 『해양실크로드 문명사』란 나름의 거작을 출간하면서 언젠가 해양 불교를 주제로 책을 써야겠다는 의무감을 느꼈습니다. 어쩌면 이 책은 『해양실크로드 문명사』의 자매편입니다. 『해양실크로드 문명사』에서 '불교의 바닷길'만을 집중과 선택한 책이기 때문입니다. 바다의 실크로드는 상선을 이끈 상인들의 디아스포라로 개척되었지만 그 이면에는 불교, 힌두교, 이슬람 등 종교인들의 디아스포라가 포함되어 있습니다. 특히 불법을 찾아나선 천축 구법승의 행보는 목숨을 내건 모험이었습니다. 항해술이 발달하지 못한 조건에서 망망대해를 누비며 죽을 고생을 했던 4세기 동진 법현의 『불국기』는 그야말로 '살아남은 자의 기록'일 뿐입니다. 많은 이들이 바다에서 흔적 없이 사라졌기 때문입니다.

이 책은 기존의 불교사와 방향을 달리하여 역사공간 혹은 공간역사의 이동과 접촉, 교류와 혼융이란 관점에서 서술되고 있습니다. 표현을 달리한다면, '세계해양불교사'라고 할까요, 아니면 지리적 이동의 역사를 주목한 '바다불교연대기'라 할 수 있습니다. 제목은 아무래도 좋습니다. 다만 이같은 연구는 한국불교사나 세계불교사에서 '비주류 연구' 혹은 덜 개척된 '미궁의 바다불교사'일 것입니다. 바다라는 공간을 바탕으로 사고하고 있으며, 그렇게 함으로써 그동안 간과되어 왔던 바다의 연대기 구축이라는 의도된 목적을 설정하고자 합니다.

법현, 의정, 현장 등 천축 구법승의 기록들이 이 책 곳곳에서 엿보일 것입니다. 법현의 표현대로 구법의 길은 '하늘에는 새가 없고 땅에는 짐승이 없으며 오직 앞서간 이들의 뼈와 해골이 이정표가 된 길'이었습니다. 혜초는 "진실로 아득하기만 한 거대한 사막, 그리고 긴 강에서 이글거리는 해가 토해내는 빛과 거대한 바다의 큰 파도가 하늘까지 닿을 듯 세찬 격랑을 일으켰다"고 육로와 해로를 모두 언급했습니다. 앞선 지식들의 기록이 없다면 이런 책은 불가능할 것입니다. 어쩌다가 기회가 있어 인도, 스리랑카, 파키스탄, 미얀마, 방글라데시, 말레이시아, 태국, 인도네시아, 베트남, 캄보디아, 그리고 중국과 대만, 일본 등을 두루 돌아다닐 기회가 있었고, 그때마다 불적지가 나오면 일정을 돌아가면서까지 순례한 경험들이 이 책 서술에 큰 도움이 되었습니다. 하여 이 책은 천축 구법승이 노마드였듯이 저 역시 바다의 노마드로 오랫동안 떠돌았던 결과물입니다.

불교는 늘 생활 근처에 와 있었으나 공부는 시원치 않았던 기억입니다. 30여 년 전에 전국의 미륵을 찾아 만행하면서 『마을로 간 미륵』 두 권을 상재한 바 있습니다. 미륵의 당래는 나의 오랜 화두였습니다. 예토가 저 먼 곳이 아닌 바로 우리가 딛고 서 있는 이 자리여야 한다는 믿음도 변함이 없습니다. 인연이 닿아서 『불교신문』에 「신불국기 – 바다를 건넌 붓다」를 1년여 연재할 기회에 이 책의 초안이 그려졌습니다.

석가여래교망釋迦如來教網이라고 하였습니다. 가르침을 그물에 빗댄 이유는 모든 법을 포섭하기 때문입니다. 이 책은 그물에 도달할 엄두도 내지 않으며 다만 해양불교사라는 그물코 하나를 세상에 내보내는 것이라 생각합니다. 더 열심히 공부하는 것으로 보답하겠습니다.

『해양실크로드 문명사』 추천의 글을 써주시고 이번에도 같은 계열의 책이라 흔쾌히 추천해주신 고려대 조광 교수님, 조계종 어산어장으로 있는 오랜 인연의 봉선사 인묵스님, 게와 물고기가 각인된 달마산 미황사에서 안성과 제주도로 넘어오신 금강스님의 글에 감사드립니다. 인문 출판의 어려운 여건에 첫 인연을 만들어준 소명출판에 감사드립니다. 책을 내면서 신세를 진 선학들 이름은 일일이 밝히기 어려울 정도입니다. 이름과 저서명을 참고문헌으로 내보이는 것으로 가르침에 관한 고마움을 전합니다.

2024년 가을에

일산 정발학연과 제주 바다를 오가며

주강현 배상

세계해양불교사 서설

서설이라 붙였음은 이 책의 위치가 세계해양불교사 서술의 출발점에 서 있다는 뜻이며, 완결판이 아니라 본격 시작을 알리는 뜻에서의 서설이기도 하다. 그만큼 불교의 바다연대기는 아직 미궁의 세계이다. 불교사의 전개와 그 전파의 파장은 바다를 통하여 가장 먼 데까지 작동되었다. 스리랑카와 동남아 등 바닷길로 전파되었으며, 아프리카 홍해의 항구 베레니케에서 불상이 나오고 있다. 명청대에는 유라시아 극동의 아무르강변과 사할린까지 관음당이 존재했던 비석이 프리모리예 박물관에 전해온다. 이와 같이 바다 공간으로의 전파와 정착을 중심으로 하는 이 책은 수미일관되게 바다를 통한 불교의 연대기에 주목한다.

1

불교사의 여명은 동터 오는 갠지스의 여명과 함께 시작되었다. 강가Ganga를 신성·정신·영혼 등으로만 상징화시키는 관례적 시각에서 벗어나면 강은 정치경제학적으로 바라볼 수도 있다. 강이 산출하는 경제력은 당대 신종교인 불교의 경제적·물적 토대가 되었다. 인도 역사의 첫 장을 인더스밸리 문명이 장식했다면 두 번째는 갠지스 문명으로 그 무대가 바뀐다. 갠지스강은 벵골만을 살찌우는 젖줄이었다. 강은 단순하게 강에서 멈추지 않는다. 강과 바다를 분리하여 사고하는 경향이 일반적인데 강과 바다는 하나로 작동되고 있었다. 고대 항구는 해항海港이 아니라 대부분 강항江港이었다. 구법승들이 자주 이용한 탐라립티항구도 갠지스의 강항이자 벵골만 출입구였다.

불교 4대 성지도 모두 갠지스강가다. 탄생지 룸비니, 깨달음을 얻은 보드가야, 열반에 든 쿠시나가르, 그리고 대각을 이룬 후에 첫 설법을 행한 사르나트가 그곳이다. 8세기 혜초도 이들 성지가 모두 마가다국 경계 안에 있다고 하였다. 갠지스를 끼고 있는 마가다국은 당연히 바다와 소통하였으며, 벵골만은 불교사 서막에서 근원적인 바다였다. 마우리아제국의 수도였던 파탈리푸트라는 갠지스강을 끼고서 동서로 소통하고 있었으며, 파탈리푸트라는 이후 숭가와 굽타왕조에서도 수도 역할을 맡았다.

벵골만은 인도 입장에서는 동해이지만 방글라데시, 미얀마, 말레이반도 사람에게는 서해다. 벵골만은 인도 아대륙의 남동부에 자리잡은 스리랑카 북쪽까지 펼쳐진다. 겨울철에 벵골만에 부는 몬순 북풍은 배를 밀어내어 손쉽게 스리랑카에 닿게 한다. 따라서 벵골만 문명권 용례가 가능할 것이며, 벵골만 불교권도 가능하다. 벵골만 바닷길은 북방에서 내려온 불교가 동남아로 전파되는 루트였으며 힌두교도 벵골만을 가로질렀다. 불교가 갠지스강가에서 숙성되고 벵골만에서 확산되었다는 표현이 가능하다.

2

벵골만에서 어느 날 배가 출발하여 '신비로운 섬 랑카'에 불교를 내려놓는다. 내륙을 거쳐서 남하한 것이 아니라 갠지스강 하구에서 출발한 이동과 전파였다. 아소카가 통치하던 마우리아왕조시대인 기원전 3세기의 일이다. 벵골만에서 바다를 건너가서 당도한 스리랑카에서 불교는 새로운 역사를 쓰기 시작한다. 동시에 벵골만 동쪽으로 내려가 미얀마 바닷가에 불교가 안착하였으며, 수완나부미라 부르던 황금의 땅 동남아의 전교가 시작되었다. 아소카가 무참한 전쟁을 치른 칼링가는 오늘의 오딧샤 해역권으로 동남아로 향하는 무수한 선단의 근거지였다.

스리랑카불교사의 전개는 '섬-불교' 역사의 효시이며, 이는 후대에 벌어진 스리위자야, 나아가서 극동의 일본열도에 이르는 '섬-불교'의 출발점이다. 사람들은 선박을 이용하지 않으면 전파와 확산이 불가능한 '섬-불교'의 존재 방식을 덜 고려한다. 스리랑카 불교의 전파와 정착은 벵골만을 통한 선박이동이 하나의 전제조건이었으며, 보리수나무와 불아佛牙도 바다를 통하여 건너왔다. 그러나 섬-불교에 관한 인식은 포괄적이지 못하여 인도양 몰디브제도에서 바다를 건너온 불교가 천여 년 지속되었다는 역사적 사실도 불교사 주류에서는 논의되지 않고 있다.

스리랑카와 동남아 불교 교섭은 전적으로 선편을 이용하였다. 스리랑카에서 미얀마와 태국 등지로 불교가 전파되었던 반면에, 스리랑카 불교가 타밀족의 침략으로 와해·단절 위기에 처했을 때 동남아 불교가 서쪽으로 향하여 스리랑카 불교를 재건하는 데 결정적 도움을 주었다. 이처럼 불교 전파는 동진만이 아니라 서진도 존재하며, 북진과 남진이 모두 존재했다.

3

인도 아대륙 불교 전파 과정에서 데칸 영토가 동해·서해 양안에 걸쳐 있었음을 주목한다. 강은 벵골만으로 흘러들면서 많은 도시를 만들어냈으며, 이들 도시들은 대부분 불교 거점이었다. 가령 불교 예술로 유명한 아마라바티도 강과 바다가 만나는 하구에 자리잡았다. 벵골만으로 흘러드는 강 중에서 불교와 관련하여 중동부 고다바리강Godavari과 크리슈나강Krishna이 중요하다. 이들 강은 벵골만으로 합수하여 거대한 벵골 문명권을 형성하였다.

아마라바티 스투파Amaravati Stupa로 널리 알려졌으며 당시에는 마하차이티야Mahachaitya라고 불렸던 거대 불교 스투파가 벵골만에 있었다. 스투파는 기원전 3세기 무렵에 단계적으로 지어졌다. 예술사가들은 아마라바티예술을 아마라바티 양식 또는 안드란Andhran 스타일로 부른다. 동인도 해안의 해상 무역 연결 때문에 아마라바티 양식은 뱃길로 이동하여 스리랑카, 동남아예술에 큰 영향을 미쳤다.

북방세력이 제대로 경략하지 못했던 중부 데칸과 남부 타밀은 상대적 독자성을 지니고 드라비다 정체성을 유지해왔다. 드라비다적 정체성에 불교가 뿌리를 내리기 시작하였다. 기원전 3세기 마우리아왕조 아소카시대에 본격화한 새로운 역사이다. 오랫동안 불교 연구는 인도 북부와 북서부, 중앙아시아서역 등 북방자료에 치우친 탓에 남인도 불교는 축소 서술되고 있다. 따라서 데칸 불교 유산을 좀 더 넓은 범위의 인도양학이나 세계사 관점에 맞추어 재구성할 필요가 있다.

벵골만의 칼링가는 역사적으로 오랫동안 상인집단이 중심이었다. 상선을 타고 전교승이 동남아로 건너갔다. 동남아와 중국으로의 해양을 통한 불교 전파에서 칼링가 역할이 중요했다. 스리랑카, 미얀마와 말레이반도, 수마트라와 자바, 캄보디아 등의 불교는 대체로 동인도에서 출발한 상선을 타고 전파되었다. 아소카 왕의 아들 마힌다 장로가 배를 타고 스리랑카로 넘어간 곳도, 동진의 의정이 배편을 기다렸던 곳도 이곳이다. 그만큼 칼링가의 거대 석호는 해양 불교의 진원지였다.

벵골만을 통하여 해양불교사의 놀라운 사건이 벌어진다. 붓다고사가 스리랑카에서 주석을 붙인 불경이 바다를 건너 오늘의 미얀마에 당도한다. 붓다고사가 주도하여 싱할라 불경의 빨리어 번역 주석본이 대장경으로 결집되어 타톤에 당도하였고 상좌부 불교의 이론으로 자리잡았다. 스리랑카와 미얀마는 벵골만과 안다만해를 통해 활발히 교역하고 있었다. 미얀마 바닷가의 사찰 연기 설화에서도 붓다의 머리카락이 당도하여 절이 성립된 불교사 초기의 기원전 서사가 곳곳에서 발견된다.

4

서쪽에는 서역이라는 각별한 공간이 존재했다. 인도-그리스왕국이 존재하던 공간이다. 그런데 이상할 정도로 헬레니즘제국에게 육로만이 아니라 인도양 바닷길이 존재했다는 사실이 간과된다. 알렉산드로스는 동방 곳곳에 알렉산드리아를 건설하였으며, 그중에 하나는 오늘날의 파키스탄에 해당하는 해안가에 존재했다. 가장 먼 동쪽의 인더스강 서편에 위치한 알렉산드리아로부터 가장 먼 서쪽의 이집트 알렉산드리아까지 제국의 바닷길이 연결되었다. 그리스 선단은 홍해를 거쳐 부단없이 인도양에 진출하고 있었으므로 헬레니즘제국이 육로만을 이용하였다는 시각은 올바르지 않다.

육상제국 건설에 매진하던 알렉산드로스가 해양경영에 착수했던 사건을 기억해야 한다. 기원후 1~2세기에 이르면, 즉 로마제국의 성립과 더불어 아라비아해에서 홍해를 거쳐서 지중해에 이르는 거대 무역망이 작동하고 있었다. 후대 동로마제국 역시 동일한 무역노선을 가동하였다. 페르시아만과 아라비아반도, 홍해 등은 물론이고 서인도 곳곳에 무역항구가 존재했다. 해양실크로드 네트워크들이다.

기원후 천 년 동안 인도와 로마 사이에 해상으로 오간 물동량에 비하면, 육상실크로드를 거쳐간 물류 총량은 졸졸 흐르는 시냇물 수준이다. 로마제국 선단 활동의 주역이었던 그리스 선원은 이집트 알렉산드리아에 거점을 두었으며, 북인도를 가로질러 마우리아왕조 이후 번성하던 불교 중심지인 갠지스강 파탈리푸트라까지 닿았다. 특히 아라비아해 연안의 바리가자, 소파라 같은 항구는 로마 무역상의 발길이 끊이지 않았으며, 스트라보 같은 로마 작가는 '인도에서 수입되는 엄청난 양의 향료 때문에 로마의 금화가 고갈되어 간다'고 걱정하였다. 아라비아해 콘칸의 경제적 토대가 바로 서인도의 살세타섬 칸헤리 석굴사원 등 대규모 불사를 가능케 하였다. 근년에 홍해의 인도양 창구인 베레니케항구 유적에서 불상이 발굴된 것은 시사하는 바가 크다. 인도양을 건너 불교가 홍해에 당도하였다는 고고학적 증거이기 때문이다.

5

바다를 건너온 불교의 영향을 가장 먼저 받은 권역은 말레이반도이다. 기원전의 말레이는 동서 중간 거점이자 문명 전파의 디딤돌, 혹은 교두보로 작동하고 있었다. 말레이반도에서는 인도에서 넘어온 것으로 비정되는 산스크리트·브라흐미·빨리·팔레바 등 다양한 언어의 비문이 다수 발견된다. 남인도 타밀 상인집단의 흔적은 인도네시아와 말레이반도, 베트남 해안 등에서 확인되고 있는데, 이는 인도 상인의 광범위한 디아스포라가 이루어진 결과다. 그들은 힌두교와 불교를 가지고 왔으며 실제로 이들 종교 유적이 다량 남아 있다. 같은 유적에서 두 종교 신상이 동시에 발굴되는 경우가 많으므로 '힌두-불교시대'라 부른다. 큰 상선에 브라만과 불교 승려가 동승하여 힌두교와 불교를 전파했다. 문명사적으로 상인 디아스포라가 문화융합에서 큰 역할을 해냈다.

거꾸로 중국 남해에서 출발한 상선이 말레이반도 동쪽 해안으로 서진하고 있었다. 말레이반도 항시국가들은 중국으로 직접 사신을 보냈고 불경과 불구도 보냈다. 말레이반도가 불교 전래의 디딤돌로 쓰여진 것인데 부장계곡 같은 힌두-불교왕국이 좋은 예다. 동시에 말레이반도에는 해상강국 푸난의 만달레Mandala 시스템의 식민국가가 존속했으며, 특히 푸난 몰락 이후에 성립된 해상강국 스리위자야는 말레이반도에 강한 영향력을 행사했다. 리고르Ligor 같은 항시국가가 대표 사례이다.

말레이반도는 후대에 이슬람 술탄왕국이 들어서기 전까지 통일되지 않은 항시국가 수준에 머물러있기 때문에 그 왕국들의 실체와 불교의 존재 양상에 관해서는 제한된 서술만이 가능하나. 한국의 경우에도 중국문헌에 백제 사신과 만난 것으로 등장하는 랑카수카 정도에 관심을 가질 뿐, 말레이 항시국가에 관해서는 관심이 거의 없다. 중국 역시 자신들 문헌에 등장하는 나라에 관심을 가질 뿐이고, 인도는 말레이 서쪽 방면에 성립된 힌두왕국에 관심을 가질 뿐이다. 역사의 담당주체인 말레이인의 주체적 기록이 없다는 제한성도 있다. 이같은 제한 요인으로 인하여 세계사적으로 말레이반도에 존재하던 왕국과 불교의 각 시대별 존재 양태는 개괄 서술만이 가능하다. 금석문 등이 발굴됨으로써 고고학적 증거에 의해 보강이 이루어지는 단계이다.

스리위자야는 섬-불교로서의 정체성을 분명히 하였다. 천축과 중국 사이의 징검다리로 기능하면서 천축에 들어가기 전에 언어학습을 하는 곳이기도 했다. 의정처럼 돌아오는 길에 다시 팔렘방에 들려서 수집한 불경을 한역하기도 했으며 스리위자야는 당대 국제 불교 진흥을 적극 옹호·지원하였다. 스리위자야에서 자바로 넘어간 불교는 힌두와 불교 전통이 혼효된 양상을 보여주었다. 오늘의 인도네시아가 이슬람국가로 넘어가면서 더 이상의 깊은 불교사 천착이 이루어지지 못하고 있다. 세계불교사 서술에서 이슬람화된 인도네시아나 방글라데시의 현재 위상이 영향을 미치는 중이다.

불교는 바닷길로 남북이 오고가기도 하였다. 오늘날 방글라데시 출신의 아티샤Atisha는 팔라왕국 시절에 북방에서 내려와 스리위자야에서 1011~1023년까지 12년간 체류하였으며, 티베트로 돌아간다. 아티샤는 11세기에 티베트와 수마트라에서 설교하며 대승 불교를 전파한 주요 인물 중 한 명으로 여겨진다. 티베트와 방글라데시, 수마트라에 이르는 긴 노선으로 불교가 움직인 것이다. 북방과 남방의 불교는 분리·단절된 것이 아니라 이와 같이 북진·남진을 하였던 것이다. 아티샤는 아라비아해의 콘칸불교사에도 등장하며 칸헤리석굴에 머물렀던 기록이 나오고 있다. 아티샤의 행보가 티베트-스리위자야-아라비아해 등 광역으로 펼쳐지고 있었다.

6

한편으로 중국과 한반도, 일본열도 등에서는 불법을 구하려는 구법승의 서진이 본격화하고 있었다. 돌아올 것을 기대하기 어려운 머나먼 천축국 여로로 많은 구법승이 떠났다. 남북조시대, 수와 당, 이후의 5대16국과 송에 이르기까지 구법승은 끊이지 않았다. 반대로 천축승도 동진을 거듭하고 있었다. 후한 명제시대의 백마사 성립을 중국 불교의 효시로 삼지만, 손권의 시대에 교지통킹만에서 북상한 강승회가 상징하듯이 남해로로 불교가 북상하고 있었다. 당대에 가탐에 의해 '광주통해이도'가 성립된 것은 남해로를 기점으로 세계체제가 완성되었음을 뜻한다. 남해로를 통하여 오늘날의 광동성, 복건성, 절강성 등으로 불교가 속속 당도하였다.

불법은 구전으로 전승되어 오다가 몇 차례 결집을 통해 모아졌다. 구술전통에서 문헌전통으로 넘어가는 과정을 거쳤으며, 구법승들은 불경 하나를 구하기 위해 천신만고 노력하였다. 수입 불경이 한역되어 한역 불경의 시대를 열었다. 구법승은 한문으로 자신들의 행장도 기록하였다. 인도에도 없는 기록이 중국에 남게 된 것은 전적으로 한자문화권이 지닌 힘이었다. 천축승이 활발하던 시대는 불경을 구하기 위해 신앙적 열정에 몸을 내던지던 열망의 시대이자 모험을 불사하는 헌신의 시대였다. 오늘날까지 우리가 읽는 많은 불경들이 이같은 도전과 모험을 통하여 전해지는 중이다.

중국사에서 해상 활동이 가장 활발하게 전개된 시기는 송나라이다. 나침반이 개발되는 등 항로기술이 발달하였으며, 이에 따라 불교도 왕성하게 바닷길을 통해 이동하였다. 천축행 구법승과 승려가 증가하자 수도 개봉 태평흥국사太平興國寺에 역경원譯經院을 설치하기에 이른다. 천식재天息災·법천法天·시호施護 등의 천축승을 맞이하여 2백 년만에 역경사업도 개시하였다. 그러나 인도 불경 안에 내포된 성 풍속 등은 중국의 유교 풍속과 맞지 않아 역경은 원활하게 진척되지 않았다.

송대에는 새로운 불교를 만들어내는 면이 약했던 반면 종래의 역사를 재검토하면서 재구성하려는 시도가 성행하였다. 축적된 불교사 기반 위에 이를 편집·편찬하려는 시도가 돋보였다. 웬만한 경전은 이미 축적된 상태에서 송대에는 불경을 결집시키는 대장경 사업이 중요 국가 시책이 되었다. 대장경 결집은 한반도에도 영향을 주어 고려 팔만대장경의 출현으로 이어졌다. 금과 요의 불경사업도 활발하였으므로 이 시대는 '장경의 시대'라고 할 만하다.

송대에는 마조 신앙이 남해로에서 번성하여 항해자와 어민의 수호신 천후天后로 군림하였다. 기존 관음 신앙과 새롭게 동력을 얻은 천후는 상호 보조적으로 남중국해 및 주산군도 등에 확산되었다. 관음의 가호를 기대하는 뱃사람에게 관음 신앙은 강력한 지지를 얻어갔다.

송대의 불교 확산은 상인집단 송상宋商이 주도하였다. 송상은 한중일 삼각 네트워크로 물건을 중개무역하였으며 불경은 중요 문화상품이었다. 대각국사 의천이 송상을 매개로 불경을 사들이기도 하고, 일본 사찰에서는 송상에게 부탁하여 의천이 펴낸 불경을 수입하기도 하였다. 불경이 국제적 거래 품목으로 본격 등장한 것은 송나라시대의 일이었다.

7

한반도에서도 부단없이 천축으로 향하였다. 혜초가 좋은 예다. 그러나 중국이 오대산 문수보살, 보타산 관음보살 등으로 중국 땅 자체에서 구현처를 설정하게 되자 천축보다는 중국으로 가는 뱃길을 부단없이 오고가게 되었다. 의상이 주산군도 보타산에서 관음을 모셔와 낙산사에서 관음 신앙을 열게된 것이 좋은 예다. 일찍이 가야의 불교나 백제의 불교는 바다를 통해 열려졌으며, 특히 마라난타의 당도가 의미하는 남조와의 바닷길은 구체적인 것이 밝혀지지 않은 미궁의 역사이나 해양불교의 중요 사건으로 기록된다. 남북조시대 무수하게 많은 신라승의 당나라 및 천축행 기록, 장보고의 해상 활동과 법화사 성립 등은 불교 바닷길의 지속성을 잘 말해준다. 보타산 관음 신앙의 성립과 확산은 한반도 및 일본열도 상인의 빈번한 국제항로와도 연결된 결과이다. 남북조시대 불교사 서술에서 발해가 있으므로 하여, 환동해를 통한 발해 불교의 바닷길 서술도 가능할 것이다. 물론 그 환동해 바닷길은 일찍이 고구려가 개척했던 길이기도 하다.

일본 불교의 특질은 '섬-불교'라는 점이다. 스리랑카와 스리위자야, 그리고 일본 불교, 뒤늦게 시작된 타이완 불교까지 '섬-불교'는 전파의 속성과 수단에서 뱃길에 의존할 수밖에 없다. 일본열도는 1차적으로 한반도에서 해협을 건너온 불교의 강력한 세례를 받았으며, 당연히 바다 건너 중국의 세례도 받으면서 독특한 '섬-불교'를 키워나갔다. 엔닌圓仁

의 구법 순례나 중국승 감진의 입국 등 일본불교사의 중요사건이 바다를 통하여 이루어졌다. 섬이라는 고립 조건에 놓여있었기 때문에 전란 등의 피해에서 상대적으로 유리하였으며, 고대 이래의 불교 유산을 간직한 드문 경우이다. 뒤늦게 일본에 편입된 역사이지만, 본디 독립왕국이었던 류큐의 불교사에서 돋보이는 미륵 신앙을 주목한다. 류큐 미야코지마宮古島의 미륵 신앙은 바다를 건너온 불교의 대표격이다.

8

불교사가 이시이 코세이의 표현을 빌린다면, 불교 동전東傳이라는 도식은 그야말로 도식일 뿐이다. 불교는 인도에서 생겨나 중국에 전해졌고, 백제를 거쳐 동쪽 일본에까지 이르렀다고 하는 상식은 '천축-중국-일본'이라는 삼국 불법전통의 도식에 백제를 추가한 것에 불과하다. 불교는 서쪽에서 동쪽으로 일직선으로 전해진 것이 아니었다. 불교의 역사는 여러 나라와 지역, 민족들 사이의 복잡한 상호 교류와 상호 영향의 역사로서, 그 과정에서 이루어진 산물이다.

불교의 바닷길에서 남전 불교가 중요하다. 남전 불교는 스리랑카·미얀마·태국·캄보디아·라오스 등을 포함한 동남아에 전파된 스리랑카 대사파大寺派, Mahaviharavasin의 상좌부 불교를 일컫는다. 남전 불교는 삼장 중에서 율장을 중심으로 빨리어를 사용하며, 북전 불교는 경장이 중심이고 산스크리트어를 쓴다. 아소카 아들 마힌다 장로가 스리랑카에 불교를 전한 이래로 대사가 통일 교단의 중심이 되었다. 5세기에 불음佛音, Buddhaghosa 논사가 대사에서 삼장을 주석하여 대사파의 기초를 세움과 동시에 남전 불교를 형성하였다. 고대 동남아 불교는 남전 상좌부의 영향력이 막대하다. 대략 14세기에는 미안마·태국·캄보디아·라오스 등은 스리랑카에서 바다를 건너온 상좌부 불교가 장악하였다.

북전 불교는 북인도에서 서역을 걸쳐서 동아시아에 전해진 불교와 네팔·티베트를 경유하여 몽골 일대에 전해진 불교를 총칭한다. 남전·북전의 구별법은 19세기에 불교 연구를 시작했던 서구 학자들이 빨리어계통의 불전이 유행하는 동남아 불교에 대하여 남방 불교 이름을 붙였고, 반면에 범어 불전과 그 번역이 유행한 지역의 불교를 인도에서 북쪽으로 전파되었다고 하여 북전 불교라 불렀다. 그러나 빨리어 또는 범어불전이 모두 인도에 근원을 두고 있으므로 엄밀하게 남전과 북전으로 이분하는 것이 적절한 분류법이 아니라는 주장이 대두된 바 있다.

이 책은 동남아불교사나 상좌부 불교에 방점을 찍는 연구가 전혀 아니다. 그러나 남방의 바닷길로 이들 불교가 이동하였으며, 오늘날도 최대의 불교국가로 남아 있는 이들 남방 불교의 바닷길을 주목하는 것이다. 황금의 땅 수바르나푸미는 오랜 고대적 서사이며, 아소카가 보낸 전교사가 기원전에 이 땅에 당도한 기록이 있다. 오늘의 태국 불교는 고대 몬-드바라바티 문화에 그 뿌리를 둔다. 교지통킹만 바닷길로 내려온 베트남 불교는 중국 남부의 선종 영향권에 놓여있으며, 스리위자야 불교도 초기 불교의 대승전통과 후대의 밀교전통을 모두 갖고 있다. 반면에 베트남 남부 짬파 불교의 동즈엉 유적은 북방 선종이 아닌 남방 바닷길로 당도한 불교이다.

하여간 불교의 바닷길은 종합적으로 밝혀진 바가 없었으며 자료의 한계도 분명하기 때문에 '해양불교사 서설'이라는 제목으로 설정했으며, 바닷길이 의도하는 바를 제시하여 학문적 이해를 구하고자 한다. 이제부터 권역별로 불교의 바다 연대기를 재구하고자 한다. 그 길은 갠지스강에서 시작하여 극동 일본에서 마무리될 것이다.

차례

03

데칸고원에서
코르멘달로

벵골만 연대기 1

97

04

마하스탄가르에서
타톤으로

벵골만 연대기 2

135

05

바리가자에서
베레니케로

아라비아해 연대기 1

169

06

콘칸에서
몰디브로

아라비아해 연대기 2

203

07

장안에서
천축으로

구법순례 연대기

237

08

부장계곡에서
수바르나푸미로

**말레이반도와
시암만 연대기**

271

09

수마트라에서
자바로
**자와해
연대기**

307

10

옥에오에서
인드라푸라로
메콩강 연대기

345

Chapter 1

파탈리푸트라에서 칼링가로
갠지스강 연대기

나는 앞서 간 수행자들의 도道를 얻었으며
앞서 간 수행자들의 길을 걷는다.
앞서 간 수행자들이 걸어간 이 길을
지금의 나 또한 따라 걷는다.

『잡아함경』

Chapter 1

파탈리푸트라에서 칼링가로

갠지스강 연대기

1 | 불교의 태동은 설산 아래 갠지스강가

붓다는 여느 때처럼 제자들과 갠지스강가 코살라국 기원정사祇園精舍에 있다가 사위성舍衛城 시내에 들어가 탁발을 하였다. 밥을 얻어 다시 정사로 돌아온 붓다는 평소처럼 발우를 거둔 후 발을 씻고 자리를 펴고 앉았다. 바로 이 장면이 『금강경』 무대의 서막이다. 기원정사는 죽림정사竹林精舍와 더불어 붓다가 가장 많이 머물렀던 곳으로 이곳에서 25안거를 보냈다. 붓다의 행장에 자주 등장하는 슈라바스티, 바라나시, 파탈리푸트라 등은 모두 갠지스강을 끼고 있다. 『금강경』에서 이렇게 말하였다.

"수보리여! 항하의 모래 수만큼 항하가 있다면 그대 생각은 어떠한가? 이 모든 항하의 모래 수는 진정 많다고 하겠는가?"

수보리가 대답한다.

"매우 많습니다. 세존이시여! 항하만 해도 헤아릴 수 없이 많은데 하물며 그것의 모래이겠습니까?"

사막 같이 드넓게 펼쳐진 항하사恒河沙의 비유는 극대수를 나타내려는 뜻이다. 갠지스강 비유는 말씀에 자주 등장한다. 『능엄경』에는 세존과 바시닉 왕의 대화 장면이 나온다. 세존이 왕에게 "갠지스강물을 언제 처음 보았느냐?"고 묻자, 왕은 "세 살 때 처음 강을 보고 그 뒤 나이가 들면서 강을 자주 보았다"고 대답한다. 세존은 어려서 보던 강이나 늙어서 보는 강의 보는 것見은 똑같다고 하면서, 이 보는 성품이 바로 불생불멸하는 여래장묘진여성如來藏妙眞如性이라 일러준다.

갠지스강 비유가 많이 등장함은 공간지리적으로 불교의 태동과 그 전개가 설산히말라야산맥 아래의 갠지스강을 무대로 시작되었기 때문이다. 고대 인도 문화는 서쪽 인더스강에서 1차 성립되고, 이후 동쪽 갠지스강으로 그 축이 이동하면서 새로운 신화와 역사가 시작되는데 그 새로움 가운데 불교의 탄생이 포함된다. 기원전 천 년 무렵에 현재 카스피해 근처의 남부 러시아 초원지대로 추정되는 곳에서 이주해 온 아리안들은 갠지스강 유역에 정착하였으며 초기 경전 『리그베다*Rigveda*』가 갠지스강가에 뿌리내렸다. 아리아인이 동쪽으로 이동하면서 뱅갈만으로 흘러드는 갠지스강이 인더스강 대신에 인도신화와 종교에서 중심을 이룬다. 그 강에서 불교도 탄생하였다. 아리안들은 베다교를 브라만교로 변화시키고 카스트 제도에 입각한 종교영역을 확장시키고 있었다. 붓다의 시대에 『리그베다』, 『사마베다』, 『아주르베다』 그리고 『아타르베다』의 네 개의 베다 모음이 이루어졌다.

갠지스는 장엄한 강이다. 이는 영국식 호칭이며 본디 강가Gangā이다. 이 강을 처음 본 중국 구법승들은 항하恒河라 불렀다. 히말라야산맥에서 내려온 지류인 야무나강과 네팔에서 발원한 지류가 합류하여 광활한 갠지스 평원을 가로질러 남동으로 흐른다. 티베트 쪽에서는 얄룽창포Yar Lung Tsangpo라 불리는 브라마푸트라Brahmaputra가 남진한다. 브라마푸트라는 히말라야 북쪽의 카일라스kailas, Kailash 빙하에서 발원한다. 카일라

카일라스 설산의 웅장한 자태. 빙하가 녹아서 갠지스를 형성한다

스는 힌두교, 불교, 자니교 등의 영적 숭배처로 만년설을 머리에 인 웅자로 외경심을 자아낸다. 그러한 외경심은 인간이라면 누구나 느낄 보편적 감정이기도 하다.

갠지스는 힌두인에게 성스러운 강이며, 바라나시나 하르드와르Haridwar와 같은 힌두 성지를 거쳐 흐른다. 인도 신화에서 아름다운 강의 여신으로 묘사되는 강가는 본디 하늘에서 흐르던 강이었지만 브라마Brahmā와 시바Shiva 신에 의해 지상으로 옮겨졌다. 비옥한 갠지스 평원은 번성하는 농업과 상업 중심지로서 많은 도시가 건설되어 번영을 누렸으며, 문명의 요람 역할을 했다. 강을 따라 힌두교 성지 바라나시, 파탈리푸트라 등 유명 강변도시들이 있다. 갠지스강은 시바의 액체 에너지로 인식되고 불멸의 강으로 칭송되어 왔다. 은유적으로나 형이상학적으로 갠지스의 물은 신성함과 기적을 부여하는 것으로 묘사된다. 갠지스의 이러한 성격은 고대부터 순례자들을 매료시켰다.

당시 마가다왕국을 중심으로 한 북동 인도는 정통 브라흐만에게는 크게 주목받는 지역은 아니었다. 왜냐하면 바라나시가 위치한 웃타르프라데쉬지역이 성스러운 아리아인의 중심지인 데 반하여, 강 남쪽의 마가다는 일종의 야만 지역으로 취급되었다. 그 이유는 당시에 브라흐마니즘이 아직까지 남쪽에 확실하게 정착되지 않았기 때문으로 추정된다. 이같은 상황은 반대로 인도의 비정통적 사상들이 갠지스강 남쪽에서 성행할 수 있었던 조건이 되기도 하였다.[1]

불교 이외에 자이나교도 갠지스에서 시작되었다. 마하비라Mahavira의 깨달음에서 비롯된 자이나교가 비하르에서 시작된 것이다. 그는 기원전 540년 비하르 바이샬리 부근에서 태어났다. 붓다와 동시대인이다. 마가다 왕족 출신으로 나이 39세에 출가하여 12년 고행 끝에 궁극의 깨

---

1 김형준, 『이야기 인도사』, 청아, 2002, 133쪽.

달음을 얻고 위대한 영웅이라는 의미의 지나jina로 불리게 되었다. 이처럼 기원전에 갠지스강은 불교와 자이나교라는 신종교를 태동시키는 문명의 여명기를 맞고 있었다.

불교와 갠지스강의 관련성을 강조함은 종교사를 언제나 신성·정신·영혼 등으로만 상징화시키는 것에 반기를 드는 사회경제적 비판을 포함한다. 위에서 제시한 갠지스강의 어떤 신성성은 힌두이즘에게 절대적인 반면에 불교는 강 자체의 신성성을 강조하지는 않는다. 양자의 차이가 분명히 존재한다. 갠지스강은 그야말로 젖줄이다. 바다처럼 넓어진 갠지스강은 삼각주를 적시면서 벵골만으로 흘러간다. 지구에서 두 번째로 큰 강이다. 삼각주에 무려 1억 3천만 명이 거주하며 섬에만 60여만 명이 살아간다. 히말라야 눈이 녹는 봄철에는 강이 범람하여 큰 홍수를 일으키곤 한다. 강의 범람은 퇴적물을 쌓아올려 기름진 갠지스 평원을 제공하며 작물은 홍수 없이는 농사가 불가능하다. 홍수기에 범람원과 무수하게 생겨난 연못에서 잡히는 수산물은 긴요한 단백질원이다. 갠지스강이 산출하는 농업경제력은 도시를 중심으로 유통경제를 활성화시키며 신종교의 경제적·물적 토대가 되었다.

갠지스 강상교통을 통하여 북인도까지 북상하며, 남동쪽으로는 벵골만으로 흘러든다. 고전시대의 항구는 대부분 해항海港이 아니라 강항江港이었다. 여러 왕국의 장기 지속적 도읍이었던 파탈리푸트라는 종교를 뛰어넘어 강상교통의 중심지이자 경제 번영의 중심이었다. 상선과 상인이 모여들고 상업 거래를 통하여 갠지스강의 경제번영을 가져왔다. 초기 불교 진흥기에 상인계급의 물적 지원이 대단하였다. 또한 강은 바다와 만나서 국내는 물론이고 국제무역에도 일조하였다. 본장의 마지막에 등장하는 갠지스의 강항 탐라립티는 바다로 열려진 창구였고, 바다에서 강으로 접어들어 서북쪽으로 거슬러 올라가는 관문이었다. 불교는 배를 타고 인도 내는 물론이고 스리랑카, 동남아와 중국 등지로 확산되었다. 앞선 시기에 인더스 문명이 선사고대적 임무를 수행했다면, 갠지스강은 고대중세적 임무를 수행하면서 불교를 실어날랐다.

강과 바다를 분리하여 사고하는 일반적 경향성이 존재한다. 이는 상당한 오류인데 적어도 고대중세의 강은 바다와 절대적으로 연결되었다. 해항이 독자적으로 기능하면서 글로벌로 연결된 것은 유럽의 경우에도 이른바 대항해시대 이후의 일이다. 항만시설이 불충분하고 선박 규모가 작았던 시절에 강상교통을 통한 강항은 국내는 물론이고 국제 무대에서 가장 중요한 교통·물류수단이었다. 낙후된 육상교통과 운반수단의 제한성 등을 고려할 때 강상의 선박은 가장 안전하게 최대 총량을 운반할 수 있는 유일의 수단이었다. 따라서 강과 바다는 분리불가이며, 갠지스강 역시 그 역동성을 동서로 발휘하면서 벵골만으로 흘러들었다.

2 | 갠지스강가를 주유한 붓다

기원전 6세기, 히말라야 기슭 카필라바스투Kapilavastu, 가비라성를 중심으로 샤카왕국이 있었다. 샤카는 인도 북동부 끝자락에 위치하였는데, 정치적으로 코살라왕국에 예속된 소국이었다. 붓다가 왕의 아들로 태어났다는 것은 후대에 부풀려진 서사이며, 샤카족에게는 왕이 없었다. 샤캬족은 이 시기에 일어났던 광대한 정치체제에 의해 점차 그들의 독립을 잃었던 북인도 공화국의 하나였다. 이미 붓다의 시기에 샤캬족은 코살라왕국에 복속되었고, 코살라국도 다시 기원전 4세기에 팽창하는 마가다국에 흡수되었다. 공화국으로서 샤캬족은 주요한 장로들의 집회에 의해 일종의 과두체제로서 통치되었고 한 명의 장로가 선출되어 의장직을 맡았을 것이다. 아마도 붓다의 아버지는 그러한 의장의 하나이거나 또는 다른 장로들 중의 하나였다. 그러나 후대에 만들어진 어릴 적부귀와 화려한 삶의 강조는 물질적으로 가장 강력하고 부유한 상황에서 태어나고 성장했음에도 불구하고 깨달음의 길로 나섰다는 가르침의 포인트를 위한 암호나 기호표시를 나타낸다.[2]

붓다는 깨달음 이후의 이름이며 본디 싯다르타悉達他, Siddhartha이다. 샤카족의 슛도다나淨飯王와 마하야마 사이에서 태어났다. 어떤 운명과 인연법에 따라 태어난 비범한 인간이었다. 네팔 룸비니에 서 있는 아소카 석주에, '석가족의 성자, 부처님, 여기서 탄생하셨도다'는 구절이 전해온다. 부친은 점괘에 아들의 출가가 나오자 출가를 막기 위해 싯다르타가 통치자 전륜성왕이 되길 바라면서 온갖 화려한 환경과 즐거움으로 주변을 채운다. 그러나 어느 날 싯다르타는 성문을 나서다가 문득 생로병사의 누추한 현장을 목격하고 자신이 가야 할 길이 수행자임을 깨닫는다. 싯다르타는 반대를 무릅쓰고 출가한다. 출가하지 않으면 안 될 순간이 다가온 것이다. 온갖 영화를 뒤로하고 출가의 길로 들어섰을 때 29세였다.

성문을 벗어나 고행자의 가르침을 받아 단식하고 고행하였다. 고행만으로는 해탈에 이를 수 없음을 깨닫고서 혼자 성지를 찾아 수행하기로 하였다. 삭발하고 구걸하면서 남쪽 마가다왕국을 향해 갔다. 마가다摩伽陀國, 摩竭陀國, 默竭陀國의 수도 라자기르Rajagiriya, 王舍城는 정치, 경제 중심지였고, 수도자가 모이는 곳이었다.[3] 마가다는 당시 16개국의 하나였을 뿐이나 고대 중인도 강국이었다. 마가다는 8만 개의 마을로 이루어졌으며, 오늘날의 비하르주 가야와 파트나를 중심으로 하는 갠지스강 남쪽의 고대 인도 문화 거점이었다. 불교뿐 아니라 자이나교 발생지도 마가다다.

---

2 폴 윌리엄스 외, 안성두·방정란 역, 『인도불교사상사』, 씨아이알, 2000, 36쪽.

3 비하르 중심부 라지기르다. 빔비사라(Bimbisara, 頻婆娑羅) 왕이 造營한 것으로 알려진 옛 성터와 그의 아들 아자타샤트루(Ajatasatru, 阿闍世) 왕이 쌓은 새 성의 유적이 있다. 7세기 현장은 거듭되는 화재 때문에 새 성을 건설하였다고 전한다.

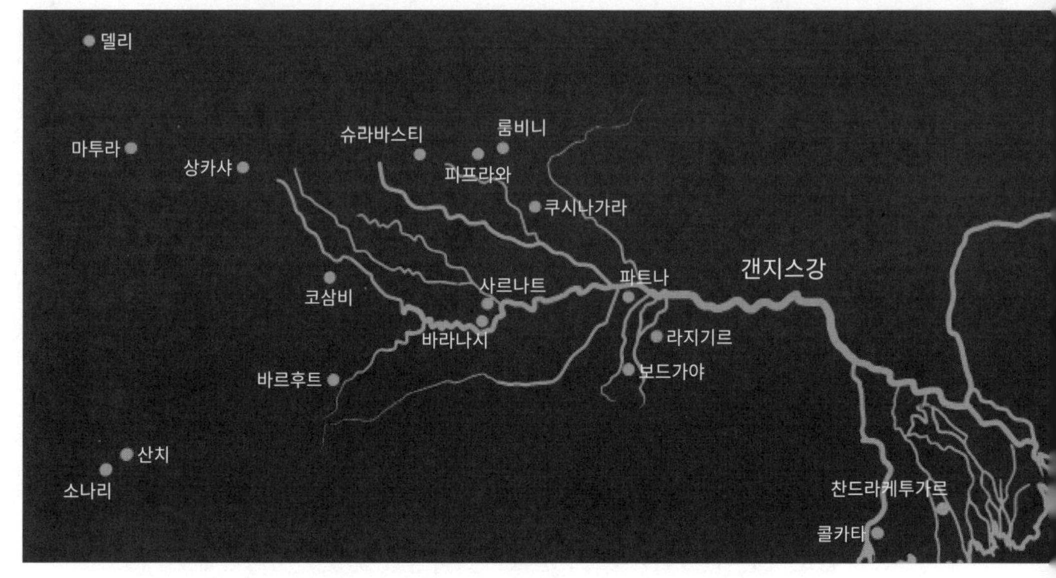

갠지스강 주변의 불교와 관련된 도시들(국립중앙박물관 전시 〈스투파의 숲〉 패널)

붓다의 초기 교화 활동은 대부분 마가다국에서 이루어졌는데 열반 이후에도 마가다국은 불교 중심의 하나였다. 붓다는 왕사성 영취산과 죽림정사에 마물렀으며 때로는 성안으로 탁발을 다니기도 했다.

붓다는 일체의 세속을 버린 출가자 쉬라마나śramana, 沙門였다. 집도 재산도 모두 버린 쉬라마나는 붓다 이전 시대에도 존재하였다. 이름 높은 스승들 문하에 들어가 공부했지만 그들 가르침으로 만족할 수가 없었다. 6년 극한의 고행에 몰두하지만 몸을 혹사한다 하여 내면의 자유를 이를 수 있는 것이 아님을 확인한다.

붓다는 가야로 이어지는 대로를 따라 걸어가서 부다가야Bodhgaya, 佛陀伽倻 근처 우루벨라 촌의 조용한 숲 속으로 들어가 보리수 밑에 풀을 깔고 법좌를 정한다. 우루벨라는 붓다가 가섭 형제를 교화하여 일시에 1천여 제자가 생긴 곳이기도 하다. 붓다는 숲에서 먹고 자는 것도 잊은 채 혹독히 고행을 했다. 굶으면서 하는 고행만으로는 대각에 이를 수 없었다. 자리에서 일어나 강에 가서 몸을 씻었고, 음식을 먹기 시작하여 어느 정도 원기를 회복하였다. 그리고 다시금 보리수 아래에 가서 깊은 명상에 들었다. 초기 불전인 『아함부阿含部』와 『니카야nikāya』는 이렇게 기록했다.

마야부인의 오른쪽에서 나오는 석가의 탄생.
2000년대에 발굴된 델랑가나 유적. 3~4세기
(인도 파니기리스투파 유적)

> 그때 세존께서 우루벨라마을 네란자라강변의 보리수 아래서 비로소 깨달음을 얻으시고 한번 가부좌하신 채 7일 동안 삼매에 잠겨 해탈의 즐거움을 누리고 계셨다.

결가부좌 자세로 내관內觀의 고행을 계속하였다. 일체의 공리적 관념을 버리고 욕망을 끊어 없애며 세계를 있는 그대로 보고자 함이었다. 깨달음을 얻기까지 7주가 걸렸다고 전한다. 그런데 그 49일간 무엇을 먹었다는 기록이 없다. 꼼짝하지 않고 선정에 들자 몸과 마음에 쌓은 카르마가 안에서 일어났다. 깨달음을 얻기 직전까지 마왕의 유혹이 지속되었는데 인간 바탕에 깔려있는 마지막 욕망이 올라온 것이다. 마왕이니 하는 경전의 기록은 인간이면 누구나 갖고 있는 온갖 심적·물적 장애와의 싸움을 신비주의적으로 표현한 것이리라.

붓다는 모든 마왕의 저항을 물리치고 35세 되는 해의 12월 8일 이른 새벽, 드디어 대각大覺을 이루고 생·로·병·사의 본원을 끊어 없애는 확신을 얻게 되었다. 먼동이 터오기 전 미명의 새벽에 샛별이 동쪽에서 반짝일 때 성취된 대각이다. 마침내 붓다에게 모든 고뇌는 사라졌고, 안온한 경지인 열반을 증득했다. 이 깨달음을 정각正覺, abhisambodhi이라고 하

세계 곳곳에 퍼진 붓다의 열반상. 불교에서 붓다의 열반은 그만큼 중요한 의미를 지닌다(스리랑카 Isuruniya 석굴사원)

붓다의 고행상(싱가포르 아시아문명박물관)

며, 마침내 암흑이 물러가고 빛이 찾아왔고, 무지無名가 사라지고 지혜를 얻었다. 새 길을 찾은 것이다成道. 번뇌에 흔들리지 않는 절대 정적靜寂, 즉 열반의 세계를 체현體現한 것이며, 자각을 얻어 눈을 뜬 붓다가 된 것을 의미했다. 오늘날 인도 북동부 비하르Bihar주 가야Gaya의 부다가야 보리수 나무 아래서 벌어진 일이다.

불교는 법dhamma을 중심으로 하는 체계이기에 사르나트의 므리가다바녹야원에서 이루어진 초전법륜初轉法輪이 중요하다. 법륜을 굴린 첫 설법의 녹야원은 그 후 열반에 들기까지 한평생 순례하면서 돌아다닌 거대한 역사의 첫 출발지라 의미가 크다. 대각을 이룬 소식을 듣고 몰려온 수행자들은 붓다에게서 열렬한 도덕적 목표에 충만해있고, 시대의 모든 지적 교양을 갖춘 개혁자의 출현을 발견하였다. 당시의 대립 사상에 대한 충분한 지식을 가지고 자기 수양과 자기 통제에 도달함으로써 내적 변화 속에서 현세 구원이 가능하다는 구원론을 심사숙고하여 내놓은 용기와 독창성을 가진 개혁자의 자세도 발견하였다.[4]

5세기 『고승법현전』에 이르면, 부처께서 항상 선정禪定에 들었던 곳이 네 군데였는데, 첫째는 성도한 곳, 둘째는 법륜法輪을 굴리셨던 곳, 셋째는 설법하고 논의하면서 외도를 항복시키신 곳, 넷째는 어머니를 위하여 도리천에 올라가 설법하고 내려오신 곳이라고 했다. 그 밖에도 수시

4 암베드카르, 이상근 역, 『인도로 간 붓다』, 청미래, 2005, 106쪽.

로 계셨던 곳이 있었다. 이러한 붓다의 한평생에 걸친 행장에서 마가다 왕국이 중요하다. 라자그리하는 밤비사라 왕이 통치하는 마가다왕국의 수도로 갠지스강가의 파탈리푸트라와 지척거리이다. 설법한 영취산靈鷲山, 열반 이후 제1차 결집이 일어난 칠엽굴七葉窟, 불교 교단의 최초의 사찰 죽림정사竹林精舍가 라자그리하에 위치한다.

붓다는 정각 이후 45년간 한 곳에 정착하지 않고 설법을 계속했으나 중심지는 북인도였으며, 특히 슈라바스티Shravasti와 라자그리하였다. 코살라왕국의 수도였던 슈라바스티는 사위성舍衛城으로 기록되며 붓다가 45년 전법기간 동안 가장 오래 머물렀던 곳이다. 5세기 법현이 순례했을 때도 98개의 승원이 존재했다. 불과 3세기 뒤인 8세기에 현장이 찾아갔을 때는 승원 대부분이 파괴되었고 외도가 성행하였으며 소수의 승려들이 정량부를 배우고 있었다. 현장의 시대에는 힌두교가 강세를 보이고 불교가 쇠퇴한 상황이었다.

붓다는 전법을 다니면서 석 점 이상의 옷을 걸치지 않았으며, 하루 한 끼만 먹었다. 식사는 탁발로 해결했다. 입멸할 때까지 쉬지 않고 순례하며 중생을 교화했다. 왕이 귀의하였고 브라만들이 귀의하였다. 하층민과 나병환자, 여성들, 그리고 범죄자들이 속속 귀의하였다. 붓다는 다르마 속에서 자신을 내세우지 않았다. 세존은 구원을 약속하지 않았다. 자신은 구도자일 뿐 구원자는 아니라고 말했다. 세존은 다르마의 신성을 주장하지도 않았다. 인간이 인간을 위하여 발견한 것이었으며, 계시가 아니었다.

붓다는 최후의 유행길에 올라서 갠지스강을 건너서 바이샬리로 가며, 유녀 암바빨리Ambapali를 교화했다. 거기서 고독하게 우안거를 지내던 붓다는 심한 병고에 시달리며, 다시 쿠시나가라Kusinagara로 갔는데 대장장이가 공양한 음식을 먹고 심각하게 앓는다. 식중독으로 판단된다. 81세에 붓다는 일체가 무상하다는 마지막 설법을 한 후 열반에 든다.

붓다가 활동했던 비하르지방의 법륜, 200년경(비하르박물관)

『불반니원경』은 아주 간략하게 붓다의 최후 말씀을 전하고 있다. 붓다佛는 비구比丘들에게 '형성된 것은 모두 소멸하기 마련이다. 방임하지 말고 정진하여라'고 마지막 유훈을 남겼다고 한다.

> 이미 밤이 지났으므로 다시 소리 내지 마라.[5]

한줌의 재로 변했다. 유골과 재를 둘러싼 왕국들의 투쟁이 벌어지자 마침내 똑같이 8등분으로 분배되었으며, 이후 불탑은 신앙의 중심이 된다. 쿠시나가라에는 붓다를 다비한 장소에 세운 스투파와 열반당 등이 남아 있다. 열반nirbbana은 초기 불교의 궁극적 메시지였으며,[6] 그 열반은 '모든 형성된 것들行의 가라앉음, 모든 재생의 근거를 놓아버림, 갈애의 멸진, 탐욕의 빛바램離欲, 소멸, 열반'으로 표현되었다.[7]

붓다는 열반 순간까지도 자신을 하나의 수행자로 간주하였을 뿐이다. 신이 아닌 다르마의 실천자, 길을 가리켜 보이는 자라고 설하였다. 불교의 역사는 신이 아니라 역사적으로 실존했던 고타마 싯다르타로부터 출발하여 깨달은 붓다에서 본격화한다. 보편 진리인 다르마Dharma를 깨달은 사람을 가리켜 '깨치신 분', 붓다라고 하며, 그 가르침을 불법, 불교라 한다. 붓다는 『잡아함경』에서 다음 같이 말했다.

> 나는 앞서 간 수행자들의 도道를 얻었으며
> 앞서 간 수행자들의 길을 걷는다.
> 앞서 간 수행자들이 걸어간 이 길을
> 지금의 나 또한 따라 걷는다.

---

5 안양규, 『붓다의 입멸에 관한 연구』, 2009, 민족사, 287쪽.

6 각묵, 『초기불교 이해』, 초기불전연구원, 2010, 43쪽.

7 『상윳따 니까야』 제4권, 「열반경」.

3 | 마가다국과 파탈리푸트라의 장기 지속

불교 4대 성지는 모두 갠지스강가다. 탄생지 룸비니, 깨달음을 얻은 보드가야, 열반에 든 쿠시나가르, 그리고 대각을 이룬 후에 첫 설법을 행한 사르나트Sarnath, 鹿野園가 그곳이다. 8세기 혜초도 이들 성지가 모두 마가다국 경계 안에 있다고 하였다. 사르나트는 갠지스강가 바라나시Varanasi, 波羅奈 북동쪽 10km다. 붓다의 재세 시 가시국迦尸國 수도로 육지와 바다를 연결하는 교통 중심지로 번성하였다. 16개국의 하나인 가시국迦尸國, Kasi에 속하였는데, 안가Anga, 마가다, 카시, 코살라, 자디Vajji, 말라Malla, 체티Ceti, 밤사Vamsa, 쿠루Kuru, 판찰라Pancala, 마차Maccha, 캄보자Kamboja 등 16개국이 모두 갠지스 권역이다. 16개국은 갠지스 중류의 정치경제권으로서 불교가 초기에 보급된 권역이다.

붓다는 성도 후 부다가야에서 수백 킬로미터나 떨어진 이곳에 와서 첫 설법을 행한다. 다섯 제자를 중심으로 승가僧伽가 처음 생겨난 곳이기도 하다. 훗날 아소카는 사르나트에 돌기둥을 세운다. 처음으로 가르침의 바퀴를 굴린 곳이기 때문에 법륜상 조각과 훌륭하게 조각된 네 마리의 사자상을 돌기둥 꼭대기에 얹었다. 돌기둥에 승가 정화에 대한 엄중한 칙령을 각인한 것을 보면 이미 많은 승가 공동체가 형성되어 있었음을 짐작할 수 있다.[8]

5세기 『법현전』에, "갠지스강을 따라 서쪽으로 12유연 정도 거리를 더 가서 가시국 바라나성에 도착하였다. 이 성에서 10리 정도 떨어진 곳에 녹야원이 있다. 본래 벽지불이 머물렀고 들사슴이 서식하고 있었다. 부처께서 성도하신 후, 처음으로 법륜을 굴려 다섯 비구를 제도하신 곳이다"라고 하였다.

8 一雅, 『아소까-刻文과 역사적 연구』, 민족사, 165쪽.

다시 갠지스강을 따라 서쪽으로 12유연을 가서 카시국迦尸國의 파라날성에 이르렀다. 성에서 10리 떨어진 곳 사르나트에 선인녹야원정사仙人鹿野苑精舍가 있다. 정원에는 원래 벽지불이 거주하고 있었으며 늘 들사슴들이 서식하고 있다. 세존이 성도하시려 할 때 여러 신이 허공에서 이르기를, '백정白淨 왕자는 출가하여 도를 배우고, 이로부터 7일 뒤에 마땅히 성불할 것이다'라고 하였다. 벽지불은 이 소리를 듣고 즉시 열반에 드셨다. 그래서 이곳을 선인녹야원이라 하는 것이다. 세존께서 성도하시자 후인들이 이곳에 정사를 지었다.

7세기에 바라나시에 들린 현장도 상세 기록을 남겼다.

'바라나시에서 동북쪽으로 십여 리 가면 녹야 가람이 있다. 이 가람은 여덟 구역으로 나뉘어 있는데, 구역과 구역은 울타리로 이어지고 처마와 누각으로 둘러쳐 있다. 천오백 스님들이 여기서 소승 정량부正量部 법을 배우고 있다. 가람 안에 정사가 있는데 높이가 이백여 척에 달하고 위쪽은 황금으로 되어 있다. 계단은 백 개나 되는데, 계단마다 황금으로 만든 불상이 새겨져 있다. 정사 안에는 유석鍮石 불상이 있는데 부처님의 몸과 같은 크기로 초전법륜의 모습을 형상화하였다. 정사 동남쪽에는 아소카 왕이 세운 높이 백여 척 석탑이 있고 그 앞에는 높이 칠십여 척의 석주가 있는데, 이곳이 바로 석존께서 초전법륜을 펴신 곳이다. 그 둘레에 여러 개의 탑이 있다.

8세기에 혜초가 들렀을 때, '이 나라는 황폐되고 왕도 없다'고 목격하였다. 승원은 9세기 이후 불교가 쇠퇴함에 따라 오랫동안 방치되어 피폐해졌다가 12세기 초 바라나시를 정복한 고빈다 찬드라Govinda Chandra에 의해 복원되었지만 12세기 말 이슬람 침입으로 파괴되었다.

바라나시는 상업도시로 부유한 상인들 후원 덕분에 기원전 600~200

년, 즉 마하자나파다Mahajanapadas시대부터 난다와 마우리아시대까지 번성을 구가했다. 마하자나파다는 붓다가 활약하던 기원전 6세기부터 5세기 초에 걸쳐 대국으로 꼽힌 16개국을 지칭한다. 붓다는 바라나시에 사는 부유한 장자의 아들 야사Yasa를 제도하기 위해 그 주변에 머물렀던 적이 있다.

사르나트는 기원전 3세기에 초기 불교학파의 하나인 삼마티야 학파sammatya school의 본거지였으며 예술과 건축을 꽃피웠다. 나중에는 바지라야나Vajrayana, 金剛乘파가 활동했다. 시바와 브라흐미 같은 힌두신 이미지도 형성되었으며, 자이나교와 시크교 역시 사르나트를 성지로 여겼다.

갠지스강가 마가다왕국의 수도 파탈리푸트라는 불교와 자이나교를 키워낸 거점이었다. 마가다왕국의 밤비사라와 아다짜삿투는 붓다의 강력한 옹호자로 초기 불교를 발전시켰다. 기원전 500년부터 고대사회는 긴박하게 돌아가고 있었다. 기원전 400년경에 붓다가 열반하고 323년에 알렉산드로스가 서북인도로 들이닥친다. 기원전 320년경에 마우리아왕조가 시작되는데 파탈리푸트라를 제국의 중심지로 세웠다. 파탈리푸트라는 마우리아왕조의 뒤를 이은 슝가shunga의 수도이기도 했다. 마우리아왕조의 군사령관 출신에 의해 갠지스강 중류에 건국된 슝가는 파탈리푸트라를 수도로 통치하였으며, 봉신封臣들은 충실한 불교도였다.

파탈리푸트라는 강줄기가 모여드는 접점인 데다가 벵골만으로 연결되었으며, 그 하구에 국제항구 탐라립티가 위치했다. 정치경제적 거점이자 전략적 위치였다. 후대인 4~6세기 굽타왕조도 파탈라푸트라가 도읍이었고 탐라립티는 여전히 국제항구로 쓰여졌다. 이미 아소카시대에 파탈리푸트라에서 북로를 통하여 대도시 슈라바스티로 이어졌으며, 나아가 간다라와 아프카니스탄, 박트리아, 중앙아시아를 거쳐서 지중해까지 닿았다. 인도는 역동적이었으며 세계와 관계를 맺으며 지속적 대화를 이어갔다.[9] 파탈리푸트라는 육로와 해로 모두로 열려진 창구였으며,

갠지스강의 바라나시(Edwin Lord weeks 그림, 1849~1903)

역대 왕조들이 여기에 수도를 정한 이유였다.

파탈리푸트라는 일찍이 기원전 490년에 마가다 왕 아자타샤트루가 갠지스강변에 요새를 세우고 도시를 건설했다. 마가다국의 전통성을 계승한 마우리아제국이 성립되자 파탈리푸트라는 인도 아대륙의 권력 중심지로 부각하였다. 마우리아의 찬드라굽타는 마가다국의 마지막 왕국 난다왕조를 무너뜨리고 세운 나라이다. 마우리아왕조는 드넓은 제국이었다. 북쪽 아프가니스탄 동부, 카슈미르, 네팔까지 포괄해 남부 타밀을 제외한 전 인도에 걸쳐 있었다. 벵골만에서 아프카니스탄에 이르는 광대한 영역을 경영하였으며, 아들 빈두라사는 중부와 남부로 제국을 확

9 Peter Skilling, 「스투파, 불족적, 초기불교의 상상」, 『스투파의 숲, 신비로운 인도이야기』, 국립중앙박물관, 2023, 41~51쪽.

사르나트에서 발굴된 불교후원자 초상
(기원전 2~1세기 우타르프라데쉬 사르나타, 뉴델리국립박물관)

장했다. 빈두라사의 아들 아소카가 즉위하면서 파탈리푸트라는 보다 강력한 수도로 부상하였다.

기원전 300년, 그리스인 외교관이자 역사가인 메가스테네스Megasthenese가 파탈리푸트라를 찾아왔고 『인도지*The Indica*』에 기록하여 서양에 알렸다.[10] 메가스테네스는 셀레우코스왕조의 사신으로 왔으며 파탈리푸트라에 장기 체류하였다. 그로부터 6백여 년 뒤인 5세기에 동진의 법현이 파탈리푸트라에 이르렀으며 『불국기』에 기록을 남겨 중국인에게 이 도시를 알린다. 법현이 당도했을 때는 이 모든 영화가 자취만 남긴 상태였다. 『고승법현전』에, "갠지스강 남쪽에 마가다摩揭陀國 옛 성이 있으며 황폐해진 지 오래지만 그 터는 여전히 남아 있다"고 하였다.

> 마갈제국摩竭提國의 파련불읍巴連弗邑은 아육왕이 다스리던 곳이다. 성 안의 궁전은 귀신으로 하여금 짓게하여 돌을 쌓아 담과 문을 만들었으며 조각이나 장식은 이 세상 사람이 만든 것이 아니어서 지금도 그대로 남아 있다. (…중략…) 아소카탑 부근에 마하연승가람摩訶衍僧伽藍이 세워져있는데 엄숙하고 깨끗하다. 또 소승의 사원도 있는데 모두 600~700명의 승려가 살고 있으며, 그들의 행주좌와行住坐臥 행동거지는 가히 볼 만하다. 사방의 덕

10 R. Stonemain, *The Greek Experience of India*, Princeton University Press, 2019, p.129.

높은 사문이나 학문을 하고자 하는 사람은 모두 이곳으로 온다. 일찍이 브라만의 스승으로 이름이 문수사리라는 대덕도 이 절에 주석하는데 나라 안의 모든 대덕사문들과 대승의 비구들이 존경하고 있다.

아소카는 7탑을 헐어서 다시 8만 4,000탑을 세웠는데 그 처음에 만든 대탑이 성 남쪽 3리 근처에 있다고 하였다. 아소카가 만든 니이성泥梨城이 남아 있고, 석실은 세존이 좌선에 들어가자 제석천이 천악반차天樂般遮로 연주를 하여 기쁘게 해드리던 곳이다. 법현은 파탈리푸트라에서 3년을 머물며 범어를 배우고 율장을 베끼었다.

파탈리푸트라는 로마세계에도 널리 알려져 있었다. 로마는 벵골만까지 와서 교역하고 있었고 신드에 내왕하던 그리스상인의 전통도 남아 있었다. 로마의 폴리니Plinius, 24년경~79년는 『자연사*Naturalis Historia*』에서 파탈리푸트라를 이렇게 기록했다. 폴리니가 살던 78년은 인도와 로마의 무역이 절정에 달한 시점이었다.

프라시Prasii족은 인도 전역에서 다른 모든 민족을 능가하는 힘과 영광을 누리며, 수도 팔리보트라Palibothra는 매우 크고 부유하다. 어떤 사람은 그 민족 자체를 팔리보트라로 부르며 심지어 갠지스강변 전체 지역을 팔리보트라로 부른다.

19세기 사전에는 팔림보트라PALIMBOTHRA로 표기하고 그리스인이 도시 건축을 설계한 것으로 등장한다.[11]

팔림보트라는 갠지스강과 에란나보아Hirānjāvaha 교차점에 위치한 고대

---

11 William Smith, *Dictionary of Greek and Roman Geography*, 1854.

인도의 유명 도시를 말하며 현재 파트나Patna 이름으로 알려져 있다. 스트라보는 다음과 같이 말한다. 메가스테네스Megasthenes가 산드로코토스Chasndragupta 왕의 대사로 팔림보트라에 파견되었다는 사실과 그곳은 길이가 80, 너비 15스타디아stadia의 방책으로 둘러싸인 평행사변형의 형태로 광대한 도시로 묘사하고 있다. (…중략…) 메가스테네스의 권유에 따라 6,000스타디아로 그것을 배치했다. (…중략…) 이 도시가 고대 산스크리트어 이름이 파탈리푸트라였음은 의심할 여지가 없다.

발굴 결과 파탈리푸트라가 헬레니즘 양식에 기반함이 밝혀짐으로써 위 기록이 사실임이 확인되었다. 도시는 그리스 디자인으로 장식되었으며, 준準이오니아식으로 명확히 근동 영향을 나타낸다. 인도 고고학조사국Archaeological Survey of India은 "헬레니즘 양식의 거대한 수도"라고 묘사한다.[12] 파탈리푸트라 수도는 셀레우코스제국이나 인근 그리스-박트리아왕국이 초기 인도 조각예술에 미친 영향을 반영한다. 파탈리푸트라에서 마우리아의 제왕들이 메가테네스, 다마쿠스Deimachus 및 디오니소스Dionysius 같은 대사를 맞아들인 실제 기록이 있다. 그들은 선물과 장인을 데리고 파탈리푸트라에 왔을 가능성이 높다. 인도-그리스인이 기원전 185년경에 파탈리푸트라에 직접 주둔했을 가능성도 있다. 마우리아제국이 멸망한 후 잠시나마 슝가로부터 도시를 점령했을 것이다.[13]

굽타왕조240~335도 파탈리푸트라를 수도로 삼았다. 찬드라굽타 2세376~415시대에 고전의 시대를 열었다. 창의적 건축과 조각, 회화가 창조된 문화의 황금기였다. 굽타는 데칸 전역을 제국의 영역에 포함시키면서 아잔타 동굴벽화와 봄베이 근처의 엘리판타 바위사원 등이 들어섰다.

---

12 "Excavation Sites in Bihar : Archaeological Survey of India", Archived from the original on 8 December 2016, Retrieved 15 January 2017.

13 Julia Shaw, *Buddhist Landscapes in Central India*, Left Coast Press, 2013, p.46

4 | 갠지스강에서 성숙한 마우리아제국과 해양 거점 칼링가

인도 아대륙이 최초로 통일되는 결정적 계기는 알렉산드로스의 침입이었다. 마가다의 난다왕국에서 추방되었던 찬드라굽타와 그의 친구인 브라만 출신 차나카야Chanakya가 북서부 탁실라로 가서 그리스인과 접촉한다. 찬드라굽타는 실제로 알렉산드로스를 만났다. 알렉산드로스의 정복과 영광을 목격하고 그와 겨루고 싶은 야망에 불탔다. 이윽고 기원전 323년에 알렉산드로스가 죽었다는 소식을 듣고 찬드라굽타와 차나카야는 즉각 움직였다. 민족주의에 호소하면서 세력을 모아 탁실라를 함락하여 그리스인을 쫓아내고 파탈리푸트라로 가서 통일왕조 마우리아를 건설한다. 마우리아제국은 인도의 그리스왕국들, 그리고 프톨레마이오스왕국 등과 친교를 맺었다. 스트라보Strabo는 중앙아시아 옥수스강은 인도 상품이 카스피해와 흑해를 지나 유럽으로 운반되는 중요한 연결망 속에서 한 고리를 이룬다고 알려준다.[14]

마우리아 영토 확장은 아소카의 칼링가 정복기원전 261년경으로 마무리되었다. 칼링가족만 정벌하면 북인도 대부분이 손아귀에 들어오는 상황이었다. 칼링가는 작지만 강했다. 많은 상인집단이 오랫동안 무역 거점으로 자리 잡아 경제적 부가 충만했고, 한때는 갠지스강까지 그들 영역이었다. 오늘날의 오딧샤와 안드라 일부에 해당된다.

정복전쟁은 거칠고 기괴스러웠다. 칼링가족이 살던 칠리카호수는 피로 물들었다. 아소카는 코끼리 군단을 이끌고 전투에 나섰는데, 길들여진 코끼리도 상처를 입으면 야생으로 돌변하여 전장을 미친 듯이 짓밟고 다녔다. 시신이 산을 이루고 피가 강을 적시어 산야가 붉게 변하고

---

14 자와할랄 네루, 김종철 역, 『인도의 발견』, 우물이있는집. 2003.

파탈리푸트라 발굴

남은 것은 이들을 뜯어먹는 야생동물뿐이었다. 아소카는 통일 대업을 이루었으나 무려 30만 명으로 추산되는 엄청난 희생을 치렀다. 당대 인구로 볼 때 가공할 숫자였다.

이 미친 전쟁에서 아소카의 생각이 바뀐다. 마침내 불법Dharma의 수호자로 변신한다.[15] 초기 불교사에서 획기적 전환점이었고, 그의 적극 전교로 인도 전역과 스리랑카로 불교가 전파되었다. 불교는 아이로니컬하게도 대학살과 참상을 딛고서 제국의 종교로 부상하여 세계 종교로서의 규모를 갖추고 뻗어나가기 시작한다. 마우리아 내의 사정으로는 통일제국의 안정적 유지를 도모하고 전체 백성을 결속시키는 통치수단이기도 했다.

아소카는 다르마 사절단 두따Duta를 외국에 파견한다. 오늘날의 시리아 안티오쿠스, 마케도니아 안티고노누스고나타스, 에피루스의 알렉산드리아에도 파견하였다. 두따는 전달자라는 의미로서 대사나 공사 같은 외교 사신이었다. 곳곳에 스투파가 세워지고 불법 수호를 기둥과 암벽에 각인한다. 스투파는 전례 없이 컸으며, 돌기둥은 하늘 높이 솟았다. 불법 수호자로서의 권위를 만방에 내세웠다.

바위 석주가 오늘까지도 30여 군데 남아 있다. 다르마는 마애법칙磨崖法勅, 소마애법칙小磨崖法勅, 석주법칙石柱法勅, 소석주법칙小石柱法勅, 동원법칙洞院法勅 등 다섯 가지다. 마애법칙은 국경지방, 거대 사암을 깎아 세운 석주법칙은 국내 요충지에 위치한다.[16] 칸다하르의 이중 언어 바위 다르마칙령같이 그리스어본, 시리아어본으로 각인되는 경우도 있었다. 그리스와 시리아어가 칙령에 포함된 것은 그만큼 불교 전파가 국제적이었음을 시사한다.

---

15 전쟁으로 인한 아소카의 전향이 아니라 아소카는 이미 칼링가전쟁 전에 불교에 귀의한 상태였다는 주장이 있다.

16 정순일, 『인도불교사상사』, 운주사, 2004, 183쪽.

다르마란 넓은 뜻의 바른 행동, 도덕적 가르침, 현상, 정의, 진리 등 다양한 뜻을 지니는데 붓다 이전부터 쓰던 용어이다. 붓다는 이런 좋은 뜻을 지닌 용어를 채용하여 당신의 가르침을 표현할 때 다르마라고 하였다. 아소카도 붓다를 따라서 다르마를 사용하였다. 아소카의 다르마는 불교에 근거하지만 힌두교도나 자이나교도도 쉽게 따를 수 있는 개방성을 지니고 있었다. 아소카는 부다가야에도 마하보디 대탑을 세운다. 법현과 의정 등 구법승은 예외 없이 이들 기념비적 축조물에 경의를 표하고 기록을 남겼다. 이쯤에서 마우리아제국 이후의 칼링가와 불교의 전파 과정을 살펴볼 필요가 있다.

마우리아왕조 이후에 굽타왕조 등 여러 다양한 왕조가 칼링가를 지배한다. 왕국이 다양하게 바뀌어나가면서도 칼링가디파티Kalingādhipati, 칼링가의 군주 칭호는 지속되었다. 지배층만 바뀔 뿐 토대는 칼링가족이었다. 바위 석주에 이렇게 각인되었다.

> 자비로운 삐야다시 왕은 왕위에 오른 지 8년에 칼링가를 정복하였다. 십오만 명이 포로로 끌려오고 십만 명이 살상되었고, 몇 배의 사람이 전쟁으로 죽었다. 그후 칼링가는 합병되었다. 정복한 후에 자비로운 왕은 매우 열성적으로 담마에 몰입하게 되었고, 담마를 열망하였고, 사람들에게 담마를 가르쳤다. 지금 자비로운 왕은 칼링가를 정복한 것에 깊은 자책을 느낀다. 독립된 나라를 정복하였을 때 사람들의 살육과 죽음, 그리고 포로가 있게 되는데, 이 모든 것은 자비로운 왕에게 슬픔을 주고 한탄스럽게 한다.[17]

1837년, 고고학자들은 강둑 옆 다울리Dhauli 언덕의 거대한 바위에 아

17 一雅, 『아소까－刻文과 역사적 연구』, 민족사, 39쪽.

소카의 「14장 칙령」이 각인된 돌조각을 발견했다. 칙령 옆에는 코끼리 두 마리의 앞부분도 새겨져 있다. 하나는 '최고의 이미지'이고 다른 하나는 '흰 코끼리'라고 설명했다. 『십사장칙서十四章敕令』는 칼링가 전투 이후 아소카가 무력으로 나라를 다스리는 이념을 바꾸고 대신 불교와 문화로 다스리는 전략을 시행했다는 내용을 담고 있으며, 고대 사회 연구의 귀중한 자료이다.

칼링가의 핵심 영토는 오늘날 오딧샤 전체와 안드라프라데시 북부의 일부를 포함한다. 고대에는 갠지스강 유역까지 영토가 확장되었으며 대체적으로 갠지스강과 고다바리강 사이를 칼링가 영역으로 본다. 칼링가 남쪽 경계는 때로는 크리슈나강까지 확장되었다. 고대에서 현재에 이르기까지 동쪽 경계는 벵골만이었다.[18] 문헌에서 오딧샤오릿샤왕국은 칼링가왕국과 혼용되며, 사실상 같은 뜻이다. 중국 문헌에서는 칼링가를 갈릉가국羯陵伽國, 오딧샤를 오다국烏茶國이라 호칭하였다. 칼링가의 고대 수도는 단타쿠라Dantakura 또는 단타푸라현재는 Srikakulam의 치카콜Chicacole 근처 단타박트라Dantavaktra였다. 스리카쿠람은 안드라프라데시 주의 중심이다.[19]

연대기 『마하완사*Mahavamsa*』에 따르면, 칼링가는 스리랑카 건국신화에 등장하는 전설적인 비자야 왕자의 출생지다.[20] 칼링가 상인 카운딘야Kaundinya는 나가Nāga족의 소마 공주와 결혼해 푸난왕국의 공동 창건자가 됐다. 8세기 자바의 샤일렌드라왕조, 짬파왕조도 칼링가 사람이 창건한 것으로 알려졌다.[21]

---

18 Ganguly, DK, *Historical Geography and dynastic History of Orissa*(1st ed.), Punthi Pustak, Kolkata, 1975, pp. 6~7.

19 스리카쿠람에는 Salihundam, Kalinga Patnam, Dabbaka Vaani Peta, Nagari Peta, Jagati Metta, Singupuram 등의 불교 명소가 많이 남아 있다.

20 Thera Mahanama-sthavira, *Mahavamsa : The Great Chronicle of Sri Lanka*, Jain, 1999, p.196.

21 Sanyal, Sanjeev, *The Ocean of Churn : How the Indian Ocean Shaped Human*

칼링가의 최초의 성 유적 시수팔가르Sisupalgarh는 기원전 3세기 초에 지어졌으며 도시 남동쪽 마하나디Mahanadi강에 가깝다. 마우리아왕조시대에 칼링가왕국의 중요 도시 중 하나였다. 현장의 기록과 고고학 연구에 따르면 8세기 오다왕국의 수도는 시수팔가르 유적지보다 마하나디Mahanadi강에서 더 먼 오늘날의 부바네스와르Bhubaneshwar 국제공항 남서쪽 모퉁이에 위치한다. 부바네스와르는 현재 오딧샤의 주도로 많은 문화 유물과 유적지가 있는 지역의 중심이다. 700여 사원이 몰려있어 '사원의 도시'라는 별칭이 붙은 종교 중심지이다. 시수팔가르와 항구도시 푸리Puri, 선 사원이 있는 코르낙Konark은 황금의 삼각형Swarna Tribhuja을 형성한다. 불교가 쇠퇴하자 한동안 자이나교 거점이 되었다. 7세기에 이르면 자이나교 대신에 힌두교가 부상했다.

『불조통기』에 '서촉西蜀 사문 회령會寧이 남해로부터 배를 타고 가릉국에 이르렀다'고 하였다.[22] 『송고승전』에서는, 불공不空 삼장이 제자 함광含光 혜변慧辯 등 21명과 함께 남해를 떠나 곤륜산맥을 따라 배를 타고 가릉국 경계에 이르렀을 때 강한 회오리바람을 만났다고 기록하였다.[23] 7세기 현장은 『대당서역기』에서 오다국에 가람이 100여 곳 있는데 승려만 1만여 명 있고 모두 대승을 익히고 있다고 하였다. 스투파는 10여 곳 있는데 모두 여래께서 법을 설한 곳으로서 아소카 왕이 세운 것이다. 오다국 남동 방향은 벵골만에 인접하고 항구도시 절리달라성折利呾羅城, 현재의 Puri이 있었다. 둘레는 20여 리에 달하며 바다로 무역하러 나간 상인이나 먼 곳에서 온 여행객이 왕래하며 머무는 곳이다. 성은 견고하고 높으며 온갖 진귀한 보배들이 많다. 성 바깥에 가람이 다섯 곳에 있는데 안치된 불보사상의 조각 솜씨가 매우 화려하다. 여기서 스리랑카의 불치

History, Penguin, UK, 2016, pp.82~84.

22 『불조통기』 권39.

23 『송고승전』 권1.

사가 보인다고 기록하였다. 푸리항구에서 치아가 떠난 사실을 상징적으로 기록한 것이다.

> 남해 싱할라국에서 2만여 리 떨어진 곳에 이 성이 위치하는데 고요한 밤에 멀리 그 나라를 바라보면 불치아사리를 안치한 스투파 위에서 보석 구슬이 찬란하게 반짝이는 모습을 볼 수 있어서 마치 밝은 등불을 환히 내건 것처럼 보인다고 한다.

현장은 칼링가국은 정법 믿는 사람은 적고 외도를 따르는 이는 많으며, 가람은 10여 곳, 승려는 500여 명이 있는데 모두 상좌부를 배운다고 하였다. 성 남쪽에 아소카 스투파가 하나 있는데 높이는 100여 척에 달한다고 하였다. 의정 이후에도 오다국은 중국과 계속해서 접촉했다. 당 정원貞元 12년795, 중인도 승려 석연화釋蓮花가 배를 타고 오다국왕이 지은 산스크리트어 화엄경 40장을 덕종德宗에게 바쳤다.

칼링가 해역권에는 전통적으로 고대 해양집단이 웅거했다. 해안 석호 칠리카Chilika호수는 고대로부터 선박 집결지로 유명했다. 호수를 빠져나온 선박은 벵골만을 무대로 남쪽으로는 스리랑카, 동남쪽으로는 동남아시아로 항해했다. 그리스 지리학자 프톨레마이오스기원후 150는 칼링가의 주요 거점 항구가 푸리Puri, 코삼비Kosambi, 팔루르Palur라고 했다. 산스크리트 힌두교 텍스트 『브라만다 푸라나*Brahmanda Purana*』는 칠리카호수가 무역과 상업의 중심지이며, 선박은 자바와 말레이, 스리랑카로 항해했다고 기록하였다.

푸리는 칠리카호수 북단 해안이다. 푸리에는 강가Ganga왕국이 13세기에 세운 칼링가 건축 양식의 코나라크 선Konarak Sun사원이 있다. 사원을 짓기 위해 거대한 돌을 선적한 항구다. 현장이 순렛길에 들러서 '첼리탈로Chelitalo'라고 묘사한 곳으로, 불교와 힌두교 중심지로 기능하였다. 기원전 4세기 힌두-산스크리트어 문헌인 『브라만다 푸라나』에 이미 칠리카호수가 무역 거점이자 선박 피난처로 묘사된다.[24]

스리랑카 동전11~12세기과 한자가 각인된 중국 동전과 도자기는 12세기까지 동서 해상무역이 있었음을 확인해준다. 도자기, 동전 등은 오딧샤에서 남방 스리랑카, 동쪽 미얀마와 시암, 남동쪽의 수마트라를 연결하는 해상 네트워크를 입증한다. 로마제국의 암포라와 회색·흰색 도자기 편도 발굴되어 지중해권과의 연결을 확인시켜 준다.

칼링가는 역사적으로 오랫동안 상인집단이 중심이었다. 상선을 타고 전교승이 동남아로 건너갔다. 동남아와 중국으로의 해양을 통한 불교 전파에서 칼링가 역할이 중요했다. 스리랑카, 미얀마와 말레이반도, 수마트라와 자바, 캄보디아 등의 불교는 대체로 동인도에서 출발한 상선을 타고 전파되었다. 기원전에는 항해기술의 제한성으로 아무나 배를 타고 바다를 건너 외국으로 갈 수 없었다. 유수의 선단과 유능한 선원이 포진한 칼링가는 벵골만에 자리 잡아 불교 바닷길의 출발점이 되었다. 진신 치아도 칼링가에서 벵골만을 건너 스리랑카로 넘어간다. 아소카왕의 아들인 마힌다 장로가 배를 타고 스리랑카로 넘어간 곳도, 동진의 의정이 배편을 기다렸던 곳도 이곳이다. 그만큼 칼링가의 거대한 석호는 해양 불교의 진원지였다.

5 | 갠지스강의 벵골만 출구 탐라립티

붓다의 성지를 찾는 순례객들은 갠지스강과 벵골만을 많이 이용하였다. 북서쪽에서 내려오거나 벵골만에서 북동쪽으로 올라갔다. 그 갠

24 Balaram, "Maritime Heritage of Orissa", *Orissa Review*, Govt. of Orissa, November 2007, pp.27~41.

지스강 하구에 벵골만으로 열려진 출구인 탐라립티Tamralipta항구가 있었다. 탐라립티는 벵골만 해양사의 여명을 연 항구다. 법현과 의정, 그리고 혜초가 탐라립티를 이용했다. 탐라립티는 토착어로 두오몰리디Duomolidi, 多摩梨帝이며 오늘날 갠지스강 삼각주의 탐루크Tamluk다. 탐루크는 콜카타 남동쪽으로, 남쪽으로 벵골만, 동쪽으로 루프나라얀Rupnarayan강, 서쪽으로 수바르나레카Subarnarekha강으로 둘러싸인다. 갠지스 평원이 펼쳐지는 비옥한 땅으로 기원전부터 인구밀도가 높았다. 탐라립티는 강에 붙어 있는 해항Sea port이었다. 갠지스강은 상류에서 하류까지 끊임없이 배가 오가는 강상수운으로 소통하며, 이들 배는 바다와 연결되었다.

탐라립티는 벵골만 근처의 루프나라얀Rupnarayan강 강둑에 위치했다. 벵골만에서 으뜸가는 고대 항구로서 마우리아왕조 무역 루트의 벵골만 출구였다. 굽타왕조시대4~6세기에도 동부의 항구인 칸타살라, 카두라와 더불어 동아시아나 북인도와의 무역 창구였다. 고대부터 중국과 로마 상선, 칼링가, 타밀 등 여러 지역의 상선, 아라비아와 박트리아의 말, 심지어 에티오피아의 비단도 이곳으로 들어왔다. 파탈리푸트라, 바라나시, 짬파, 미얀마, 말레이반도, 인도차이나 그리고 북서인도의 요충지 탁실라 등과 연결됐으며 인도 아대륙 각 주요 도시를 향해 무역 루트가 뻗어 있었다. 1세기 『에리트레아해 항해서』에는 가장 위대한 상업도시가 갠지스강 입구에 있으며, 섬세한 천으로 짠 아름다운 최고의 옷이 거래됐다고 탐라립티를 거론했다. 프톨레마이오스도 항구의 유리한 조건을 언급하면서 선원과 상인, 실리고 내려지는 화물 등을 언급했다.[25]

탐라립티는 동인도와 스리랑카, 동남아를 연결하는 꼭짓점이었으며, 마우리아의 수도 파탈리푸트라를 지나 갠지스강을 거치고 오늘날의 간

25 Sila Tripati, Rao S. R., "The Ancient Port of India", *Studies in History and Culture*, vol.2, no.1, National Institute of OCEANOGRAPHY, 1994.

다라지방을 통과하여 아프가니스탄 카불로 연결됐다. 이 육로는 박트리아를 경유해 흑해에 이르렀다.[26] 그러나 탐라립티는 오랫동안 사람들 기억 속에서 사라졌다. 고고학 증거들은 기원전 3세기의 지속적인 정착촌을 보여준다. 범람으로 강둑이 무너지면 홍수에 휩싸여 도시가 파묻혔기에 유적은 범람토로 뒤덮인 지하에서 발견됐다. 퇴적층 주거지에는 벽돌로 축조된 바르가브마Bargabhima사원이 있으며 수도원 건물터도 발굴되었다. 50피트 깊이에서 발굴된 나무조각은 마우리아시대의 파탈리푸트라 유적과 동일하다. 로마 도자기, 찬드라굽타의 테라코타 등이 발굴되어 로마와 원거리 국제무역이 확인된다. 이집트 양식의 병도 출토되었는데 수입품이거나 현지 모사품으로 여겨진다. 이집트까지의 원거리 무역 통상이 이루어졌다는 증거이다.

기원전 187년경 갠지스강 중류 유역에서 일어나 마우리아왕조를 무너뜨리고 인도 북부를 지배하다가 기원전 73년 무렵까지 존속한 슝가Sunga왕국의 동전과 테라코타 조각도 발굴됐다. 이로써 마우리아와 굽타, 팔라에 이르기까지 갠지스 강상교통과 벵골만 해상교통을 연결하는 중요 거점이었음이 확인된다. 자이나교 문헌은 탐라립티가 기원전 3세기 방가Vanga왕국의 수도였다고 전한다. 스리랑카 연대기 『마하완사』에 의하면, 아소카가 스리랑카로 포교단을 파견한 장소이기도 하다.

탐라립티는 동남아와 중국으로 무역선이 출발하는 거점이었다. 반대로 동남아와 중국 무역선이 탐라립티에 당도하였다. 5세기 동진의 법현은 탐라립티를 다마리제국多摩梨帝國으로 기록하고, '바다에 연한 항구이다. 이 나라에는 24곳의 승가람이 있는데 모두 승려들이 살고 있고 불법 또한 성하다'고 하였다. 법현은 이곳에서 2년 동안 머물며 경을 베끼고 불상을 그렸다. 법현이 사자국을 향하여 떠난 항구도 탐라립티였다.

---

26 Romila Thapar, *Asoka and the Decline of the Mauryas*, Oxford Univ. Press, 1997, p.105.

탐라립티의 옛 항구 흔적(탐룩의 Mogolmari 유적에서 발굴된 불교사원 흔적, www.Get Bengol.com)

'동인도 탐라립티 상인의 큰 배를 타고 바다에 나가서 서남쪽으로 향했다'고 하였다. 초겨울 계절풍을 만나 밤낮으로 14일만에 사자국에 이르렀다고 하였다.

7세기 당의 의정635~713도 광주에서 배를 타고 스리위자야를 경유하여 탐리립티에 당도한다. 탐라립티에서 1년간 머물면서 범어를 익혔다. "바닷가에 접해 있기에 토지가 낮고 습하다. 바닷가에 임해 있으므로 육지와 바닷길이 서로 교차하고 있고 진기한 보배들이 아주 많이 있어서 이 나라 사람들은 대체로 매우 부유하다'고 하였다.

삿된 가르침과 바른 가르침을 함께 믿고 있다. 가람은 10여 곳 있고 승가 대중이 천여 명 살고 있다. 천사는 50여 곳 있는데 이교도들이 뒤섞여 살고 있다. 나라가 바닷가에 임해 있으므로 육지와 바닷길이 서로 교차하고 있고 진귀한 보배들이 아주 많이 있으므로 이 나라의 사람들은 대체로 매우 부유하다. 성 옆에는 스투파가 있는데 아소카 왕이 세운 것이다. 그 옆에는 곧 과거 4불께서 앉거나 거니시던 유적지가 있다.

7세기 현장은 탐라립티를 탐마율조국耽摩栗底國으로 기록하고, 수도원 10개와 아소카 기둥이 있었으며, 인디고, 비단, 구리 등을 수출하였다고 하였다. 오늘날의 탐라립티는 갠지스 삼각주의 확장으로 무려 97km나 내륙으로 물러났으며 후글리Hugli강의 할디아Haldia항구에서도 32km 이격되어 있다.

탐라립티의 해상과 강상 교역로를 통해 문명의 교환이 촉진됐을 뿐만 아니라, 종교·사상·문화·관습·기술·언어·철학·예술·건축 지식이 인도에서 외국으로 진출할 수 있는 기회가 됐다. 불교 승려와 순례자의 여행 그리고 종교 문헌과 유물은 인도와 스리랑카, 중국, 기타 여러 지역 간의 상호 작용을 자극했다.

Chapter 2

스리랑카에서 미얀마로

스리랑카 연대기

사자는 서남해 가운데 있다. 길이가 2천여 리이며 능가산楞伽山이 있고, 기이한 보화가 많아서 보화를 섬 위에 놓아두면 상인의 선박이 그 값어치를 지불하고 곧 갖고 가버린다. 후에 이웃나라 사람이 자주 가서 살았다. 사자를 능히 길들여 키운다고 하여 나라의 이름을 부르게 된 것이다.

『신당서』

Chapter 2

스리랑카에서 미얀마로

스리랑카 연대기

1 | 벵골만에서 스리랑카로의 궤적

스리랑카는 고대 인도인이 부르던 '랑카Lanka'에서 비롯했다. 서사시 『라마야나』에서도 랑카를 언급한다. 스리랑카는 여러 이름으로 불렸다. '보석의 섬'이라는 뜻의 라트나디파Ratnadeepa, '싱할라족의 땅'이라는 뜻의 싱할라디파Shinhaladeepa가 그것이다. 그 외에 실라오Ceilao, 실란Ceylan, 실론Ceylon 등으로도 불렸다. 고대 그리스인은 타프로바네Taprobane, 중국인은 사자국師子國·세란국細蘭國·석란국錫蘭國, 아랍인은 세렌디브Serendib라고 불렀다.

어느 날 이 신비로운 섬에 불교가 당도한다. 인도 아대륙을 거쳐서 내려온 것이 아니라 갠지스강 하구에서 출발하여 선박으로 당도하였다. 기원전 3세기에 아소카가 통치하던 마우리아왕조에서 벌어진 일이다. 벵골만에서 바다를 건너가서 당도한 스리랑카에서 불교의 새로운 역사가 쓰여진다. 스리랑카불교사의 전개는 '섬-불교' 역사의 효시이며, 이는 후대에 벌어진 스리위자야, 극동에서의 일본열도에 이르는 '섬-불교'의 출발점이다. 사람들은 반드시 선박을 이용하지 않으면 전파와 확산이 불가능한 '섬-불교'의 존재를 고려하지 않는다. 스리랑카 불교의 전파와 정착은 벵골만을 통한 이동이 하나의 전제조건이었다. 선박 이동은 지근 거리에서만 성립되는 것이 아니라 역사문화적 필연성에서 이동 거리가 선택되는 것이므로 스리랑카 불교도 남인도가 아니라 벵골만을 통하여 전파되었다.

통념상으로는 지리적 관점에서 불교 전파가 북인도에서 남인도를 거쳐서 스리랑카로 전해졌을 것으로 생각한다. 몇 가지 이유에서 전혀 그러하지 않다. 첫째, 북인도와 남인도 사이에는 장애물 데칸고원이 존재한다. 둘째, 드라비다족이 중추를 이룬 남인도는 싱할라족의 스리랑카와 좋은 사이가 아니었으며, 불교를 전파시킬 위치도 아니었다. 셋째, 스리랑카는 인도 아대륙 남동에 위치하여 해류와 바람을 이용하여 손쉽게 벵골만과 소통할 수 있으므로 불교본류인 북동인도에서 손쉽게 스리랑카로 전파되었다. 벵골만은 몬순계절풍에 따라서 손쉽게 순회할 수 있는 열려진 공간이었다. 넷째, 스리랑카와 남인도 사이의 해협은 매우 얕아서 선박 이동에 위험하였다. 전통적으로 이 해협은 대형 선박이 오가는 공간이 아니었다. 다섯째, 육상교통이 불비한 고대 사회에서는 선박이 상대적으로 안전하고 편리한 이동수단이었으며, 고대 항해력은 생각보다 수준이 높았다.

이상을 고려한다면, 벵골만에서 스리랑카로의 불교 직접 전파가 하나도 이상할 것이 없다. 그 문헌 증거물이 스리랑카의 고대 비밀을 알려주는 5세기경 마하비하라Mahavihara사원의 승려가 지은 빨리어 서사시 『마하완사*Mahāvaṃsa*, 大史, 大王通史』다. 스리랑카 전통 불교 교단인 대사파Mahāvihāra의 공인 불교사인 『마하완사』 곳곳에서 벵골만과 스리랑카 교섭이 확인된다.

『마하완사』는 벵갈에서 비자야Vijaya 왕자가 스리랑카로 왔을 때기원전 277~230부터 아누라다푸라의 마하세나Mahasena 왕의 죽음기원후 302까지 스리랑카 역대 왕의 이야기를 빨리어로 읊었다. 연대기는 붓다의 스리랑카 방문, 스리랑카 왕의 연대기, 승가僧伽의 역사, 스리랑카의 연대기, 도합 네 가지로 구성된다. 승가의 연대기에서 아소카 왕이 스리랑카에 보낸 사절, 보리수 이식, 마하비하라 건립을 다룬다. 지역에 파견한 전교사 명단도 포함되어 있어 바다를 건너 불교가 전파된 내력을 알려준다. 초기 불교의 경전 결집에 대한 『빨리어 율장』을 최초로 문자로 적은 기록도 포함한다.[1]

불교의 공식 수용은 스리랑카에서 최초로 세워진 아누라다푸라Anurādhapura 왕국에 의해서였다. 왕국 창건이 기원전 437년이므로 붓다 불멸 직후이다. 아누라다푸라는 초기 상좌부Theravada 불교의 지적 중심지였으며 붓다고사Buddhaghosa를 비롯한 존경받는 불교이론가의 본거지였다. 경전 결집이 재차 이루어졌으며 18개의 새 사원이 건립되었고 불교를 전한 마힌다 동상도 세워졌다.[2]

연대기에 따르면, 기원전 543년 비자야 왕자가 갠지스강 탐라립티에서 출발하여 벵골만을 가로질러 스리랑카에 도착했다.[3] 그는 섬을 자신의 지배하에 두고 왕으로 등극했다. 왕자가 벵골에서 바다를 건너왔음은 스리랑카와 벵골만의 관계가 기원전부터 시작되었음을 뜻한다. 판두카바야 왕기원전 437~367이 아누라다푸라를 수도로 정한다. 아누라다푸라는 프톨레마이오스의 세계지도에도 표시되어 있을 정도로 서방에도 알려져 있었다.

불교사의 의문은 붓다가 생존 시 스리랑카에 왔을까 하는 점이다. 스리랑카에 불교가 전해진 시기는 기원전 250년경으로 열반 후 200년의 일이다. 『마하완사』에 따르면, 붓다가 스리랑카를 세 번이나 찾았다고

---

1 Anur W. Rahula, *Histoty of Buddhism in Ceylon*, Colombo, 1956.

2 "Anuradhapura", *Britannica*, Retrieved 26 August 2022(www.britannica.com); "Sri Lanka".

3 비자야 왕자가 아라비아해 국제항구 소파라에서 출발했다는 주장도 있다.

한다. 연대기는 붓다가 당시 스리랑카에 거주하던 야카족과 나가족을 그의 위신력으로 제압하거나 몰아내고 스리랑카가 불교 중심지가 될 것이라는 수기를 담고 있다.[4]

4세기 법현은 『불국기』에 이르길, "여래께서 이 나라에 오셔서 악용을 제도하시고자 신통력으로 한 발은 왕성 북쪽, 한 발은 산꼭대기를 밟으셨다고 하는데, 두 발자국 사이는 15유연이나 된다"고 하였다. 왕은 탑 주변에 승가람을 만들고 무외산無畏山이라 명명하였는데 스님 5,000명이 거주한다고 했다. '금은으로 치장한 불당 안에 청옥상이 있다. 전신에 칠보가 번쩍이며 위엄스러운 형상은 엄연하게 보여서 말로서 표현할 수가 없을 정도'라고 하였다. 법현이 찾았을 당시, 이러한 구전이 생생하게 남아 있었다는 증거다.

붓다가 스리랑카를 세 차례나 방문했다는 이야기는 『마하완사』 외의 어떤 자료에도 기록되어 있지 않다.[5] 『마하완사』의 자료적 신뢰성에 의문이 든다. 더 나아가 『마하완사』가 20세기에 들어와서 강조된 측면에는 타밀족과 싱할라족 사이의 정당성 문제에서 싱할라의 우위를 차지하기 위한 일단의 '학술적 기획'이 반영되어 있다는 비판도 염두에 두어야 한다. 싱할라왕조를 세운 벵골 왕자는 당연히 벵골만에서 왔을 것이고 벵골만을 통한 교섭은 가능성이 높다. 기원전 247년에 아소카가 아들 마힌다를 보내 불교를 전파한 것도 벵골만에서 출발했다. 진신 치아가 스리랑카에 당도하여 불치사를 성립시킨 역사적 사건도 벵골만에서 출발했다. 이처럼 인도 아대륙 남쪽의 스리랑카는 남인도보다는 벵골만과 관련을 맺는다. 붓다가 활동하던 갠지스강 근역의 하구를 통해 뱃길이 스리랑카로 연결되었을 것이다.

---

4 주강현, 『해양실크로드 문명사』, 바다위의정원, 2023, 464쪽.

5 Kemper, Steven, "Ithaca", *The Presence of the Past : Chronicles, Politics, and Culture in Sinhala Life*, NY : Cornell University Press, 1992, p.33.

2 | 바다를 건너온 보드가야 보리수

아누라다푸라는 기원전 5세기에 마을에서 도시로 발전해나가고 있었다. 아소카 왕은 9개국에 전법사를 보낸다. 스리랑카에는 아들 마힌다Mahinda 장로를 포함한 5명의 승려를 보냈다. 아소카의 가계를 살펴보면, 마힌다와 상가미타Sānghamitta를 낳았다. 아소카가 세운 스투파와 석주로 유명한 산치 근처 베디사Vedisa 장자의 딸인 데비Devi가 아소카의 부인이다. 18세의 아소카가 총독으로 부임하여 이곳에서 마힌다와 딸 상가미타를 낳았으며, 근역에 불교승원이었던 우디야기리Udhayagiri 동굴이 남아 있다.[6]

마힌다와 상가미타는 둘 다 출가하여 비구·비구니가 되어 스리랑카에 불법을 심었다. 출가 전 상가미타는 아들 수마나Sumana를 낳았는데 그도 비구가 되어 스리랑카로 따라갔다. 이 밖에도 잇티야Itthiya 장로, 웃띠야Uttiya 장로, 삼발라Sambala 장로, 밧다살라Bhaddasala 장로의 다섯 장로를 땅바빠니스리랑카에 파견하였다. 기원전 250년, 불교가 '공식적으로' 아누라다푸라에 당도한 것이다.

승려 파견은 싱할라왕국의 데바남피야티사Devampiyātissa,기원전 250~210와 아소카 사이에 동맹이 존재했음을 뜻한다. 왕은 아누라다푸라에서 8마일 떨어진 미힌탈레Mihitale까지 가 마힌다를 맞이하였다. 역사적 만남이었다. 왕이 마중을 나선 것은 이미 불교에 대해 이해하고 있었다는 뜻이다. 이로써 스리랑카에 공전된다. 아마 공전 이전에 사전이 있었을 것이다. 미힌탈레는 야트마한 산정이나 오늘날 불교성지로 전승되고 있다.

마힌다 장로는 스리랑카에 당도한 후, 비구니가 없음을 알고서 아소카 왕에게 승려와 함께 보리수를 간청한다. 아소카 왕의 딸 상가미타가

6 일부 학설에는 마힌다가 아소카의 아들이 아니라 동생이라는 설도 있다.

스리 마하보디의 보리수(Henry. W. Cave, 1896)

비구니 사사나비구니 교단를 설립하기 위해 바다를 건너온다. 이것이 스리랑카 비구니 교단의 기원이었다. 상가미타가 보드가야 보리수나무가 맺은 첫 번째 열매에서 돋아난 여덟 새싹 중 하나를 아누라다푸라에 심은 곳에 보리수사당이 만들어졌다. 붓다가 깨달음을 얻은 바로 그 나무로, 2,000여 년이 넘는 긴 역사를 지키며 지금도 묵묵히 불자들을 맞아들인다. 샤마니즘에 널리 존재하는 수목 숭배 신앙은 불교에서도 수신樹神, Vrksādevata으로 등장한다. 『장아함경』에 이르길, "붓다께서 쌍수 사이에 누워 계실 때 마음은 산란하지 않았고, 수신樹神은 청정한 마음으로 부처님 위에 꽃을 뿌렸다"고 하였다.[7]

불교로 귀의한 데바남피야티샤 왕은 보리수나무가 뿌리를 내린 아누라다푸라에 큰 사원 자야스리마하보디Jaya Sri Mahā Bodhi를 세운다. 사원 창건은 남방불교사의 역사적 사건으로 훗날 상좌부의 모태가 된다. 법현의 기록에는 무외산사無畏山寺, Abhayariri vihāra의 청옥상靑玉像도 등장한다.

7 『長阿含經』(대장정 1) 卷3 「遊行經」, 21a13쪽.

기원전 89년에 건립된 무외산사는 대승 불교를 적극 후원한 마하세나 왕 시기4세기경에 승려가 5,000여 명에 달할 정도로 번성하였다. 공양미를 담았을 길이 19m에 달하는 대형 석조 용기가 규모를 증명한다.

아누라다푸라왕국이 불교의 절대적 지지자로 등장하면서 국가경영과 수도 건설 자체가 불교와 일치되게끔 기획되었다. 스리랑카 북단 자파나반도의 나가디파의 주요 항구 잠부콜라는 아누라다푸라의 수도와 간선 도로로 연결됐다. 이 간선 도로는 북문에서 시작됐다. 규모가 큰 종교 행진이 진행될 때 항구에서 도시를 잇는 도로를 횡단하는 데 14일이 걸렸다고 한다. 아누라다푸라는 북쪽으로는 인도 아대륙으로 넘어가는 길목이었으며, 불교왕국답게 인도 아대륙에서 바다를 건너온 부처의 진신 치아를 모신 불치사를 중심에 둔 도시 설계를 했다.[8]

스리랑카는 해양실크로드의 중간 거점으로 많은 부가 쌓였다. 주요 수출품은 보석, 향신료, 진주 및 코끼리이며 도자기, 실크, 향수 및 와인이 수입되었다. 세계 많은 외국 상인들 거주지로서 중요 상업 중심지였으며, 야바 나스로 알려진 그리스인 정착촌이 있었다. 축적된 부는 사원을 세우고 경영하는데 쓰여졌다. 싱할라왕국은 그렇게 무려 2,000여 년 존속하면서 불교의 중핵으로 이어왔다. 붓다의 방문, 그리고 아소카의 전법사 파견과 바다를 건넌 보리수, 싱할라 왕의 불교지원, 이후에 벌어진 불치사 성립 등 많은 역사적 사건과 신화 탄생을 통하여 스리랑카 불교의 저력이 쌓인 것이다.

---

8 Senake Bandaranayke, *Continuities and Transformations : Studies in Sri Lankan Archaeology and History*, Colombo : Social Scientists' Association, pp.205~211.

3 | 벵골만을 건넌 진신 치아와 불치사의 성립

진신 치아를 모셔와 불치사佛齒寺를 조성한 역사적 사건이 벌어진다. 불교사를 뒤바꿀 만한 사건이었다. 이로써 스리랑카는 상좌부 불교의 중심지로 확고하게 자리 잡았다. 불치 이동에서 벵골만 오딧샤 호숫가의 칼링가 상인이 주도적 역할을 했다. 최고의 품격을 갖춘 의식을 통해 옮겨졌을 것이 분명하다.

불치를 보낸 칼링가 수도 단타푸라는 '부처님의 치아'를 뜻한다. 열반한 후에 치아가 칼링가에 보존되었고, 칼링가의 정세가 위험해지자 스리랑카로 이양하였다. 일반 사리와 구분하여 불아사리佛牙舍利라 부른다. 진신 사리와 달리 그 숫자가 제한적인 불아사리를 스리랑카로 보냄으로써 바다 위 불국토의 섬으로 거듭나게 되었다. 단타푸라에서 치아를 보낼 정도로 스리랑카는 완연한 불국토로 인식되었다.

불치는 전란을 겪으면서 끝없이 새 왕도와 함께 이동·전승된다. 첫 수도 아누라다푸라에 모셔졌다가 폴론나루를 거쳐서 마지막 수도 캔디로 옮겨졌다. 진신 치아는 어떤 적이 침략을 해올 경우에도 그 적들조차 이를 소중히 여겨 다치지 않게 했다. 불치의 소중함을 모두 각별하게 이해했다는 증거다. 훗날 폴론나루와에서 세 번째 수도를 캔디로 옮겨 무사히 안착하고 오늘에까지 전해온다. 스리랑카 불교역사를 불치와 함께한 것이다.

스리랑카는 당연히 뱃길로 연결되었다. 『고승법현전』에, 상인의 큰 배를 타고 바다에 떠서 서남으로 향하였다. 초겨울의 신풍信風을 얻어 밤낮으로 14일 만에 사자국에 이르렀다고 하였다. 보름이면 벵골만 탐라립티에서 스리랑카에 당도할 수 있었다. 법현은 『불국기』에서 스리랑카 불교를 여러 대목으로 나누어 묘사했다. 국왕이 불법을 돈독하게 믿고 있고, 새 정사를 짓고 있었다. 6만 승려들이 있는데 모두 대중공양을

캔디의 불치사에는 매일매일 불자들이 몰려와 꽃의 바다를 이룬다

하고 있었다. 법현은 『고승법현전』에서 스리랑카의 불족과 치아를 모신 탑을 묘사하고 있다.

> 부처님께서는 이 나라에 오셔서 악룡을 제도하시고자 신통력으로 한쪽은 왕성 북쪽을 밟고 다른 발로는 산꼭대기를 밟으셨다고 하는데 두 발자취의 거리는 15유연이나 되었다. 왕은 성 북쪽의 발자국 위에 큰 탑을 세웠는데, 높이가 40장이나 되며 금은으로 장식하고 여러 가지 보석으로 꾸몄다. 탑 근처에는 또 한 승가람을 일으키고 무외산無畏山이라 하였는데, 여기에는 5천 승려가 있었다. 또 한 불전佛殿을 세워 금은으로 새겨 박고 모두 여러 가지 보물로 꾸몄다. 그 안에는 높이 3장 정도 되는 청옥상青玉像이 있었다. 전신에 칠보七寶가 번쩍번쩍 빛나고 위엄 있는 모습은 장엄하게 나타나며 그 훌륭함은 말로 다할 수 없을 정도였다. 청옥상의 오른쪽 손바닥 안에는 일정한 값을 매길 수 없을 만큼 귀중한 보배 구슬이 있었다.

폴론나루와의 불치가 모셔졌던 사원터

아누라다푸라의 거대한 제따와나 스투파

『고승법현전』에 불치佛齒는 항상 3월 중에 불치정사로부터 꺼냈다. 꺼내기 10일 전에 왕은 큰 코끼리를 장식하고 한 사람의 말주변 능한 자에게 왕의 의복을 입혀 코끼리 위에 태우고 북을 치면서 합창하게 했다. 불치사가 불교의례와 왕권의 중심으로 기능했음을 알 수 있다.

> 이제부터 10일 후 불치는 불치정사를 나와 무외산정사無畏山精舍에 이를 것이다. 국내의 도속道俗과 복을 심고자 하는 자는 각각 도로를 평탄하게 하고 거리를 아름답게 꾸미며 여러 꽃·향과 공양의 기구를 마련할지어다.

합창을 마치면 왕은 곧 길 양쪽에 보살의 오백신五百身 이후로의 여러 변현變現을 만들었다. 길 양편에 코끼리, 말, 사슴 등의 다양한 형상은 그림으로 장식하여 마치 살아 있는 것 같이 보이게 한다. 그런 후에 불치사리를 모셔내어 가운데 도로를 통해 지나가는데, 이때 주위 사람은 공양을 올리며 무외산 불당에 이른다. 승속을 막론하고 모여들어 향을 피우고 등을 피우는 등 여러 법회가 주야로 쉬지 않고 계속된다. 이리하여 만 90일이 되면 불치사리는 다시 성내의 정사로 돌아간다. 성 안의 정사에서는 문을 열어 여법하게 예경한다.

무외산정 동쪽의 산에는 지제支提 정사가 있으며 승려 2천여 명이 있다. 성 남쪽에는 승려 3천여 명이 사는 대사大寺 마하비하라摩訶毘呵羅, Mahāvihāra가 있다. 대사가 전란으로 파괴되어 사라지자 제따와나Jetavanaramaya 스투파가 건설되었다. 이 거대 스투파는 아누라다푸라의 제타바나수도원 폐허에 위치한다. 122m로 세계에서 가장 높은 사리탑이었다. 상좌부와 대승Mahayana 종파 내의 긴장을 표현하기 때문에 섬의 역사에서 중요하다. 11세기 아누라다푸라왕국이 멸망하고 버려지면서 스투파와 다른 탑은 정글로 뒤덮였다. 12세기 파라크라마바후 왕이 이 탑을 중수하려고 하다가 원래 높이보다 낮아져 현재의 71m 높이로 재건되었다. 한때

10,000명의 승려가 거주했던 것으로 추정된다.[9]

오늘날 불아사佛牙寺는 캔디에 위치한 말라가와Malagawa를 일컫는 말이다. 스리랑카에서는 불아사리를 모신 절을 불아사 혹은 불아정사라고 불러왔다. 지금도 해마다 7월이나 8월에는 캔디시에서 불아절축제가 열린다. 축제는 10일 동안 지속되는데 불아사에 봉안된 불아함을 꺼내어 코끼리에 싣고 성대한 행렬이 시내를 행진한다. 5세기 법현이 목격했던 의식이 1,600년 이상 장기 지속 중이다.

4 | 해협을 잇는 아담의 다리

그렇다면 벵골만 이외에 인도 아대륙의 남쪽 끝과 스리랑카의 해협을 통하는 교류는 없었을까. 스리랑카는 본디 인도 아대륙에 붙어 있었는데, 간빙기에 해수면이 높아지면서 섬이 됐다. 고지리학에 따르면 기원전 7000년, 즉 1만여 년 전에 인도 아대륙과 분리되어 48km 해협이 탄생했다. 대륙에서 섬으로의 분리는 스리랑카 자연생태뿐 아니라 역사 문화를 규정하는 결정 요인이 됐다. 최초의 호모사피엔스와 코뿔소, 하마, 사자, 호랑이 등이 섬에 고립됐다. 후대에 스리랑카 불법의 수호신으로 사자가 등장하고 사자국이라고 부른 것은 과거에 섬에 사자가 살던 전통이다.

항공사진을 보면, 인도 남동쪽 라메스와람섬과 스리랑카 북서의 만나르섬 사이에 길게 다리 같은 것이 물에 잠겨있다. 덕분에 해협은 '아담의 다리' 혹은 '라마의 다리'로 불리운다. 고대 인도인, 중세에 당도한 이슬람교도와 기독교도가 각자 자신들 필요에 따라 작명하였다. 이슬람

9 Mandawala, P. B., "The Jetavana Stupa Rediscovered", *Silhouette : 2002~2003*, General Sir John Kotelawala Defence University, 2002, pp.125~133.

역사학자 이븐 후르다드베가 '바다의 다리'를 언급하였다. 11세기 초반에 '아담의 다리' 기록이 처음 등장한다. 아담이 땅에 떨어진 '아담의 봉우리'가 스리랑카에 있고, 아담이 에덴동산에서 쫓겨난 후 스리랑카 북쪽에서 다리를 통해 인도로 건너갔다는 이슬람 믿음을 전제로 한다. 무슬림상인이 해협에 등장하여 무역 전진기지를 만들면서 탄생한 서사다.

고대 산스크리트『라마야마』에서는 스리랑카를 가기 위해 라마가 이용한 데서 '라마의 다리'가 기원하였다. 타밀나두의 힌두 세력이 바다를 건너 스리랑카로 확산되던 상황을 반영한다. 타밀은 끊임없이 스리랑카에 힌두교를 전파시키고자 하였다. 불교국가 스리랑카에 잔존하는 북부 힌두사원은 인도 본토와 섬 사이의 길항관계를 반영한다.

원대『도이지략』에서는 스리랑카를 승가랄僧加剌로 호칭하면서 산허리에 우뚝 불당이 서 있는데, 석가불의 육신이 있는 곳으로 사람들이 따르고 의지하며 지금까지 향촉을 올리는 일이 그대로인 것 같다고 하였다. 바닷가의 연꽃처럼 생긴 바위에 부처 발자국이 있다고 하였다. 불족적佛足跡 신화는 장기 지속으로 이어져서 명대 정화원정대의『영애승람瀛涯勝覽』도 주목한다. 니코바르왕국에서 서쪽으로 배를 타고 7일을 가면 앵가취산鶯歌嘴山이 보인다. 다시 이틀을 가면 불당산佛堂山에 이르러서야 별라리別羅里라고 부르는 석란국에 도착하는데 여기서부터 배를 정박시키고 해안으로 올라 육지로 간다. 해변의 산기슭 빛나는 돌 위에 발자국 하나가 있는데 길이 2척쯤 된다. 세존이 취람산에서 와서 이곳으로 뭍에 오를 때, 바위를 밟아서 발자국이 남았다고 한다.[10] 명대『성사승람』에도 니코르바 군도翠藍嶼에 붓다 관련 족적이 남아 있다고 했다.

아담의 피크에 해당하는 원추형의 스리 파다sri pada, 佛足을 뜻함 정상해발

10 박세욱의 주석에 따르면, 불당산은 실론 남단(dondera head)의 성지로 불교사원에 붙여진 명칭인데 원래는 데와나가라(Dewa nagara)이다. 성지순례지였던 이곳은 1587년 포르투갈 사람들에 의해 파괴되었다.

불족(캔디의 덤블라석굴)

2,234m은 지금껏 신성 공간으로 모셔진다. 수트라Mahayana Lankavatara sutra에 따르면 붓다가 산 정상에서 설법을 행했다고 전해온다. 일찍이 5세기의 연대기 『마하완사』에서 언급되었다. 그런데 불교도는 부처의 발자국, 힌두교도는 시바, 무슬림과 기독교도는 아담, 중국인은 반고의 발자국이라고 각자 별도로 신성시할 뿐 본질은 같은 것이다. 아담의 다리가 되었건 라마의 다리가 되었건 인도 아대륙과 섬의 소통과 교류 역사를 반영하는 역사적 서사이다.

해협 탄생의 온갖 신화적 기재는 실체 근거와 밀접하게 연결되어 있다. 섬으로 분리됐어도 해협은 거리가 가깝기 때문에 선사시대부터 뗏목과 선박을 이용해 건너 다녔다. 인구 증가와 조선술 발달, 탐험과 무역에 대한 욕구 증가로 이동이 더욱 빈번해졌다. 그러나 수심이 낮기 때문에 해협으로는 선박통과가 어려워서 국제 상선은 스리랑카를 빙 돌아서 항해했다. 해협의 자잘한 섬에는 외국상인 정착촌이 마련되기 시작하였다. 원의 『도이지략』에는 '무리지어서 회인아랍인이 섞여 산다'고 하였다.

해협의 팔라아카일 같은 항구는 13세기 무슬림 무역 거점으로 부상하였으며 페르시아에서 수입된 말이 인도 남부의 왕국으로 들어갔다. 해협은 아랍인과 중국인이 당도하기 훨씬 이전에 인도와 로마의 교역장이기도 했다. 많은 구슬 목걸이와 보석류, 암포라 파편, 타일과 벽돌 등이 발견된다. 인도-로마의 교역장 알라간쿨람에서는 로마동전이 발굴되었으며, 로마 황제의 두상, 지구본을 든 승리의 여신상도 발굴되었다.

아담의 다리에서 가까운 스리랑카 북단 자프나반도는 불교의 길목이다.[11] 불교가 들어오면서 그 이전 시대의 거석 신앙과 결합하여 불교 연기 설화를 만들어냈다. 여기서 브라흐미Brahmi문자로 쓰여진 싱할라어 비문이 들어 있는 도기 조각을 발견했다. 거석 신앙과 불교가 중첩된 것으로 보인다.[12] 힌두와 불교가 융합하면서 적어도 기원전 3세기부터 7세기까지 완벽하게 공존했다. 오늘날에도 남아 있는 줄지어 늘어선 원형 스투파는 이곳에 존재하던 고대 불교의 흔적이다. 타밀의 힌두와 불교 문화가 복합으로 공존하는 상태다.[13] 카두루고다Kadurugoda사원도 불교의 거점이었다. 사원 건립과 운영에 따른 공물과 재산 유증에 대한 장엄한 선언을 기록한 10세기 싱할라어 기둥 비문이 사원에 남아 있다.

자프나에는 선사·고대 도시 칸타로다이가 있다. 칸타로다이는 인도 아대륙과 마주보며 앞에 여러 개의 섬이 있어서 외해를 막아준다. 프톨레마이오스가 언급한 코우롤라Kourola와 1세기 『에리트레아해 항해서』

---

11 Rasanayagam, C.·Mudaliyar C. Rasanayagam, *Ancient Jaffna : Being a Research Into the History of Jaffna from Very Early Times to the Portuguese Period*, Asian Educational Services, 1984, p.390.

12 Ibid., p.390.

13 Siva Thiagarajah, *Kantarodai and the Tamil Buddhists of Sri Lanka*, 1919(Amazon Kindle Edition, Ohm Books Publishing, 2015).

아담의 피크. 스리랑카 불교를 재건해 달라는 요청으로 시암의 승려들이 험한 바다를 건넜다
(아유타야 Wat Buddhaisawan 사원 벽화)

스리랑카 북서쪽 자프나반도 칸타로다이의 불교 유산
(National Trust Sri Lanka)

에서 언급한 카디라말라이Kadiramalai가 오늘의 칸타로다이이다. 칸타로다이는 기원전 거석 문화와 불교 문화, 타밀 문화가 섞인 문명의 용광로였다.[14] 13세기 이후에는 강력한 힌두-타밀왕국이 날루르Nallur를 수도로 정하고 4세기를 통치했다. 이 시점에 이르면 힌두-불교의 공존보다 힌두 중심으로 타밀족 신앙이 일원화되기 시작한다.

5 | 시련 속에서 피어난 상좌부 불교의 중심 싱할라

스리랑카가 '불국토의 섬'이 된 것은 평화롭지 않은 고통 속에서 얻은 결과물이다. 섬나라 옆에 강력한 군대를 거느리고 힌두로 무장한 드라비다족이 버티고 있기 때문이다. 끊임없이 바다를 건너온 타밀 세력에게 공격을 받았다. 2,000여 년에 걸친 싱할리왕조의 '3대 수도이자 문화 삼각지대'인 아누라다푸라, 폴론나루, 캔디 등은 힌두 세력의 공격을 받아 초토화되기 일쑤였다. 불맥佛脈이 끊길 지경에 이르렀다.

국가와 승단이 단절될 위기에 처하자 대사의 승단에서 회의를 거쳐 500명의 암송자와 필경사를 동굴사원에 결집시키고, 암송으로 전승되던 삼장과 싱할리어로 된 주석서를 패엽貝葉에 문자화하였다. 빨리 삼장

14 Ragupathy, P., *Early Settements in Jaffna : an Archeological Suvey*, Madras : Sudarshan Graphics, 1987.

의 근본이 시작된 것이다. 이후 스리랑카 불교는 둘로 분리되어 무외산파와 대사파로 갈라진다. 한편 스리랑카에서 불교를 전해 받은 미얀마가 다시금 승려를 보내 스리랑카 불교의 재건에 나선 적도 있다. 동남아 상좌부 불교 교류의 강력한 해상 네트워크가 구축되었음을 알려준다.

기원전 2세기, 촐라왕국이 스리랑카를 정복하여 근 50년간 아누라다푸라왕국을 지배한 적이 있다. 스리랑카에서 잡아온 포로 1만 2,000명을 동원해 카베리강에 1,600m에 이르는 거대 제방을 쌓아 관개농업을 주도했다. 불교도 포로들은 고난을 당하면서 촐라의 국가 기반시설을 만드는 데 기여했다. 당대 인구로 1만 2,000은 대단한 숫자였다.

싱할라왕국은 첫 수도 아누라다푸라를 남동쪽 폴론나루와로 옮겼다. 그러나 1017년 남인도 촐라왕국이 대대적으로 침략하여 자나나타망갈람Jananathamangalam으로 개칭했다. 촐라는 타밀의 강국 세 나라 틈바구니에서 명맥만 유지하다가 힘을 키워 9세기부터 해양강국으로 다시 부상한 것이다. 이웃의 행운은 약소국에게는 불행이었다.

스리랑카 북부에서 불교 문명이 체계적으로 파괴되었다. 현재 남은 유산은 박해를 피한 최소한의 잔존물이다. 촐라왕조는 폴론나루와에 시바사원 마하데비스바람Mahadevisvaram을 세웠다. 스리랑카 북부와 중부는 라젠드라 촐라 1세가 직접 통치했다. 1070년, 남쪽 불교도 비자야바후가 촐라를 공격하여 마침내 폴론나루와의 새 통치자가 되었다. 불교가 명맥을 끊길 상황에 처했다. 스리랑카는 벵골만을 건너서 미얀마에게서 구족계를 받아 무너진 승단을 정비한다. 비구가 거의 사라질 정도로 불교가 초토화된 상황에서 미얀마의 도움으로 재건하게 된다. 훗날 15세기에는 거꾸로 미얀마가 자국의 승가 회복을 위해 22명의 비구와 사절을 바다 건너 스리랑카에 보낸다. 이처럼 스리랑카와 미얀마는 수세기에 걸쳐서 승려를 주고 받으며 서로를 지탱해나갔다.

1214년에는 벵골만을 따라 내려온 해양세력 칼링가의 침공으로, 고도 아누라다푸라와 폴론나루와가 파괴되었다. 그 옛날 불치를 보냈던 칼링가는 일찍이 힌두왕조로 변해 있었고, 스리랑카의 불교 문명을 파괴했다. 조선 후기 이수광은 '왕은 부처를 숭상하고 코끼리와 소를 중시하며, 우유는 마시되 그 고기는 먹지 않는다'고 기록하였다.[15] 불교와 힌두교가 습합되어 있던 상황을 지적한 것이다.

고난의 역사 속에서 싱할라인은 아누라다푸라의 불치사를 옮겼다. 불치사 건축물은 사라졌으나 흔적은 남았다. 불치사 지붕을 받치던 돌기둥이 남아 있고 후대에 만들어진 석조 입상도 나란히 서 있다. 현존 폴론나루와의 대표 불교 유산은 바타다게Vatadage다. 바타다게는 원으로 빙 둘러서 지어진 건축 양식이다. 작은 스투파를 보호하기 위한 목적에서 생겨났다. 벽돌을 원으로 쌓아올려 정교하게 원형 사원을 만들었다. 싱할라 양식의 바타다게는 61~111년 무렵 아누라다푸라에 있는 투파라마Thuparama사원에서 채택된 이래 12세기 폴론나루와에서 그 전성기를 보여준다. 정교하게 다듬은 석주들이 남아 있는데, 지붕을 씌어서 보호하던 버팀기둥이다. 지붕은 목재를 이용했을 것이다. 당대 싱할라 불교가 도달한 뛰어난 건축술과 조형미를 함축한다. 단단함과 세련미를 보여주며, 입구 사천왕상 등에서 세세한 조각술을 엿볼 수 있다.

안드라프라데시의 고대 아마라바티 사리탑과 같이 바닥에 조각으로 장식된 플랫폼이 있다. 이러한 유형의 구조가 보다 정교한 바타다케에 영향을 미쳤을 수도 있지만 바타다케는 고대 스리랑카 건축의 어떤 특수성을 보여준다. 바타다케는 일반적으로 신성한 땅에 세워졌거나 붓다의 유물이나 붓다가 사용했던 물건이 들어 있는 사리탑 주위에 건설되었다.[16] 많은 바타다케가 건설되었지만 대부분의 누가 언제 건설했는

15 이수광, 박세욱 주해, 『지봉 이수광이 바라본 세계』, 영남대 출판부, 2024, 207쪽.

16 Prematilleke, P. L.·Karunaratne, L. K., *Polonnaruwa : The Silver Capital of Sri Lanka*, Colombo : Central Cultural Fund · Ministry of Cultural Affairs, 2004.

캔디의 덤블라석굴

지는 불확실하며 10개만이 남아 있다. 이들 중 폴론나루와, 메디리지리야Medirigiriya, 티리야야Tiriyaya의 바타다게가 비교적 잘 보존되어 있다. 바타다게 양식의 "궁극적 발전ultimate developmen"으로 여겨지는 폴론나루와 바타다게는 12세기에 지어졌다.

현재 바타다게 주변은 일종의 종교 박람회장이다. 칼링가 세력이 세운 오랜 힌두사원 유적이 같이 붙어 있다. 힌두와 불교는 한편으로는 갈등하면서도 공존했다는 증거다. 산스크리트 비문이 곳곳에 서 있다. 12세기에 폴론나루와에서 100여 킬로미터 떨어진 미힌탈레에서 옮겨온 거대한 바위에 패엽경을 각인한 독특하면서도 웅장한 불경이 땅 위에 놓여 있다.

폴론나루와 근교에 갈 비하라Gal Vihara 불상군이 있다. 거대한 대리석 바위에 좌상과 입상, 열반상 등을 동시에 병렬적으로 각인한 12세기 바위사원이다. 좌상과 열반상은 어디서나 볼 수 있는 것이지만, 입상은 팔짱을 낀 독특하고 유례없는 양식이다. 연꽃 모양의 낮은 받침대 위에 서 있는 입상은 높이 7m에 달한다. 편안한 자세로 등을 기대고 양팔을 가슴에 포개고 있다. 팔짱을 낀 입상은 다른 어느 곳에도 없는 양식이다. 서 있는 이미지는 부처상이 아니라는 일반 믿음이 있기 때문에 역사가와 고고학자 사이에서 논란이 있다. 입상 바로 옆에 붓다의 열반상이 놓여 있고, 입상 얼굴이 슬픈 표정이기 때문에 열반을 슬퍼하는 아난존자가 아닐까 하는 의문도 제기하고 있다.

지금은 사라졌으나 입상과 열반상 사이에 벽이 존재했고, 각각의 방으로 구분되어 존치되었다는 고고학 증거가 있기 때문에 현존 두 불상의 존재 양태를 가지고 픽션을 만들어낼 수는 없다. 어찌 되었건 많은 방문객은 슬픈 입상과 열반에 든 부처님상을 바라보면서 아난존자를 떠올리는 중이다. 학자에 따라서는 다른 사람의 '슬픔에 대한 슬픔'을 묘사한 붓다상이라 믿기도 한다. 싱할라 조각에서 거의 사용되지 않는 양식이다. 12세기의 번창하던 싱할라 불교의 고졸한 중세 미학을 보여주는 사례다.

6 | 구법승의 필수 순례지 사자국

스리랑카는 동방에 사자국獅子國, 혹은 석란국錫蘭國으로 알려졌다. 본래 이름 싱할라를 승가라僧伽羅로 음사하고, 사자로 한역하였다. 불경이 완비되지 않은 조건에서 천축에서 불법을 구하려고 구법승들은 천신만고 위험을 무릅쓰고 몸을 던졌다. 북천축을 목표로 순례를 떠났으나, 귀환길에는 스리랑카에 들리는 경우가 많았다. 『신당서』에서 사자국 기원을 이렇게 기록하였다.

바타다게 양식의 둥근 벽돌담으로 이루어진 싱할라 고유의 사원

> 사자는 서남해 가운데 있다. 길이가 2천여 리이며 능가산稜伽山이 있고, 기이한 보화가 많아서 보화를 섬 위에 놓아두면 상인의 선박이 그 값어치를 지불하고 곧 갖고 가버린다. 후에 이웃나라 사람이 자주 가서 살았다. 사자를 능히 길들여 키운다고 하여 나라의 이름을 부르게 된 것이다.

『남사南史』에, 동진 의희義熙, 405~418 연간에 사자국에 사자를 보냈다. 옥불상을 공헌하였는데 10년 걸려서야 도착하였다. 옥불상은 동진과 유송 양대를 거쳐 와관사瓦官寺에 보관되었다. 428년 사자국 왕 찰리마가刹利摩訶가 사자를 보내 표를 올렸다. 435년 또다시 사자를 보내 봉헌하였다. 『양서梁書』에 이르길, 대통大通 원년527에 사자국 왕 가섭가라가리야伽葉伽羅訶梨邪가 사자를 보내, "비록 산과 바다로 멀리 떨어져 있으나 소식이 때마다 통합니다"라고 표를 올린다. "정법을 받들어 모시고 천하를 인도하므로", 대량大梁과 더불어 함께 삼보를 널리 알려 교화하기 어려운

갈 비하라 바위사원의 열반상과 유례가 없이 팔짱 낀 입상

이들을 구하겠노라고 국제적 불교연대를 표하고 있다. 사자국과 중국의 소통이 불교를 매개로 이루어졌다는 증거이다.

중국 승려들이 스리랑카로 들어가기 전에 많은 사자국 승려가 중국으로 들어왔다. 『마하완사』 연대기에 의하면, 426년 남경에 8명의 스리랑카 비구니가 오늘날의 남경에 도착했으며 429년에는 3명이 도래했다. 434년에는 세 번째 비구니가 방문했고, 서임식이 진행됐다.[17] 스리랑카 쪽에서 먼저 능동적으로 전교에 나섰다는 증거이다. 5세기에 스리랑카의 유명한 조각가인 난테Nante, Nanda가 건너가서 자신의 조각품을 전하고, 중국에 남아 조각술을 가르쳐준 이후에 부처상이 유행했다는 증거가 있다. 중국 불교조각 및 사원조성에 영향을 미쳤다. 많은 산스크리트 불경이 한문으로 번역되었다.[18]

스리랑카를 방문하거나 스리랑카에 대한 감상을 남긴 순례자 중에서는 법현, 현장, 의정, 그리고 금강지가 주목할 만하다. 스리랑카와 고대 중국의 교섭에서 중요 자료는 법현의 『불국기』다. 법현은 402년 인도에 당도하며, 두루 인도를 돌아다니다가 귀국길에 스리랑카에서 2년여 머문다. 아누라다푸라에 머물렀는데 도로가 정연하고, 5~6만 명의 승려가 주석했다고 기록했다. 동서남북 길모퉁이에 설법당을 만들고 매월 8일과 14일, 그리고 15일에 높은 법상을 만들어 승속을 막론하고 4부대중이 모여서 설법을 들었다. 승려가 6만여 명이고 모두 대중공양을 했다. 법현의 시대에 왕성하던 스리랑카 불교를 짐작케 한다.

구법승에게 스리랑카는 만만한 바닷길이 아니었다. 중간 거점인 삼불제스리위자야에서 산스크리트어를 배우고 난 다음에 스리랑카로 넘어오는 수도승이 늘어났다. 불법을 실어나르는 뱃길은 무역상인이 이끌었고,

---

17 The National Trust Srilanka, *Matitime Heritage of Lanka*, Colombo, 2013, pp.110~111.

18 Roland Silva, "Foreign Contacts with Sri Lanka", Ibid., p.26.

불경뿐 아니라 불상 같은 무거운 물건, 스리랑카의 보석 같은 진귀한 무역상품도 포함하였다. 중국으로 스리랑카의 많은 패엽경이 들어갔다.

7세기 현장은 『대당서역기』에서 '이 나라는 본래 보물섬寶渚으로 불렸다'고 하였다. 불치사를 설명하면서, "높이가 수백 척에 달하며 보배 진주로 장식하여 그 화려함이 극치를 이룬다. 정사 위에는 표주表柱를 세우고 발담마라가鉢曇滅加, Padmāraga라는 거대한 보석을 올려두었는데 그 보석의 광채가 크게 빛을 발하고 잇닿은 빛이 눈부시게 사방을 비추었다"고 하였다.

송의 『제번기』에는 스리랑카를 세란국細蘭國으로 표기하고, 단향, 정향, 뇌자, 금은, 자기, 말, 코끼리, 명주실, 비단 등으로 교역한다고 하였다. 조선에서도 스리랑카를 세란국으로 불렀다. 조선 후기 이수광은 『지봉유설』1614에서 '석란산錫蘭山은 큰 바다 속에 있다. 임금은 불교를 숭상하여 코끼리와 소를 소중히 여긴다'고 하였다.

천주의 해외교통사박물관에는 스리랑카 왕자의 비석이 전해온다. 명 영락제 때 석란의 왕자가 천주에 와서 정착하고, 후대에 '세世'라는 성씨로 알려졌다는 내용이 나온다. 비석은 1996년 천주의 세가世家 묘지에서 발굴됐다. 스리랑카-중국 간의 교섭이 명대까지 이어질 정도로 장기 지속이었다는 뜻이다.[19]

15세기 초기, 정화가 대선단을 이끌고 스리랑카를 방문했다. 정화는 스리랑카를 여러 차례 방문했다. 대항해 연대기 작가인 마환馬歡도 스리랑카를 석란錫蘭으로 표기했다.[20] 정화가 처음 스리랑카를 방문했을 때는 부바네카바후 5세 때였다. 당시 부왕副王은 비라 알라케스바라였다. 알라케스바라는 폭군이었으며 불교의 가르침을 따르지 않았다. 그와 정화의 관계는 우호적이지 않았다. 적개심에 정화도 포기하고 그만 철수

19 國立歷史博物館編輯委員會, 『鄭和與海洋文化』, 臺北 : 國立歷史博物館, 2005, 104쪽.
20 『明史』 卷304 「鄭和傳」.

했다. 정화가 스리랑카를 다시 방문했을 때 그는 양국 친선을 도모하기 위해 재차 시도했다. 황제가 보내는 다양한 선물을 지참했다. 선물 목록은 중국어와 페르시아어, 타밀어로 적힌 명문에 포함됐다. 비신費信의 『성사승람星槎勝覽』에 비문 내용이 전해오는데, 1911년 갈의 도랑을 덮는 석판으로 쓰이던 비석이 재발견되어 실체가 확인됐다. 정화는 불치사에 보관된 붓다의 불아佛牙를 얻겠다는 생각으로 2차 원정 때 갈에 들렀다.

정화는 여기까지 찾아온 무사 항해에 감사하는 제의를 집행했고 기념비를 세웠다. 제의 집행처는 스리랑카 남부의 군주가 바다 수호신 바루나에게 봉헌한 돈드라였다. 싱할라족과 타밀왕조, 순례자의 후원을 받은 테나바람Tenavaram사원은 중요 예배 장소 중 하나였다. 남인도 체라왕국 스타일의 고전 드라비다 건축 양식으로 지어진 사원은 시바와 비슈누를 포함한 많은 힌두교 신을 봉헌했다. 이들 사원에는 일찍이 이븐 바투타도 방문했다. 정화가 갈에 세운 3개국 명문에 따르면, 중국 황제는 사절단을 통해 돈드라사원에 금은·비단·백단유 등 다양한 물품을 보냈다. 황제의 선물을 봉헌할 정도로 국제 항로에서 위상이 높았다.

비석은 1409년 2월 2일 중국에서 제작했으며, 정화가 1411년 갈에 세웠다. 비문에 '영락 7년 2월 5일'이라는 기록이 나오므로 아마도 귀환길에 세웠을 것이다. 오른쪽에는 한자, 왼쪽에는 타밀어, 왼쪽 아래에는 페르시아어로 쓰여있다. 흥미롭게도 명문에 싱할라어는 없다. 정화가 항해자들 사원에서 공양했다는 사실과 불교의례에 바친 품목을 알려준다. 의례는 불교, 힌두교, 이슬람 등 복합적으로 진행되었다. 타밀어 부분은 명 황제가 힌두교의 테나바라이 나야나르Tenavarai Nayanar, 비슈누신을 찬양해 공물을 바친다는 내용이다. 당대 바다를 누비던 힌두 무역상을 배려하는 의미다. 페르시아어 부분은 이슬람교와 알라신과 성인의 영광을 찬양해 공물을 바치고 비석을 세운다는 것이다. 당대 페르시아의 무슬림 상인을 배려하는 뜻이다.

중국은 스리랑카에 지속적 관심을 표명하고 있었다. 『명사』 외국전에는 석란국으로 기록했다. 해변의 산 위에 길이 3척 정도의 족적이 있는데 석가모니가 취람서翠藍嶼를 따라와서 이곳을 밟았기 때문에 족적이 존재하게 되었다는 노인 구술을 기록했다. 산 아래 승사에는 석가의 진신이 있는데 평상 위에 옆으로 누워있다. 옆에는 불아佛牙와 사리가 있는데 열반에 든 곳이라고 전해진다고 하였다. 침좌寢座는 침향沉香으로 만들었고 여러 색의 보석으로 장식하여 상당히 장엄하였다. 왕은 쇄리국촐라 사람으로 불교를 숭상하고 소를 중시했는데 날마다 소의 분을 태워 재로 만들어서 몸에 바르고 예불을 하였다. 『명사』의 기사는 힌두왕국 촐라가 한때 스리랑카를 지배하던 상황을 기록한 것으로 힌두교와 불교가 습합된 양상을 보여준다.

7 | 붓다고사의 유산과 랑카 중심주의

기원전 3세기 아소카의 아들 마힌다 장로가 세운 대사大寺, Mahavihāra에서 스리랑카 불교가 시작된다. 대사의 상좌부 불교는 부처의 계율을 원칙대로 고수하는 불교다. 테라바다는 '장로長老의 길'이란 뜻으로 상좌부上座部로 한역되었다. 붓다가 사용한 언어인 빨리어빠알리어 경전을 근간으로 하는데, 산스크리트어 대승 경전과 대비된다. 빨리어 경전아함경과 일치하는 니까야은 기원전 1세기경 스리랑카에서 최초로 쓰인 것으로 서력 기원후에 형체를 갖추어가기 시작한 대승권의 산스크리트어 경전이나 다른 경전보다도 붓다의 가르침이 더 정확하게 나타나 있다고 주장해왔다.

아소카시대인 기원전 3세기에 상좌부 주도로 빨리어로 행한 제3차 결집 직후, 아소카 왕의 아들 마힌다 장로가 제3차 결집 결과물을 가지고 스리랑카에 정착한다. 그 이후 5세기경 스리랑카 고대 아누라다푸라

남방 불교의 경전을 집대성한 붓다고사

왕국의 마하위하라Mahāvihāra 교단에서 활동한 붓다고사Buddharghosa, 佛音에 의해 테라바다가 확립되었다. 마가다국 출생의 붓다고사는 '붓다의 소리'라는 데서 이름을 작명했는데 바라문 출신으로 베다와 상키야, 요가 등에 정통했다. 후에 불교에 귀의하여 스리랑카로 넘어가 무외산사에 머물다가 대사로 가서 상가팔라Sanghapala 장로의 지도로 사원에 소장된 경전의 교의를 연구하고 각지에 전승되던 고대 싱할리어 주석을 집성하여 율장 주석서를 편찬했다. 자신을 비바자바다Vibhajjavāda 학파의 일원이자 싱할리어 마하비하라 계보에 속한다고 여겼다. 대표작은 상좌부 가르침과 수행에 대한 오래된 싱할라어 주석서를 종합적으로 요약한 비수디마가Visuddhimagga, 淸淨道論를 빨리어로 저술하여 대사파大寺派 상좌부의 교학을 확립하였다.

그의 업적은 대승 불교의 나가르주나龍樹가 이룩한 업적에 필적한다. 본디 남방 상좌부에서 성전으로 꼽는 논장은 기원전 150년 무렵부터 50년 사이에 걸쳐 성립한 『법집론法集論, *Dammasaṅgani*』. 『분별론分別論, *Vibhaṅga*』, 『논사論事, *Kathāvatthu*』, 『인시설론人施設論, *Puggalapaññatti*』, 『계론界論, *Dhātukathā*』, 『쌍론雙論, *Yamaka*』, 『발취론發趣論, *Paṭṭhāna*』 등의 7론이다. 그러나 장외藏外로 불리는 세 논전도 중요하다. 이 모든 것이 붓다고사에 이르러 『청정도론』이라는 하나의 완성된 사상체계로 실현하게 된다. 이후 나타난 논서는

『입아비달마론Abbhidhammavatara』처럼 대개 난해하고 복잡한 『청정도론』에 대한 요강서들이다.[21] 동남아 불교에서 붓다고사의 『청정도론』은 절대 권위를 지니며 그의 교학은 바다를 건너 각 나라로 전파되었다.

스리랑카는 벵골만을 통과하여 하부 미얀마의 몬족 땅과 연결됐으며, 스리랑카와 몬족의 상좌부 불교 교류는 장기 지속적이었다. 18세기에는 아유타야에서 불상과 불교경전이 들어와서 힌두교 칩입으로 쇠퇴한 캔디왕조의 불교를 복원시킨다. 동남아 수마트라의 스리위자야 영역이 넓어지면서 스리랑카에도 한때 영향을 미쳤고, 중국과의 교섭은 1,000년 넘게 장기 지속되었다. 그만큼 스리랑카는 동서 문명 교류의 중간 거점으로서의 역할을 적어도 수천 년 이상 놓지 않았다.

스리랑카 중심의 상좌부 불교Theravāda는 시간이 흐르면서 랑카 중심주의Lanka Centric atiitude로 귀결된다. 남전 불교는 동남아에 전파된 스리랑카 대사파大寺派를 지칭한다. 상좌부는 부파 불교의 일파로 동섭부銅鍱部라고도 하고, 음사로 타비라부他鞞羅部·체비리부體毘裏部 등으로도 부른다. 동남아 불교는 상좌부 영향력이 막대하였다. 대략 14세기에는 미얀마·태국·캄보디아·라오스 등은 스리랑카에서 바다를 건너온 상좌부 불교가 완전히 장악하였다.[22]

상좌부는 붓다고사가 봉직했던 보수 교단 마하위하라 수계전통과 이들에 의해 보존되어 동남아로 전해진 빨리어 삼장tipiṭaka의 권위를 절대시한다. 동남아 불교의 정체성은 테라와다이며 빨리어 삼장의 절대성을 강조하는 랑카 중심주의로 나타난다. 스리랑카는 법주法州, Dhammadīpā라고 불릴 정도다. 동남아 승려들은 스리랑카와의 무역 루트를 따라서 배를 타고 스리랑카로 향하였다. 랑카에 당도하면 아누라다푸라의 보리수와 스리파다Sripada 바위산에 남겨진 불족을 참배한 후, 붓다가 목욕한 것으로 믿어지

21 권오민, 『아비달마불교』, 민족사, 2003.

22 가산불교문화연구원 편, 『세계승가공동체의 교학체계와 수행체계』, 1997, 12~160쪽.

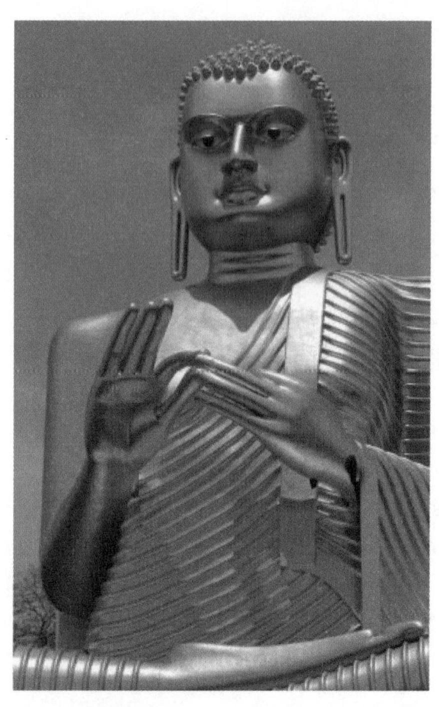

스리랑카의 현대식 불상

는 깔야니강에서 스리랑카 승려에게 수계를 받고 빨리어 삼장을 그 주석서와 함께 공부하고 돌아왔다. 공식 외교뿐 아니라 각각의 승려들은 자신들 처지에 맞게 받아들여 동남아에 토착화시켰다.

그 결과 남방 테라와다는 자신들이 유지하고 보존해온 빨리어 삼장에 대한 절대 권위를 바탕으로 스스로의 위치를 확립시켰다. 그 결과, 동남아 불교계 전반에 랑카 중심주의가 드리워져 있는 것이다.[23] 고대 및 중세 싱할라 불교로 멈추는 것이 아니라 동남아 전체에 영향을 미치는 어떤 중심체로 기능하는 중이다.

스리랑카는 인도 본토의 불교를 부활시키는 데도 역할을 했다. 불교는 브라만의 박해와 이슬람의 불교말살로 파괴되어 인도에서 자취를 감추었다. 요행히 살아남은 유산도 돌보는 사람이 없이 숲과 덩굴에 파묻혔다. 이런 불교 유산을 불같은 정열로 다시 일으켜 세우고 최초로 서구사회에 불교를 알린 인물이 스리랑카의 다르마빨라Anagarika Dharmapala, 1864~1933이다.

27세에 보드가야 대탑 복원을 발원하고 부흥에 헌신한 후 69세 열반까지 42년간 불같은 열정으로 불교불모지 인도땅에 다시 새싹을 심은 불교부흥의 선구자였다. 마하보디협회大覺會, Mahābodhi Society를 조직하여

23 황순일, 「랑카중심주의와 남방 테라와다(Theravāda) 불교」, 『불교학연구』 vol.66, 2021.

인도 아대륙의 불교 복원에 나섰던 스리랑카의 다르마빨라(캔디)

인도 불교 부흥에 앞장섰다. 중요 불교 유적지에 불교사원을 건립하고 정간지를 발행하고 승려 교육기관인 승원을 설립하는 등 포교에 일생을 받쳤다. 부드가야 불교 유산 등이 세계적으로 알려진 것도 그의 공로이다. 여기에는 미국 신지학파의 후원이 큰 힘이 되었다. 인도 아대륙에서 벵골만을 건너서 스리랑카에 당도한 불교가 다시금 벵골만을 건너서 인도 아대륙으로 건너간 것이다.

Chapter 3

데칸고원에서 코르멘달로
벵골만 연대기 1

여래께서 적멸에 드신 이래 천 년 동안 해마다 천 명의 범부와 승려가 함께 안거에 들어갔다. 천 년 뒤에는 범부와 성현이 함께 거주하였으며 마지막 100년 이래로 다시는 승려들 왕래가 없어졌다. 그 뒤 이곳은 사람의 자취가 끊겨 황폐화되고 승가 대중도 살지 않아 쓸쓸한 곳으로 변하였다.

현장, 『대당서역기』

Chapter 3

데칸고원에서 코르멘달로

벵골만 연대기 1

1 | 안드라국의 대외 해양 교섭과 불교 전파

불교는 남쪽으로 내려가고 있었다. 큰 걸림돌은 데칸고원이었다. 인도는 크게 데칸고원을 중심으로 남북부로 나뉘기 때문이다. 인도 아대륙 전체로 보면 데칸이 중부에 해당하지만 지리교통의 복합적 이유로 데칸을 경계로 북남부가 판연히 갈린다. 북방세력이 제대로 경략하지 못했던 중부 데칸과 남부 타밀은 상대적 독자성을 지니고 드라비다적 정체성을 유지해왔다. 드라비다적 정체성에 불교가 뿌리를 내리기 시작한 것이다. 기원전 3세기 마우리아왕조 아소카시대에 본격화한 새로운 역사이다. 아소카의 불교 동력이 인도 아대륙 전체에 미친 결과이다.

그런데 인도 내의 불교 전파 과정에서 하나의 단서가 있다. 공식적으로는 아소카시대에 불교가 데칸지역에 전파된 것으로 나타나지만 공전公傳 이전에 사전私傳이 전혀 없었던가 하는 문제 인식이다. 기원전에도 벵골만해안을 따라서 내부 교역이 비교적 활발하게 움직이고 있었으므로 상선을 따라서 승려 등의 이동이 수반되었음 직하다. 마우리아제국 이후의 슝가나 굽타시대 흔적이 벵골만 전역에서 다수 나타나고 있다.

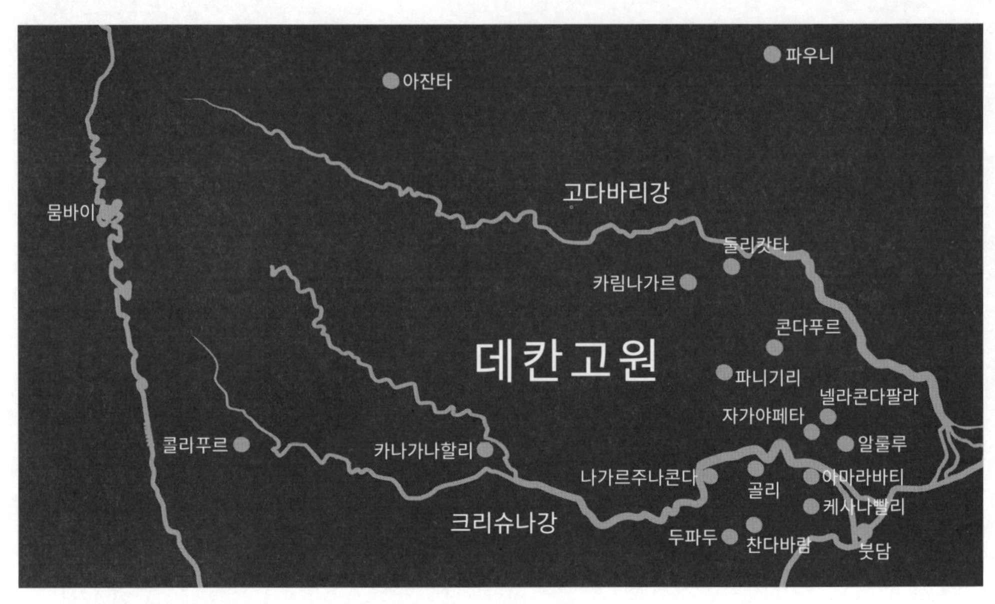

남인도 데칸고원의 강과 고대 도시들(국립중앙박물관 〈스투파의 숲〉)

데칸 영토가 동서 해안 모두에 걸쳐 있었다는 점도 주목해야 한다. 강은 벵골만으로 흘러들면서 많은 도시를 만들어냈으며, 이들 도시들이 불교 거점이었다. 그중에서 큰 강만 손꼽으면 북동부 마하나디강, 중동부 고다바리강Godavari, 크리슈나강Krishna이 중요하다. 이 모든 강은 벵골만으로 흘러들어 거대한 벵골 문명권을 형성했다. 문명사적으로 갠지스 문명만을 익숙하게 거론하지만 갠지스강 이외에 이들 벵골만으로 흘러드는 강과 바다의 문명관은 아직 구체적이지 못하다.

벵골만은 그 범주가 지나칠 정도로 크다. 인도 입장에서는 동해에 속하지만 방글라데시, 미얀마, 말레이반도 사람에게는 서해다. 벵골만은 인도 아대륙의 남동부에 자리 잡은 스리랑카 북쪽까지 펼쳐진다. 따라서 벵골만 문명권 용례가 가능할 것이며, 벵골만 불교권도 가능할 것이다. 그 벵골만 권역에서 특별히 남쪽을 통칭상 남인도라고 부를 뿐이다. 남인도 불교의 첫 역사도 대부분 벵골만에서 시작되었고, 곧이어 반대편 아라비아해에서도 펼쳐졌다.

현재 남은 자료들이 북방에 치우친 탓에 남인도 불교연구가 왜곡되어온 부분이 있다. 오늘의 불교사는 인도 북부와 북서부, 중앙아시아서역 등에 치우친 연구가 주종이다. 데칸 불교 유산을 좀 더 넓은 범위의 인도양학이나 세계사적 관점에 맞추어 재구성할 필요가 있다. 기원 원년 초기 '불교의 인도Buddhist India' 대부분이 국제교역의 역학관계 속에서 형성되었음이 점차 밝혀지고 있다. 인도양을 거쳐 홍해 및 지중해 연안과 맺은 교역관계가 주요 원동력이었고, 벵골만에서 동남아나 중국으로 이어진 교역 체계 또한 한 역할을 했다. 인도의 수준 높은 불교미술은 교역범위가 로마제국 권역으로 확대되어 국제무역이 급성장하면서 발현된 상업적 풍요의 경과이다. 이후 교역이 쇠퇴하면서 승가에 대한 후원 역시 축소되었다. 불교가 인도에서 쇠락해간 측면에 사회경제사적 배경도 한몫했다.[1]

칼링가 남쪽으로 고다바리와 크리슈나강, 카베리강이 벵골만으로 흘러든다. 고다바리강Godavari은 서부 마하라슈트라주에서 발원하여 동쪽으로 흘러 안드라프라데시를 지나 벵골만에 흘러든다. 길이 1,465km로 갠지스강에 이어 인도에서 두 번째로 길다. 광범위한 내륙 유통망을 형성하며 벵골만과 연결되어 국제유통망으로 연결된다. 크리슈나강은 길이 1,400km로 갠지스강과 고다바리강에 이어 인도에서 세 번째로 길다. 남부 서고츠산맥에서 시작하여 벵골만으로 흘러든다. 크리슈나강이 흘러드는 중남부에 안드라왕국이 자리 잡고 있었다.

지도에서 보듯, 북쪽으로 칼링가해안의 칼링가파트남Kalingapatnam이 위치하는데 하구에 딸린 강항이었다. 칼링가파트남에서 강을 따라 올라가면 불치를 스리랑카로 보낸 단타푸라Dantapura가 나온다. 칼링가파트남과 고다바리강 하구 사이에 몇 개의 고전시대 항구들이 산재한다. 이들 항구는 벵골만에 딸린 해항이다. 크리슈나강 하구로 갈수록 아마

---

1 John Guy, 「나무와 뱀, 인도 초기 불교미술」, 『스투파의 숲, 신비로운 인도이야기』, 국립중앙박물관, 2023, 18~21쪽.

라바티를 비롯하여 마수리파트남Masulipatnam 등 여러 개의 항구가 분포한다. 다시 말해 킬링가로부터 아마라바티에 이르기까지 많은 강항과 해항이 존재하였으며, 이들 항구는 모두 벵골만을 향하여 열려있다. 강상교통과 해상교통의 연결을 통하여 사람 및 물류가 이동하였고 불교 역시 이들 교통망을 이용하였다. 이들 교통권에 의지하여 경제적 부를 이룬 상인집단이 불사에 공헌하였음은 두말할 것도 없다. 아마라바티 불교예술이 동남아로 확산된 것도 이러한 항구를 이용한 덕분이다.[2]

그간 고대 인도의 해양 활동을 축소해서 보는 경향이 있었다. 이는 착각이고 오류이다. 힌두 문화에서 바다를 건너는 것을 금기한다는 속설에 근거한 것인데, 이미 기원전부터 인도인은 바다를 건너 동남아시아로 인도문자와 불교, 힌두교 등을 실어나르고 있었다. 안드라왕국의 활발한 대외 교류 능력에 관해서는 이미 관련 논문들이 제출된 바 있고, 이를 재평가한 서평이 21세기 들어와서도 나오는 중이다. 불교미술사 등에 초점을 맞추면서 아마라바티예술은 강조하면서, 정작 그 예술을 전파시킨 동력인 상선이나 항해 능력 등은 전혀 고려하지 않고 있다.[3] 기원전에 이미 성립된 동남아 인도화 열풍은 그들의 해양 활동 능력을 배제하고는 설명이 어렵다. 아마라바티 문화가 동남아 불교에 많은 영향을 준 것을 강조하면서도 정작 아마라바티 사람들의 해양 활동에 대해서는 제한적으로만 평가하는 것은 고대인의 해상 능력을 과소평가한 데서 비롯된다. 오늘의 우리가 생각하는 것 이상으로 대단히 활발하게 벵골만에서 상선이 움직였고, 아마라바티 문화가 동남아에 정착하는데 큰 기여를 했다는 점이다. 지도에 등장하는 항구들이 문화 전파의 근거

2 Sila Tripati, "Maritime History of Andhra Pradesh and Prospects for Marine Archeological Reserch", *Riches of Indian Archaeological and Cultural Studies*, National Institute of Ocean, 2006.

3 K. Sundaram, *Maritime Tradition of Andhra*, Wisdommobil, 1982("Triveni Journal", *Maduras*, 1927).

지였을 것이다.

벵골만 남쪽 해역은 특별히 코르멘달이라고 부르는데 타밀어로 촐라를 뜻하는 촐라만달람에서 유래했다. 코르멘달은 크리슈나강 하구로부터 첸나이Chennai를 지나 칼리메어곶Point Calimere에 이르는 해안이다. 데칸고원에서 벵골만으로 흐르는 각 하천 하구에는 비옥한 삼각주가 형성되어 있으며 나가파티남, 쿠달로르, 퐁디셰리, 첸나이 등의 유수 항구가 포진된다.

사타바하나의 왕과 시종들 1세기 후반 안드라프라데시. 아마라바티 영국박물관

남인도 타밀에는 촐라, 체라, 판드야 세 왕국이 존재했다. 남쪽 타밀 세력이 세 왕국으로 각축하고 있는 동안 데칸에서는 남인도 최초의 통일왕조 사타바하나Satavahana, 기원전 230~기원후 225가 들어섰다. 사타바하나는 전성기에 크리슈나강 남쪽에 위치한 판드야, 촐라, 체라왕국을 제외한 남인도 전체와 북인도 일부를 지배했다. 사타바하나는 경제적으로 풍요로웠으며 동남아 및 서아시아와 해상무역을 활발히 했다. 이들에게 주된 종교는 힌두교와 불교였다. 당시에 안드라프라데시에 있는 나가르주나 콘다와 아마라바티가 불교의 중심지였다. 뿐만 아니라 서부 데칸의 나식과 주나르에서도 불교가 성행했으며 상인계급의 호보 아래 발전하였다.

판드야왕국은 최남단에서 남동권에 이르는 영토를 다스렸으며 수도

힌두교가 강렬하게 지배하던 남인도 안드라(andhra-ikshvaku)

는 마두라이였다. 촐라왕국은 판드야왕국 북동쪽 페나르와 벨라강 사이에 위치했다. 촐라의 정치 중심지는 면화무역으로 유명한 우라이유였다. 체라왕국은 판드야왕국의 서쪽과 북쪽에 위치했으며 케랄라와 타밀나두의 산과 바다 사이에 길게 펼쳐져 있었다. 체라왕국은 서력 기원초 무렵에는 촐라, 판드야왕국과 더불어 로마제국과의 무역에서 중요 위치를 차지했다. 옛날부터 로마제국과 동남아 여러 나라의 무역 중계지로 번영했으며, 카베리파타남 등의 유적지에서 로마 화폐와 도기 등이 발견되었다.

불교가 전성기를 구가하던 시점인 기원 전후, 인도와 로마 사이의 활발한 해상교역은 불교의 동력이었다. 코르멘델의 폰티체리나 말라르바의 케랄라 해역에서 로마제국이나 지중해 권역 해상무역의 전초기지가 속속 발굴되었다. 국제무역에 기반하여 인도 해안가는 부를 축적하고 있었다. 브라만사회의 신분 구조 속에서 상인계급이 불교옹호자로 나선 상황에서 이들의 물질적 힘이 불사를 일으키는 동력이 되었다.

그러나 남인도 타밀은 근본적으로 힌두교가 득세하였으며 불교는 늘 소수였다. 『벽암록』에 문수보살과의 대화가 등장한다. 문수가 무착선사에게 물었다.[4]

"최근 어디를 떠나 여기에 오셨습니까?"

"남방입니다."

"남방은 불법이 어떻게 유지되고 있습니까?"

"말법시대라 비구들이 계율을 조금 받들고 있을 정도입니다."

"그 수가 얼마나 됩니까?"

"삼백 내지 오백 정도입니다."

불교사를 붓다가 태어나고 대각을 이루고 열반에 든 북쪽 유역만을 가지고 정의함은 일부만 바라보는 편견이다. 분명히 불교는 데칸고원을 넘어서 남쪽으로 내려갔고 인도 아대륙 동서 바닷가에 강력한 흔적을 남겼다. 육상교통이 발달하지 못한 고대 사회에서 갠지스강이 절대적 역할을 하였듯이, 고다바리강이나 크리슈나강도 역할을 하였다. 특히 그들 강과 바다가 만

디그나가 보살

4 『碧巖錄』(대장경 48) 35칙, 173b29쪽.

나는 하구역에서 문명사적 전환이 이루어지고 있었다. 거대 스투파가 세워졌고 그 흔적을 남겼다. 강줄기를 거슬러 올라가고 불교가 바다를 건너가던 어떤 역동적 동력이 엿보인다. 그러나 언제나 그렇듯이 유사무서有史無書이기에 서술의 제한성을 지닌다. 더군다나 초기 경전은 모두 구술로 전승되다가 나중에 문자로 결집된 것이고, 설법을 담아내기도 어려운 상황에서 당대의 역사지리적, 사회경제적 처지를 서술하는 경우는 거의 없다. 그러한 서술의 제한성을 감안하면서 유사무서의 역사를 고구하는 중이다.

2 | 고다바리강 아두루와 스투파

현장이 『대당서역기』를 쓸 당시, 중남부에는 안드라Andhra, 案達羅國가 있었다. 기원전 232년부터 기원후 225년까지 30대에 걸쳐 450여 년간 존속했다. 안드라는 현재 동남부 안드라프라데시주의 중심도시 하이데라바드Hyderabad를 근거지로 한다. 옛날에는 드라비다족이 사는 고다바리강과 크리슈나강 사이를 가리켰다. 안드라 북쪽에는 고다바리강이 흐르고 조금 남쪽에는 크리슈나강이 흘러서 벵갈만으로 들어간다. 현장은 이렇게 기록했다.

> 가람은 20여 소가 있고 이교도가 상당히 많다. 병기라성 인근의 멀지 않은 곳에 큰 가람이 있는데 건물에 층대를 갖추었고 치밀하게 새겼으며 불상의 성스러운 용모는 아름다워 조각의 극치를 보여준다. 가람 앞에 석조 스투파가 있는데 높이가 수백 척이며, 모두 아절라阿折羅, Acara 아라한이 만든 것이다. 아절라 아라한 가람에서 서남으로 멀지 않은 곳에 스투파가 있는데 아소카 왕이 세운 것이다. 부처께서 옛날에 이곳에서 설법하면서 대신

통을 나타내어 무량한 중생을 제도하였다. (…중략…) 진나陳那, Dignaga보살이 이곳에서 인명론을 지었다.

현장이 거론한 수백 척에 달하는 스투파는 바로 뒤에서 거론할 고다바리 하구 아두루의 스투파를 뜻하며, '서남쪽 멀지 않은 곳'은 기원후 200년에 세워진 아마라바티Amaravati 스투파를 뜻한다. 이 왕조는 대승불교가 흥기하고 융성하는 데 많은 공헌을 했는데, 대표적으로 아마라바타 대탑과 아잔타Ajanta석굴을 후원했다.

아마라바티 스투파가 세워지던 시대는 아직 불상이 출현하지 않았던 무불시대이다. 불상 대신에 사리를 모신 스투파가 거대하게 세워졌다. 사리舍利는 실리實利·설리라設利羅·실리라室利羅 등으로 음사된다. 오늘날 사리는 화장에서 발생하는 구슬 결정체를 지칭하나 이는 후대의 변형된 개념이다. 초기 사리는 붓다의 신체 전체를 지칭하는 말이었으며, 보다 광범위하고 보편적 개념이었다. 『묘법연화경』에서는 붓다가 자신의 사리를 모신 탑이 나타날 것은 예견하였다고 전한다.

사방의 모든 세계에 있는 불국토에서 이 바른 가르침의 백련이라는 법문이 설해질 때, 그 어떤 불국토에도 나의 전신을 모신 탑이 나타날 것이다. 또 여러 세존께 이 바른 가르침의 백련이라는 법문을 설하고 계실 때, 법회의 바로 위 공중에 그 탑이 멈출 것이다. 그리고 법문을 설하고 계신 세존들을 향해 찬찬의 말을 할 것이다.[5]

붓다의 열반 이후에 사리는 여덟 나라로 분배되었다. 아소카 왕대에 이르러 마가다국羅摩伽國을 제외한 일곱 기의 탑을 열어 그 사리를 취해

5 이재호 역, 『묘범연화경』, 민족사, 1993.

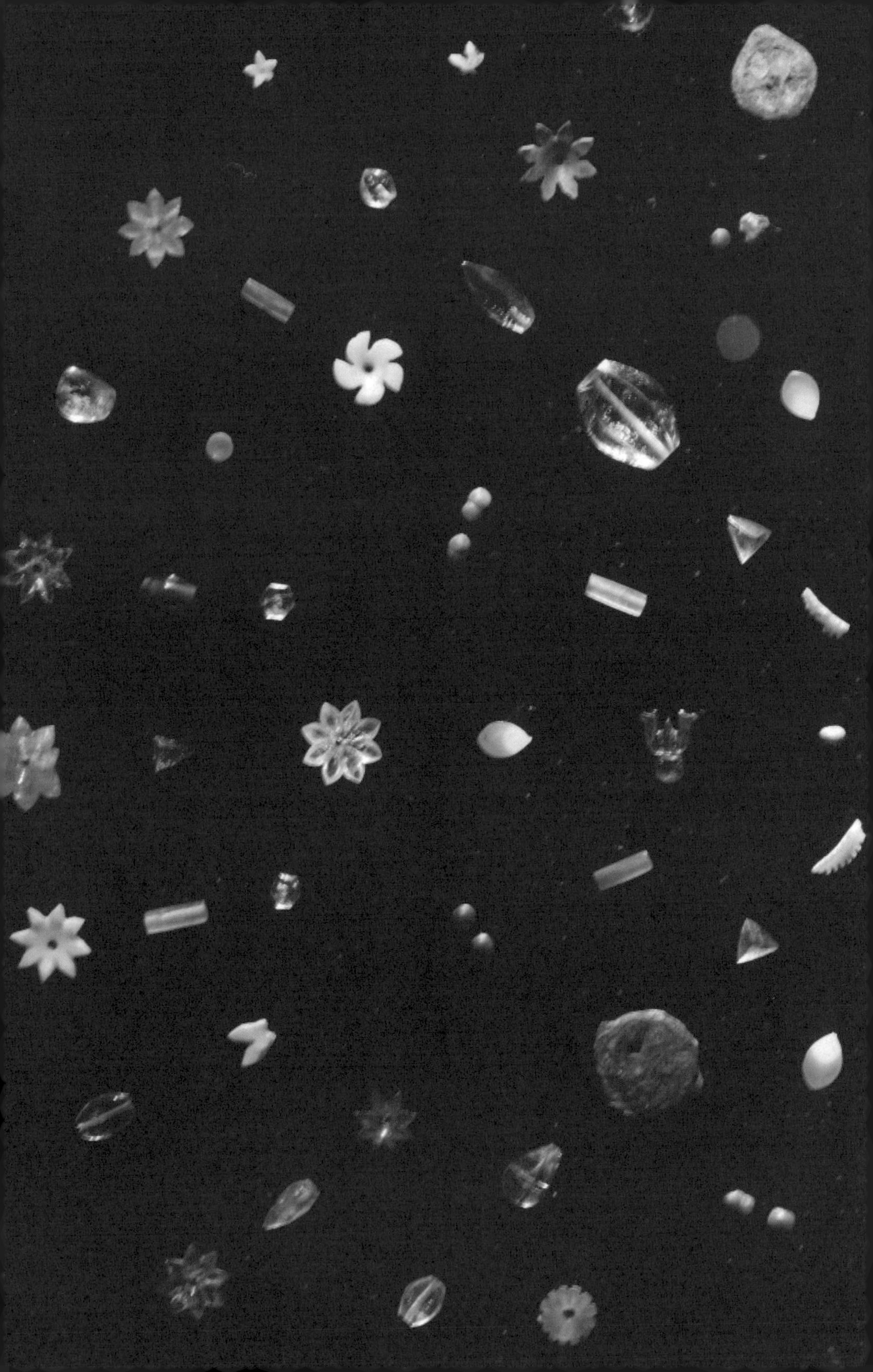

피루라와 스투파의 출토 사리. 기원전 240~200년경. 우타르프라데쉬(국립중앙박물관 〈스투파의 숲〉 전시)

팔만 사천 개의 보배상자에 담아 팔만 사천 개의 보탑을 세웠다. 『대당서역기』에는 붓다뿐 아니라 과거불과 벽지불 사리를 모신 탑이 숭배되었다는 기록이 있어 사리 숭배가 광범위하게 성행했음을 알 수 있다.

붓다 입멸 후, 사리탑이 조성되고 불교 중심지로 부각된 것은 붓다의 육체와 관련된 상징물의 확산 과정으로 여겨진다. 그 증거를 고다바리강과 크리슈나강가에서 마주한다. 기원 전후 수 세기에 걸쳐 데칸고원을 가로지르며 특히 안드라 영토에서 불교사원이 그물망처럼 퍼져나갔고, 이에 따라 스투파를 장엄하는 예술 활동이 번성했다. 많은 공력을 들여서 기념비적인 둥근 돔형 스투파를 건립하였다. 스투파 숭배의 중심인 사리에 경배하는 의례는 초기 불교 신앙 활동의 핵심이었다. 사리는 붓다의 인격이 구현된 것으로 여겨졌고 따라서 가장 높은 경배 대상이었다.[6]

기원전 200년부터 기원후 250년 사이 안드라데쉬 연안, 즉 벵골만에서는 눈에 띄는 유적이 나타난다. 북으로 스리카쿨람Srikakulam에서 남으로 라마티르담Ramatirtham과 난달루루Nandalluru까지 집중된 140여 곳의 유적이 확인되었다. 이들 지역에서의 사리 숭배와 봉안은 불교 활동의 핵심을 이룬다. 가장 오래된 밧티프롤루Bhattiprolu 사리봉안 유적은 기원전 2세기로 크리슈나강 하구에서 조금 남쪽의 벵골만에 있다. 밧티프롤루 사리봉안은 지배자와 승려, 그리고 재가신도를 포함한 광범위한 참여로 이루어진 의례이다. 초기 불교에서는 정치와 경제가 밀접한 관계를 맺고 있었다. 사원은 승가 공동체를 위한 정착지를 제공했을 뿐만 아니라 사회적 화합을 보장하는 기능면에서도 중요했다.[7]

고다바리강은 힌두교도에게는 갠지스강 못지않는 성소이다. 강둑에

---

6 John Guy, 「스투파와 사리신앙」, 『스투파의 숲, 신비로운 인도이야기』, 국립중앙박물관, 2023, 59쪽.

7 Himanshu Prabha Ray, 「안드라데샤 연안의 해상 무역망」, 위의 책, 116쪽.

크리슈나강 남동에서 발굴된 안드라프라데시의 석가모니 사리를 담은 스투파, 1세기경(아마라바티유적센터박물관)

아두루 스투파의 흔적. 석조각 등은 모두 사라졌다

는 수천 년 동안 순례지였던 여러 장소가 있다. 힌두력에 따라 크리슈나 파샤Krishna Paksha 기간 동안 강에서 성수욕을 하는 것으로 시작된다. 그러나 동시에 불교의 성소이기도 했다. 이러한 사실은 후대의 고고학 발굴로 차츰 밝혀지는 중이다. 아두루Adurru 불교 유적지가 좋은 예다.

아두루는 벵골만에서 약 9.5km 떨어진 마미디쿠두루 만달Mamidikuduru Mandal에 위치한다. 동쪽으로 벵골만이 바라보이는 곳으로 뱃길로 바로 닿을 수 있는 하구이다. 유적지는 1925년에 처음 발굴되었으며 1955년 인도 고고학 조사ASI에 의해 보호 기념물로 지정되었다.[8] 대형 사리탑 유적이 발견되었다. 세계 3대 불교사리탑이 처음에는 아두루, 두 번째는 란치Ranchi, 세 번째는 사르나트Sarnath에 세워졌음을 기억할 필요가 있다. ASI가 발견한 역사적 증거물은 아소카의 딸 상가미타Sānghamitta가 스리랑카로 가는 동안 아두루사원의 초석을 놓았음을 암시한다. 상가미트 일행이 이 근처 해역에서 출발했을 가능성을 말해주는데, 불치를 보낸 단다푸라항구도 같은 벵골만의 북쪽에 위치하므로 충분히 가능한 이야기

8 J. Krishna Kumari, "Buddhist Monuments : Their Role in the Development of Tourism in Andhra Pradesh", *Readworthy*, 2013, p.276.

다. 즉 스라링카로 가는 항로가 개설되어 있었음이 분명하다.

아두루 스투파는 큰 바퀴 모양이며 직경 17피트의 플랫폼이 있다. 아두루에는 동일한 바퀴 모양 패턴으로 지어진 작은 사리탑도 있다. 사리탑은 아소카 통치 기간에 지어졌을 것이다. 수도원 고고학 유적지의 연대는 2세기경으로 추정한다. 일반적으로 스투파의 반구형 돔anda은 테라스medhi 위에 벽돌이나 돌로 건축되었다. 돔 위에 정사각형 평두平頭, harmika가 있고 그 위에 몇 개의 산개傘蓋, chattra를 받친 산간傘竿, yasti이 정중앙에 꽂혀있다. 스투파 외곽은 돌 또는 나무로 된 난순欄楯, vedika으로 둘러싸여 있고 사방에 높은 탑문塔門, xkqans이 있다. 벽과 돔 사이에는 포석이 깔린 회랑回廊, pradaksinapatha이 형성되어 있다. 이상은 전형적인 스투파인 아소카시대 산치Sanci 대탑의 경우이다. 산치 대탑으로 미루어보아서 아두루 스투파 역시 동시대 형식에서 크게 벗어나지 않을 것이다.

3 | 크리슈나강 아마라바티와 스투파

7세기 현장은 크리슈나Krishna강 하구에 가까운 연안국 단야카다카Dhnya-kadaka, 馱那羯磔迦國를 방문하였다. "가람은 줄지어 세워져 있지만 황폐화된 정도가 심하다. 현존 가람은 20여 곳으로 승려들은 천여 명인데 모두 대중부를 배우고 익히고 있다. 천사는 100여 곳이며 이교도들이 매우 많다"고 하였다. 성 동쪽 산기슭에 불파세라弗婆勢羅, 東山을 뜻함 승가람이 있으며, 서쪽 산에 아벌라세라阿伐羅勢羅, 西山을 뜻함 승가람이 있는데 이 나라의 선왕先王이 여래를 위해 세운 것으로 하천길을 따라가다 보면 절벽을 깎아서 누각을 높이 세워놓았다. 긴 회랑과 복도가 암석을 배개 삼고 있으며 산봉우리가 가까이 있는 이곳은 영묘한 산들이 호위하는 가운데 성현들이 노닐고 쉬는 곳이라고 하였다.

아마라바티 양식의 크로스바(British museum)

> 여래께서 적멸에 드신 이래 천 년 동안 해마다 천 명의 범부와 승려가 함께 안거에 들어갔다. 천 년 뒤에는 범부와 성현이 함께 거주하였으며 마지막 100년 이래로 다시는 승려들 왕래가 없어졌다. 그 뒤 이곳은 사람의 자취가 끊겨 황폐화되고 승가 대중도 살지 않아 쓸쓸한 곳으로 변하였다.

붓다가 입멸하고 천여 년 지난 7세기의 마지막 100년간 불맥이 끊긴 상황을 순례하면서 적실하게 기록한 것이다. 현장은 아마라바티를 방문해 한동안 머물렀으며 그곳의 비하라와 수도원에 대한 설명을 썼다.

역사는 기원전 2세기로 거슬러 올라간다. 인도에서 가장 오래된 제국 중 하나인 안드라프라데시의 조상왕조인 사타바하나Satavahanas왕조의 수도였다. 사타바하나는 브라흐미Brahmi문자를 사용하였으며, 많은 비문에 흔적이 남아 있다. 불교 신앙이 지배적이었고, 대승 불교 전파에 중요 역할을 했다. 학문과 예술의 중심지였으며 동남아의 많은 불교도들이 스투파를 순례했다. 아마라바티는 불교예술, 비문, 사리탑 등 다양하게 걸쳐있으며, 이 도시는 나가르주나콘다Nagarjunakonda와 함께 인도 전체에서 가장 부유한 불교성지 중 하나다.

당시에는 마하차이티야Mahachaitya라고 불렸던 거대 불교 스투파가 있었다. 스투파와 많은 아마라바티 불교 유산은 불행하게도 시간이 지남에 따라 파괴되었다. 많은 유적이 영국 통치 기간 동안 첸나이 박물관과 영국 박물관으로 옮겨졌다. 연구조차도 대부분 식민지시대 영국인에 의해 이루어졌고, 인도인에 의한 연구는 후대에 이루어졌다.

스투파는 안드라프라데시의 아마라바티마을에 폐허 유적으로 남아 있는데 기원전 3세기와 기원전 약 250년 사이에 단계적으로 지어졌다. 예술사가들은 아마라바티예술을 고대 인도미술의 세 주요 스타일, 또는 학파 중 하나로 간주한다. 다른 두 가지는 마투라Mathura 스타일과 간다라 스타일이다. 아마라바티는 아마라바티 양식 또는 안드란Andhran 스타일로 불린다. 동인도 해안의 해상 무역 연결 때문에 아마라바티 양식은 남인도, 스리랑카, 동남아예술에 큰 영향을 미쳤다.

대다수 조각품은 부조이다. 다른 주요 초기 인도 사리탑과 비슷하지만 특이할 정도로 아마라바티 조각품에는 사리탑 자체에 대한 여러 표현이 포함되어 있다. 한때 아시아 불교에서 가장 위대한 기념물이자 '초기 인도예술의 왕관에 있는 보석'이었다. 아마라바티라는 18세기에 아마라바티라 린가스바민Liṅgasvāmin사원이 건립된 이후 도시와 땅에 그 명칭이 적용되었다. 아마라바티마을 바로 옆의 고대 정착지는 현재 다라

불입상, 3세기 안드라프라데시(인도 아마라바티고고학박물관)

니코타Dharanikota라고 불린다. 이곳은 고대에 중요한 장소였으며 아마도 수도원이었을 것이다.[9]

스투파는 기원전 3세기 아소카시대에 설립되었을 가능성이 있지만 설립 연도의 결정적 증거는 없다. 기원전 2세기부터 마우리아시대 이후 것으로 비정된다.[10] 기원전 2세기에 건립되고 서기 250년경까지 건축이 계속되었다. 사리탑 외부 표면과 난간은 모두 새 것이었으며, 오래된 요소는 재사용되거나 폐기되었다. 인도 불교 쇠퇴기에 탑은 방치되어 풀밭에 묻혀 있었다. 스리랑카의 14세기 비문에 사리탑을 수리했다는 내용이 적혀 있지만 그 이후에는 잊혀졌다. 스리랑카 가달라데니 비하라Gadaladeni Vihara사원의 수도승이 14세기 아마라바티사원에서 마지막 보수 작업을 진행하는 데 도움을 주었다는 기록이 있다.

무차별 발굴은 이미 남아 있는 구조물을 파괴했으며 많은 돌과 벽돌은 지역 주택을 짓는 데 재사용되었다. 1845년에 이르러 마드라스현 첸나이 공무원 월터 엘리어트Sir Walter Elliott의 손으로 무너진 스투파가 재건축되었다. 그는 사리탑 주변을 조사하고 난간 서쪽 문 근처를 발굴하여 많은 조각품을 마드라스로 옮겼다. 유물 일부는 영국으로 돌아가면서 분실되었다.

9 Pia Brancaccio, *The Buddhist Caves at Aurangabad : Transformations in Art and Religion*, Leiden : Brill, 2011, p.47.

10 "After 18 centuries, Amaravati set to become a 'capital' again", *The Times of India*, 22 October 2015.

아마라바티 스투파의 옛 모습

4 | 크리슈나강 나가르주나콘다와 용수보살

안드라프라데시의 경계를 넘어서는 수많은 다른 유적지가 있다. 두 번째 중요한 장소는 약 160km 떨어진 나가르주나콘다Nāgārjunakondā이다. 나가르주나콘다는 '나가르주나 언덕'을 뜻한다. 역사도시로서 현재는 안드라프라데시의 수몰된 섬이다. 대규모 사원 또는 대학으로, 댐 건설 이후 현재는 호수 밑에 잠겨 있다. 많은 유적이 섬으로 옮겨졌지만 대부분의 조각품은 현재 인도와 해외의 박물관에 소장되어 있다.

고고학 당국은 고다바리의 톤당이 만달Tondangi mandal마을에서 사타바하나 시대에 속하는 거대 스투파 기초를 발견했다.[11] 페다메타Pedametta라고 불리는 언덕 꼭대기에 있는 복합 건축물이다. 사암과 벽돌을 사용하여 건설되었으며 넓은 바닥도 모두 벽돌을 깔았다. 건축 모양은 원형이고 지름은 12m이다. 지하층은 기원전 2세기에서 서기 4세기 사이에

11 *Deccan Cronicle*, 2004.1.8.

만들어진 높은 불교사리탑을 지탱하기 위해 건설되었다. 스투파 동남쪽에서 압시달 차이티야 그루하Apsidal Chaitya Gruha라는 수도원을 발견했다. 길이 17m이고 석회바닥이다. 사리탑은 전통적으로 꼭대기에 차트리Chatra라고 불리는 우산 모양 구조다.

고고학 당국은 사리탑이 동부 고다바리의 아두루Adurru, 카파바람Kapavaram, 서부 고다바리West Godavari의 코다발루르Kodavalur, 비사카파트남Visakhapatnam의 보자나콘다Bojjanakonda, 토틀라콘다Thotlakonda, 바비콘다Bavikonda 등 여러 곳에서 발견됐다고 밝혔다. 역사가들은 불교와 자이나교가 이 지역에서 번성한 것으로 본다.

한때 중국, 간다라, 벵골, 스리랑카 등 멀리 떨어진 곳에서 학생을 끌어들이는 대규모 수도원과 대학이 있었다. 아마라바티 스투파에서 서쪽으로 불과 160km 떨어진 거리이다. 나가르주나콘다 발굴품은 인도와 해외의 박물관으로 옮겨졌다. 이들 발굴품은 후기 안드라Later Andhra 양식으로 불리며, 아마라바티 양식에서도 독특한 위상을 차지한다.

도시는 2세기 대승 불교의 대가 나가르주나Nāgārjuna, 150~250의 이름을 따서 지어졌다. 용수龍樹라 부르는 걸출한 불교사상가 나가르주나가 안드라프라데시 출신이다. 한역 대장경에 있는 꾸마라지바의 『용수보살전』을 통해 그가 남인도 출신임을 확증할 수 있다. 『용수보살전』에, "용수는 브라만 족속으로 남인도에서 태어났다. 어려서부터 총명하여 브라만들이 배우는 4베다를 듣고서 다 외울 수 있었으며, 그 뜻도 모르는 바가 없었다. 천문, 지리, 도술 등에도 능통하여 이름을 널리 떨쳤다"고 하였다.[12]

용수는 상좌부 불교를 배우다가 후에 히말라야산으로 들어가 노비구老比丘에게 대승 불교를 배웠다. 초기 대승 불교의 여러 경전을 연구하고

---

12 신상환, 『용수의 사유』, 도서출판 b, 2011.

2000년대에 뒤늦게 발굴된 텔렝가나 유적의 스투파, 기원전 1세기(인도 카림나가르고고학박물관)

많은 주석서를 저술하여 중관中觀, Madhyamaka을 주창하였다. 만년에 크리슈나강 나가르주나콘다黑峰山, Mt.Sriparvata에서 살다가 입적했다. 그는 반야사상의 공空과 연기緣起를 분석하면서 자신의 사상을 체계화시켜 공관空觀 혹은 중관中觀으로 불렀다.[13] 그의 제자 아리아데와Āryadeva, 提婆, 170~270는 3세기 스리랑카 승려이다. 공의 이법理法을 체득하고, 나가르주나의 입장을 계승함과 함께 이에서 초월하여 외교外教를 격렬하게 비판했다. 아리아데바의 저서로는 『백론百論』 외에도 『사백론四百論』·『백자론百字論』 등이 있는데 모두 '百' 자를 쓰고 있다.

나가르주나에서 후기 사타바하나 왕Gautamiputra Satakarni이 발행한 동전이 발견되었다.[14] 고타미푸트라 비자야 사타까르니Gautamiputra Vijaya Sat-

13 초기 아리아(Ãrya) 학파로서 밀교 명상의 단계에 대해 영향력을 떨친 문헌인 『오차제(*Pañcakrama*)』를 지은 아리아 나가르주나는 동명이인으로 용수와 전혀 다른 인물이다.

나가르주나콘다에서 발굴된 법륜과 사자, 3세기(미국 메트로폴리탄박물관)

대승 불교의 아버지로 불리는 용수보살

akarni의 재위 6년 비문도 현장에서 발견되었으며, 이 시기에 불교가 이 지역에 전파되었음을 입증한다. 3세기 초 익슈바쿠Ikshvaku 왕은 불교와 힌두사원을 모두 건설하였다. 비문은 익슈바쿠 왕과 가족구성원이 불교를 후원했음을 보여준다. 절정기에는 30개 이상의 수도원이 있었으며 남인도에서 가장 큰 불교 중심지였다. 타밀왕국, 오딧샤, 간다라, 벵골, 스리랑카 및 중국 출신의 불교학자들을 위한 수도원도 있었다.[15] 즉 남인도와 벵골만과 스리랑카, 중국에 이르는 폭넓은 권역에서 승려들이 몰려왔다는 증거이다.

나가르주나콘다에서는 그리스-로마의 영향을 암시하는 유물도 찾을 수 있다. 로마 주화, 특히 안토니누스 피우스Antoninus Pius 주화뿐만 아니라 티베리우스16~37의 하나인 로마 아우레이Roman Aurei와 장로 파우스티나 Faustina the Elder, 141의 주화가 발견되었다.[16] 로마 세계와의 무역관계를 입증한다. 나가르주나콘다 궁전 유적지에서는 디오니소스Dionysus를 상징하는 부조도 발견되었다. 그는 가벼운 수염을 갖고 있고, 반나체이며, 뿔

14 K. Krishna Murthy, *Nāgārjunakoṇḍā : A Cultural Study*, Concept Publishing Company, 1977.

15 A. H. Longhurst, "The Buddhist Antiquities of Nagarjunakonda, Madras Presidency", *Journal of the Royal Asiatic Society*, Volume 72, Issue 2~3, June 1940, pp. 226~227

16 Dutt, Sukumar, *Buddhist Monks and Monasteries of India : Their History and Their Contribution to Indian Culture*, Motilal Banarsidass, 1988, p.132.

잔을 들고 있고, 그 옆에는 포도주 통이 있다.[17]

나가르주나콘다 유적지는 불교역사 초창기의 불교도 순례지였다. 흥미로운 것은 나가르주나콘다의 아야카 기둥ayaka-pillars에 티베트인 거주지가 존재했다는 것이다.[18] 북방 티베트 불교도가 나가르주나콘다까지 순례를 와서 집단 거주하며 살았다는 증거이다.

5 | 팔라바의 동남아 경략

독자적 정체성을 간직하던 남인도는 아소카 왕 통일제국하에서 점차 북인도 영향을 받기 시작했다. 남인도 타밀은 촐라, 판드야, 체라의 세 왕국이 통일제국으로 나아가지 못하였으며 각개 약진으로 패권을 장악하고 있었다. 사타바하나왕조가 몰락한 후에 남인도 동쪽을 차지하던 팔라바인이 왕국을 세우고 수도를 칸치푸람Kanchipuram에 정한다. 팔라바왕국은 275년부터 897년까지 남인도를 지배했다.

팔라바인이 역사의 전면에 등장한 시기는 기원후 3세기 중엽이며, 본격 흥기는 6세기 후반 싱하 비슈누575~600 왕에서 시작된다. 팔라바문자가 프라크리트어, 산스크리트어, 그리고 산스크리트와 타밀어의 혼합으로 나타나는 것으로 보아 인도 북남의 문화가 혼재된 생태다. 싱하 비슈누 시기의 영토는 당시 불교 신앙의 본거지였던 크리슈나-고다바리강 유역을 포함하였다. 비문을 통하여 초기 팔라바가 불교 신앙의 요람이었던 안드라프라데시의 아마라바티도 통치했음을 알 수 있다. 아마라

17 Varadpande, M. L., *Ancient Indian And Indo-Greek Theatre*, Abhinav Publications, 1981, pp.91~93.

18 Dutt, Nalinaksha, "Notes on the Nagarjunikonda Inscriptions", *The Indian Historical Quarterly*, 1931.9, pp.633~653.

바티 기둥 비문5세기경은 초기 팔라바 통치자 심하바르만Simhavarman이 신성한 장소를 방문하여 기부를 했다고 하였다.

5세기의 붓다고사와 붓다다타Buddhadatta 같은 학자들은 칸치푸람에 불교수도원이 존재했다고 언급했다. 일정한 시간이 흘러가면서 힌두교세가 강해진 것으로 여겨진다. 불교가 하락세로 들어가면서 칸치푸람은 남인도에 힌두사상이 전파되는 결정적 역할을 하였다. 불교가 강했던 시대에도 힌두교는 강세를 보였을 것이다.

칸치푸람은 학문 중심지인 동시에 힌두교의 7대 종교도시 가운데 하나가 되었다. 왕조의 문화정책은 칸치푸람의 대학을 기반으로 전개되었다. 나르시마바르만Narsimhavarman 1세 재위기인 638년에 칸치푸람을 순례한 현장은 100여 개에 달하는 수도원을 목격하였다. 불교가 인도에서 입지가 좁아지고 있던 당시에 팔레바왕조에서는 그나마 불교가 계속해서 번성하였다. 남인도는 힌두교 일색이나 적어도 14세기까지 불교가 활발했다. 심지어 16세기까지도 불교흔적이 확인된다. 불교는 '신을 모시는 종교'가 아니었기 때문에 힌두교는 물론이고 주술 같은 토착 샤머니즘과도 쉽게 결합되어 공존이 가능했다. 힌두 일색의 칸치푸람에서 불교가 자기 역할을 유지한 것은 충분히 이해 가능한 일이었다.

칸치푸람은 일찍이 프톨레마이오스가 마이라포레Mylarpha라 부른 항구다. 로마제국과 시리아, 이집트 유물이 발굴되어 당대 국제항구였음을 입증한다. 근년에 타밀나두의 칸치푸람, 바사바사무드람Mamallapuram 근처, 아리카메두, 폰디체리 등에서 로마유물이 나오고 있다. 칸치푸람에 로마 상선이 당도했다는 뜻이다. 칸치푸람에도 국제무역에 종사하는 상인집단이 있었고, 이들이 팔레바왕국의 다양한 건축 부흥에 기여하였을 것이다.

칸치의 불교적 명성은 기원전의 인도 상감문학에서도 자주 언급된다. 타밀 서사시 『마니메칼라이*Manimekalai*』에 따르면, 비구니 아라바나 아디갈Aravana Adigal이 칸치에 머물고 있었다. 마니메칼라이는 많은 사람의 고통과 굶주림을 덜어주기 위해 자비로운 활동을 펼치고 마침내 칸치에서 열반을 이루었다.

칸치는 발굴되지 않은 불상과 기타 고고학적 증거의 보고로 남아 있다. 칸치에서는 여러 불교조각상, 모티브, 기둥 등을 볼 수 있다. 칸치의 불교는 우리나라 여말선초쯤에 쇠퇴한 것으로 여겨지며 많은 절이 훼철되고 불상은 흩어졌다. 그래서 칸치에서는 박물관은 물론이고 경찰서 마당과 동네 학교에서도 고대 불상을 볼 수 있을 정도다. 역사는 전변되고 불상만 증거물로 남아서 칸치의 번성하던 불교시대를 증언하는 중이다.

칸치는 당대 불교의 중심지였기 때문에 중국, 티베트에서도 승려들이 찾아왔다. 7세기 현장이 칸치를 방문했을 때 도시의 영광이 절정에 달했다. 수백 명의 대승 사찰과 1만 명의 승려를 목격했다고 기록했다. 아소카가 쌓은 100피트 높이의 스투파에 대해서도 언급했다. 또한 약 80개의 데바Deva사원과 많은 자이나교가 있다고 보고했다. 불교 대승승원은 14세기까지 칸치에서 여전히 활동적이었다.

> 거기 사람들은 용감합니다. 그들은 정직과 진실의 원칙을 깊이 간직하고 학문을 매우 존중합니다. 승려들은 대승에 속합니다.

티베트 불교의 스승 린포체Guru Rinpoche가 8세기에 타밀나두를 방문하여 12년간 수트라Sutra와 대승 불교를 가르쳤다. 수트라는 규칙, 공식과 같은 금언 또는 매뉴얼 형태의 금언을 모아놓은 경전의 총칭이다. 티베트 불교가 남인도 드라비다의 땅에 접목된 놀라운 일이다. 8세기에 칸치는 드라비다 땅에서 중요한 불교 중심지였기에 린포체가 북방에서 내려와 체류하면서 불교를 가르치고 축복했을 것이다. 전통은 무려 16

~17세기까지 이어져서 드라비다식 수행이 이어졌다.

북인도 가야Gaya 근처 쿠르키하르Kurkihar의 유명한 불교 유적 비하라Vihara 발굴 비문에 따르면서기 9·11세기, 많은 조각상을 칸치 사람이 기증하였다. 14세기에 자바의 저명한 시인은 칸치에 13개의 불교수도원이 있다고 언급했다. 이 모든 기록은 쇠퇴 국면에 있었지만 칸치 불교가 14세기에도 살아 있었음을 증명한다. 가령 남인도 출신 지공화상이 14세기에 고려에 들어온 것은 당시까지도 남인도에 불교가 존속했음을 입증하는 좋은 사례다.

중국으로 건너간 보디다르마Bodihidharma, 菩提達磨도 향지국香至國, 즉 팔라바의 왕자로 알려진다. 달마의 고향을 『가람기』에서 "서역의 사문, 보리달마는 파사국의 호인胡人"이라고 했다. 달마의 제자 담림曇林은, "서역의 남인도 사람으로 대바라문 왕의 셋째 아들이다"라고 하였다. 호인과 바라문梵은 다른 것이지만 당대에 일반인은 습관적으로 인도를 '호'라고 불렀다. 달마는 해로로 중국에 와서 남에서 북으로 이동했다. 『속고승전』에 이르길, "처음에 송나라 남월에 이르고, 그 후 북으로 가서 위나라로 이동했다. 각지에서 선을 가르쳤다"라고 하였다. 달마의 도착은 유송劉宋, 420~478시대의 일이고, 상륙 지점은 남월, 즉 지금의 해남도 대안이었다.[19] 달마가 바다를 건넌 것이 우연이 아니라, 칸치의 오랜 항구 전통 덕분에 가능한 것이다. 달마는 국제항구의 불교적 분위기에서 성장하였고, 중국으로 건너가는 길을 선택하였다. 중국과 상선이 오가면서 당시 중국의 내부 사정이 이 국제도시에 잘 알려졌을 것이다.

칸치는 디그나가Dignāga, 480~540, 붓다고사Buddhaghosa 등과 같은 세계적 철학자와 불교의 대가를 배출한 유서 깊은 곳이다. 흥미로운 것은 그 시대에 칸치푸람이 힌두 본산이면서도 불교논리학의 대표 학승인 디그나

---

19 胡適, 『胡適文存』 제3집 권4, 「菩提達磨考」, 1927, 294쪽.

가가 칸치푸람대학에서 7년간 수학하였다는 사실이다. 디그나가는 진나陳那 외에도 역룡域龍 또는 대역룡(大域龍), 동수童授로 불린다. 유식唯識의 입장에서 인명학因明学이라는 새로운 불교논리학을 확립한 유상유식파有相唯識派 불교사상가이다.[20] 그는 인도로 온 당의 현장이나 의정과도 교류했다.

붓다고사는 430년경에 스리랑카로 건너간 상좌부 불교학자다. 『마하완사』는 붓다고사가 마가다왕국 브라만 가문에서 태어났다고 기록한다. 일부 학자들은 붓다고사가 실제로는 안드라프라데시의 아마라바티에서 태어났다고 본다. 이후 전기에서 붓다의 출신지역과 더 가까운 관계를 제공하기 위해 재배치되었다고 결론지었다고 주장하는 이들도 있다. 『마하완사』는 붓다고사가 보드가야에서 태어났다고 주장하지만, 논평에서는 인도에서 최소한 임시 거주지인 곳으로 단 한 곳, 즉 인도 남부의 칸치Kanci만을 언급한다.

스리랑카 승려 사리붓다 테라Sāriputta Thera는 파라크라마바후 1세King Parakramabahu I에 의해 수도원 공동체가 통일된 후 상좌부의 주요 학자가 되었다. 사리붓다는 붓다고사의 많은 작품을 자신의 해석에 통합했다. 그 결과 마하비하라 전통의 가르침이 상좌부 세계 전역에 퍼졌다.

6 | 해상교역처 마하발리푸람과 나가파타남

칸치푸람 남쪽 56km 해변에 마하발리푸람Mahabalipuram이 있다. 마말라푸람Mamallapuram이라고 부르는데, '강대한 힘의 도시'를 뜻한다. 칸치푸람과 더불어 팔라바왕국의 두 주요 항구도시 중 하나였다. 타밀나두 해상교역 1번지다.

---

20 Karr, Andy, *Contemplating Reality : A Practitioner's Guide to the View in Indo-Tibetan Buddhism*, Shambhala Publications, 2007, p.212.

팔라바는 마하발리푸람을 주요 도시로 활용하면서 수도인 칸치푸람에서 통치했다. 마하발리푸람은 항구도시와 종교 기념물 및 의식을 위한 곳이다. 팔라바 통치는 기원 7세기와 8세기에 절정에 달했다. 통치자 나라심하바르만Narasimhavarman 1세가 마하발리푸람에 기념물을 의뢰했다. 독실한 힌두교인이자 예술을 사랑하는 사람으로서 칼라 수마트라Kala Sumatra, 즉 '예술의 바다Ocean of the Arts'로 불리웠다.

마헨드라 1세는 마하발리푸람을 항구로 개발하고 동남아 무역으로 부를 축적했다. 마하발리푸람은 왕조의 교역 중심지가 되어 이곳으로부터 팔라바의 문화적 영향이 동남아로 확산되었다. 동남아왕국이 받아들인 브라만문자의 팔라바 버전은 크메르문자, 타이문자, 라오문자, 미얀마문자, 자와-카위자바의 고어문자의 모태가 되었다. 마하발리푸람에서 4세기 중국 주화와 로마 주화가 발견되었다. 고대 후기에 이 항구가 세계 무역의 중심지였음을 알려준다. 3세기부터 9세기까지 팔라바왕조는 항구를 사용하여 스리랑카와 동남아시아에 무역과 외교 사절단을 파견했다.

해안에 쇼어Shore사원이 있다. 벵골만해안가에 탑을 세워 항해의 안전을 기원했다. 마하발리푸람이 마르코 폴로시대 이후로 선원들에게 알려진 또 다른 이름은 해안에 서 있던 일곱 탑을 암시하는 '일곱 탑'이다. 쇼어사원 남서쪽에는 석재를 쌓아올려 만든 거대한 선박 독dock 유산도 남아 있다. 고대와 중세에 상선이 배를 정박하던 독이다.

팔라바 왕은 팔라바 건축의 백미인 라트사원을 세웠다. 7세기 초반에 만든 아르주나 고행상을 비롯한 뛰어난 동굴사원은 훗날 타밀 건축과 예술의 전범이 된다. 불교가 번성하던 시기에 힌두교도 공존하면서 번성하였다. 불교와 힌두교가 공존하고 있었다는 여러 증거가 있다. 팔라바가 멸망하고 촐라왕국이 이 지역을 지배한 이후에도 불교를 인정하는 일부 국왕에 힘입어 14세기, 즉 이슬람 직전까지 불교가 힌두와 공존했다.

탑의 전형성을 창출한 마하발리푸람의 쇼어사원

마하발리푸람은 타밀나두의 '초supreme문화적 기념비'로 호칭될 만한 도시다. 국제무역으로 경제 번영을 누렸던 7세기 팔라바왕국 타밀인의 원초적 조각술이 그 정점을 찍은 곳이기 때문이다. 7세기는 팔라바왕국의 수도인 칸치푸람에서 불교가 번영을 구가할 당시다. 안쪽 사원군은 바위산을 그대로 조각하여 코끼리와 사자 등 동물, 다양한 신과 인물 군상을 최고의 조각술로 장엄하고 있다. 바위를 뚫어서 석실사원을 만들고 입체 조각으로 힌두신에게 헌정했다. 아르주나 고행상은 암벽에 코끼리와 인간군상을 무려 길이 29m, 높이 13m로 새겼다. 코끼리는 힌두교로부터 불교에 이르기까지 공동의 수호신으로 부각된다.

마하발리푸람의 상선은 스리랑카는 물론이고 8세기경 동남아에 안정적으로 자리 잡고 있던 인도의 영향력을 받은 스리위자야, 마자파힛, 앙코르, 그리고 중국·로마와 거래했다. 불교왕국 스리위자야는 수마트라와 말레이반도를 장악하고 있었다. 팔렘방과 말레이반도의 카다람이

팔라바시대의 아르주나 고행상

중요 항구였다. 원대에 중국을 다녀간 가톨릭 수도승 오도릭은 마하발리푸람을 이렇게 기록했다.

> 모바르Mobar, 馬八兒는 마하발리푸람이다. 『한서 지리지』에 의하면, 전한 무제 때기원전 141~87 한나라 상선이 인도 동남 해안의 향지국에 다녀왔는데, 이 마아바르는 향지국에 딸린 도시였을 것이다.

타밀나두 동부 해안에서 출토된 1, 2세기 청자는 중국 해양 활동의 단서를 제공한다. 마하발리푸람해안이 중국과 직접적으로 연관되어 있음을 보여준다. 마하발리푸람과 중국의 무역관계는 타밀나두에서 2,000년 전 중국 동전이 발견되었다는 사실로 더욱 입증된다. 상감시대 이후의 것으로 추정되는 고대 타밀 작품인 파티나팔라이Pattinapalai는 중국 선박이 타밀나두 동부 해안에 정박했다고 전한다. 팔라바시대에 중국 항구에는 대규모 인도 상인 공동체가 존재하였다. 국제항구 취안저우泉州에서 고고학자들은 여러 인도인 유적지를 찾아냈다.

또 하나의 코르멘델 국제항구로 나가파티남Nagapattinam이 중요하다. 사리팔단沙里八丹으로 부르던 곳인데 인근 해역은 진주 채취로 유명했다. 『도이지략』을 쓴 원대의 왕대연은 "부자들은 금은으로 진주의 값을 떨어뜨려 사 두었다가, 배가 이르면 중국인에게 파니 그 이득이 어찌 가볍겠는가"라고 기록했다.

나가파티남 북쪽 1마일 지점에 일명 중국탑이라 부르는 벽돌 토탑이 있었다. 남인도에서 중국인의 존재는 나가파티남에 세워진 공식적 불교사원으로 입증된다. 나가파티남에서 중국인의 불교 신앙은 팔라바왕국 나라시마바르만Narasihmavarman 2세 이래로 이루어졌던 일이다.[21] 『도

---

21 J. Guy, "The Lost Temples of Nagapattinam and Guanzhou : A Study in Sino-Indian Relations", *Silkroad Art and Archaeology,* vol.3, 1994, pp.291~310.

이지략』에 의하면, 중국에서 타밀나두를 찾아오는 상인을 위해 원대인 1267년에 파고다가 만들어졌다. 중국 상선이 빈번하게 찾아들어온 결과 중국탑을 세운 것으로 여겨진다. 『도이지략』에서 토탑에 관하여 상세하게 기록했다. 오로지 힌두의 땅으로만 알려져 있지만, 13세기에 불탑이 들어설 정도의 상황이었음을 말해준다.

> 토탑은 팔단八丹의 평원에 있고, 나무와 바위로 둘러싸여 있는 곳에는 흙벽돌로 만든 높이 몇 장丈 되는 탑이 있다. 한자로 '함순咸淳 3년1267 8월에 공사를 마쳤다'라고 쓰여 있다. 전하는 소문에 의하면 중국 사람이 그해 그곳으로 돌아와 돌에 새긴 것이다.

탑은 촐라가 인도양을 '교역의 바다'로 물들이던 시기이다. 팔라바가 891년 촐라에게 흡수되면서 멸망했으므로 팔라바의 유산이 그대로 촐라에게 인계되었다. 12~13세기에 촐라왕국의 나가파티남으로 남중국 천주, 광주 등지의 상선이 들어왔고, 반대로 촐라 상인이 남중국 항구로 들어갔다. 그러다보니 나가파티남에 사묘寺廟가 세워졌다. 반대로 천주에는 1218년에 촐라왕국에 의해 힌두사원이 세워졌다. 무역 상인의 재력과 종교적 헌신이 탑을 가능하게 했다.

1269년 찬술된 천태종의 『불조통기』에는 "남해 주련국촐라이 사신을 보내 조공하다"라고 하였다. 송과 촐라의 교섭을 잘 알려주는 대목이다. 『불조통기』는 송의 고승인 대석지반大石志磐이 붓다의 생애와 역대 고승의 행장을 기전체와 편년체를 혼용한 정사 형태로 찬술한 책으로, 천태종의 교관이문敎觀二門을 상세히 서술했다. 『법화경』을 소의경전으로 하는 천태종은 남인도 동향을 잘 파악하고 있었다. 촐라는 이전 남인도 상인과 달리 공격적으로 해외무역을 감행하고 있었다. 촐라의 중국 사절 파견은 경쟁자 스리위자야를 겨냥하는 면도 있었다.

송대 1079년에 제작된 스리위자야의 광동 비석에 이 항구도시의 여러 불교사찰을 보수하고 유지하는 내용이 담겨 있다. 촐라의 라젠드라 1세는 해군력으로 동남아 패권 주자 스리위자야를 꺾었다. 스리위자야는 전통적으로 중국과 오랜 동남아 교역 파트너로 우대 특혜를 받아왔다. 그러나 촐라가 팔렘방을 경략함으로써 스리위자야는 촐라의 통제를 받게 되었다. 때문에 이 비석도 명의는 스리위자야였지만 광주 거주 인도인 공동체의 일정 영향이 있었다.

촐라의 제국 경영방식인 만달라Mandala 시스템에 속하는 상인길드의 출현은 후대에 송 정부에서도 지지를 얻게 된다. 그만큼 촐라 상인은 동남아뿐만 아니라 중국 무역에서도 두각을 나타냈고 그 거점으로 나가파티남이 중요했다. 불탑은 이를 증명하는 중요한 근거였다.

Chapter 4

마하스탄가르에서 타톤으로

벵골만 연대기 2

방갈랄국 항로는 수마트라왕국에서 출항하는데, 모산帽山과 취람서翠藍嶼를 거쳐 서북쪽으로 순풍을 만나 스무날을 항해하면 먼저 절지항浙地港에 도착하고, 이곳에 배를 정박한 다음 작은 배를 타고 항구로 들어가 500리 남짓 가면 쇄납아항鎖納兒港에 도착한다. 거기서 물에 올라 서쪽으로 35개 역참驛站을 지나면 방갈라국에 도착한다.

마환, 『영애승람』

Chapter 4

마하스탄가르에서 타톤으로

벵골만 연대기 2

1 | 벵골의 마지막 불교왕국 팔라와 불확실성의 시대

벵골만은 전통적으로 대륙과 해양 문명이 충돌하는 경계선이자 완충지대이다. 북쪽 대륙의 남하압력과 남쪽 해양의 북상압력이 마주친다. 역사적으로 고대와 중세까지는 북방 대륙 문명, 16세기 이후에는 바다로 들어온 유럽세력이 벵골만에서 충돌했다. 벵골만은 한때 세계 역사에서 심장과도 같은 곳으로 문명의 십자로다. 북방에서 내려온 불교가 동남아로 전파되는 루트였으며 3교가 벵골만을 가로질렀다. 불교는 갠지스강가에서 숙성되고 벵골만에서 확산되었다는 표현이 가능하다. 오늘날의 방글라데시도 '천년 불교왕국'이었다. 갠지스강 하구는 오늘날 방글라데시 영역이다. 방글라데시 역시 힌두와 불교의 땅이었다. 다카 시내 곳곳도 대부분이 불교사원 터다. 오늘의 콜카타와 다카는 하나의 벵골만 문화권이자 갠지스강 하구 문화권에 속한다. 국민국가로 영역을 구분하고, 영국 식민지의 모순관계 속에서 발생한 영토분리에 준거하여 바라볼 영역이 아닌 것이다.

오늘날 방글라데시는 회교국이다. 방글라데시의 불교사를 연구하는

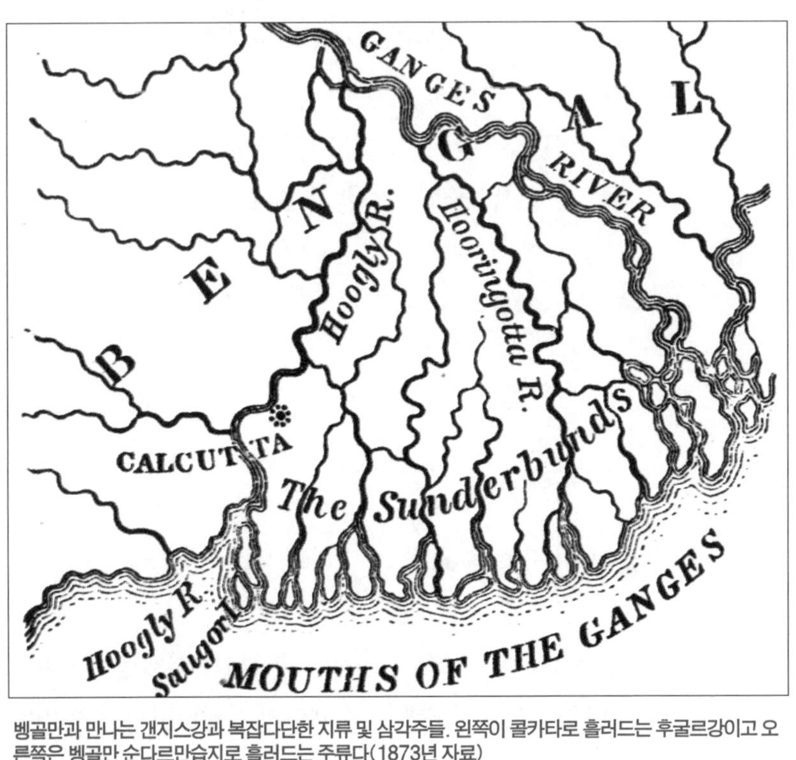

벵골만과 만나는 갠지스강과 복잡다단한 지류 및 삼각주들. 왼쪽이 콜카타로 흘러드는 후글르강이고 오른쪽은 벵골만 순다르만습지로 흘러드는 주류다(1873년 자료)

학자도 제한적이고, 역사적 연원을 치밀하게 분석하는 연구도 이루어지지 못하고 있다. 방글라데시의 경제 여건이 어려운 측면도 있지만 그 이전에 이슬람국가로서 불교에 대한 사회적 관심이 결여되어 있기 때문이다. 다카 시내에 불교사원이 새롭게 만들어지기도 하는데 무슬림의 폭력적 공격을 받기도 한다. 그러나 방글라데시 불교는 유구한 역사를 지녔으며 붓다가 직접 이곳까지 내려왔었다는 전설이 곳곳에 남아 있다. 이들 전설의 서사는 그냥 허구가 아니다.

방글라데시 최초의 도시 고고학 유적지의 하나인 마하스탄가르Mahasthangarh, Môhasthangôr는 강가에 건설되었으며, 강을 통하여 벵골만과 연결되었다. 보그라Bogra에서 브라흐미문자로 각인된 6줄의 석회암 판이 발견되었다. 아소카 시기의 왕실 명령으로 보인다. 연대는 적어도 기원전

3세기로 거슬러 올라간다. 마하스탄가르는 마우리아제국의 중요 도시로서 요새는 후대인 8세기까지 사용되었다. 8세기 중엽에 벵골지방에서 일어난 마지막 불교왕국 팔라왕조Pāla, 750~1161가 오늘의 방글라데시와 인도 마가다 영역까지 지배권에 넣었으므로 8세기 유물은 팔라시대의 것이다.

방글라데시가 전반적으로 저지대인데 반하여, 마하스탄가르는 해발 약 36m이다. 주변 지역보다 15~25m 높아 비교적 홍수가 없는 지형이라 오래 수도로 선택된 것이다. 요새화된 성채는 길이가 약 1.523km, 동서 길이가 1.371km이다. 한때 큰 강이었지만 지금은 작은 개울이 된 가라토야강이 동쪽으로 흐른다. 다수의 조각품이 발굴되었다. 바수 비하라Vasu Vihara에서 복원된 5세기 불상 석조 조각, 비슈누와 관음보살의 혼합을 보여주는 로케스바라Lokesvara 석조각, 10~11세기 것으로 추정되는 청동불상 등이다. 주변에서도 수도원 등 많은 유적이 발굴되는 중이라 마하스탄가르의 범주가 상당히 넓었던 것으로 추측된다. 수도는 강을 통하여 사통팔달로 연결되었으며, 바다로 연결되었다. 마하스탄가르에서 남진하면 벵골만에 당도한다. 방글라데시는 고대나 현대나 바다와 강 없이는 내부 소통이 불가하다. 명의 마환은『영애승람』에서,

> 방가라국 항로는 수마트라왕국에서 출항하는데, 모산帽山, 풀라우웨과 취람서翠藍嶼, 니코바를 거쳐 서북쪽으로 순풍을 만나 스무날을 항해하면 먼저 절지항浙地港, 치타공에 도착하고, 이곳에 배를 정박한 다음 작은 배를 타고 항구로 들어가 500리 남짓 가면 쇄납아항鎖納兒港, 소나르가온에 도착한다. 거기서 뭍에 올라 서남쪽으로 35개 역참驛站을 지나면 방갈라국에 도착한다.

전설에 따르면, 붓다가 이 지역에 직접 왔다. 붓다는 기원전 6세기에 마지마데시Majjhimadesh 또는 카장갈Kajangal마을 동쪽에서 설법하였다. 붓

마하스탄가르 유적

마하스탄가르 유적에서 발굴된 힌두신상(Bangladesh department of Archeology)

다는 설법을 위해 이 경계를 도보로 여행하였다. 그러나 붓다가 생애 동안 방글라데시에서 설법하셨다는 문헌기록은 없는 상황이라 유사무서의 역사이다.

5세기 법현은 갠지스강 남쪽 기슭에 있는 짬파왕국에 대해 언급했는데, 대부분 대승 불교도들이었다. 7세기 현장은 벵골 북서부의 왕 사산카의 불교박해에 대한 다양한 사실도 기록했다. 그는 대승종파가 방글라데시에서 황금기를 맞이했고, 파하르푸르Paharpur, 소마푸라Somapura, 자가달Jagaddal, 비크람푸르Vikrampur, 패티케라하Pattikeraha에 대규모 불교 수도원이 설립되었음을 보고했다.

8~12세기 팔라왕조는 방글라데시에 불교를 전파하고 마하스탄가르나 소마푸라 마하비하라와 같은 수도원을 세웠다. 같은 시기, 중세 불교의 위대한 인물 아티사Atiśa가 비크람푸르Bikrampur에서 태어나 대승 불교를 전파했다. 비크람푸르는 현 방글라데시 다카 남쪽 19km 지점이다. 불교유물이 지역 전체에서 발굴되고 있다.[1]

9세기 초 전성기의 팔라제국은 북부 인도 아대륙에서 지배 강국이었으며, 파키스탄 동부와 북동부, 네팔과 방글라데시의 일부 지역까지 지배하고 있었다. 갠지스강 하구의 국제항구 탐라립티와 파탈리푸트라도 그 영역 안에 있었다.[2] 팔라는 벵골 역사의 황금기 중 하나다. 서기 750년경 불교족장 고팔라Gopala의 선출로 설립된 제국은 고대 아시아에서 가장 큰 제국세력 중 하나로 성장했다. 팔라는 대승 불교, 특히 탄트라 불교를 장려했다. 그들은 많은 뛰어난 사원, 수도원 및 예술 작품의 창작을 후원했다. 팔라는 아바시드 칼리프Abbasid Caliphate, 티베트 및 스리위자야와 긴밀한 관계를 누렸다. 팔라는 다르마팔라Dharmapala와 데바팔라Devapala 치하에서 정점에 이르렀으며 힌두교 세나왕조로 대체될 때까지 4세기 동안 통치했다.

팔라는 외교·군사적으로 뛰어난 제국이었으며, 거대 코끼리 전투군단으로 명성을 떨쳤다. 해군을 육성하여 벵골만에서 상업은 물론 해상

1 Wari-Bateshwar, Chandraketugarh, Paharpur, Mahasthangarh 및 Mainamati 등의 발굴.

2 Nazimuddin Ahmed, *MAHASTHAN : A Preliminary Report of the Recent Archaeological Excavations at Mahasthangarh*, Dacca : Department of Archaeology and Museum, 1981, pp.1~16.

방어 역시 빈틈없이 수행하였다. 고전 철학과 문학, 회화와 조각이 본격화한 시기였으며 웅장한 사원과 승원을 지었다. 비크라마쉴라 및 나란다대학과 같은 불교대학도 후원했다.

팔라의 저명한 불교학자로는 아티샤Atisha, 산타라크시타Santaraksita, 사라하Saraha, 틸로파Tilopa, 비말라미트라Bimalamitra, 단쉴Dansheel, 단스리Dansree, 지나미트라Jinamitra, 즈나나스리미트라Jnanasrimitra, 만주고쉬Manjughosh, 무크티미트라Muktimitra, 파드마나바Padmanava, 삼모가바즈라Sambhogabajra, 샨타라크쉬트Shantarakshit, 실라바드라Silabhadra, 수가타스리Sugatasree 및 비라찬Virachan 등이 있었다.[3]

팔라는 당대 국제불교계에서 큰 명성을 얻었다. 자바의 사일렌드라 왕 발라푸트라데바Balaputradeva는 데바팔라에게 대사를 보내어 나란다 수도 건설을 위한 보조금을 요청했으며, 데바팔라는 이 요청을 승인하고 나란다 승원의 수장으로 불교시인 비라데바Vajradatta를 임명했다. 팔라의 불교학자들은 불교를 전파하기 위해 벵골에서 다른 지역으로 여행했다. 예를 들어 아티샤는 티베트와 수마트라에서 설교했으며 그는 11세기 대승 불교를 전파한 주요 인물 중 한 명으로 여겨진다. 티베트와 방글라데시, 수마트라에 이르는 긴 노선으로 불교가 움직인 것이다.

팔라는 시바교도 지속적으로 후원했다. 불교와 힌두의 결합은 팔라시대에 특징적 양상이었다. 점차 불확실성의 시대로 접어들었다. 불교가 여전히 왕권에 의해 옹호되고 있었으나 우파니샤드운동에 의해 힌두교가 재구성되고 있었기 때문이다. 그 뒤를 이어 무슬림 정복이 이루어 짐으로써 불교는 퇴장하였다. 불교와 힌두교도 공존하는 상태에서 차츰 이슬람 개종이 강화됐다. 그 결과 갠지스강과 벵골만의 불교가 이슬람으로 자취를 감춘 것이다. 조선 후기 이수광도 멀리 한반도에서 이러한 동향

3 P. N. Chopra · B. N. Puri · M. N. Das · A. C. Pradhan, eds., *A Comprehensive History of Ancient India* vol.3 Set, Sterling, 2003, pp.200~202.

을 파악하고 있었기에 "왕과 관리들은 모두 아랍인回回人이다. 머리털을 깎고 흰 베로 머리를 싸맨다"고 기록하고 있었다.[4]

보관을 쓴 붓다, 팔라왕조 10~11세기 (국립중앙박물관)

오늘날 이슬람이 지배하는 조건에서도 불교의 명맥은 이어진다. 인도 동부의 주도인 아가르탈라Agartala와 콜카타Kolkata에 중요한 벵골 불교 공동체가 있다. 치타공의 모헤시칼리섬Moheshkhali Island은 콕스 바자르에 딸려있으며 유일하게 언덕이 많은 섬이다. 9세기 초, 콕스 바자르를 포함한 치타공지역은 1666년 무굴Mughals에 의해 정복될 때까지 불교왕국 아라칸Arakan 왕의 지배를 받았다. 그 영향이 남아서 현재도 불교도가 많다.

오늘날 방글라데시의 전체 인구는 약 1억 2,500만 명이며, 불교도는 100만 명에 불과하다. 불교도는 치타공Chittagong, 치타공 힐 트랙츠Chittagong Hill Tracts, 코밀라Comilla, 노아칼리Noakhali, 콕스 바자르Cox's Bazar 및 바리살Barisal에 거주한다. 방글라데시의 불교도는 혼합된 네 그룹에 속한다. 그룹은 오스틱Austic, 티베트-버마인Tibeto-Burman, 드라비안Draviyans 및 아리안Aryans이다.[5] 방글라데시는 높은 문맹률을 누리는 데 반하여 불교도는 방글라데시 중산층, 특히 항구도시 치타공에서 발견된다.

---

4 이수광, 박세욱 주해, 『지봉 이수광이 바라본 세계』, 영남대 출판부, 2024, 200쪽.

5 "Buddhist Studies : Theravada Buddhism", *BuddhaNet*(https://www.buddhanet.net).

2 | 황금의 땅 수반나부미

벵골만 동남부는 미얀마 영역이다. 한역 음사로 면전緬甸이라 불렀는데 범천梵天의 땅이다. 미얀마는 160개가 넘는 복잡한 종족과 언어군으로 구성된다. 티베트어족에 속하는 친족, 카친족, 리수족, 라후족, 나가족, 타이어족으로 샨족, 캄티족, 타이족, 오스트로네시아어족으로 몬족, 와족, 파라웅족 등이 있다. 그 밖에 카렌족과 중국인이 별도로 존재한다. 버마족이 68%를 차지하며, 샨족은 영토의 1/4을 차지한다. 카렌족은 소수민족 중에서는 두 번째이며, 북서쪽 불교도 라카인족은 로힝야 무슬림과 사이가 좋지 않다. 남서쪽에는 바다에서 올라온 몬족이 웅거한다.

애초에 특정 민족 버마족의 나라인 버마에서 뒤늦게나마 미얀마로 바뀐 것은 식민주의 영향으로 일개 카테고리Lumyo : categories of people의 민족이 국민국가 'Nation'의 명칭이 되던 지난한 과정을 말해준다.[6] 미얀마는 불교사 서술에서 종족간 갈등과 차별이 존재한다. 미얀마 역사는 기본적으로 상부 미얀마와 남부 저지대 하부세력 간의 각축이며, 버마족이 헤게모니를 쥔 상황에서 때로는 소수민족이 힘을 발휘하여 진입하는 양상이다. 오늘날 하부의 몬족은 소수민족에 불과하다. 그러나 미얀마불교사 및 불교의 바닷길에서는 남부 저지대 몬족이 중요하다.

몬족언어는 남인도 빨리어 영향권이다. 고대 사회에서 캄보디아와 베트남 남부 메콩 유역 등이 힌두교의 강력한 자장권에 놓였다면, 미얀마 남서 해안은 불교자장권이다. 몬족은 몬주, 이라와디 삼각주와 태국-미얀마 경계를 따라 살며 미얀마뿐 아니라 태국, 라오스 등지에도

6 Aurore Candier, "Mapping ethnicity in nineteenth-century Burma : When 'categories of people'(Lumyo) became 'nations'", *Jounal of Southeast Asian Studies* 42(1), University of Singapore, 2019, pp.347~364.

분포된다. 몬족은 그 수는 얼마 되지 않지만, 미얀마불교사에서 큰 위치를 차지한다. 벵골만을 통해 바다를 건너온 불교가 저지대 몬족을 통해 상좌부 불교로 정착하고, 훗날 상부 버마족이 이를 받아들였기 때문이다.

경주 분황사 느낌이 드는 바간의 탑
(Nat Hlaung Kyang, 11세기)

이라와디강 중상류에는 일찍부터 선주민인 티베트족 갈래 퓨족驃이 거주하고 있었다. 스리크세트라는 그 뜻이 '상서로운 국토'이다. 7세기 의정이 『남해기귀내법전』에서 언급한 실리찰달라室利察呾羅는 스리크세트라의 음역이다. 미얀마는 기원전부터 인도 북부 아삼에서 내려오는 육로, 남인도·스리랑카를 거치는 해로에 의한 상인과의 교역 루트가 있었기 때문에 힌두교, 불교 등이 일찍부터 육로와 바닷길로 유입됐다. 퓨족은 스리크세트라를 중심으로 1,000년 넘게 존속했다. 불교의 본향이던 스리크세트라는 '한국의 경주'에 비견된다. 중국 고대 문헌에 일찍부터 등장한 표驃가 바로 퓨다.[7] 5세기 퓨족은 이라와디강 하구에 위치한 프롬Prome, Pyay에 타라이킷타야Tharay-Khit-taya를 세웠다.[8]

퓨족은 인도 영향을 받아 힌두교와 불교를 믿었다. 남쪽 몬족의 불교

---

7 Bhone Tint Kyaw, *The Ancient History of PYU-BYAMMAR before Anawrahtar*, Yangon : Kant Kaw Wut Yee, 2015, pp.61~78.

8 주강현, 『해양실크로드 문명사』, 바다위의정원, 2023, 451쪽.

와 달리 퓨족의 불교는 북쪽에서 육로로 내려왔다. 같은 미얀마지만 불교 전파의 방향에서 남북의 노선이 달랐다. 이라와디강가의 스리크세트라는 인도-중국 간 무역로를 장악하고 있었다. 이 루트를 통해 인도 문물과 함께 불교와 힌두교가 전래됐다. 스리크세트라 유적에서 불탑과 사원터, 각종 불상 그리고 사리 장엄구가 다수 발굴됐다. 상좌부 불교도 일찍이 1세기경 육상과 해상 무역로를 통해 스리크세트라를 비롯한 퓨족의 도시국가에 전해졌을 가능성이 높다.

퓨족의 왕은 불교를 존중해 성내에 큰 백색의 불상을 안치했고, 100여 개의 불교사원과 불탑을 세웠다. 불탑은 금은으로 장식하고 채색했다. 남녀 모두 7~10세에 이르면 삭발하고 절에 들어가 불교공부를 했다. 반면에 퓨족의 또 다른 도시 베이크타노는 '비슈누의 도시'였다. 조각상, 건축, 동전, 비문의 문자에서 힌두교가 확인된다. 고고학적 발굴은 금강승, 대승 및 힌두교의 혼효를 확증해준다.

퓨족의 동전은 메콩강 삼각주 등 동남아 곳곳에서 발견된다. 퓨족이 이라와디강 뱃길을 통해 동남아 다른 지역으로 확산되었다는 증거이다. 8세기 퓨족은 하부지역 몬족의 공격을 받고 이라와디강 상류로 피신해 그곳에 새 수도를 세웠다. 그 후 그들은 운남 쪽 남조南詔의 공격을 받았다. 남조는 오늘날 운남성 서북부에 있던 대리大理를 중심으로 한 티베트족 갈래인 우만족이 7세기경 일으켜 9세기에 전성기를 구가한 국가다. 이때 많은 사람이 포로로 끌려가면서 퓨족의 국력이 침체에 빠졌고, 결국 832년 버마족에 통합됐다.[9]

남방에 웅거하던 몬족은 동남아의 기름진 경작지에 두루 분포했다. 몬족은 동남아에 가장 먼저 거주한 민족 중 하나이며 동남아 상좌부 불교의 확산을 담당했다. 몬족이 세운 문명은 태국과 미얀마, 라오스에서

9 소병국, 『동남아시아사』, 책과함께, 2020, 71~73쪽.

가장 초기에 세워진 문명 중 하나였다. 오스트로네시아인의 후손인 몬족은 기원전 3000년에서 2000년 사이에 중국 남부의 장강계곡에서 동남아로 이주한 것으로 비정된다.

몬족 수도는 벵골만의 타톤Thaton이었다. 타톤은 바다로 열린 창구였다. 타톤과 바고Bago, 페구를 뜻함, 인도를 잇는 해상로를 통한 교류는 기원전 1세기부터 활발했다. 그에 따라 힌두교나 불교가 남부 미얀마에 유입되고 있었다. 타톤왕국의 최초 통치자는 세존이 살아 있을 당시의 시하라자Shiharaja 왕이다. 뒤를 이은 48명의 왕이 부처의 정법을 옹호했다고 할 정도로 타톤은 초기 불교사에서 중요하다.

『마하완사』에는 기원전 3세기 아소카 왕의 제3차 경전 결집 이후 상좌부 승려를 수반나부미를 비롯한 인근 9개국으로 파견한 이야기가 실려 있다. 아소카는 아들 마힌다와 딸 상가미타를 스리랑카, 소나消形, Sona와 우타라鬱多羅, Uttara 장로는 타톤으로 보냈다. 타톤은 당대의 국제항구 칸치푸람이나 카베리파티남 등 남인도 및 스리랑카와 더불어 5세기 전후 상좌부 불교의 3대 성지로 기능했다. 타톤왕국은 기원전 4세기에서 기원후 11세기까지 존립하면서 동남아 불교의 진원지 역할을 했다.

타톤의 몬왕국은 스리랑카계 남방 불교의 동남아 전파에 영향을 미쳤다. 몬족은 미얀마 남부지역을 르멘Rman 또는 르만Rman으로 지칭하였으며, 마우리아왕조의 아소카 왕이 불교포교사를 파견한 수반나브후미Suvannabhumi, 즉 황금의 땅金地國이다. 3세기경 안드라 익슈바쿠Andhra Ikshvaku 금석문은 불교로의 개종을 언급한다. 고대 아라칸과 저지 미얀마의 몬어를 사용하는 민족을 언급한 것이다.

바다를 통해서 몬족과 스리랑카가 직교류하면서 남방 불교가 확산된다. 수반나브후미가 구체적으로 어디를 가르키는가는 여러 학설이 있으나 일반적으로 말레이반도 북쪽, 즉 현재의 미얀마 남부로 비정한다. 수반나브후미태국에서는 스완나품으로 호칭는 동남아 불교전래사에서 중요하다. 미얀마뿐 아니라 태국과 라오스 불교전래사에도 같이 등장한다. 오늘날 태국령에 속하는 고대 드바라바티Dvaravati 불교왕국에도 영향을 미쳤다.

3 | 상부지대와 하부지대의 오랜 투쟁과 상좌부 수용

북방 버마족은 9세기에 바간Bagan을 건설해 13세기 말까지 오늘날의 미얀마 대부분을 지배했다. 바간은 미얀마력의 시작인 638년 새로운 통치를 시작했지만, 분열과 통합을 거듭하다가 1044년에야 제국 형태의 강국이 됐다. 바간은 성립 초기부터 불교왕국이었다. 송대 『제번지』에 이르길,

> 파간蒲甘國은 부처를 성실하게 모시며 승려의 옷은 누렇다. 군주가 아침에 조회를 하면 관료들은 각기 꽃을 가지고 와서 바치고 승려들은 산스크리트어로 축수하고 꽃을 왕의 머리에 씌우고 남는 꽃은 절로 가져가 부처에게 공양한다. 송 경덕景德 원년1004에 스리위자야, 대식국과 더불어 사신을 파견하고 상원절 관등觀燈을 즐길 수 있었다.

파간왕국에서 송나라까지 사신이 가서 관등했음을 알 수 있다. 송대 『영외대답』에도 비슷한 기록을 남겼는데, "승려들은 산스크리트어로 축수하고 꽃을 왕의 머리에 씌우며 나머지 꽃은 절에 가져가 부처에게 공양한다"고 하였다. 송대 자료가 구체적인 것은 송상宋商이 미얀마에 자주 드나들었던 결과이다.

남부 해안에 몬족이 건설했던 타톤은 파간왕국에 의해 멸망당한다. 역설적으로, 파간의 타톤 점령은 상좌부 불교가 미얀마 중부까지 확장되는 계기였다. 파간의 아노라타 왕Anawrahta, 1044~1077 재위은 당시 유행한

아리Ari 불교로 알려진 밀교를 개혁하려고 타톤왕국의 상좌부를 받아들이고자 했다. 미얀마 상부지대에는 대승 불교와 바지라야나금강경뿐만 아니라 나트 같은 정령숭배와 힌두교 영향을 받은 아리 불교라는 절충주의 불교Eclectic Buddhism가 지배하고 있었다.[10] 그러나 파간의 왕은 급진 종교개혁을 추진한 것은 아니며 13세기까지 전통적 정령숭배나 아리 불교, 비즈라아나 불교, 대승 불교 등이 혼합된 상태가 장기 지속되었다. 다만 왕실에서는 전적으로 상좌부를 채택하였다.

전성기의 타톤은 남인도와 스리랑카와의 교역을 통하여 부유한 곳으로 성장하고 있었으며 빠알리 삼장Pali tipitaka 보유를 자랑스러워했다. 타톤을 점령한 파간은 빠알리 삼장과 함께 많은 승려를 북방 파간으로 이주시킨다. 파간이 미얀마 불교의 중심지가 되면서 스리랑카계 상좌부를 미얀마 전역으로 확산시켰다. 왕은 몬족 기술자와 예술가를 우대하였으며, 수도에는 칠당가람七堂伽藍이 차례로 건립되어 조탑造塔왕조 혹은 건사建寺왕조라 불릴 만큼 불법이 성행했다. 당시 파간에는 1만 5천여 개 절과 1만 3천여 명 승려가 있었다.

불경, 건축, 문자, 예술 등이 번성하던 남부 저지대 몬족 문화가 북방으로 진입한다. 미얀마 불교의 저력은 이와 같이 북부와 남부 세력의 결합과 수용에 따른 결과다. 파간의 통치 기반이 확고해짐에 따라 외국 승가와의 교섭도 활발해졌다. 특히 상좌부의 중심지 스리랑카와 바다를 건너 빈번한 교류가 이루어졌다.

11세기 후반에 스리랑카로 건너간 몬족 사미가 있었다. 그는 스리랑카 대사에 가서 사리풋타sariputta에게 계를 받고 이름을 삿담마조티팔라Saddhammajotipala로 바꾸었다. 스리랑카의 마하비하라에서 10년간 수행과 연구를 거듭한 후, 1190년에 다른 네 명의 장로와 함께 많은 책을 가지고

---

10 George Coedes, *The Making of South Asia*, University of California Press, 1966, p.113.

몬족의 독특한 불상

돌아와서 싱할라승가執獅子僧伽, 후에 파간파라 부름를 개창하고 대사 수계법을 전수하였다. 이른바 파간파의 개조가 되었다. 그의 아비달마 연구와 『청정도론Visuddhimagga』 주석서가 뛰어났다.[11]

파간은 1287년 몽골의 침공으로 와해된다. 파간왕조가 13세기 후반에서 14세기 초반에 쇠락해져갈 때, 북 미얀마는 3개의 정치권력으로 분화되었고 남 미얀마에서는 북 미얀마의 헤게모니에 대항하는 독립적 몬족이 흥기하였다. 마침내 파간이 몰락하게 되자 북방에는 아바Ava왕국, 남방에는 페구Pegu왕국이 들어선다. 다시금 상부 미얀마와 하부 미얀마로 나뉜 것이다. 상하부의 맥락upstream-downstream은 역사적 배경이 다른 데다가 서로가 다른 지리정치적 요인 및 경제적 차이로 통합되기가 어려웠다.[12]

아바와 페구는 무려 40년전쟁1385~1423을 벌였다. 40년이나 전쟁이 지속된 것은 그만큼 두 세력이 통합되기 어려운 역사 문화 요인을 갖고 있었기 때문이다. 파간왕조시대에 몬족의 상좌부를 수용한 상태였지만 북

11 Roger Bischoff, *Buddhism in Myanmar*, Buddhist Publication Socirty, 1995, pp.74~76

12 Michael Aung-Thwin, "A tale of two kingdoms : Ava and Pegu in the fifteenth century", *Jounal of Southeast Asian Studies* 42(1), University of Singapore, 2011, pp.1~16.

쪽에는 끊임없이 세속 종교 낫nats 숭배를 포함한 외도로 되돌아가려는 관성이 존재했다. 북부 불교는 승려들이 술도 마시고 동물희생을 주재하는 등 말이 아니었다. 힌두교, 부파 불교 등이 뒤섞인 상태였으며 오늘날의 발굴에서 이들 신상이 뒤섞여 나오고 있다. 그러나 이러한 비판은 상좌부 불교를 중심으로 다중을 묶어세우려는 입장에서 나온 주장일 수도 있으며, 미얀마 역사로 본다면 상좌부 중심에서 과거의 비상좌부 신앙을 비판하는 측면도 있으므로 곧이 곧대로 들어서는 안될 것이다. 40년전쟁으로 인하여 미얀마 전체로서는 상좌부 전통이 남북에 그대로 유지되는 측면도 있다. 지정학적으로는 남북이었지만 기본적으로 해안가와 상부의 싸움이었고, 페구가 있던 오늘날의 양곤뿐 아니라 미얀마 북서부 라카인 같은 저지대 해안도 모두 상부에 대항했던 것이다.

15세기 말 페구에 몬족의 불교왕 담마제디Dhammazedi, 1472~1492 재위가 등장한다. 그는 불교에 각별한 애정을 지니고 있었다. 불교 교단이 여러 개로 분열되어 화합하지 못하고, 또한 율장의 규율에 따른 신성한 수계가 이루어지지 않은 점 등을 우려하며 1475년에 22명의 장로를 포함한 대규모 사절단을 배에 태워 스리랑카로 파견한다. 왕은 스리랑카에서 귀국한 이 사절단을 맞이하여 페구 서쪽 근교에 청정한 결계지를 새롭게 설치하고 이곳에서 모든 비구승에게 다시 수계를 받도록 했다. 15만 666명의 비구들이 다시 수계를 받았다. 왕의 정화운동으로 최소한 200여 년 동안 불교승단은 화합을 유지할 수 있었다. 불교정화운동에 바다 건너 스리랑카의 조력이 큰 의지처가 되었던 것이다. 이처럼 미얀마 하부의 몬족과 스리랑카는 전란 등으로 불맥이 단절되는 상황마다 승려를 보내어 불경을 들여오고 계를 받아서 불맥을 이어나갔다. 바다를 건넌 불교의 전형적인 모습이다.

4 | 벵골만 건너서 몬족의 땅에 당도한 진신 머리카락

불교는 이른 시기에 미얀마에 도착하였다. 바다와 강을 통해 전파된 것이다. 이라와디강에야워디강은 미얀마에서 가장 중요한 강이며 많은 하항을 가진 수운의 요지이다. 산스크리트어로 코끼리강이다. 히말라야산맥의 남단에서 발원한 느마이 강과 말리 강이 꺼친주에서 합류해 형성된다. 하구에서 광대한 삼각주 지대를 형성하며 안다만해로 흘러든다.

미얀마 불교는 일찍부터 붓다의 진신 머리카락이 건너온 역사를 간직한다. 미얀마의 대표 상징물인 세다곤 파고다 연기 설화에 초기 불교의 전승이 담겨있다. 양곤 시내 중심가의 랜드마크 불탑佛塔 술레 파야에서 젖줄인 이라와디강을 통해 내륙 깊숙이 올라가거나 바다로 나갈 수 있다.[13] 술레 파야가 2,200여 년의 역사를 자랑하는 것으로 보아 벵골만을 가로지른 불교전래의 오랜 궤적을 확인할 수 있다. 술레 파야는 몬어로 '신성한 부처의 머리카락을 간직한 탑'이다. 벵골만을 가로질러 안다만해에 당도한 불교전래의 궤적을 확인할 수 있다. 하부 미얀마에 자리잡은 양곤은 본디 몬족의 땅이었다.

붓다가 보리수 아래에서 깨달음을 얻은 후 49일 동안 법열을 느끼며 선정에 들었는데, 이때 욱칼라Ukkalā라는 마을에서 배로 인도에 건너간 타풋사Taapussa와 발리카Bhallika라는 두 상인 형제가 있었다. 이들은 붓다를 뵙고 석밀을 공양한 후 이귀의二歸依를 한 최초의 재가신자가 된다. 붓다는 머리카락을 뽑아 선물로 주었는데, 이것을 가지고 돌아와 미얀마 남부 팅구터라 언덕, 즉 지금의 술레 파야Sule paya에 안치했다. '강력한 영혼의 땅'이란 의미를 지닌 현재 위치에 탑이 세워졌다. 발탑髮塔이 세워진 것인데, 발탑은 붓다 재세 시에 급고독장자가 이미 세웠던 전통이

---

13 E. M. P-B, *A Year on the Irrawaddy*, Bangkok : White Lotus, 1998(Rangoon : Myles Standish Co., 1911).

술레 파야

양곤의 쉐라곤 파야

있다.[14] 현재 미얀마 몬주에 해당하는 라만나Rammanna지방의 불교확립에 중요한 계기였을 것이다.

이 탑은 남인도 탑 양식을 도입하여 미얀마 식으로 개조하여 오늘에 이른다. 영국이 식민지로 접수하고 난 다음, 19세기 중반에 이 탑을 중심으로 양곤 시가지를 재설계하면서 더욱 정치·경제·문화의 중심지가 되었다. 근자의 미얀마 민주화운동 등 온갖 정치적 집회가 열리는 등 술레 파야는 미얀마의 '중심의 중심'이다.

양곤강변 하구의 보타타웅 파야Batataung Pya에도 인도로부터 2,000여 년 전 부처의 머리카락을 옮겨와 모셨다는 연기 설화가 남아 있다. 인도에서 가져온 붓다의 유물이 미얀마에 상륙한 것을 환영하기 위해 무려 2,000년 이상 국가 의례를 집행해왔다. 바다를 건너온 불교가 몬족의 땅에 당도했다는 서사이며, 불교뿐 아니라 인도와의 정기적 상선 교류가 존재했다는 뜻이다. 진신 머리카락의 도래는 불교의 가장 강력하고 직접적인 해양을 통한 전교를 뜻한다.

양곤에서 만달레이 가는 길목의 페구는 타톤 출신의 몬족 왕자가 건설한 도시이다. 몬족이 지배하는 거대 성곽도시로 발전하였다. 남인도 촐라 해군이 동남아 원정을 나서면서 페구를 들이친 큰 사건도 있었을 정도로 무역항으로 중요했다. 북방 바간 세력이 페구를 들이쳐서 3만여 몬족이 포로로 끌려간 슬픈 역사를 간직한다. 본디는 바고Bago였는데 유럽인이 도래하면서 이곳을 페구Pegu라고 불렀다.

페구의 황금사원 세웨마다Shwemawdaw에도 붓다의 진신 머리카락이 있다. 지진 때문에 여러 번 무너지고 재건축하였다. 몬족 상인 마라할라Mahasala와 쿠라살라Kullasala가 인도를 오갈 때 부처에게서 머리카락 두 올래기를 가져왔다는 전설이 있다. 부처 열반 이후에는 진신 치아 하나

---

14 「대정장 23」, 415b27쪽.

가 바다를 건너서 배에 실려 도착하였으며, 982년 탑에 추가되었다고 한다. 양곤 술레 파야와 세웨마다 상인 전설은 활발히 바다를 오고가던 상인을 통해 불교가 전래되었던 해양불교사의 전개 과정을 입증한다. 세웨마다는 114m, 양곤의 쉐라곤은 98m이다. 세웨마다 탑이 미얀마에서 제일 높음을 알 수 있다. 페구에서는 해마다 10여 일간 탑 축제가 열리고 있다.

5 | 상좌부 이론가 붓다고사와 북방으로 향한 신 아라한

미얀마의 승려들은 국제적으로 이동하면서 붓다의 말씀을 전하였다. 불교 전파는 현대인이 생각하는 것보다 훨씬 역동적이었으며, 말씀을 기록하고 배우겠다는 결기가 대단하였다. 5세기 인물인 붓다고사를 논하지 않을 수 없다. 그의 이름은 빨리어로 "부처의 목소리Buddha + ghosa, 佛音"다. 본디 브라만 계급의 이론가로서 힌두의 베다Veda에 해박하였다. 당시에 풍미했던 전통에 따라 수많은 논쟁을 거치면서 마침내 불교로 귀의하여 삼장을 배운다. 남인도 해상왕국 팔라바왕국 칸치푸람에 족적을 남긴다.

그는 해협을 건너 스리랑카의 첫 수도인 아누라다푸라로 들어가서 대사Mahāvihāra에서 일했다. 그가 바다를 건넌 이유는 분명했다. 인도에서 주석이 유실된 문헌을 발견한 붓다고사는 본디 주석이 보존되었다고 믿어지는 싱할라 주석본을 연구하기 위해 스리랑카행을 결심했다. 스리랑카에서 붓다고사는 오랫동안 수집·보관되어 온 방대한 양의 싱할라 주석을 연구하였다. 주석을 빨리어로 구성된 포괄적인 단일 주석으로 정리해나갔다. 아누라다푸라에 보존된 싱할라어 해설 전체를 합성하거나 번역한 붓다고사는 인도로 되돌아와 보리수에 경의를 표하기

스리랑카의 영향을 받은 바간의 스투파(Kaung-Hmu-Daw)

위해 보드가야를 순례했다고 전해온다.

해양불교사의 놀라운 사건이 벌어진다. 붓다고사가 주석을 붙인 불경이 바다를 건너 오늘의 미얀마에 당도한다. 붓다고사가 주도하여 스리랑카의 고전 싱할라 불경의 빨리어 번역 주석본이 대장경으로 결집되어 타톤에 당도하였고 상좌부 불교의 이론으로 자리잡았다. 콘바웅Konbaung왕조의 『유리궁전 연대기*Glass Palace Cronicle of the kings of Burma*』에 의하면, 타톤에서 발견된 『빨리어대장경*Tripitaka*』은 스리랑카에서 타톤 왕에게 전달된 것이다. 대장경은 이미 5세기에 스리랑카에서 타톤으로 왔으며, 이는 붓다고사가 싱할라어를 빨리어로 번역한 판본이다.

스리랑카와 미얀마는 벵골만과 안다만해를 통한 활발한 교역이 이루어지고 있었다. 스리랑카의 항구는 동서남북에 골고루 발달하였는데 , 동북쪽으로 벵골만과 안다만 해역을 직항하면 말레이반도와 미얀마 남부 해안에 손쉽게 닿는다. 『마하완사』를 보면, 미얀마로 보낸 스리랑카 원정군이 팔라바반카항구에서 출항했다. 역으로 미얀마에서 스리랑카로 바다를 건너오는 상선도 이들 항구를 이용했을 것이다. 스리랑카와 미얀마 남부는 안다만 해를 건너가는 상선이 활발하게 교역하고 있었으며, 그 상선에 실려서 불교도 바다를 건넌 것이다.

붓다고사로부터 5세기가 흐른 뒤, 타톤에 등장한 각별한 인물이 신 아라한Shin Arahan, Dhammadassī Mahāthera, 1034~1115이다. 아라한의 일생은 불분명하다. 혹자는 타톤 출신이라고 하고, 혹자는 스리랑카에서 건너왔다고 하는데 아무래도 스리랑카 출신이 맞다. 그는 스리크세트라로 가려는 목적으로 타톤왕국에 머물렀던 것으로 알려진다. 버마족이 경쟁관계였던 하부 미얀마의 승려 신 아라한을 받아들여 당시 물밀듯이 들어온 힌두교로의 개종을 막았다는 사실이 흥미롭다. 기존에 북인도를 통해 들어와 있던 마술적 힘을 가진 일종의 브라만이던 아리 불교 대신 남방 상좌부 불교로 구심점을 세운 것이다.

신 아라한은 아나라타 왕을 만나서 상좌부 불교로 개종시킨다. 왕은 신 아라한이 들고온 상좌부 불교를 받아들임으로써 불교개혁을 꿈꾸었는데, 이는 새 왕조를 탄생시키면서 승려의 기득권을 축소시키고자 하는 자신의 목표에 일치하였기 때문이다. 언제나 새 왕조는 종교정화를 통하여 새 권력을 창출하고자 했으며, 신 아라한 입장에서는 상좌부 불교를 미얀마에 제대로 안착시킬 수 있는 적절한 기회이기도 했다. 1105년 바간왕조는 스리랑카 양식을 수용한 몬 건축 양식의 아난다 탑사阿難陀塔寺, Anada Temple를 세움으로써 상좌부 불교를 공식화시킨다.

정리하자면, 북인도 붓다고사가 남인도 칸치푸람으로 내려오고, 바다를 건너 스리랑카로 갔다. 스리랑카에서 불경을 연구하고 역주본이 바다를 건너서 몬족의 땅인 미얀마 타톤으로 들어갔다. 하부 미얀마에서 5세기 뒤의 인물인 신 아라한에 의한 상부 미얀마로 상좌부 불교가 전파되어 바간 불교의 중심으로 자리 잡게 된 것이다.

바간의 유산은 미얀마 국경을 뛰어 넘었다. 상좌부 불교를 수용하고 힌두국가인 크메르제국의 전진을 막는 데 성공한 덕분에 남아시아와 동남아시아의 다른 곳에서 후퇴하던 불교의 안전한 교두보가 마련되었다. 바간왕조의 성공으로 13세기와 14세기에 란나태국 북부, 시암태국 중부, 란상라오스, 크메르제국캄보디아에서 상좌부 불교의 후기 성장이 가능해졌다.

10세기가 넘어서자 불교에 관한 국가적 공력은 외려 인도와 스리랑카보다 미얀마의 바간이 더 높았다. 스리랑카는 타밀의 촐라왕국 같은 강력한 해상세력에게 공격을 받아 전란에 시달렸고 왕조 존립 자체가 어려웠다. 힌두 공격으로 불맥이 끊길 상태에 이르렀다. 이때에 신 아라한은 스리랑카에서 불교가 살아나도록 도움을 주었다. 스리랑카에 불교학교가 다시 만들어졌으며, 불교가 다시 시작하도록 바다 건너에서 도왔다. 17세기 스리랑카 캔디왕조도 미얀마에서 승려를 초청하여 스리랑카 불교를 복원하고자 했다. 심지어 18세기에는 아유타야왕국에서 불상과 경전을 들여와 스리랑카 비구 승가를 복원하였다. 스리랑카에서 미얀마나 태국으로 바다를 건넌 불교가 다시금 바다를 건너와서 스리랑카로 되돌아온 경우이다. 세계불교운동사는 이와 같이 인도와 스리랑카에서 퍼져나간 것만이 아니고 되돌아오는 경우도 존재했다. 즉 불교는 동진만이 아니라 서진도 존재했다. 이처럼 불교의 바닷길을 통한 교섭은 세계불교사의 중요한 대목을 차지한다.

6 | 미얀마 4대 불교민족의 하나인 라카인족

방글라데시와 미얀마 사이에는 경계지역 시트웨에 라카인Rakhine족이 해안을 따라 많이 살고 있다. 라카인족은 미얀마 총인구의 4%에 불과하다. 라카인족은 또한 미얀마가 아닌 방글라데시 남동부인 항구도시 치타공에도 살고 있다. 치타공 구릉지대의 라카인 후손은 최소한 16세기 이래로 그곳에 정착했고, 마르마족으로 불린다. 이들은 불교왕국 라카인이 치타공지역을 지배할 때 이래로 이 지역에 살아왔다. 이슬람국가 방글라데시에서 불교도가 드물게 집단으로 살고 있는 영역이다.

버마족, 샨족, 몬족과 함께 미얀마 4대 불교민족의 하나인 라카인족도 상좌부 불교를 믿는다. 라카인 문화는 미얀마 문화와 유사하지만, 지리적으로 아라칸산맥에 의해 미얀마 본토와 분리되어 있어 인도 영향을 더 많이 받았다. 아라칸왕국은 해양 강국이었기 때문에 벵골의 이슬람 술탄국을 비롯한 인도양의 다른 강대국들과 긴밀한 관계를 맺는 교차로이자 만남의 장소였다. 이슬람세계는 분명히 아라칸 왕 므라우크우1430~1784에게 영향을 미쳤다. 벵골 술탄처럼 옷을 입은 왕과 동전은 아라칸과 페르시아어로 새겨져 있었다. 아라칸 왕들이 이교도왕조에 조공을 바쳤음에도 불구하고 남부는 대부분 이교도의 종주권이 없었고 미얀마의 나머지 지역과도 대부분 단절되었다. 아라칸산맥에 의해 이교도와 분리된 아라칸은 다른 미얀마지역과 독립적으로 발전했다.

불교와 힌두교, 이슬람교가 뒤섞인 지역인 시트웨에는 붓다의 뼈를 묻은 곳에 세워진 기원전 3세기 아소카 왕시대로 소급되는 신성한 탑이 있다. 벵골만을 따라서 남하한 불교전래지로 여겨진다. 모든 흔적은 인도-미얀마 문명 교류의 구체적 예증이다. 붓다가 북쪽에서 벵골만을 따라서 내려왔다.

시트웨지역의 므라욱 우Mrauk-U왕국은 1429년부터 1785년까지 아라칸연안에 존재했다. 수도 므라우에 본거지를 두었다. 현재 미얀마 라카인 주Rakhine State이고 방글라데시 치타공지역Chittagong Division 남부이다. 1429년부터 1531년까지 벵골 술탄의 보호국으로 출발했지만 므라욱우는 포르투갈인의 도움으로 치타공을 정복했다. 무역을 통하여 한때 아시아에서 가장 부유한 도시로 손꼽혔다.

수도 므라우는 단야와디Dhanyawadi왕조가 기원전 825년경 라카인에

므라욱 우의 옛 사찰

세웠다는 이야기가 구전으로 전해온다. 하지만 그보다 후대에 건립된 것으로 보인다. 므라우가 역사의 전면에 부각되는 것은 1430년 라카인 왕국의 수도가 되면서부터다. 그 후 1784년까지 354년간 수도로 기능했다. 므라우 역시 강항도시다. 벵골만에서 거슬러온 배가 닿는 내륙의 도시이다. 도시가 개설되고 얼마 되지 않아 대항해시대가 시작됐다. 덕분에 이곳을 찾아온 포르투갈, 스페인, 네덜란드 등의 흔적이 남아 있다. 미얀마 남부의 페구와 함께 18세기까지 미얀마에서 가장 중요한 항구 중 하나였다.

이곳은 모스크, 사원, 성지, 신학교 및 도서관이 있는 므라우와 함께 다민족 인구의 본거지였다. 왕국은 또한 해적 행위와 노예 무역의 중심지이기도 했다. 포르투갈의 무력에 의지하면서 벵골만을 제패하여 주변 민족의 원성을 높게 샀다. 므라우는 오늘날은 폐허가 되어 건물 유지만 남았는데 본디 30km 길이의 요새와 해자, 운하가 복잡한 그물 모양으로 요새화된 국제도시였다. 도시 중심에 우뚝 솟은 궁궐이 있었다. 대항해시대에는 유럽 열강의 선박이 속속 들어왔다. 일종의 자유무역항

기원후 327년에 세워진 싯타웅석굴 안에 모셔진 본존불

으로 부각되었으며 제2의 베네치아라는 별칭을 얻었을 정도로 수로가 발달하였다. 네덜란드 상인이 그린 그림에 서양식 건축물과 불탑 등이 보인다.

므라우는 동남아에서 가장 풍부한 고고학 유적지의 하나다. 석재 비문, 불상, 부처님의 발자취, 고대 인도의 굽타 양식의 대탑 등이 남아 있다. 많은 사원과 탑이 흩어져 있어 한때 번성을 구가하던 라카인 불교왕국의 영화를 웅변해준다. 전설에 따르면 다카와 치타공을 포함하여 므라욱 우가 통치하는 12개의 '갠지스강의 도시'가 오늘의 방글라데시 영역에 존재했다. 왕국이 번성하면서 도시 주변에 많은 탑과 사원을 지었다. 덕분에 바간에 이어서 두 번째로 많은 사원과 탑이 남아 있다.

싯타웅 파야Shittaung Paya는 '8만 불상의 성전'이란 곳이다. 민빈 왕이 1535년 건립했다.[15] 인도와 미얀마의 오랜 연결점이 산스크리트어에서 확인된다. 다양한 규모의 사리탑도 있다. 남부 메콩강 유역 등이 힌두교의 강력한 자장권에 놓여 있다면, 미얀마 남서쪽 해안은 불교자장권에 놓여 있다. 므라욱 우 앞에 다냐와디1~6세기, 웻탈리3~11세기, 렘로11~15세기 세 왕조가 있었다. 이들 왕국도 일찍부터 불교왕국으로서 자리잡았다. 므라욱 우 초입의 웻탈리 사찰에 들어서자 'AD 327' 입간판이 마중한다. 적어도 2,000여 년간 불교가 자리잡았다는 증거다. 네 왕조는 불교를 바탕으로 하되 힌두교와 이슬람교의 융합으로 역사를 전개해나갔다.

므라욱 우에서 조금만 더 가면 친Chin족이 거주하는 친주가 있고, 그 너머에 소수민족의 보고인 운남성이 버티고 있다. 더불어 태국 치앙마이와 베트남 고산족이 잇닿아 있다. 미얀마의 다양한 소수민족 분리운동이나 태국 남부 말레이반도 무슬림의 분리운동은 현실적 다민족과 국민국가가 충돌하는 지점이기도 하다.

---

15 Myar Aung, *MRAUK-U*, Yangon : Middle Line, 2012.

기원후 327년에 세워진 시트웨 윗탈리사원

7 | 촉신독로를 통한 불교 전파

미얀마로 가는 길에서 남조南詔가 중요하다. 한때 당나라 주변의 제후국 가운데 하나로 오늘날 운남에 있던 티베트·버마어족의 왕국이다. 남조가 멸망한 다음에는 대리국이 새로 일어났다. 남조나 대리국이나 모두 미얀마로 넘어가서 인도로 가는 출발지였다. 『구당서』에서는 번국蕃國의 중요성을 강조하면서 '정관과 개원 시절에 내조하는 이가 많았다'고 했다. 표국과의 공식 소통이 이때 있었던 것으로 보이는데, 북방 육상실크로드, 남방 해양실크로드 외에 미얀마를 통한 불교 전파로가 존재했음을 알려준다.

인도로 가는 길은 통킹만을 거치는 해로만 있었던 것이 아니었다. 중국인들은 운남의 남서쪽으로 인도에 갈 수 있다는 것을 알고 있었다. 기원후 3세기, 『위략魏略』은 대진에서 운남 영창永昌을 거쳐 중국에 이르는 길을 언급하고 있다. 중국과 미얀마를 경유하는 서남아시아 사이의 최초의 관계는 기원후 2세기 초, 옹유조雍由調 왕이 탄국撣國을 다스릴 때였다. 97년에 이 왕은 중국황제에게 책봉을 받았고, 120년에는 황제에게 대진大秦 출신의 악공들을 보냈다.

명제明帝 재위 시기에 처음으로 인도의 두 사신 가섭마등迦葉摩騰, Kasyapamatanga과 축법란竺法蘭, Dharmaratna이 중국에 불법을 전파하기 위해 왔는데 이라와디 북부와 운남의 길을 택했다. 가섭마등은 1세기경의 중인도 승려로 대·소승의 경과 율에 능하였다. 명제가 불법을 구하기 위하여 채음蔡愔 등을 인도로 보냈을 때 가섭마등은 법란法蘭과 함께 중앙아시아 대월지국에서 채음을 만났다. 67년 불상과 경전을 백마에 싣고 낙양에 이르러 백마사를 지었다.[16] 그의 치세에 불교가 점차 중국에 유입되고

---

16 『梁高僧傳』 卷1 「釋攝摩騰傳」.

있었고 명제가 그에 반대하지 않고 받아들인 것으로 여겨진다.

펠리오의 주장에 따르면, 불교전래가 벵골만을 남하하여 운남의 길을 택했다는 뜻이다. 그런데 그 이전 시기인 한무제 때 이미 10여 무리 정도의 사절단이 서남쪽으로 나가서 신독천축을 찾아가려 했지만 곤명에 막혀 통하지 못하였다는 기록이 전해온다. 남쪽 산악을 넘어서 벵갈만으로 나아가 천축으로 가는 루트를 뚫기 위한 오랜 시도가 이루어졌다.

놀라운 것은 훨씬 이전인 기원전 2세기 무제 시기기원전 140~87에 장건이 박트리아에 갔는데, 거기에는 놀랍게도 오늘날 운남과 사천에서 온 대나무와 기와가 있었다. 현지인들에게 이 상품들을 어떻게 얻었는지 물었다. 풍요롭고 강성한 신독이라는 나라가 있어 그 나라를 가로질러 카라반들이 중국 남부의 상품들을 아프카니스탄까지 가져간다고 했다.[17]

미안마 길은 남해 바닷길이 발전하면서 더는 선호되지 않았다. 그러나 그 길을 아예 사용하지 않은 것은 아니었다. 7세기 의정의 기술에 따르면, 3세기 말 실리굽타室利笈多, Shrigupta가 중국에서 운남과 미안마를 통하는 촉신가도를 통해 인도로 온 20명의 중국 승려를 위한 사원을 세우게 했다. 4세기 말 담맹曇猛이 사용한 대진로大秦路도 사천을 통과하여 티베트 남쪽을 따라 인도로 들어가는 길이었다. 이 밖에 같은 4세기 말 혜예慧叡가 촉지서계와 남천축에 갔었다는 기록도 있다.[18]

운남의 대리는 상대적으로 인도화가 이루어졌다. 승려들이 쿠쿠다파다기리Kukkutapadagiri, 우파굽타Upaguhta의 돌로 만든 집, 라자그라Rajagrha, 그리드라쿠타, 아난다의 몸에서 나온 사리가 들어 있는 탑, 피팔라 동굴을 보았다고 당시 여행가였던 진정陳鼎이 기술하고 있는데 그들은 모두 대리의 성지에 있는 것들이다. 서쪽 간다라 명칭을 대리계곡에도 적용

17 폴 펠리오, 박세욱 역주, 『8세기 말 중국에서 인도로 가는 두 갈래 여정』, 영남대 출판부, 2020, 36~37쪽.

18 이주형 외, 『동아시아 구법승과 인도의 불교유적』, 사회평론, 2009, 26쪽.

하여 어떤 문헌은 대리계곡을 천축묘향국天竺妙香國이라고 했다.[19] 미얀마를 매개로 한 대리지역의 상대적 인도화는 남조의 왕 호칭에서도 드러난다.

19 폴 펠리오, 박세욱 역주, 『8세기 말 중국에서 인도로 가는 두 갈래 여정』, 영남대 출판부, 2020, 60~71쪽.

Chapter 5

바리가자에서 베레니케로

아라비아해 연대기 1

옛날, 유명한 수도 샤갈라의 밀린다 왕은
세계적으로 저명한 현인 나가세나에게로 갔다.
마치 갠지스강이 깊은 바다로 흘러가듯이
숙련된 담론가인 왕은
진리의 횃불을 밝혀
마음의 어두움을 쫓아버린 나가세나에게
참과 거짓을 가려내는 여러 가지 점에 대하여
미묘하고 어려운 질문을 많이 했다.
이 질문에 주어진 답은
듣는 이의 마음을 기쁘게 하고
귀를 즐겁게 하여
신기하고 기묘함을 넘어섰다.
나가세나의 담론은,
수트라經의 그물코를 헤치고
비유와 논증으로 강하게 빛나며
비나야律와 아비달마論의 신비한 심연에
스며들기 때문이다.

『밀린다왕문경』

Chapter 5

바리가자에서 베레니케로

아라비아해 연대기 1

1 | 알렉산드로스의 해양책략과 그리스인의 인도양 교섭

알렉산드로스가 뿌리를 내린 헬레니즘제국은 마우리아제국과 병존했다. 상호대립과 경쟁은 필연적이었으며, 반면에 교류와 혼종도 뒤따랐다. 알렉산드로스의 서북인도 침입은 기원전 326년 난다왕조의 시대였다. 그의 인도 정벌은 실패하였으나 의외의 부산물을 남겼다. 외침은 인도 아대륙 최초의 통일국가를 추동시켰다. 찬드라굽타Chandragupta, 기원전 349~298가 통일국가 마우리아왕조를 세운 것이다. 마우리아는 동쪽 갠지스강과 서쪽 인더스강을 아우르고 서역에 이르는 방대한 영역을 경영했다.

알렉산드로스가 정벌한 북서인도는 탁실라, 간다라 등 교통의 요지였다. 교역로를 따라 전략적으로 주요 도시가 세워졌으며 알렉산드리아가 곳곳에 건설되었다. 도시에서는 주화를 만들어 통일된 경제규범을 만들어내고 그리스를 강조하는 내용을 새겨 넣었다. 중앙아시아와 인더스강 유역 어디서나 그리스어를 들을 수 있었다. 알렉산드로스가 죽고 100년이 지난 뒤에도 일상으로 그리스어를 썼으며 상인의 국제공

용어였다. 그래서 일명 그레코-박트리아Greco-Bactrians, 인도-그리스Indo-Greeks시대라 명명한다. 그중에서 간다라가 부각된다.

간다라는 서아시아와 남아시아, 중앙아시아 요소가 골고루 만나는 점이漸移지대였다. 간다라는 기원전 1000년경에 오늘날의 카스피해 남부 초원에서 유입된 아리아인을 필두로 페르시아인, 그리스인, 인도인, 중앙아시아 출신의 샤카족, 쿠샨족, 훈족에프탈, 돌궐족의 지배를 번갈아 받았다. 덕분에 다양한 민족과 문화가 혼재하였다. 그리하여 간다라 불교미술이 성립되는데, 이는 동방 종교 전통과 서방 고전미술 전통이 기묘하게 결합된 그리스인도식Graeco-Indian style, 인도대하식Indo-Bactrian style, 즉 건타라식犍陀邏, Gandhara style 혼성예술이었다.[1]

그리스계 왕조는 일찍이 마우리아의 2대 왕 빈두사라와 상호 교섭하였다. 빈두사라는 알렉산드로스 왕의 장군 셀레우코스왕조의 제2대 왕 안티오코스 1세에게 무화과 열매·포도주·철학자를 보내줄 것을 요청하여 포도주를 받았다. 마우리아왕조와 서방세계 교류의 한 단면이다. 서력 10년 인도-그리스왕국은 스키타이의 침입으로 사라졌으며 그 후 이들 영토에 파르티아와 쿠샨제국이 들어섰다.

그들 인도-그리스왕국의 해상출구가 오늘날의 파키스탄 해안의 아라비아해 연안도시이다. 이 해안에 신흥도시 알렉산드리아가 존재했다. 그런데 헬레니즘제국의 육로만이 아니라 인도양 바닷길이 존재했다는 사실은 이상할 정도로 간과된다. 그리스 선단은 홍해를 거쳐 부단없이 인도양에 진출하고 있었으므로 헬레니즘제국이 육로만을 이용하였다는 것은 올바르지 않다. 육상제국 건설에 매진하던 알렉산드로스가 해양경영에 착수했던 사건을 기억해야 한다.

부장 네아르코스에게 400여 척이 넘는 함정을 주어 인더스 하구에서

1 이주형, 『간다라미술』, 사계절출판사, 2003, 25쪽.

페르시아만 수사Susa까지 탐사하도록 하였다. 네아르코스의 기록은 유실됐지만, 2세기 로마의 역사가 아리아노스Lucius Flavius Arrianus, 86~160 덕분에 『알렉산드로스 원정기』가 남아 있다.[2] 네아르코스는 인더스강 하구에서 오늘날의 파키스탄 남부 해안인 마크란을 따라 서진하여 살무스

그리스신화의 인물이 각인된 원반, 1세기 후반, 마하라슈트라 콜라푸르(인도 콜라푸르타운홀박물관)

호르무스에 닿았다. 원정대 파견을 계기로 인도양 바닷길이 제국 통치권으로 들어왔으며, 이후에도 이 바닷길은 계속 이용되었다. 또 다른 탐험대장인 오네시크리투스Onesicritus, 기원전 360~290는 스리랑카를 탐사했다. 그는 역사가이자 철학자로서 대왕의 원정에 참여했한 인물이다. 이같은 탐사는 그리스인의 동방에 대한 지리적 이해를 넓혔으며 특히 바닷길에 관한 상세한 정보를 축적시켰다.

당시 불교의 중심은 갠지스강에서 이동하여 서인도 아반띠Avanti, 상깟사Sankassa, 마투라Mzathura와 남인도 안드라Andra로 옮겨지고 있었다. 서력 기원후에 인도북부는 쿠샨왕조, 남부는 안드라왕조가 지배세력이었다. 쿠샨Kushan, 大月氏國은 파르티아를 접수하고 오늘날 카블의 그리스 마지막 왕국을 몰락시키고 서북인도로 세력을 확장하였다. 쿠샨의 제3대 카니슈카Kaniska에 이르러 통일제국을 이루었는데 독실한 불교의 옹호자가 되었다. 쿠샨왕조의 성립은 간다라예술의 창조에 결정적으로 도움이 되었다.

---

2 아리아노스, J. R. 해밀턴 주, 박우정 역, 『알렉산드로스 원정기』, 글항아리, 2017, 366~377쪽.

오늘날 아프카니스탄에 위치한 고대 그리스 도시. 알렉산더의 부하 셀레우코스가 통치한 지역이다(기원전 4세기, Ai-Khanoum)

간다라는 건다乾陀, 건다리犍馱邏, 건다뢰揵陀瀨 등 다양한 명칭으로 음사된다. 오늘날 파키스탄 페샤와르Peshawar가 중심인데 페샤와르는 지형적으로 인도와 중앙아시아를 연결하는 교통의 요지이다. 기원 1세기경에 쿠샨왕조의 카니슈카 왕이 이 지방을 치정하며 나라 이름을 건다라라 하고 수도를 푸루샤푸라Purusapura, 布路沙布邏 : 페샤와르의 고지명에 두었다. 4세기 말~5세기 초에 활약한 유식학의 완성자인 무착無着과 그의 동생 세친世親, 법구法救 · 협비구脇尊者 · 여의如意 등 불교사의 혁혁한 학승들이 이곳에서 활약하였다. 아슈바고샤도 카니슈카 왕과 깊은 관계를 맺고 있었으며, 그는 중앙아시아와 티베트, 그리고 중국으로 불교를 전하였다.

간다라지방은 불교전래 초기에 상좌부 원지原地였으며 설일체유부說一切有部의 근거지였다. 왕은 카슈미르에서 설일체유부 계통의 불경결집제4결집을 행하였다. 이후에 대중부 학풍과 대승사상을 받아들였다. 그레코-부디즘이 대승 불교 형성에 영향을 미쳤다. 여기서 형성된 불교가 중국으로 비단길을 통하여 동아시아에 전파되었다.

쿠샨왕조의 광대한 영토와 활발한 교역은 인도와 중국을 북방 루트를 통하여 서로 잇게 하였으며 중국 구법승과 인도 불교전도자의 활약은 그러한 소통을 더욱 밀접하게 하였다. 카니슈카시대에 그리스 영향을 받은 화려한 불탑 건립, 틀에서 떠낸 스투코Stucco 불상 등의 보급이 이루어졌다. 여기서 출현한 그리스풍의 예술이 간다라 양식이며 이는 그레코 로망Greco Roman미술의 동방적 표현인데 그레코-부디즘Greco Buddhism이라고도 한다. 무불시대를 벗어나 간다라시대가 열리면서 불상조각이 확산된다. 오늘날 아프카니스탄 핫다Hadda, 파키스탄 시르캅Silkap, 라니카트Ranigat 등에 간다라 유적이 남아 있다.

붓다로부터 약 500년간은 불상이 존재하지 않았던 무불無佛시대였다. 불상 조성은 기원후 1세기가 되어서야 용인되고 시작되었다. 불상의 탄생은 간다라미술의 본격 만개를 의미하였다. 카니슈카에서 시작된 쿠샨왕조의 전성기는 간다라미술 황금기였다. 카니슈카는 인도 역사상 아소카 다음으로 불교를 적극 후원한 왕이었으며, 자신은 불교도이면서도 타 종교에 대해서도 지원을 아끼지 않았다.

전제할 점이 하나 있다. 인도의 초대 총리 자와할랄 네루1889~1964가 옥중에서 쓴 『인도의 발견』에서 지적하였듯이 그리스 양식과 인도 양식의 결합이 이루어진 것은 사실이나 그리스에서 '주어진 것'이 아니라 인도 문명의 내재적 맥락에서 발생하였다는 점이다. 인도미술은 독창적이고 활기 있는 것으로서 결코 이 그리스-불교미술이것은 인도미술의 어슴푸레한 반영에 불과하다로부터 파생된 것이 아니라는 사실이다.[3] 쿠샨시대에 불상이 출현한 것도 쿠샨왕조의 조상彫像전통에서 시작된 측면이 있다. 대제국을 건설한 쿠샨왕조에는 고대 제왕관에 기반을 둔 초상조각 전통이 남아 있었다. 이러한 배경에 힘입어 인간을 초월한 인간상으로서 불상을 만드는 일에 박차를 가할 수 있었다. 불상 기원에 간다라 기원설이 유효한 부분도 있지만 이미 중인도 미투라에서 시작되었다는 미투라 기원설도 있

3 자와할랄 네루, 김종철 역, 『인도의 발견』, 우물이있는집, 2003, 153쪽.

간다라 양식 출현 이전의 무불시대, 빈 대자를 향한 경배, 1세기 말~2세기, 안드라프라데쉬
(인도 뉴델리국립박물관)

다.[4] 세계학계에서 보편적으로 받아들여지는 '간다라미술 신화 만들기' 역시 서구 오리엔탈리즘의 소산일 수 있다는 점을 경계할 필요가 있다.

2 | 간다라 양식을 촉발한 신드의 인도-그리스왕국

『사기』「대완전大宛傳」에서 인도는 일찍부터 신독身毒으로 기재되었다. 5세기 법현은 『고승법현전』에서, "석벽으로 천 길이나 되고 칼처럼 서 있어 가까이 가면 어지럽고 나아가려면 발 디딜 곳을 찾을 수조차 없었으며 아래로는 신두하新頭河, 인더스강란 강이 흐르고 있었다"고 하였다.

4 高田修, 『佛像の起源』, 岩波文庫, 1967.

> 신두강新頭河을 건너서 남인도에 이르게 되었다. 여기에서 남해에 이르는 4, 5만 리는 모두 평탄하여 큰 산천이 없고 오직 하수河水만이 있을 뿐이었다. 이곳에서 동남으로 18유연을 가면 한 나라가 있었는데 그 나라 이름은 승가시국僧伽施國이라고 했다. 부처님께서 도리천忉利天에 올라가 3개월간 어머님을 위해 설법하고 내려오셨던 곳이다.

법현은 천축天竺 호칭은 의견이 갖가지로 분분하다고 하였다. "구역舊譯에서는 신독身毒이라고 하였고 혹은 현두賢豆라고도 불렀는데, 이제는 정음正音을 따라서 인도印度라고 부르는 것이 옳다. 인도 사람은 지역에 따라서 나라를 부르는데, 다른 나라 사람들은 멀리 떨어진 곳에서 전체로서의 이름을 들면서, 그 아름다움을 일컬어 인도라고 부르고 있다"고 하였다.[5]

훗날 『송사』 「외국전」에서도, "천축국 옛 이름은 신독身毒, 마가타摩伽陀, 또는 바라문婆羅門이라 하였다"고 하여 신독, 즉 신두로 음사하였다. 신드는 파키스탄 남부의 인더스 강구로 구자라트와 접경을 이루며 서역이 시작되는 곳이다. 7세기 현장의 『대당서역기』에는 신도국信度國, Sindu으로 등장한다. 신드는 천축국을 지칭하는 일반명이었다. 신드지역에서 그레코-박트리아, 인도-그리스기원전 250~기원후 10의 동전이 다량으로 발굴됐는데, 문명의 융합이 그만큼 강렬하게 이루어진 권역이라는 뜻이다.[6]

인도 아대륙의 동쪽 벵골만과 서쪽 아라비아해를 아우르는 거대 마우리아제국이 성립되면서 교역이 급성장했다. 제국은 동쪽으로 갠지스

---

5 詳夫天竺之稱, 異議糾紛, 舊云身毒, 或曰賢豆, 今從正音, 宜云印度. 印度之人, 隨地稱國, 殊方異俗, 遙擧摠名, 語其所美, 謂之印度.

6 Elizabeth Errington · Vesta Sarkhosh Curtis, *From Persia to Punjab : Exploring Ancient Iran, Afghanistan and Pakistan*, Mumbai : The British Museum Press, 2007, pp.50~51.

오늘날의 북서인도와 아프카니스탄을 연결하는 고대 실크로드인 카이베르계곡의 사원.
불교가 서역으로 전파된 흔적이다

강, 서쪽으로 인더스강을 적절하게 이용했다. 아소카는 갠지스 파탈리푸트라에서 카슈미르-간다라로 바라나시의 인도 승려 마잔티카Majjhantika를 사절로 보낸다. 불교가 신드에 최초로 전파되는 계기였다.

서역은 신드에서 시작되었다. 펀자브, 라자스탄, 발루치스탄에 닿고, 교통의 요지 탁실라에서 북서로 가면 아프가니스탄 바미얀이 나온다. 기원전 600~기원후 500년에 번성하던 탁실라에는 불교 유적이 포진하며, 탁실라박물관에는 많은 간다라 조각품이 모여있다. 바미안은 석굴 불상으로 그 흔적을 남기고 있다.

간다라에 뿌리 내린 서양 문명은 서역에 자리잡은 인도-그리스왕국에서 비롯되었다. 인도-그리스왕국은 단순히 나라 하나를 지칭함이 아니라 그리스 계열 왕국을 통칭한다. 대표적으로 탁실라Taxila, 카피시Kapisa, 판차나다

Panchanada, 아라코시아Arachosia, 푸슈칼라바티Puskalavati, 사갈라Sakala 등이다.

서역땅 바미안의 석굴(파괴되기 전의 모습, 1992)

7세기 현장이 신드에 들렀을 당시, 여전히 불교가 남아 있지만 이미 불교는 말기에 접어들고 있었다. 『대당서역기』에서, "건타라국健馱邏國은 동서로 1천여 리, 남북으로 8백여 리, 동쪽으로 신도강信度江까지 이르렀다"고 하였다. 현장의 눈에 비친 간다라국은 왕족이 이미 후사가 끊겼으며 가필시국에 복속되어 있었다. 황폐해졌으며 살고 있는 사람도 거의 없어서 궁성 한쪽에 천여 가구가 있을 뿐이었다. 많은 사람이 이교를 숭배하고 있으며 불법을 믿는 이는 적은 편이었다. 가람이 천여 곳 있다지만 다 부서지고 잡초가 우거져 뒤엉켜있으며 스투파도 대부분 무너지고 훼손되었다.

인더스강 옆 신드에는 수천 호가 살았다. 금은과 유석鍮石, 놋쇠이 나고 가축이 살기에 적합했다. 붉은 소금이 많이 났는데, 먼 나라에서는 약재로 썼다. 가람이 수백 곳이 있으며 승려는 1만여 명 있는데 정량부定量部를 따르고 있었다. 왕은 수드라 종족인데도 불법을 받들었다. 주민은 성품이 강하고 난폭하며, 오직 도축을 직업으로 삼고 목축으로 살아갔다.

여래께서 옛날에 이 나라에 자주 머물렀기 때문에 아소카 왕이 스투파 수

간다라의 영향을 받은 슈라바스티의 석조불상, 200년(파키스탄 라호르박물관)

십 기를 여기에 세웠다. 오파국다烏波鞠多 대아라한이 자주 이 나라에서 노닐며 법을 널리 펼쳐 사람들을 이끌고 교화했다. 그가 머문 곳에는 모두 유적지로 표식을 세웠는데, 어떤 곳에는 승가람을 세웠고 어떤 곳에는 스투파를 세웠다. (…중략…) 이곳에서 동쪽으로 900여 리를 가다 보면 인더스강 동쪽 기슭을 건너 (서인도의 경계) 무라삼부로국茂羅三部盧國에 이르게 된다.

현장은 오늘의 파키스탄 인더스강 하류, 그리고 인도 북서부 구자라트까지 순례했다. 『대당서역기』 권11의 구절라瞿折羅가 구자라트다. 구절라는 사람이 많고 부유하며, 외도를 섬기며 불법을 믿는 자가 드물다고 했다. 힌두교가 득세하고 불교는 미약한 상태였다.

중국에서 인도로 들어가는 중요한 육로였던 만큼 서역에 관한 많은 중국측 기록이 생산되었다. 『한서漢書』 「서역전」은 그 효시를 이루는데 서역에 대한 지리적 개념부터 정의하고 시작한다. 서역전에 등재된 '國'은 모두 53개에 이르는데 큰 도시에서부터 소규모 읍락까지 포괄하는 포괄적 의미이다. 「서역전」에서는 "서역은 효무한무제, 기원전 141~87 때 처음으로 소통되기 시작하였다"고 하였다. 현장의 『대당서역기』도 그 다른 이름이 '서역전'이다. 도안道安, 312~385이 지은 『서역지西域志』는 서역의 지리·물산과 불교를 상세하게 서술하였다.[7] 같은 이름의 '서역지'를 수나라 언종彦琮도 저술하였는데 『대수서국전大隋西國傳』이라고도 한다.

먼 후대인 명대에 진성陳誠과 이섬李暹은 영락제의 사신으로 1413~1414년간에 북경에서 당시 티무르제국의 수도인 헤라트까지 다녀온다. 이때 남긴 기록이 『서역행정기西域行程記』와 『서역번국지西域番國志』이다.[8] 청의 정겸丁謙은 현장유적도를 토대로 서역지리를 상세히 고증한 『서역기지리고증西域記地理考證』을 펴냈다. 『현장유적도玄奘遊蹟圖』는 흥미롭게도 인

---

7 『大唐內典錄』(대장정 55) 권3, 251a1쪽.

8 陳誠·李暹, 신원철 역주, 『西域行程記·西域番國志』, 동문연, 2022.

도에 오래 거주하던 영국인이 지은 책으로 기록에 남아 있는 각 나라 위치를 낱낱이 당시 지명으로 밝히고 있다. 조선의 영조 40년1764에 송광사 관음전에서도 인도·중국·한국에서 전승되어온 선종의 명맥이란 관점에서 서술한 『서역중화해동불조원류西域中華海東佛祖源流』를 펴냈다.

조선 후기 지봉 이수광도 서역을 제대로 파악하고 있었다. 그는 "불법과 환술이 모두 서역으로부터 나왔다"고 하였으며, 천하의 기이한 보배는 대부분 서역에서 난다고 보았다. '서역'이란 이름이 잊히지 않고 조선시대까지 장기 지속되고 있었다는 증거이다.

3 | 그리스 왕 메난드로스와 밀린다왕문경의 성립

인도-그리스왕국에서 메난드로스를 주목한다. 인도-그리스왕국은 헬레니즘제국이 쇠퇴하면서 떨어져나간 박트리아 계열 그리스인이 인도 서북부로 넘어와 세운 왕국의 총칭이다. 기원전 2세기부터 기원후 1세기 초까지 펀자브를 중심으로 존재했고, 밀린다경으로 알려진 메난드로스 1세시대에 불교를 국교화하며 간다라 문화를 발전시켰다. 하지만 메난드로스 사후 차츰 쇠퇴하여 서북 방면에서 몰려온 스키타이인에 의해 멸망했다.

인도-그리스왕국의 힘이 가장 강성했을 때에는 갠지스강가 파탈리푸트라와 인도 서북부 해안의 여러 도시도 이들의 지배를 받았다. 밀란다 왕은 미란타彌蘭陀, 필린다畢隣陀 등으로 한역되는데 박트리아大夏왕조Bactria, 기원전 246~138의 메난드로스Menadros, 기원전 163~105?다. 알렉산드로스의 서북인도 침략 후에 의해 서부 간다라지방에 세워진 2개의 그리스왕조다른 하나는 安息國의 하나이다. 박트리아왕조는 그리스 정치조직과 그리스인으로 이루어진 고위관리들이 통치하는 나라였다.

밀린다 왕은 오늘날 아프카니스탄 카블 근처의 알라산다Alasanda에서 태어났는데 출생지를 이집트 알렉산드리아로 보기도 한다. 밀린다는 간다라와 팍잡지방을 병합하고 인더스 분지까지 점령하는 등 영토를 확장하였으며 '정의를 지키는 왕'으로 자처하였다. 인더스강 유역 펀잡의 그리스 문화가 번영했던 사갈라沙竭羅, Sagar에 수도를 두고 카불지방을 다스리다가 인도를 침입하여 인더스강까지 진출하였다.

메난드로스 왕과 나가세나의 논담

그 메난드로스 왕이 불교를 받들게 된다. 승려 나가세나Nāgasena 존자와 함께 불교논담을 나눈 뒤에 불교로 귀의한다. 오늘날 『밀린다왕문경 *Milindapañha*』이 바로 메난드로스 왕과 나가세나의 논담을 다룬 것이다.[9] 불교는 이방인 그리스인에게도 문호를 활짝 열어놓았으며 민족과 신분의 차이를 초월하여 깊은 예지를 주었다.

이 경전을 남긴 저자에 관해서는 아무런 기록이 없다. 그러나 문헌에 갠지스강 이남의 지명이 나타나지 않기 때문에 저자는 서북인도의 인물이라는 견해가 있다. 즉 기원 전후에 서북인도에 거주했으며, 불교경전에 해박하고, 문학적 소양이 있으며, 당시 간다라지방에서 유행했던 설일체유부說一切有部 계열의 불교 승려일 가능성이 높다. 왕이 서북인도

9 『那先比丘經』.

서역 페샤와르에 세워진 거대한 스투파(Manikyala, Elphinstone 탐사, 19세기 전반)

의 박트리아 지배자라는 점도 이 가설에 힘을 실어준다.[10]

이 경전은 남방 불교 장외전적藏外典籍의 하나로 알려져왔다. 5세기 중엽 스리랑카로 이주해 온 빨리어 불교의 주석가 붓다고사는 이 경을 중시하였다. 4세기 불교사상 위대한 논사 가운데 한 사람인 바수반두Vasubandhu, 世親, 316~396 또한 그의 역저 『아비달마구사론』일명 俱舍論의 파아품破我品에서 『밀린다왕문경』을 인용한다. 경이 성립되던 기원전 2세기는 불교 교단이 『아함경』에서 아비달마 불교로 옮겨지는 과도기였고 방대한 논장 『아비달마阿毘達磨, *Abiidharma*』가 성립된 시기였다. 『밀린다왕문경』은 당대의 체계적으로 정교한 사상 성과를 이룩한 아비달마 불교를 배경으로 성립되었다.[11]

옛날, 유명한 수도 사갈라의 밀린다 왕은
세계적으로 저명한 현인 나가세나에게로 갔다.

10 서정형 역해, 『밀린다 왕의 물음』, 공간과소통, 2020, 19~20쪽.
11 정안, 『밀린다 왕문경』, 우리출판사, 1999, 11~14쪽.

마치 갠지스강이 깊은 바다로 흘러가듯이
숙련된 담론가인 왕은
진리의 횃불을 밝혀
마음의 어두움을 쫓아버린 나가세나에게
참과 거짓을 가려내는 여러 가지 점에 대하여
미묘하고 어려운 질문을 많이 했다.
이 질문에 주어진 답은
듣는 이의 마음을 기쁘게 하고
귀를 즐겁게 하여
신기하고 기묘함을 넘어섰다.
나가세나의 담론은,
수트라經의 그물코를 헤치고
비유와 논증으로 강하게 빛나며
비나야律와 아비달마論의 신비한 심연에
스며들기 때문이다.

4 | 인더스밸리 하구의 아라비아해 항구들

그간의 불교사에서 인더스 내륙 중심으로만 사고했으나 인더스밸리 하구가 중요하다. 갠지스강 탐라립티가 벵골만 출구였다면, 인더스강에는 아라비아해 출구인 반호르Bhanbhore 또는 Bhambhore가 있었다. 국제도시 반호르는 절묘한 위치다. 신드, 중앙아시아, 북서인도, 페르시아 등의 거점으로 인더스강의 아라비아해 현관이다. 그간 간다라 권역은 줄기차게 거론하면서 그 해양 출구인 반호르는 논외였다. 알렉산드로스의 후예들이 건설한 알렉산드리아가 반호르일 가능성이 있다.

반호르에서 시리아 유리, 로마 동진 등이 빌굴된 것으로 보아 서방에서 동방으로 오는 관문이었음을 알려준다. 와인, 인디고, 향료, 진주, 호박 그리고 노예 등이 이 항구도시에서 거래되었다. 도마가 기독교 전교를 시작하려고 내린 곳도 반호르다.

반호르에서 출발한 배는 페르시아만으로 향하며, 그곳에서 일부가 갈라져서 홍해로 진출했다. 반호르는 오늘날의 카라치항구 남동 65km 지점으로 비정된다. 반호르의 현 지명에 관해서는 논란의 여지가 많다. 그리스인이 언급한 바르바리Barbari 또는 바르바리콘으로 추정하지만, 이들 도시가 같다는 것은 입증되지 않았다.[12] 인더스강 범람과 강의 노선변경, 고대 도시 흔적을 뒤덮은 현대 도시로 인하여 고고학 발굴이 어려운 측면 등 여러 이유가 존재한다.

첫째, 사라진 도시 데발Debal을 반호르로 보는 경우이다.

아랍 역사서, 특히 인도 아대륙에 이슬람이 도착한 8세기 초 기록에는 데이불Dīwal, Dībal로 기록되어 있다. 산스크리트어 '신의 거처 데발라야'에서 유래되었다. 역사적 중요성에도 불구하고 데발의 정확한 위치는 불확실하다. 현지 구술 전통에 따르면 이곳은 한때 번성했던 상업항구였다.[13]

데발은 기원전 1세기에 설립되었으며 신드에서 중요한 무역도시가 되었다. 이 항구도시는 수천여 신디 선원의 본향이었다. 10세기 지리학자이자 연대기 작가인 이븐 호칼Ibn Hawqal은 이 도시주민이 어선과 무역을 얼마나 효율적으로 유지했는지에 대해서 언급했다. 훗날 압바스왕

---

12 Panhwar, "International Trade of Sindh from its Port Barbarico(Banbhore), 200 BC TO 200 AD"(PDF), *Journal Sindhological Studies*, Summer 1981, pp.8~35. Archived from the original(PDF) on 4 July 2017. Retrieved 4 September 2012.

13 Elliot, H. M., "Tarkhán-Náma", In Dowson, John ed., *The History of India, As Told By Its Own Historians : The Muhammadan Period* vol.I(PDF), London : Trübner and Co., 1867, pp. 374~378·490. Retrieved 29 January 2022.

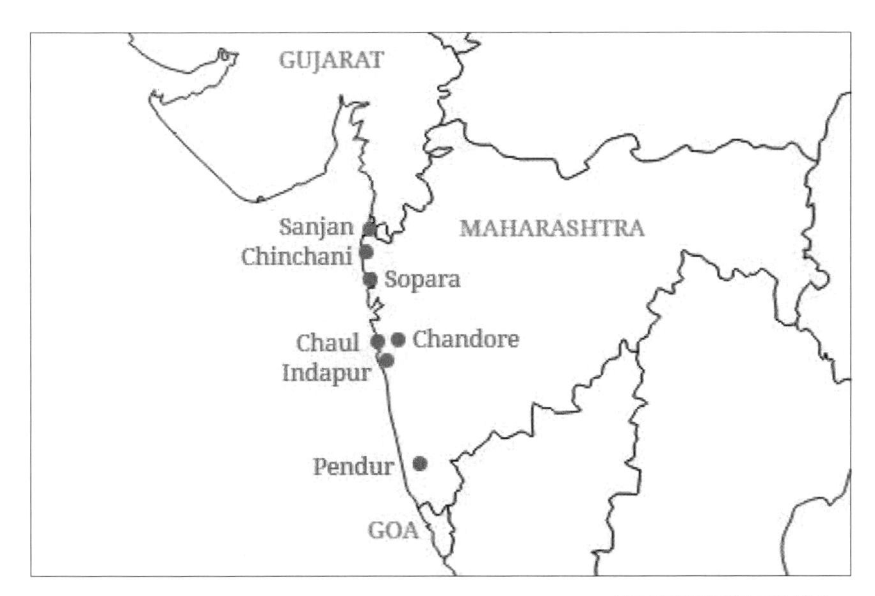

인도아라비아해의 고대 항구

조는 성벽과 성채를 포함한 대형 석조 구조물을 건설했다. 그러나 기원후 893년 지진으로 도시가 파괴된 것으로 알려진다.

데발이 자주 언급되는 시대는 이슬람 전교 이후이다. 이슬람시대에 인더스 강 어귀에 있는 중요 항구인 데이불 / 디불아랍어과 데볼페르시아어이 언급된다. 아랍어와 페르시아어로 된 풍부한 문헌주로 연대기과 여행자 및 상인의 작품에도 등장한다. 이들 기록은 데발이 반호르와 연결됨을 시사한다.

둘째, 기원전 1세기의 도시로 바르바리콘이 있던 곳으로 추정한다.

바르바리콘은 고대 인도와 서아시아, 이집트, 지중해로 연결되는 항구였다. 바르바리콘 자체도 그리스어 'Barbaricum'에서 유래하며 그레코-로만세계의 항구이다. 『에리트리아해 항해서』에서 언급된다.

> 이 강인더스강에는 일곱 개의 하구가 있는데, 얕고 습지여서 중간에 있는 하구를 제외하고는 항해할 수 없고, 해안가에는 시장도시인 바바리쿰이 있다. 앞에는 작은 섬이 있고 그 뒤에는 내륙에 스키타이 대도시인 미나가라

가 있는데, 이곳은 끊임없이 서로를 몰아내는 파르티아 왕자들의 지배를 받고 있다. (…중략…) 배들은 바바리쿰에 정박해 있지만 모든 화물은 강을 따라 대도시로 운반되어 왕에게 전달됩니다. 시장에는 많은 양의 얇은 옷과 약간의 가짜가 수입되며, 리넨, 토파즈, 산호, 유약, 유향, 유리 그릇, 은과 금판, 약간의 포도주가 수입됩니다. 반면에 코스투스costus, 비델리움bdellium, 리시움lycium, 나드nard, 청금석, 세릭seric 가죽, 면포, 명주실, 쪽 인디고가 수출되었습니다. 선원들은 인도 에테시아Etesian 바람을 타고 그곳으로 출발하는데, 그 달은 줄리입니다. 그때는 더 위험하지만 이 바람을 통해 항해가 더 직접적이고 더 빨리 완료됩니다.

바르바리콘은 페르시아 터키석과 아프가니스탄 청금석을 이집트로 보내는 환적항이기도 했다. 인도 아대륙 내에서는 아라비아해 바리가자·소파라·무지리스, 동인도의 아리카메두·퐁디셰리, 벵골만 탐라립티 등으로 연결됐다. 육로로는 인더스강 상류를 거슬러 올라가 교통의 요지 탁실라를 거쳐서 간다라와 연결됐으며, 박트리아로 들어갔다. 박트리아에서는 육상실크로드를 통해 카스피해 아래쪽을 통과하고, 마침내 지중해 연안의 안티오크에 닿았다. 갠지스강 상류와 연결되어 마우리아왕국의 수도였던 파탈리푸트라로 이어졌다. 전략적으로 페르시아만에 쉽게 닿을 수 있었으며, 티그리스강을 북상해 육상실크로드와 만났다. 바르바리콘은 인도 아대륙의 교역로는 물론이고 인도양 무역로, 홍해 무역로, 육상실크로드 등이 모두 연결되는 전략항구였다.[14]

반호르에서 견고한 석조 기초의 반쯤 잠긴 정박 구조가 확인됐다. 도시는 돌과 진흙 벽으로 둘러싸여 있었고 돌담으로 동서 구역이 나뉘었

14 Suchandra Guosh, "Barbarikon in the Maritime Trade Network of Early India", Rila Mukherjee ed., *Vanguards of Globalization*, New Delhi : Primus Books, 2014, pp.81~96.

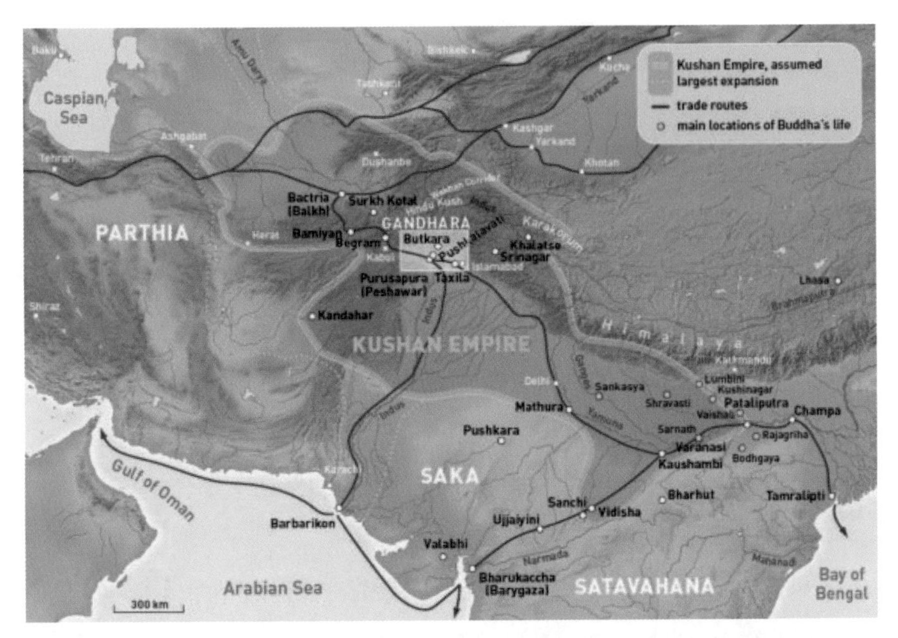

쿠샨시대의 동서로 펼쳐진 무역로. 파탈리푸트라는 그 시대에도 중심이었다.
아라비아해에서는 바르바리콘이 중요했다

다. 반호르 유적지가 알렉산드리아항구였을 것이라는 가설이 제기되었다. 신드에 존재하던 셀레우코스Seleucid는 이 항구를 활용하여 수익 사업을 계속할 수 있었다. 반호르 유적이 페리플러스기원전 65년경가 "인더스 강물에서 섬처럼 떠올랐다"고 묘사한 바르바리콘 항구도시와 연관될 수 있다는 가설을 뒷받침해 준다.

발굴 트렌치에서 동전, 수입된 중국 도자기, 제련 및 가공에 상당한 기술을 보여주는 금속 물체, 시리아 것으로 추정되는 유리가 나왔다. 발굴 도자기의 집합체와 수준은 이슬람 이전 시대에 반호르 유적지와 내륙, 아라비아 및 이란 해안, 동남아의 다른 고고학 유적지 사이의 복잡한 관계에 대한 초기 통찰력을 제공한다. 1920년대의 발굴, 독립 이후인 1950년대 발굴을 통해 반호르에서 스키토-파르티아기원전 1세기~기원후 2세기, 힌두-불교2~8세기, 초기 이슬람8~13세기 문명권이 확인되었다. 13세기 이후에는 인더스 강줄기 변화에 따라서 반호르 자체가 버려졌다. 힌두-

불교시대는 기원후에 시작된 것으로 여겨진다.

쿠샨족이 힌두쿠시산맥을 넘어 간다리를 정복하면서 이 지역에 있던 그리스와 파르티안 지배력을 완전히 소멸시켰다. 계속해서 인더스강과 갠지스강 유역으로 침입하여 마침내 그곳에 정착하였다. 쿠샨왕조는 인더스강 유역을 정복하여 홍해를 경유하여 지중해와 인도를 연결하는 해상통로, 나아가서 중국과 연결하는 통로를 장악했다. 아마도 선박을 통해 중국으로 불경, 불교조각 등이 들어갔을 것으로 여겨진다. 쿠샨은 남인도를 거점으로 케랄라의 후추, 스리랑카 북쪽 만나르만의 진주, 동남아의 향료 등을 로마에 수출했다. 국제항구 반호르는 쿠샨왕조의 아라비아해 출구로 기능했다.

반호르 남쪽의 해상출구 바리가자도 중요하다. 바후사하야 왕 때인 677년 바리가자는 구자라트의 수도 바루치로 격상됐다. 7세기 현장은 640~641년 바루치를 바루카차파Bharukacchapa, 跋祿羯呫婆國라고 기록했다. 염분이 많은 땅에서 염전을 일구는 풍경은 오늘날과 같으며, 힌두교가 바탕에 깔린 상태지만 아직 불교가 숭상되고 있었다. 가람은 10여 곳 있고 승려는 300여 명 있다고 하였다.

이들 지역에서 남쪽으로는 오늘날의 북서부 구자라트지역이다. 송대의 『제번지』에 구자라트胡茶辣國는 사원佛宇이 4천여 곳이 있으며 기녀가 약 2만여 명 있어 매일 두 차례 노래를 하고 공양을 올리며 꽃을 바친다고 하였다. 그런데 이 기록은 사실과 다르다. 『대당서역기』시대에도 대부분 외도를 섬기고 불법을 신봉하지 않는 상황이었는데 송대에 불우가 4천여 곳은 논리적으로 맞지 않기 때문이다. 아마 힌두사원의 힌두교도들을 잘못 표기한 것으로 여겨진다.

7세기 현장은 오늘날의 바루치를 발록갈첨파국跋祿羯呫婆國으로 음사했다. 토지는 척박하고 초목은 말라있고 인정도 메말라 있었다고 하였다. 땅은 염분이 있어 초목이 드물며 바닷물을 끓여 소금을 만들고 바닷속

자원을 채취하여 생계를 꾸려나갔다. 풍속이 박정하고 사람들은 정직하지 않으며 학예에 관심이 없고 불교와 외도를 모두 믿었다. 10개의 절에 스님은 300여 명이며, 대승과 상좌부의 법을 배우고 있다. 천사가 10여 군데 있어 외도가 혼재되어 있다고 하였다. 불교와 힌두교의 혼용 상태를 말해준다.

5 | 곤드라니에서 마크란으로 가는 바닷길

반호르에서 아라비아해를 따라서 서쪽 페르시아만으로 가자면 발루치스탄Balochistan의 마크란해안을 지나게 된다. 페르시아와 인도가 접촉하는 경계지점인데 오늘날도 이란과 파키스탄의 접점이다. 끊임없이 서쪽 페르시아, 동쪽 인도, 그리고 북쪽 세력이 발루치스탄에서 각축했다. 셀레우코스-마우리아전쟁에서 마우리아제국이 그리스에 맞서 승리한 후, 발루치스탄은 마우리아제국의 통치를 받았다.

마우리아 불교왕국의 통치하에서 이들 지역에는 불교가 깊게 뿌리는 내렸다. 7세기 현장은 이곳에 불교도 5000여 명, 승려 80여 명, 그리고 많은 수의 불교수도원이 존재했다고 했다. 이곳은 불교 사마니Samani Buddha의 족장이 지배하였다. 발루치스탄은 절반 이상이 해안 사막을 끼고 있어 인구가 희박한 곳이기도 하다. 이 영역에 8세기 곤드라니Gondrani, Shehr-e-Roghan 석굴계곡이 전해온다.

곤드라니는 '영혼의 집', 혹은 '동굴의 도시'로 알려진다. 카라치로부터 218km, 발루치스탄의 고대 도시 벨리Bela 북쪽 20km에 위치한다. 마을의 정확한 역사나 동굴을 건설한 사람은 알려져 있지 않다. 지역 역사가들은 이 지역이 불교왕국의 일부였던 8세기까지 거슬러 올라가며 한때 큰 불교수도원이었다고 믿는다. 8세기경 일군의 승려들이 1,500여

곤드라니계곡

개의 굴을 아파트식으로 층층이 팠던 것으로 보인다. 앙드레 윙크André Wink는 저서에서 "라스 벨라Las Bela 북서쪽으로 18km 떨어진 간다카하르Gandakahar의 고대 도시 유적지 근처에는 곤드라니 동굴이 있으며, 동굴 구조에서 알 수 있듯이 이 동굴은 의심할 여지없이 불교동굴이었다"고 말한다.[15]

동굴은 여러 층의 단단한 암석을 팠으며 통로로 연결되어 있다. 모든 동굴에는 베란다 또는 현관과 함께 난로와 램프용 벽감이 있는 작은 방이 있다. 이같은 석굴사원 발달은 심한 더위나 추위, 아니면 장마 같은 우기를 피할 목적으로 조성되었다. 석굴은 크게 두 종류인데 하나는 탑과 불상을 봉안한 탑묘caitya,支提 형식, 다른 하나는 수행과 생활공간인 승방vihara 형식이다. 곤드라니는 승방 형식의 석굴이다. 영국 통치 기간 동안 약 1,500개의 동굴이 보고되었지만 500개만 남아 있다. 동굴은 상태가 좋지 않고 서서히 침식되고 있다.

동굴이 위치한 계곡 아래로 쿠르드Kurd강이 흐르는데 강을 따라 남쪽을 향하면 인도양에 닿는다. 하구의 미아니 호르Miani Hor습지 근처에는 선박 입출항지가 있었을 것으로 여겨진다. 현장은 이들 언어가 인도와 비슷했지만 인도와는 조금 달랐다고 하였다. 마크란지역은 불교도들이 폭넓게 존재했던 것으로 여겨진다. 오늘의 아프카니스탄 칸다하르 등으로 불교가 집중 전파된 것은 교통의 길목일 뿐더러 인구밀도가 마크란보다 높았기 때문이다.

마크란은 전통적으로 인도양 해안가를 관통하던 동서교통로다. 같은 발루치스탄의 라스벨라Lasbela 구역 마크란해안에 사시-푸누 가르Sassi-Punnu Garhh라는 곳이 있다. 알렉산드로스가 북서인도를 정복한 뒤에 바빌로니아로 돌아가는 중에 라스벨라를 통과하였다. 711년에는 아랍의

---

15 Wink, André, "The frontier of alHind", *Al-Hind : the making of the Indo-Islamic world,* 2nd ed., Leiden : E. J. Brill, 2002, p.135. Retrieved 19 March 2013.

페르시아만 파리시지방의 석굴

무하마드 카심Muhammad bin Qasim 장군이 신드로 가는 도중에 라스벨라를 통과하였다. 마크란이 페르시아만과 신드를 연결하는 중요한 해안로로 이용되었다는 증거이다.

불교서진이 내륙으로 아프가니스탄에 바미안계곡을 탄생시켰다면, 아라비아해에는 곤드라니계곡을 탄생시킨 것이다. 5세기에 시작되어 6~7세기에 번성하다가 10세기에 멈추어버린 바미안계곡이 불상이 남아 있듯이 화려하고 장엄하다면, 곤드라니계곡은 검박한 석굴로 존재한다. 불교 전파의 바닷가 서단은 바로 아라비아해 마크란해안이었다. 마크란에서 좀 더 서진하여 오늘날의 이란에서 불교 전파의 극서 지대가 확인된다. 페르시아만 하이다리Haidari와 체헬칸네가Chehelkhaneh가 그곳이다. 마크란해안을 따라서 페르시아만을 따라 북상한 결과이다. 페르시아는 전통적으로 조로아스터교가 자리잡았으므로 불교가 침투할 공간이 없었을 것이다. 따라서 바닷가를 통한 불교의 최서단은 페르시아만 입구로 여겨진다.

6 | 마침내 아프리카 홍해에 당도한 붓다

이집트 바닷길에서는 지중해뿐 아니라 홍해도 중요했다. 나일강 하구로 내려와 지중해와 만나는 대목만을 강조한 것은 유럽인이 가진 또 하나의 오리엔탈리즘이다. 이집트 해양 문명의 중심을 그동안 나일강 강상 루트와 지중해의 연결점에서만 찾았다면, 동부 홍해와 인도양의 관계로 눈길을 돌릴 필요가 있다. 이집트에게 홍해는 동방으로 가는 지름길이었으며, 인도로 가는 바닷길의 시작이었다.

이집트 문명과 인도 문명 간 교섭에 관한 연구는 많지 않지만, 두 문명권은 인도양을 매개로 어떤 식으로든 접촉이 잦았다. 이집트 문명에 관한 연구는 주로 지중해를 통한 오늘날의 레반트지역 근동과의 교섭에 치우쳤다. 지중해 중심 사고의 결과이다. 그러나 나일강에서 동쪽으로 홍해에 당도하고, 홍해에서 인도양으로 나아가는 문명 교섭은 제한적으로만 언급되고 있다. 프톨레마이오스왕조가 들어서면서 홍해에 대규모 항구가 들어서고 인도양이 그리스인의 눈에 들어왔다. 그 이전 시대, 즉 기원전 시기에 이집트와 인도양의 교섭은 어떤 식으로든 존재했을 것이고, 인도양 문명에 당연히 불교가 포함되었을 것이다.

마우리아의 아소카가 이집트와 직접 교섭한 증거가 있으며, 그 밖에도 인도양과 홍해를 통한 무수한 교섭이 존재한다. 아소카 칙령에 따르면 이집트에 전교사를 보내 불법을 전파했다. 전교사 파견에서 상인들의 상선이 일정 역할을 했을 것이다. 인도양 상인에게 홍해 진입은 그다지 어려운 일이 아니었다.

불교와 로마세계가 상호 작용한 사례도 고전 및 초기 기독교 작가들에 의해 기록되어 있다. 또한 타밀어 텍스트는 서기 2세기에 일부 로마 시민들 사이에 불교가 존재했음을 시사한다. 로마 기록에 따르면 기원전 22년에서 기원후 13년 사이에 "인도 왕 포루스Porus가 아우구스투스에게 보낸 사절단"이 있었다고 한다. 당시 로마에서는 서인도의 바리가자 같은 항구에서 향료를 다량 수입하고 있었고 그 역할은 알렉산드리아에 거점을 둔 그리스 상인들이 담당하였다.

포루스 왕의 로마사절단은 가죽에 쓴 그리스어 외교 서한을 가지고 여행 중이었는데, 그중 한 명이 아테네에서 자신의 신앙을 보여주기 위해 산 채로 불에 탔던 슈라마나sramana였다. 슈라마나 또는 사마나는 브라만교와 대립한 고대 인도 철학사상을 일컫으며, 마가다지역을 중심으로 발달하였다. 불교, 자이나교 등이 대표적인 슈라마나 계통에 속한다. 슈라마나 분신 사건은 일대 센세이션을 일으켰고, 당대의 학자 스트라보와 디오 카시우스Dio Casius가 관련 내용을 기술했다. 플루타르크시대에도 여전히 남아 있던 슈라마나 무덤이 만들어졌는데, 이 무덤에는 다음과 같은 언급이 있었다.

인도 바리가자 출신 Zarmanochegas

"바리가자 출신 스라마나가 자기나라 관습에 따라 불멸의 존재가 되어 이곳에 누워있다"라고 읽는다. 이 짧은 기록은 적어도 예수시대에 (힌두교 브라흐마나와는 반대로 불교도에 속해 있던) 인도 종교인이 로마 권역에 존재하고 있었음을 나타낸다.

이집트 프톨레마이오스 2세 필라델푸스Ptolemy II Philadelphus는 아소카가 칙령에서 언급한 군주 중 하나이다. 그는 파탈리푸트라의 마우리아 궁정에 디오니시우스Dionysius라는 이름의 대사를 파견한 것으로 기록되어 있다. 오랫동안 상업과 사상의 교차로였던 알렉산드리아에 남은 기록에 따르면, 인도에서 온 순회 승려들이 당시의 철학적 흐름에 영향을 미쳤을 수도 있었다. 그리스인은 고대 인도인을 인도이Indoi, 그리스어 Ἰνδοί, 인더스강 사람이라는 뜻라고 불렀고, 인도인은 그리스인을 요나스야바나스, Yonas,

Yavanas라고 불렀다.

프톨레마이오스시대의 수도였던 2세기의 알렉산드리아 기록에, "붓다를 따랐던 인도 사람들 사이에 그의 특별한 선성을 통하여 영광을 얻는 이들이 있다"고 하였다.[16] 그리스 계열의 사람들이 건설한 박트리아 왕조에서 불교가 활발했으므로 알렉산드리아 사람들이 불교동향에 무심할 수 없었을 것이다. 박트리아 역시 활발한 교역국가로 실크로드의 주역이었고 알렉산드리아 역시 교역도시였다. 고대적 세계화 안에는 종교에 대한 정보 공유와 교섭이 필연적으로 포함되고 있었다는 사실을 주목한다.

그런데 불교의 이집트 전파는 불상으로 확실하게 입증된다. 28인치 크기의 불상이 프톨레마이오스시대의 홍해에 존재하던 국제항구 베레니케에서 2023년 발견되었다. 베레니케 프로젝트의 발굴 책임자는 새로 발견된 불상이 기원후 90년에서 140년 사이로 추정된다고 했다. 이집트 관광유물부 관계자는 성명을 통해 높이 71cm 크기의 이 불상은 붓다가 서서 왼손에 옷의 일부를 들고 있는 모습을 보여준다고 밝혔다. 붓다 뒤에는 햇빛이 아래쪽으로 내리쬐는 후광이 보인다. 불상 외에도 베레니케에서 별도의 산스크리트어 비문이 발견되었다.

지중해 대리석으로 만들어진 이 불상은 고대 로마와 인도 사이의 무역을 보여준다. 기원전 2세기경 알렉산드리아에서 만들어진 것으로 추정한다.[17] 기록에 따르면 알렉산드리아에 인도인이 살았다고 하며, 이 발견은 이집트에 살았던 인도인 중 일부가 불교도였음을 보여준다.[18]

---

16 Clement of Alexandria, *Stromata(Miscellanies)*, Book I, Chapter XV.

17 Christopher Parker, "Archaeologists Unearth Buddha Statue in Ancient Egyptian Port City : The new find sheds light on the rich trade relationship between Rome and India", *Smithsonian Magazine*, May 1, 2023.

18 Owen Jarus, "1st-century Buddha statue from ancient Egypt indicates Buddhists lived there in Roman times", *Live Scince*, May 3, 2023.

홍해 베레니카의 불상(Egyptian Ministry of Tourism& Antiquties)

발굴팀은 이 불상이 베레니케에 사는 남아시아 출신 사람이 현지에서 만들었을 가능성이 있다고 말했다. 다만 유의할 점은, 불교가 아프리카 홍해변에 당도한 것은 역사적 사실이지만 그것이 어떤 상가僧伽를 이루고 승원僧院을 마련할 정도는 전혀 아니었을 것이다. 문명사적으로 인도양을 넘어서 불교가 아프리카 홍해변에 당도한 사실만으로도 큰 의미가 있는 것이다.

기원전 3세기에 세워진 홍해의 베레니케는 로마가 지배하던 이집트에서 가장 큰 항구 중 하나였다. 베레니케는 이집트-헬레니즘시대인 프톨레마이오스왕조가 개발한 홍해의 창구였다가 로마가 알렉산드리아를 접수한 이후에 로마의 홍해 창구로 바뀐다. 로마 영역으로 편입되었지만 여전히 그리스인이 홍해와 인도양 항해의 주역이었다. 상아, 직물, 준보석과 같은 상품이 기원전 6세기경에 이 항구가 버려질 때까지 오랜 세월 동안 이 도시를 통과했다.

최근 베레니케에서 문화적 혼합을 암시하는 유물들이 발견되었다. 그중에는 아랍인 필립Phillip the Arab으로 알려진 마르쿠스 율리우스 필리포스Marcus Julius Philippu 황제 통치 시기의 산스크리트어 비문도 있다. 황제는 시리아에서 태어나 기원전 244년부터 249년까지 로마제국을 통치했다. 이러한 발견은 로마제국이 고대 인도와 밀접하게 연결되어 있음을 보여주는 증거의 일부이다. 단순히 지나가는 상인이 아니라 정착 인도 상인 공동체가 있었음을 보여준다. 또한 로마제국과 고대의 여러 세계를 연결하는 무역로 중앙에 위치했던 이집트의 독특한 역할을 조명하는 데도 도움이 된다.

1999년 고고학자들은 베레니케사원의 안뜰 바닥에서 17파운드의 검은 후추가 담긴 항아리를 발견했다. 당시에는 후추가 인도 남서부에서만 재배되었다. 유럽, 아프리카, 아시아를 연결하는 '글로벌 경제'가 존재했으며 베레니케가 그 완벽한 예시이다. 베레니케에서 인도 상인이 브라흐미문자로 남긴 명문도 수백 편 발견되었다.

인도양의 중간 거점인 소코트라에 명문이 동굴에 남아 있다. 인도인 중 세 명이 불교도로서 동굴에 왔음을 기리기 위해 명문을 남겼다. 인도와 홍해 중간 거점인 소코트라는 불교상인 교역망의 서쪽 끝이었다.[19] 불교가 인도양 무역로를 통하여 전파된 것이 하나도 이상할 것 없다. 다만 기존의 불교사에서 간과했을 뿐이다.

---

19 Norman Underwood, 「로마와 인도의 관계」, 『스투파의 숲, 신비로운 인도이야기』, 국립중앙박물관, 2023, 130쪽.

Chapter 6

콘칸에서 몰디브로

아라비아해 연대기 2

선남자야! 이곳에서 남쪽으로 가면 보달락가산이 있고, 거기 보살이 있으니 이름이 관자재이다. 너는 그분을 찾아가 보살이 어떻게 보살의 행을 배우며 보살의 도를 닦는가에 대해 물어라. 그리고 게송으로 말하였다. 바다 위에 산이 있으니 성현들 여럿이 계시며 보배로 이루어지고 매우 깨끗하네. 용맹하고 장부이신 관자재보살께서 중생에 이익되게 하시려 이 산에 머무시니 너는 찾아가 모든 공덕에 대해 물어보아라 하리. 그분께서는 응당 너에게 큰 방편을 일러주실 것이네.

『화엄경』, 「입법계품」

Chapter 6

콘칸에서 몰디브로

아라비아해 연대기 2

1 | 살세타섬의 번성하던 동굴사원

아라비아해에서 홍해를 거쳐서 지중해에 이르는 거대 무역망이 작동하고 있었다. 페르시아만과 아라비아반도, 홍해는 물론이고 서인도 곳곳에 무역항이 존재했다. 해양실크로드 네트워크들이다. 기원후 천 년 동안 인도와 로마 사이에 해상으로 오간 물동량에 비하면, 같은 시기 육상 실크로드를 통과한 물류 총량은 졸졸 흐르는 시냇물 수준에 불과하다. 인도 서해안에 당도한 로마 선원과 상품은 북인도를 가로질러 마우리아왕조 이후 번성하던 내륙 깊숙한 불교 중심지까지 닿았다. 아라비아해에서 데칸 남부의 남인도 내륙상권으로도 상권이 확장되었다. 고고학적 증거물로 인도 아대륙 곳곳에서 로마산 유물이 출토되는데 도기류, 유리공예품, 그리고 콜라푸르Kolhapur에서 발견된 포세이돈 청동상 등이 좋은 예다.[1] 국제무역으로 인한 경제적 부의 증가는 상인계급을 중심으로 불교진흥에 공헌하게 만들었다. 아라비아해의 타나塔納, Thana라

1 Norman Underwood, 「로마와 인도의 관계」, 『스투파의 숲, 신비로운 인도이야기』, 국립중앙박물관, 2023, 120쪽.

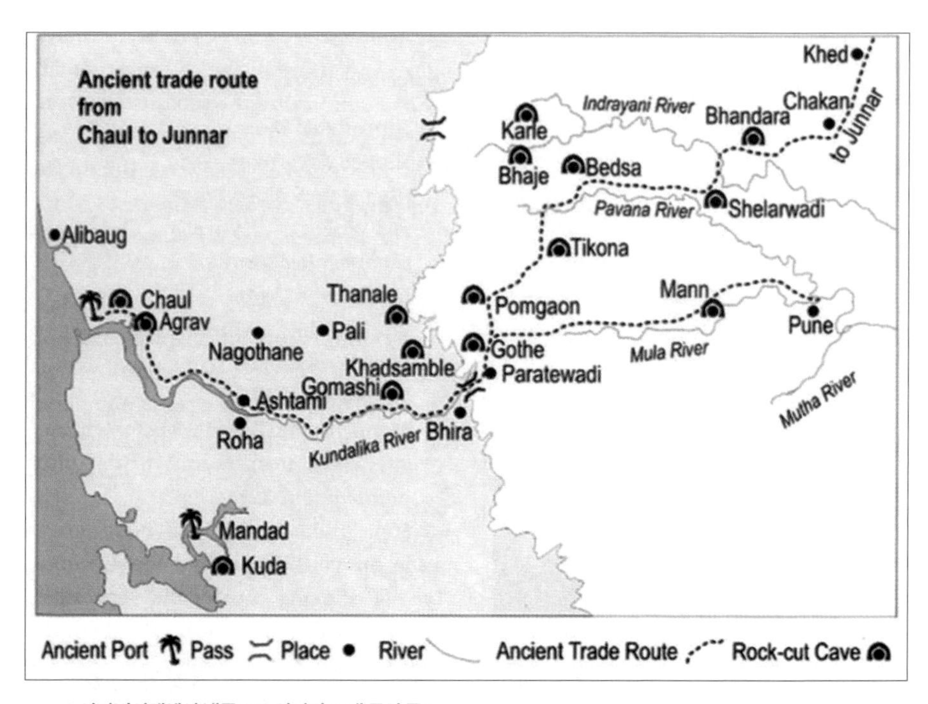

아라비아해에서 내륙으로 이어진 고대 무역 루트
(Chaul-to-Junnar-Naneghat-Nalasopara-Stupa-Gautam-Buddha-Satavahana-Mumbai Maharashtra, *Journal of India Ocean Archaeology,* no.3, 2006)

부르던 무역항도 그런 곳이다.

뭄바이의 살세타Salsette, Shatshashthi섬에는 타나, 미라-바얀다르Mira-Bhayandar 같은 도시가 포진해 있었다. 타나는 오늘날 메트로폴리탄 뭄바이의 일부인데 그 타나에 거대 석굴군이 존재한다. 타나는 기원전 4세기 인도 서북부를 침략한 알렉산드로스에 맞대응한 포루스 왕의 거성이기도 하다. 헬레니즘제국의 경계선이 좀 더 남진하지 못하고 인도 서북부에서 멈춘 이유이다. 포루스 왕은 기원전 4세기 인더스강 유역을 통일한 마가다왕국의 왕이었다. 훗날 마르코 폴로는 "타나는 인도 서해안에 위치한, 누구에게도 조공을 바치지 않는 크고 훌륭한 독립왕국으로서 고유 언어를 갖고 있으며, 교역이 발달해 수많은 선박과 상인이 그쪽으로 폭주한다"라고 했다. 『송사』에도 타나왕국이 등장하는데, 마르코 폴로 기록과

콘칸석굴 내의 스투파

비슷하다.[2] 타나는 헤나·방향제 등의 수출로 많은 이득을 보고 있었다.

타나에서 몇 마일 떨어진 곳에 칸헤리Kanheri석굴이 있다. 뭄바이 북쪽의 산자이 간디Sanjay Gandhi국립공원에 위치한다. 칸헤리가 위치한 살세타는 지금은 뭍이지만 강과 바다로 둘러싸인 섬이었으며, 유력한 무역상인이 포진한 타나의 경제력으로 번성하던 곳이다. 석굴군이 위치한 산에서 바라보면 서쪽으로 아라비아해가 한눈에 들어온다. 석굴의 시대에는 아라비아해를 오가는 상선이 굽어보았을 것이며, 그들 상선이 석굴을 찾아 왔을 것이다. 갠지스강과 벵골만에서 시작된 불교가 아라비아해 언저리로 확산된 결과이다.

칸헤리는 바위군을 절단한 109개 석굴사원이다. 석굴은 정연하게 질서있게 굴착되었으며 오랜 시일에 걸쳐 조성되었다. 1세기부터 10세기까지의 불교조각과 그림, 비문이 전해온다. 칸헤리는 '검은 산'을 의미

2　『宋史』「外國傳」.

덜 알려진 콘칸지역 쿠다계곡의 부조

하는 산스크리트어 크리쉬나기리Krishnagiri에서 유래한다. 국제무역항 타나의 경제력이 이들 석굴사원을 가능하게 했다. 서인도의 상업 거점 소파라, 카이얀Kaiyan, 나식Nasik, 파이탄Paithan, 유자인Ujjain 등과 연결되었다. 아라비아해에서 남인도 내륙으로 연결된 것이다.

석굴은 1세기에 지어졌으며 3세기에 콘칸Konkana해안의 중요 불교정착지가 되었다. 마우리아와 쿠샨시대에 석굴군이 만들어진 것으로 비정된다. 마우리아제국이 서쪽과 데칸 남쪽까지 경략하면서 불교가 정착한 것으로 보인다. 109개에 달하는 석굴은 단단한 승가조직이 형성되었음을 뜻한다. 서인도 불교순례처로 많은 이들이 찾아왔고, 불교대학이 위치하여 불교연구의 중심을 형성하였다. 바닷가에 위치하여 배를 타고 순례객이 모여들었을 것이다. 10세기 말에는 티베트의 아티샤Atisha, 980~1054가 이곳까지 와서 라훌라굽타Rahulagupta에게서 명상을 배워 갔다.[3] 아티샤는 오늘날의 방글라데시 출신으로 티베트와 스리위자야에 연관되는데, 아라비아해까지 폭넓은 족적을 남긴다.

높은 언덕 위의 거대한 바위를 촘촘하게 깎아낸 계단을 통해 칸헤리 석굴에 오를 수 있다. 가장 오래된 것은 평범하고 꾸밈이 없이 소박·간결하다. 동굴마다 침대 역할을 하는 돌 받침대가 있다. 동굴은 수도승의 주거처이자 공부방, 명상처 등으로 쓰여졌다. 언덕을 올라가는 길에 처음 만나는 동굴이 가장 중요한 사원인데 거대한 회당Chaity이 있으며 암벽을 통째로 깎아냈다. 입구에 170년경의 비문이 있는데, 많이 훼손되어 일부만 해독된다. 칸헤리 불교의 전성기를 알려주는 비석이다. 본당과 둘레에 34개의 기둥이 있으며 전면을 가로지르는 통로는 커다란 아치형 창 아래의 갤러리로 덮혀 있다. 기둥을 유심히 보면 이후 힌두사원의 기둥이 이와 유사함을 알 수 있다. 힌두 건축 양식과 불교 석굴 양식이 친연성을 지닌다. 동굴이 항구적인 수도원으로 바뀌면서 벽면에는 붓다와 보살의 복잡한 부조가 새겨졌다. 많은 금석문이 전해오는데 브라흐미, 팔라바, 데바나가리Devanagari문자 등이다. 남인도 동해안의 팔라바문자가 발견되는 것이 흥미롭다.

2016년에 고고학자들은 칸헤리석굴 근처에서 또 다른 7개의 석굴을 발견하였다. 승려들이 비가 많이 내리는 몬순 절기에 이용했던 은신처로 확인되었다. 칸헤리 유적과 마찬가지로 식수원이 있는 저수지 근역에 위치한다. 저수지에서 관을 통하여 물을 공급하여 식수원으로 썼다. 2,000여 년 전 승려들이 수도하고 은신하던 것으로 보아 살세타섬 주변이 모두 불교 중심지였다. 칸헤리석굴군 이외에 다수의 석굴이 존재하는 것으로 보아 당대 불교세가 강했음을 알려준다.

---

3 Ray, Niharranjan, *Bangalir Itihas : Adiparba*, Bengali, Calcutta : Dey's Publishing, 1993, p.595.

2 | 콘칸 불교와 아라비아해의 경제적 조건

콘칸은 북쪽으로 다만강가Daman Ganga강, 남쪽으로 카르와르Karwar 안데디바Anjediva섬까지 길게 이어진 인도 서부 해안이다. 서쪽은 아라비아해, 동쪽은 데칸고원으로 이어진다. 콘칸지역은 적어도 3세기 스트라보Strabo시대부터 로마인에게 회자되었다.[4] 콘칸 해역에 많은 항구가 포진하고 있지만 그중에서 소파라Sopara, 오늘날의 Nallasopara, 수라트는 가장 널리 알려진 항구이자 콘칸경제의 중심이었다. 소파라는 무역 중심지이자 불교학습의 중심지였으며 캄베이Cambay에 뒤이은 서인도의 중요 거점이었다. 기원전 1500년에서 기원후 1300년까지 콘칸의 중심 도시이던 소파라는 바세인Bassein만에 위치하며 아파란타Aparanta해안이라고 부른다. 아파란타해안은 고대로부터 인도 해안은 물론이고 인도 내륙과의 연결, 지중해에 이르는 대외 교섭이 활발했던 해역이다.

프톨레마이오스는 지리학에서 소파라를 'Soupara'로 언급하였으며 당대의 중요 상업 중심으로 묘사했다. 국제 무역거래가 이루어졌기에 이들 도시를 그리스인도 멀리서 파악하고 있었다. 아파란타해안의 기원전부터 존재하던 2대 항구는 소파라와 차울Chaul이었는데, 소파라는 13세기 , 차울은 12세기까지 1,000년 이상을 항구로서 기능했다. 로마의 암포라와 붉은 광택 도자기, 유리 등 기독교시대기원 전후의 유물이 다수 발굴되었다. 1세기 알렉산드리아의 그리스 상인이 저술한 『에리트리아해 항해서』에도 소파라가 언급되었다. 소파라는 이집트, 메소포타미아, 동아프리카, 아라비아, 그리고 인도 내 말라르바해안의 코친, 인도 내륙의 나식Nasik, 파이탄Paithan 같은 많은 국내외 왕국과 무역관계를

---

4 De Souza, Teotonio R. ed., *Goa Through the Ages : An economic history,* vol.2, India : Concept Publishing Company, 1990, pp.8~9.

고대 항구 소파라의 벽돌로 지은 불교 유적(*Indica today*)

오늘날 뭄바이 근처 나라소파라(Nalasopara) 스투파 흔적

맺었다.[5] 이슬람이 인도양을 득세한 이후 10세기부터는 아랍 상인으로 번창하는 상업항구로 거듭났다. 페르시아와 아랍 흔적이 확인되며 아랍인은 이곳에서 샌들, 진주잡이 등을 기록했다.[6]

소파라와 경쟁하던 차울도 북부 콘칸을 지배한 살리하라의 중요 항구였다. 차울은 데칸의 사타바하나왕국 수도인 프라티티스탄Pratisthan과 연

5 B. Arunachalam, *Mumbai of the Sea*, Mumbai : Maritime History Society, 2004, pp.18~23.

6 Romila Thapar, *Aśoka and the Decline of the Mauryas,* Third Edition, Oxford University Press, 2012, pp.380~381.

소파라의 스투파에서 나온 사리함

결되었다. 프톨레마이오스는 소파라와 마찬가지로 차울도 언급하였으며, 쌀과 참기름sesamum, 고급 옷감, 사탕수수 등을 이집트로 수출하였다고 하였다. 특히 차울은 방향 식물 헤나Henna로 유명했다. 서아시아 도기도 많이 발굴되었는데 사산조 페르시아의 이슬람식 터키석, 분홍색 채도기 등이다. 중국 도기는 일반 도기, 청화백자, 청자 등이 발굴됐다.[7]

칸헤리 동굴사원의 5세기 금석문에서 차울을 언급하고 있으며, 6세기 코스마스Cosmas Indikopleustes는 차울을 세보르Sebor로 호칭하였다. 아랍 역사가 알 마수디Al Masudi가 10세기 초반에 차울에 당도했을 때, 그는 번성하는 항구를 목격하고 이를 기록에 남겼다. 동서 문물의 교류가 장기 지속으로 활발했다는 증거다.[8]

소파라와 차울은 북콘칸에 자리잡아 불교와 자이나교의 본산이었다. 소파라와 차울을 중심으로 콘칸에는 기원전 3년에 이미 불교도가 있었다. 아소카의 불교 전파가 미친 결과이다. 마우리아제국의 마하라슈트

7 Yogesh Malinathpur, M.,「8~16세기 인도 고고학 유적에서 발견된 외국(비인도계) 유물을 중심으로」,『해양실크로드 – 각국의 인식과 미래 전망』, 국립해양박물관, 2016, 161쪽.

8 B. Arunachalam, *Mumbai of the Sea*, Mumbai : Maritime History Society, 2004, p.24.

라 침공은 기원전 321년에서 181년 사이에 일어났다. 기원전 315년 마우리아는 인도 북서부 구자라트를 통해 해안을 남하하여 소파라로 들어갔다. 북쪽으로 우회하여 아라비아해로 침공한 것이다.

1882년 소파라에서 아소카 석비와 스투파가 발견되었는데, 이는 14개 스투파 중 8번째였다. 1956년에는 부이가온Bhuigaon마을에서도 9번째 스투파가 발견되어 콘칸지역에도 불교가 널리 전파되었음이 확인되었다. 소파라의 니르말Nirmal 고고학 조사에서 스투파가 1882년에 발굴되었는데 기원전으로 소급되었다. 8~9세기 부조 조각도 발굴된 것으로 보아 적어도 기원전 300년대부터 8~9세기까지 천 년 이상 불교왕국이 존재한 것으로 판단된다. 현재 이들 유물은 뭄바이의 프린스오브웨일즈박물관에 보관되어 있다.

뭄바이 근역의 나라소파라Nalasopara 스투파는 이 지역이 인도 서해안의 초기 불교 거점이었음을 알려준다. 소파라는 당시 콘칸지역의 수도로 기능하고 있었으며, 4~5세기에는 사타바하나왕조의 수도로도 기능하였다. 사타바하나왕조 이전에는 서부의 지역왕조가 지배하고 있었고 소파라를 차지하기 위한 많은 전쟁이 벌어졌다.

인도 동부 벵골만과 달리 서부 아라비아해에는 거대 스투파가 드문데 반하여 나라소파라는 우선 그 크기에서 압도적이다. 인도 서부의 불적이 칸헤리석굴, 아잔타와 엘로라석굴처럼 단단한 바위 안에 설정되었다면 나라소파라 스투파는 벽돌로 세워졌다는 특징이 있다. 소파라를 근거지로 활동하던 무역상인 푸마Pooma가 갠지스강 상류 우타 프라데쉬Uttar Pradesh의 사라바스티Sharavasti를 방문하고 붓다에 관한 이야기를 듣고 고향 소파라로 돌아와서 스투파 조성에 힘쓴 것으로 알려진다. 소파라 스투파는 지금은 벽돌 더미의 무너진 황토 더미에 지나지 않아서 아는 이도 드물고 찾는 이는 거의 없다. 그러나 당시 번성하던 소파라항구와 더불어 아라비아해의 대단히 중요한 불교 거점이었을 것이다.

『마하완사』에 따르면, 싱할라왕국의 첫 번째 왕이 된 비자야가 수파라키Supparaka, 소파라에서 스리랑카로 떠난 것으로 등장한다. 이 대목은 비자야가 벵골만에서 떠났다는 다른 기록과 상충되는 면이 있다. 벵골만에서 떠난 서사가 일반적이지만 그가 소파라에 출현했다는 『마하완사』의 기록도 나름 의미가 있다. 비자야 왕자의 동선에 어떤 시차가 존재했던 것으로 보이는데 상세한 것은 미궁이다. 소파라는 당대의 국제무역항으로서 인도 내부에서도 구자라트, 말라르바, 그리고 스리랑카로 연결되는 무역항로를 확보하고 있었고 유능한 선원과 선박을 보유하고 있었다.

7세기 현장은 『대당서역기』에서 소랄타국蘇剌咤國, Surata을 언급했다. 오늘날의 토지에 염분이 많고 바람이 드센 곳으로 묘사했다. 가람이 50여 곳 있고, 승려는 3,000여 명이 살고 있는데, 대부분 상좌부를 따르며, 이곳 역시 이교도가 뒤섞여 살고 있다고 했다. 현장의 목격담은 소파라에 불교가 번성하던 마지막 기록으로 간주된다.

3 | 엘레판타섬의 힌두와 불교전통

뭄바이 랜드마크인 인디안 게이트의 자와할랄 네루항구에서 서쪽으로 약 2km 떨어진 엘레판타섬Elephanta Island으로 객선이 오고간다. 높이 200여 미터 바위산에 석굴을 파고 힌두신 시바에게 헌정된 동굴사원으로 유네스코 세계유산으로 지정되었다. 본디 '동굴의 장소'라는 뜻의 가라푸리Gharapuri를 후대에 들어온 포르투갈인이 엘레판타섬으로 바꾸었다. 이 섬은 한때 지역왕조의 수도로 기능하였다. 많은 왕조의 세력이 이 섬을 지배하면서 역사가 흘러갔다.

석굴은 후기 굽타시대인 6~8세기에 조성되었으므로 불교보다 힌두

엘레판타 석굴사원의 불교흔적

교에 중점을 두었던 후기 굽타시대답게 힌두신과 라마야나 신화의 서사를 양각해놓았다. 그런데 섬에 5개의 힌두 동굴만 알려져 있었는데, 힌두교 이전에 불교사원 동굴이 존재했었음이 밝혀졌다. 후기 굽타 이전 시대에 이미 불교사원으로 그 시작을 알린 것이다. 기원전 2세기로 거슬러 올라가는 몇 개의 불교사리탑, 두 개의 불교동굴이 남아 있다. 석굴에는 힌두와 불교 및 도상학의 혼합을 보여주는 암석 조각도 산재한다. 포르투갈 식민세력에 의해 불교 유산의 상당 부분이 훼손되었다. 애초에 육지에서 떨어진 섬 전체를 불국토의 섬으로 설계했던 것으로 여겨진다. 섬의 고대 역사는 힌두교나 불교기록 모두에 알려져 있지 않다. 브라만Brahmans이 섬에 도착하기 전에 히나야나Hinayana 상좌부 불교도들이 처음 점거하여 큰 사리탑을 세우고 주위에 7개의 작은 사리탑을 세운 것으로 비정된다. 아마도 붓다 적멸 후 300여 년이 흐른 기원전 2

세기경일 것이다.

엘레판타석굴은 고대 및 초기 중세 힌두 문학의 맥락에서 뿐만 아니라 인도 아대륙의 불교, 자이나교 석굴사원의 맥락을 연구하는 데 도움을 준다. 북방의 히말라야산맥은 설산을 넘을 수는 있지만 고난의 행로이다. 천축 구법승이 해로나 중앙아시아 서역 같은 우회로를 선택한 이유이다. 불교와 자이나교 같은 사문 종교는 갠지스 대평원의 중심부인 현재의 비하르주, 우타르프라쉬Utar Pradesh주, 서벵골주에 걸쳐있다. 인도 중앙에는 데칸고원이 있어 불교 거점인 갠지스 평원과의 왕래를 막는 천연 장애물로 작용했다. 따라서 불교를 남인도로 전하려면 서인도나 동쪽 벵골만 같은 우회로를 통해야 했다. 우회로 가운데 서인도에 석굴사원이 발달한 것은 이러한 자연조건과 관련이 있다.[9]

인도 전역에 약 26,200여 개의 크고 작은 석굴사원이 있으며 8할은 데칸 서부에 집중된다. 기원전 1세기 초엽부터 8세기까지 사원 조성이 지속된 것으로 보인다. 비구들은 한 장소에 머물며 독립 생활을 하였으며 거처방, 예배당, 주방, 선정수행 시설 등이 갖추어져 사원 형식이 정비되어갔다. 때마침 서북 간다라에서 기원후 1세기 말에서 2세기 초에 불상이 출현했다. 2세기 중엽에 석굴에서도 상당한 수의 불보상살이 조성되었다.

4 | 말라바르 불교와 힌두교의 습합과 병존

말라바르는 아랍 문헌에 알비루니Al Biruni다. 7세기 알렉산드리아의 상인이자 동방교도였던 그리스인 코스마스Cosmas는 홍해와 인도를 여

9 정병삼 외, 『한국의 사원과 세계불교문화』, 한국학중앙연구원 출판부, 2017, 916~917쪽.

행하고 중요한 기록Christian Topography을 남긴다. 그는 아랍 선원이 말라바르의 중심 도시 케랄라를 말레Male로 불렀다고 했다.[10] 말라바르는 7세기 『대당서역기』에 나오는 말라구타秣羅矩吒, Malakuta이며, 송대 『제번지』의 남비국南毗國이다. 말라바르는 "말레의 나라"를 지칭하며, 말레를 "후추 시장Pepper Emporium"이라고 기술한다. 그만큼 후추 집산지로 서방세계에도 널리 알려졌다. 말라바르는 인도양 교역의 거점이자 향신료의 본향이다. 특히 말라바르의 케랄라는 후추를 오래전부터 광범위하게 길렀으며 인도 전체 생산량의 3/4를 차지하며 정향과 생강도 생산된다. 향료는 외국 상선을 끌어들이는 원인이 됐으며, 말라바르의 부를 축적하는 데 도움이 됐다.

7세기 현장이 찾았을 때, "가람의 옛터는 매우 많지만 남아 있는 곳이 적고 승려들 또한 매우 적다"고 했으며 당시에 이미 사찰이 쇠락했다. 성 동쪽에 옛 가람이 있는데 뜰과 건물은 황폐해졌고 터만 남았다. "아소카 왕의 이복동생 마헨드라가 세운 것"이라고 했다. 마헨드라는 아소카의 아들로 알려졌는데 동생으로도 등장한다. 또한 그는 벵골만 탐라립티에서 선박을 이용하여 스리랑카에 당도한 것으로 되어 있는데, 남인도에도 그 흔적을 남기고 있다. 역사적 사실과 신화적 서사 사이에는 늘 그렇듯이 애매모호함이 남는다. 실제로 마헨드라가 방문했을 수도 있다. 동쪽에 스투파가 있는데 기단은 허물어졌고 발우를 엎어놓은 듯한 형상이 당시까지 남아 있었다. 이 역시 아소카가 세웠다. 아소카가 보낸 담마의 외교력이 아라비아해까지 미쳤을 것은 당연하다.

> 옛날 여래께서 이곳에서 법을 설하시며 신통력을 나타내셔서 한량없는 중생을 제도하셨는데, 이를 기념해 세운 것으로 오랜 세월이 지났지만 기도

10 Beatrice Nicolini · Penelope-Jane Watson, *Makran, Oman, and Zanzibar : Three-terminal Cultural Corridor in the Western India Ocean(1799~1856)*, Brill, 2004.

하면 이따금 이루어지는 때가 있다.

케랄라와 불교를 연결하는 가장 오래되고 믿을 수 있는 문서는 아소카 비문이다. 구자라트 기르나르Girnar바위에 새긴 아소카의 담마 비문에는 케랄라를 통치하던 체라Cheras가 언급되고 있다. 케랄라에 불교가 굳건하게 뿌리내리고 있음을 담마는 명확히 말해준다. 체라는 아소카 비문에서 케랄라푸트라스Keralaputras로 언급되었다. 부처로 묘사된 체라의 왕 또는 체라의 아들이 등장하는 것으로 보아 케랄라의 초기 왕이 불교와 자이나교로 개종했음을 알 수 있다.

또한 케랄라는 스리랑카와도 밀접한 관련을 맺고 있다. 케랄라에서는 상좌부Hinayana뿐 아니라 대승Mahayana, 나아가서 금강승Vajrayana, 金剛乘도 함께 성숙되고 있었는데 스리랑카 내에서의 불교논쟁의 여파가 케랄라에 미쳤다. 240년부터 253년까지 스리랑카를 통치한 메가바르난Meghavarnan과 253년부터 275년까지 통치했던 마칼라Makala는 대승 승려들에게 기회를 준 왕이다. 그러나 305년부터 316년까지 고다카다얀Godakadayan 통치 기간 동안 60명의 대승 불교 승려들이 이단 혐의로 추방되었다. 추방된 승려들은 해협을 건너서 케랄라에 정착했다. 이 60명의 현자들이 케랄라에서 대승 불교의 발전을 위해 일했다.

케랄라 불교 거점은 반치Vanchi에 있었다. 반치의 위치는 대략 남인도 코둔갈루르Kodungallur 말라르바해안의 티루반치쿨라모르Thiruvanchikulamor로 비정되는데 정확한 지점은 논란이 존재한다. 비크라마디티야 바라구나Vikramaditya Varaguna 왕이 땅을 기부하여 불교순례센터를 지원했을 정도로 불교가 번성하였다. 그러나 6세기경부터 쇠락을 시작하여 10세기에 이르러 불교가 본격적으로 쇠락한다. 비크라마디티야Vikramaditya Varagunan, 885~925 통치 15년간에 제작된 구리판Sreemoolavasam Cheppedukal은 불교도들이 적어도 남부 케랄라에서 10세기까지 왕실의 후원과 특권을 누렸다는 것을 나타낸다. 많은 사원은 이슬람이 인도를 접수하면서 파괴되었고, 이후 힌두교 통치가 본격화하면서 힌두교 내로 포섭된다. 불교가 케랄라 전체에 번성하고 있었기 때문에 파괴되지 않은 불상들이 여러 지역Mavelikkara, Maruthur, Kulangara, Karumadi, Bharanikkavu, Kunnathoo, Pallikkalin Kollamdistric 등에서 발굴되는 중이다.

말라바르 케랄라지역에서 발견된
절반이 사라진 불상

오늘날 말라르바의 중심은 케랄라 주다. 케랄라는 남인도 체라왕국에서 그 이름이 유래했다. 고아 아래 쪽으로 오랜 도시들이 줄지어 있는데 위로부터 코지고트Kozhikode, 코치Kochi, 콜람Kollam 등이 그것이다. 이들 도시도 한때 불교왕국이 포진했던 곳인데 이슬람 도래와 더불어 이슬람도시로 바뀌었다가 현재는 힌두 중심 사회로 변하였다. 케랄라가 남인도 아라비아해 불교의 중심지였던 것은 이곳 출신의 뛰어난 승려들을 통해서 확인할 수 있다. 뛰어난 승려들이 케랄라에서 장기간 배출된 것은 그만큼 불교의 바탕 저력이 있었기에 가능했다. 이들의 활동 범주는 남인도 케랄라에 국한되지 않았으며, 중국과 북방 티베트 불교와도 관련이 깊다. 이슬람이 인도를 점령하여 인도 불교의 주 맥락이 티베트로 망명하던 사정과도 관련될 것이다. 대략 7세기에 많은 인물이 배출되고 있었고, 11세기까지 인물이 등장하는 것으로 보아 케랄라의 불교가 6~7세기까지는 대단히 왕성하였고, 11세기까지도 명맥을 유지하고 있었다.

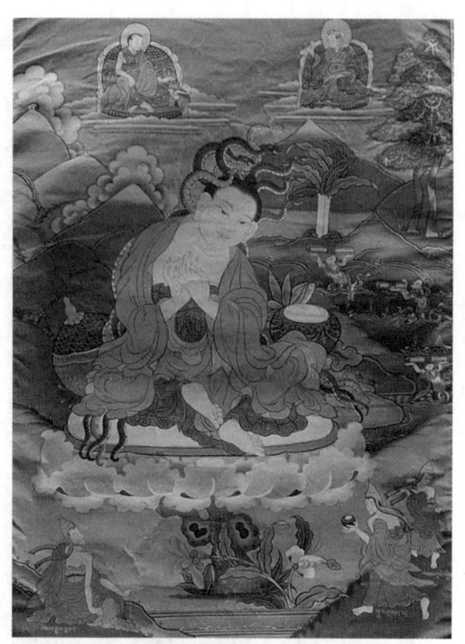

케랄라 출신의 나가르주나

케랄라 출신의 바즈라보디

불교철학 분야의 저명한 인물인 스티라마티Sthiramati는 6세기에 케랄라에서 태어났지만 그의 작품 대부분은 바라나시, 구자라트, 나란다에서 이루어졌다. 그는 4세기 인물 무착無着이 창시한 대승 불교 종파인 유가행파Yogācāra, 唯識派 학자였으며, 나란다대학의 유가행파 학자인 다르마팔라Dharmapala와 동시대 인물이다. 유가행파는 대승 불교를 창시한 3세기 용수의 중관파와 함께 대승 불교의 양대 축이다. 3세기 용수는 반야경, 4세기 무착은 유가사지론瑜伽師地論을 널리 배포했다.

7세기 인물 나가르주나Nagarjuna는 케랄라 남쪽 티루반타루팜Thiruvanthapuram에서 태어났다. 많은 학자들은 그가 나이르Nair 가문에서 태어났다고 주장한다. 그의 이름 'Nagas'는 'NayarNair' 커뮤니티를 뜻하기 때문이다. 그는 인도의 의학체계인 아유르베다Ayurveda 전문가였으며 나란다대학에서 연금술을 가르쳤다. 중관파Madhyatmaka 철학 창시자인 나가르주나와는 다른 인물이다.

7세기 바즈라보디Acharya Bhavaviveka, 金剛智는 케랄라 출신의 밀교사상가로 당의 밀교 경전 역경자이다. 10세에 나란다사에 출가하였으며 성명·인명을 배우고 다시 대소승의 율·중관·유식사상 등을 공부하였다. 그와 그의 제자들은 중국에 밀교를 전파하는 데 중요한 역할을 했다. 신라의 밀교승 혜초도 금강지의 제자이다. 혜초가 천축 및 서역을 순례하는 데 남인도 출신 금강지의 지리 정보와 가르침이 결정적이었을 것이다.

지나미트라Jinamitra는 중요한 불교경전을 산스크리트어에서 티베트어로 번역한 것으로 유명하다. 8세기 트레송 데첸시대에 번역에 참가하기 위하여 티베트의 삼예Samye사원으로 여행하였다. 그는 케랄라의 귀족인 나이르 가문에서 태어났지만, 그의 작품과 번역은 불교사상과 가르침을 티베트어권지역에 전달하는 데 기초가 되었다. 불교경전을 보존하고 전파하려는 지나미트라의 헌신은 티베트 문화권의 불교사상 발전에 깊은 영향을 미쳤다. 빠라마붓다Paramabuddha는 케랄라 출신의 위대한 불교 승려였으며 11세기에 태어났다. 그 역시 티베트의 대승 불교에 복무하였다.

캘리컷의 불교전통

말라르바의 가장 큰 도시 캘리컷Calicut, 지금의 코지코드은 송·원시대에 중국 상선이 찾아오는 항구였다. 캘리컷은 아시아 향신료의 주요 교역지로 '향신료의 도시'로 불렸다. 옥양목이라고 하는 유명 고급 면직물 이름도 이 항구에서 유래했다. 말라바르에 모여드는 중국과 이슬람 상인의 상호 이익, 통치자 자모린의 정치적 야망 등이 캘리컷의 번영을 촉진했다. 자모린은 산스크리트어로 바다를 뜻하는 '사무리Sāmuri'에서 파생했는데 '바다의 군주'라는 뜻이다. 마환은 『영애승람』에서 캘리컷을 고리국古里國으로 기록했으며, '서양에서 큰 나라'라고 했다.

> 캘리컷왕국古里國 국왕은 남비南昆 사람이고 불교를 신봉하며 코끼리와 소를 존경한다. 국왕과 나라 사람이 모두 소고기를 먹지 않고 대두목은 회회인回回人으로 모두 돼지고기를 먹지 않는다. 왕은 청동으로 나이나르乃納兒라고 부르는 불상을 만들고 불전을 세워 청동으로 기와를 주조하여 덮는다. 불좌 옆에는 우물을 파 두어 매일 새벽 왕이 물을 길어 불상을 씻고 예배를 마치면 사람들을 시켜 황우의 깨끗한 똥을 청동대야에 물을 섞어 죽처럼 만들어 불전 안의 땅과 담장에 문질러 바른다. '부처와 소를 경배하는 성심이다僞敬佛敬牛之誠.'

마환의 시대에 캘리컷 불교는 부처와 소를 공경하는 불교-힌두교 습합 양상이다. 조선 후기 지봉 이수광도 동일 기록을 남기고 있다. "왕은 부처를 좋아하고 코끼리와 소를 경배한다"고 하였다. 캘리컷 불교가 습합된 상태임을 이수광이 먼 한반도에서 파악하고 있었다는 뜻이다.[11]

또한 마환의 시대에 캘리컷에는 인도양을 건너온 이슬람 등 다양한 종교가 공존하고 있었다. 민간 혼례와 상례는 촐라 사람과 회교도가 각각 자신들 본래의 풍습대로 따랐다. 케랄라 주의 코둔갈루르Kodungallur에 세워진 체라만 주마 마스지드Cheraman Juma Masjid는 체라왕국의 명으로 세워진 인도에서 가장 오래된 모스크다643년 건립. 코둔갈루르는 캘리컷과 콜람 사이에 위치한 오래된 항구이다. 이슬람이 전파되면서 인도 대륙에서 가장 먼저 무지리스에 모스크가 세워졌다는 것은 그만큼 이곳이 당대에 국제성을 갖춘 항구였음을 증명한다. 그런데 이 오래된 모스크가 사실은 불교사원 안에 있는 건물이며, 이슬람으로 개종한 왕의 명령에 따라 세워졌다는 점이 흥미롭다. 불교 유적이 모스크로 바뀐 경우이다.

고고학 발굴이 속속 이루어지면서 불교흔적도 세상에 드러나는 중이

---

11 이수광, 박세욱 주해, 『지봉 이수광이 바라본 세계』, 영남대 출판부, 2024, 190쪽.

다. 캘리컷 시내에서 남동쪽으로 몇 마일 떨어진 폰남바라메두Ponnambalamedu 언덕에 트리카이파타Trikaipata사원 유적이 있다. 폰남바라메두는 '황금사원의 언덕'이다. 말라바르에서 황금을 뜻하는 폰pon이 붙는 지명은 불교 및 자이나교와 관련된 언어적 증거다. 케랄라와 스리랑카에서만 발견되는 스투파 유적도 발굴되었다. 현재는 힌두교의 트리카이파타 수브라마냐사원으로 불린다. 6~8세기 인도 남부에서의 대승 불교 전승기에 제 보살을 모셨던 불전이다. 힌두교가 이들 제 보살을 하위신으로 흡수하여 힌두교를 확장하는 기반으로 활용했다. 그 이후 어떤 일정한 불교탄압 및 동화 과정이 있었을 것이다.

파손된 채로 발굴된 불두佛頭 장식은 남인도 대승 불교와 관련된 보살 형상 및 도상학과 연결된다. 이곳에서 모셔졌던 무루칸Murkan 또는 안다반Andavan은 시바의 아들로 힌두신으로 좌정하기 전에는 발라보살Bala Bodhisattva이었다. 발라보살은 사르나트Sarnath에서 전신상이 처음 발견되었는데 마투라Mathura 양식과 유사하다. 마투라에서 조성되어 갠지스강을 통하여 사르나트로 운반되었을 가능성이 높다. 카니슈카 3년Kanishka, 123년경에 비구 발라형제가 봉헌한 샤프트와 차트라Chatra 우산을 가진 발라보살이다사르나트 박물관 소장. 돌우산 디자인은 그리스에서 파생된 황도대 패턴Zodiacal patterns과 유사하다. 캘리컷 불교에서 고대적 보살 신앙과 힌두교의 접합점이 보여진다. 인도 불교를 이해하는 방식 안에 힌두교와의 습합을 고려해야 한다는 점이 분명해진다.

코치의 불교전통

코치Kochi, Cochin는 말라바르의 핵심 도시로 600년 이상 상인이 찾아오던 활기찬 항구이다. 코치의 명물은 중국식 어망이다. 1400년에 쿠빌라이 칸 황실 상인이 처음 전했다고 한다. 중국에게 페르시아나 아랍세계로 진출하는 교두보였다는 증거다. 마환은 『영애승람瀛涯勝覽』에서 코치를 가지국柯枝國으로 표기했으며 국왕과 백성이 모두 촐라鎖俚 사람이라고 했다. 정화 함대가 들렀을 당시, 해상강국 촐라의 힘이 남인도에 강력하게 미치고 있었다.

마환이 말라바르 불교를 주목한 것은 15세기 초반까지도 남인도 아라비아해에 불교 신앙이 전승되고 있었기 때문이다. 당시에 국왕이 불교를 신봉하여 코끼리와 소를 존경하며, 불전佛殿을 세웠다. 왕은 청동을 주조하여 불상을 만들고 청석青石을 쌓아 불좌를 만들었으며, 불좌 둘레에도 벽돌을 쌓아 도랑을 만들고 그 옆에 우물을 하나 팠다. 날마다 동이 틀 무렵에 종을 울리면 북을 치며 우물물을 길어 불상의 머리에 두세 번 부은 후, 모두 둘러서서 절을 올리고 물러났다. 또 요기Yogi라고 불리는 이들이 있는데 아내와 자식도 있다. 요기는 힌두교의 고행하는 승려를 말하며, 소를 존경한다는 표현을 미루어보아 불교와 힌두교가 융합된 모습을 보여준다. 이상으로 미루어보아, 캘리컷 불교와 그 양상이 동일하였다.

콜람의 불교전통

마환은 『영애승람』에서 콜람을 소갈란국小葛蘭國으로 표기했다. 콜람의 불교도 캘리컷·코치와 동일하다. 국왕과 백성 모두 촐라Chola, 鎖俚 사람으로, 불교를 신봉하고 코끼리와 소를 존경한다고 하였다. 코친도 촐라 사람들인데 국왕은 불교를 숭상하여 코끼리와 소를 존경하며, 불전을 세웠다고 하였다.

캘리컷, 콜람, 코친의 불교는 기본적으로 힌두와의 습합이다. 그 습합을 불순물 보듯이 대하는 태도는 협소한 사고이다. 한국의 불교와 무속이 많이 습합되어 있는 것과 비견된다. 힌두교는 신앙이기도 하지만 인도인의 있는 그대로의 문화이기 때문이다. 정통 기독교가 힌두신에게 공양하거나 기도하는 일은 기대할 수 없지만, 불교도들이 이러한 일들을 하는 것은 불교에서 모순되는 일이 아니다. 이것은 '불교적 혼합주의'나 '대중 불교' 혹은 '불교적 관용'의 예가 아니다. 유럽 불교학자들은 그 혼합을 아래와 같이 설명하고 있다.[12]

순수한 불교가 존재했고, 그것이 다른 종교들과 절충적으로 혼합되어 왔고, 심지어 후대의 형태에서 오염되고 타락되었다고 상정하는 것은 오류이다. 그러한 순수한 불교는 결코 존재하지 않았다. 불교는 항상 다른 종교적 믿음과 실천 수행들과 공존해왔다. 아소카 왕도 호법왕이었지만 다른 종교의 수도자에게도 보시했다. 고대 시기에 붓다를 만난 재가자들이 그에게 귀의했을 때 이들이 다른 종교의 수행자나 신들에 대한 공양을 완전히 그만두었다고 생각할 필요가 없다. 그들은 그들이 사는 마을에서 (굳이 현대의 서양적 구분법을 사용해야 한다면) '불교도'일 뿐만 아니라 '힌두교도'였다.

이와 같은 주장을 수용한다면, 마환의 『영애승람』시대, 즉 명나라시대까지도 말라바르지방에서 불교와 힌두교가 공존한 사실을 애써 깎아내리면서 불교가 훼손되었다거나 왜곡되었다고 바라볼 필요가 없다. 그러한 낡은 불교사적 관점은 불교의 본질도 아닌 것이다. 불교는 정화함대가 남인도를 방문하던 15세기 초반까지도 의연하게 말라르바해안에 살아 있었다고 보는 것이 옳다.

5 | 말라바르 포타락가산과 관음

피안의 극락정토에 아미타불이 있다면, 사바세계 포타락가산에는 관음보살이 상주한다. 관음은 위로는 깨달음을 구하고 아래로는 중생 제

12 폴 윌리엄스 외, 암성두·방정란 역, 『인도불교사상』, 씨아이알, 2022, 8~9쪽.

도를 이상으로 삼는 자바의 화신이다. 관음은 바닷가에서 어민이나 상선 같이 절박한 상황에 빠진 사람들에게 절대적으로 모셔졌다. 불가사의한 힘을 갖고 있어 중생을 두려움에서 구해주는 보살이기 때문이다. 관음보살은 관음경을 근거로 하는데 법화경의 한 품인 『관세음보살보문품』을 별도의 경전으로 전환한 것이다. 관세음보살Avalokitesvara Bodhisattva은 觀音관음, 光世音광세음, 觀世音관세음, 觀自在관자재, 現音菩薩현음보살 등으로 한역되었다. 이러한 관음의 논리는 단순하다. 절박함에서 구해주는 절대적 힘, 현실적 힘을 발휘한다.

중생이 곤란과 재앙을 당해
한량없는 고통에 시달릴 때
관세음의 묘한 지혜의 힘이
세간의 고통에서 구해주시네

『화엄경』「입법계품」에, "선남자야! 이곳에서 남쪽으로 가면 보달락가산이 있고, 거기 보살이 있으니 이름이 관자재이다. 너는 그분을 찾아가 보살이 어떻게 보살의 행을 배우며 보살의 도를 닦는가에 대해 물어라. 그리고 게송으로 말하였다. 바다 위에 산이 있으니 성현들 여럿이 계시며 보배로 이루어지고 매우 깨끗하네. 용맹하고 장부이신 관자재보살께서 중생에 이익되게 하시려 이 산에 머무시니 너는 찾아가 모든 공덕에 대해 물어보아야 하리. 그분께서는 응당 너에게 큰 방편을 일러주실 것이네"라고 하였다.[13]

『화엄경』「입법계품入法界品」은 보살 수행을 마치고 부처가 출현함을 보인 후 다시 선재동자라는 인물이 수행을 떠나 편력하고 깨달음을 얻

13 『화엄경』(대장정 10) 권68, 366c3쪽.

남인도 포타락가산(대당서역기)

는 과정을 보임으로써 성불이 어디에서나 열려있으며 끊임없이 보살도를 걸음으로서 가능한 것임을 보여주는 품이다. 법계에 들어간 선재동자는 54명에 이르는 많은 선지식을 만나며 이 모든 선지식들은 선재동자 보살행의 스승이자 안내자 역할을 한다. 선재동자가 보살도와 보살행이 무엇인지를 물으며 구도 순례를 하다가 28번째 만나게 되는 선지식이 관세음보살이다. 선재동자는 꿈에 그리던 관세음을 만나 지혜와 자비의 정신을 배우고 다음 선지식인 정취보살正趣菩薩을 뵙는다.

선재동자가 관음을 만난 곳이 바로 보타락가산이다. 선재동자는 남쪽을 순례하여 남순동자라고도 불리며 산스크리트어로 수다나Sudhana이다. 보타락가산은 온갖 보배로 꾸며진 아름답고 청정한 곳으로 관세음보살은 이곳을 방문한 선재동자에게 설법을 행한다. 이러한 관음보살 거주처에 대한 서정적 묘사로 「입법계품」은 훗날 고려에서 많이 그려진 수월관음도 도상의 근거가 된다.

『화엄경』에서 관세음보살 주처를 남쪽이라 하고 그 이름을 광명산光明山이라고 하였다.[14] 본경이 설해진 곳이 인도이므로, 경전의 내용에 근거하여 이후로 인도 남쪽 해안에 관세음보살 주처가 있는 것으로 전해져 왔고, 실제로 특정 지역에 이러한 이름이 붙여지기도 하였다. 관음의 주처는 두 가지로 논의되었다. 하나는 독립된 섬에 위치하는 것이고, 다른 하나는 뒤는 산이고 앞은 바다인 곳이다. 먼 후대에 성립된 것이기는 하지만 한국의 관음 신앙 주처에서 석모도와 남해 보리암은 섬에 좌정하였고, 낙산사는 뒤는 산이고 앞은 바다인 것이다. 7세기 현장이 실제로 남인도 포타락가산을 찾아갔다.

> 동쪽에 포타락가Potalaka산이 있다. 길은 위험하고 암곡은 가파르다. 산꼭대기에는 연못이 있는데 물이 거울처럼 맑으며, 물이 흘러내려 큰 강을 이룬다. 산을 감싸고 흘러내리며 20겹 휘돌아서 남해로 들어간다. 연못 옆에는 돌로 만들어진 천궁이 있는데 관자재보살이 오가며 머무는 곳이다. 보살 뵙기를 원하는 자는 목숨을 돌보지 않고 물을 건너고 산을 오른다. 험난함을 무릅쓰고 도달하는 자가 매우 적다. 이 산에서 동북으로 가면 해안에 성이 있는데 남해 싱할라국스리랑카으로 가는 길이다. 바다로 3천여 리 남짓 가면 당도한다.

포타락가산補陀洛伽山 또는 普陀洛迦山은 남인도 바다에 존재하는 것으로 알려진 아발로키테스바라Avalokiteśvara, 보살의 신화 속 거주처로 비정된다. 이 산은 아바타앙사카 수트라Avataṃsaka Sūtra의 마지막 장 가나비유하 수트라Gaṇḍa-vyūha Sūtra에 처음 언급되는데, 주인공이 아발로키테스바라의 조언을 구하기 위해 여행을 떠나는 장면에서 등장한다. 고대 인도인은 남인도 바

14 『화엄경』(대장정 9) 권50, 717c28쪽.

닷가에 어떤 공간적 성소를 설정하고 오랜 서사를 만들어냈다. 관음이 정좌한 산은 분명하지는 않으나 전설과 문헌으로 정착하였다.

아발로키테스바라가 거주했던 고대 포타락가산이 타밀나두 주 티루넬벨리Tirunelvel의 실제 포티카이 또는 포티일Potiyil / Potalaka산이라는 가설이 제시된 바 있다. 이 산은 옛날부터 남인도 사람에게 신성 장소였다.[15] 대항해를 하자면 남인도 꼭지점을 돌아가야 한다. 티루넬벨리는 남인도 꼭지점인 카이아쿠마리Kanyakumari 북쪽에 위치한다. 기원전 3세기 아소카시대부터 남인도에 불교가 전파되면서 불교도들에게 성지가 되었고, 많은 은둔자들이 정착하면서 점차 지배적 위치를 차지하게 되었다. 그러나 지역 주민들은 주로 힌두교를 신봉했으며 이 산의 힌두교 숭배는 장기 지속적 현상이었다.

관세음보살 신앙의 초기 문헌 중 하나는 『법화경』이다. 이 경에 관세음보살의 구제력과 은혜가 흥미롭고 자세하게 묘사되어 있다. 관세음보살은 대승 불교도나 비대승 불교도로서, 또 재가자나 승려로서, 동물이나 신 등 어떠한 형태로도 나타날 수 있는 보살이다. 또한 관세음보살은 아미타불의 협시보살로서 행동하며, 따라서 아미타불과 연관되고 때로 불교미술에서 아미타불의 터번이나 머리에 작은 형상으로 그려진다.[16] 머리에 그려지는 형상의 미술사적 조짐이 스리랑카 남쪽 항로 웰리가마Weligama 관음에서 엿보인다.

웰리가마는 스리랑카의 역사적·전략적 항구인 골Galle에서 가까운 해안이다. 스리랑카 아래를 통과하여 아라비아해나 동남아·중국 방향으로 오가는 배가 반드시 거쳐가야 하는 항로이다. 웰리가마에는 데바남

---

15 Hikosaka, Shu, "The Potiyil Mountain in Tamil Nadu and the Origin of the Avalokiteśvara Cult", *Buddhism in Tamil Nadu : collected Papers*, Chennai, India : Institute of Asian Studies, 1998, pp.119~141.

16 폴 윌리엄스 외, 안성두·방정란 역, 『인도불교사상』, 씨아이알, 2022, 288~289쪽.

피아티샤Devanampiyatissa, 기원전 250~210 왕시대로 소급되는 고대 사원 아그라보디Agrabodhi 혹은 Rajakulawadana Rajamaha temple가 있다.

『마하완사』 연대기에는 신성한 스리랑카로 가져온 보리수 32그루 중에서 최초의 묘목Bo-tree이 왕에 의해 이곳에 심어졌다고 한다. 묘목을 운반할 때 선원들이 웰리가마에서 하룻밤 쉬었고, 이 장소에 나무를 남겨두기로 결정하여 최초의 보리수 사원이 형성된 것이다. 아누라다푸라보다 웰리가마에 보리수가 먼저 식목된 것이다.

웰리가마는 인도나 중국, 동남아에서 오는 상선이 지나쳐서 북쪽으로 올라가는 중요 항해로였다. 스리랑카 북쪽 해협이 항해에 위험하여 남쪽을 돌아가기 때문에 웰리가마의 항로적 중요성은 절대적이었고 아늑한 웰리가마만은 정박에 유리하였다. 무수히 많은 선박이 이곳을 거쳐갔으며 높은 벼랑 위에 불교 및 힌두신전이 들어선 것이다. 역사적으로 웰리가마에서 활발하게 상선 출입을 한 시기는 12세기로 여겨진다. 이 지역에서 발견된 칼야니Kalyani 비석에 의하면, 미얀마의 왕이 스리랑카에 보낸 선박이 웰리가마에 도착하고 있다. 웰리가마는 15세기까지 중요한 항구로 쓰여졌으며, 상업 목적으로 들어온 무슬림들이 거주하였고 그들은 타밀어를 사용하였다. 16세기 초반의 포르투갈 기록가 바르보사Barbosa는 남인도 말라바르의 모아Moors족이 스리랑카 웰리가마로 무역하러 들어왔다고 하였다.[17] 그러나 포르투갈인이 들어오면서 이곳에 산재한 고대 사원을 모두 철폐하였으며, 현재 사원은 후대에 재건된 것들이다.

웰리가마는 12세기 훨씬 이전부터 불교성소로 인정받은 곳이다. 웰리가마와 그 주변에 6~9세기 사이의 주변 암석에 새겨진 3m 높이의 관음보살상을 포함하여 역사적으로 중요한 유적지가 많이 남아 있기

17 The National Trust Srilanka, *Matitime Heritage of Lanka*, Colombo, 2013, p.84.

스리랑카 남단 웰리가마 부두와갈라사원의 관음보살상

때문이다. 관음보살상은 부두루와갈라Buduruwagala사원의 거대한 암벽에 위치한다. 보살상은 특이한 형식을 취하고 있다. 중앙에 거대한 높이의 관음보살상이 서있고, 조금 떨어져서 좌측 3개, 우측 3개의 보살상을 세웠다. 좌측의 중앙불, 우측의 중앙불도 관음보살상이다. 총 7개의 불보살을 세웠으며, 가운데 3개가 관음보살이다. 매우 드문 경우인데 동시대에 축성된 것이 아니라 일정한 시간 간격을 두고 추가로 조성된 것으로 여겨진다.

거대한 바위에 돋을새김으로 조각한 관음보살상은 6~7세기 스리랑카에 미친 대승 불교의 영향으로 만들어진 최고의 조각상 중 하나다. 불치의 피부병을 앓고 있는 외국 왕자가 여기서 그 병을 치유하였다는 오랜 전설이 있다. 관음보살상 아래 쪽으로 인도양이 펼쳐져 있어 바다 수호신 기능을 하고 있다. 보살상은 보관을 쓰고 있고 두 팔을 들고 있다. 『관무량수경』에 관세음보살이 "머리 위에 천관을 쓰고"라고 언급하였듯이 보관에 새긴 화불火佛이 특징인데 웰리가마의 관음상에도 화불이 각인되어 있다. 보관 전통은 이후에 동아시아 관음상에서 익숙하게 나타나는 조형방식이다. 이 불상은 관세음보살Avalokitesvara Bodhisattva로 아발로키테스바라는 산스크리트어로 '모든 곳을 살피는 분', 또는 '세상의 주인'이라는 뜻이다.

6 | 몰디브는 완연한 불국토의 섬

인도 아대륙에 독특한 스리랑카섬이 딸려있다면, 더 독특한 몰디브 제도가 남동쪽 인도양에 모여있다. 몰디브는 항해사적으로 중요 포인트다. 1,200여 개의 섬을 에워싼 거대한 환초가 '산호섬의 그물망'을 형성한다. 덕분에 아라비아와 페르시아, 아프리카 등에서 인도양을 건너오는 상선이 징검다리로 거쳐 갔다. 반대로 중국과 동남아 등에서 인도양을 넘어가자면 몰디브를 거쳐야 한다.

페르시아인은 7세기경부터 몰디브 교역을 시작했으며, 아라비아해와 인도양 연안을 항해하던 선원, 해기사, 항해사들이 방문하였다. 662년 중국 사서에 몰디브 왕이 당 황제에게 선물을 보낸 기록이 있다. 몰디브 통치자들은 매년 인도 서부의 공국에 조공을 바쳤다. 중세 선원들에게 몰디브는 배에 물, 나무, 야자 껍질, 말린 참치 등을 보급하는 기항지였다. 몰디브는 구세계에서 화폐로 사용되었고 심지어 서아프리카까지 도달한 코우리 조개Cypraea sp의 주요 생산지였다.

14세기 아프리카 모로코에서 중국까지 세계를 누빈 이븐 바투타는 남인도 캘리컷에서 배를 타고 열흘 만에 지바툴 마할제도몰디브에 이르렀다. 그가 당도했을 당시, 몰디브섬 주민은 이미 무슬림이었다. 바투타에 따르면, 아프리카 북부 마그레브에서 온 성자에 의해 개종한 사람들이었다. 그런데 12세기까지 몰디브는 완연한 불교의 땅이었다.

영국인 벨이 1922년 찍은 몰디브의 하비타. 지구상에서 유일하게 남아 있는 사진이다

몰디브가 불교왕국이었다는 잊힌 역사는 20세기에 들어와서야 알려졌다. 몰디브 군도의 불교왕국은 현재도 주류불교사에서 제외되고 있다. 천 년 이상 불교왕국으로 존속되었으나 이슬람화되면서 기록과 전승이 끊겼으며, 몰디브 정부 자체가 불교역사에 관하여 신경을 전혀 쓰지 않기 때문이다. 몰디브 불교왕국 실체를 제기한 이는 영국인이었다. 스리랑카에 감독관으로 파견 나온 벨H. C. P. Bell은 아일랜드 계통으로 식민 당국에서 일하면서 선교사 역할도 겸했다. 그는 아마추어 고고학자이기도 했다. 시기리야Sigiriya 산정의 궁궐도 학계에 보고했으며, 로열아카데미 스리랑카 지부의 회원으로 논문도 발표하고 있었다.

벨은 1879년 이 섬에 난파된 것을 계기로 불교 유적을 조사하기 위해 여러 차례 몰디브를 방문하게 된다. 몰디브 북동쪽 다디마구Dhadimagu섬에서 푸바무라Fuvahmulah라 불리던 고대 스투파를 발견한다. 둥근 스투파는 원주민에게 푸아 물라쿠 하비타Fua Mulaku Havitta로 불렸다. 그 옆에서 조금 작은 바두 하비타Badu Havitta도 있었다. 하비타는 산스크리트어 차이티야Chaitya를 몰디브 말로 음역하였다. 차이티야는 전통적으로 성

몰디브의 불두(스리랑카 콜롬보국립박물관)

소, 스투파란 뜻이다. 네팔, 캄보디아, 인도네시아 등에서는 차이티야가 작은 스투파를 지칭한다.

벨이 모래를 걷어내고 하비타를 처음 보았을 때 그 높이는 40피트약 12m였고, 주변의 작은 하비타는 15피트약 4.5m 높이였다. 높은 건축이었다. 벨은 사진을 찍고, 기록으로 남겼다. 그런데 그 사진이 몰디브 하비타로서는 최후의 기록이 되었다.[18]

1982년, 노르웨이 탐험가 토르 헤이에르달Thor Heyerdahl이 유적을 찾아왔다. 그는 콘티키호를 타고 태평양을 횡단하여 고대 문명의 궤적을 찾아나선 탐험가다. 탐사대가 이 유적을 조사했을 때, 이미 엉터리 고고학 학자의 발굴로 무너진 현장의 석재만이 남아 있었다. 약한 산호석으로 만들어진 하비타라서 복원이 불가능했다. 이렇게 몰디브제도 불교왕국의 상징이던 하비타가 사라진 것이다. 이후 하비타 주변은 원주민이 농사를 짓거나 플랜테이션 농장으로 변했다.

전설에 의하면, 인도나 스리랑카에서 코이말라Koimala 왕자가 인도 아대륙이나 몰디브 북쪽으로 들어와서 최초의 왕이 되었다고 막연하게 전

18 HCP Bell, *The Máldive Islands : An account of the Physical Features, History, Inhabitants, Productions and Trade*, Colombo, 1883.

해온다. 인도 북서부에서 첫 밀레니엄의 중반 정도에 한 무리의 망명세력이 들어왔다. 망명세력은 스리랑카에서도 들어온 것으로 본다. 그 밖에 표류로 인하여 당도한 세력, 장사를 나섰다가 정착한 세력도 있었을 것이다.

몰디브의 불두

몰디브제도의 인구와 언어 분포는 북쪽은 남인도에서 건너온 드라비다족이다. 몰디브 중부는 인도양을 건너온 아랍인, 남부는 스리랑카에서 건너온 싱할라족이다. 이슬람이 주도권을 쥔 중부에 술탄국 수도 말레가 있다. 불교왕국은 드라비다족의 거점인 북쪽 섬에 존재했다. 『도이지략』은 몰디브를 북류北溜라고 호칭했으며, 수도인 말레는 디에간牒幹이라고 했다. 마환의 『영애승람』에서는 몰디브를 유산국溜山國, 비신의 『성사승람』에서는 유양국溜洋國이라고 했다.

몰디브의 불교 전파는 기원전 3세기 아소카가 인도 아대륙으로 영토를 확장하던 시기였을 것이다. 불교를 받아들이기 전에는 스라우타Srauta로 알려진 제의전통과 수리아Surya 숭배를 통합한 고대 형태의 힌두교를 믿었다. 기원전에 아소카에 의해 이 머나먼 섬까지 불법이 전래했고, 그 바탕 위에 훗날 스리랑카에서 다시 불법이 전래된 것으로 여겨진다. 벨이 논문에서 썼듯이 몰디브 하비타는 스리랑카 아누라다푸라 건축 양식과 흡사하기 때문이다. 남아 있는 흑백사진을 보면 아누라다푸라의 돔 양식 축조물과 같다. 몰디브의 불교시대는 기원전 3세기부터 기원후 12

세기까지 1,400년 동안 지속되었다. 아소카시대의 불교, 스리랑카의 불교가 몰디브 바다에 적층되어 불교왕국을 성립시킨 것으로 보아야 한다.

벨은 불상 등을 분석하여 몰디브 불교는 독특하게 대승 불교, 상좌부 불교가 혼재된 것으로 보았다. 외부에서 들어온 세력이 견고한 왕국 시스템을 정비했으며, 문자를 보급하고 아름다운 불교조각을 만들어내고 탑을 세우는 등 불교를 나라의 근간으로 삼았다. 수도 말레의 국립박물관에 그 당시의 6~12세기 불상이 모여있으며, 스리랑카의 콜롬보국립박물관에도 몰디브 불상이 남아 있다.

이슬람 개종은 12세기다. 인도양을 건너와 무역하던 아랍인이 당도하면서 이슬람이 급격히 확산되었다. 다디마구섬은 몰디브제도에서 가장 늦게 이슬람을 받아들였다. 그때까지 불교왕국으로 존재했다. 1200년대로 접어들면서 술탄왕국이 들어서면서 불교왕국의 흔적이 사라지기 시작했다. 1340년, 이븐 바투타가 도착했을 때, 주민들은 청렴하고 신앙심이 돈독하며 진실한 사람들이었고 식생활도 율법대로 하고 있었다. 섬마다 목조건물의 좋은 이슬람사원이 하나씩 있었다.

2012년 2월, 놀라운 일이 벌어졌다. 이슬람 극단주의자들이 말레의 박물관을 습격하여 이슬람 이전의 유물을 부순다. 박물관 불상 30여 기가 파손되었다. 약한 화산석으로 만든 불상이라서 쉽게 부서졌다. 겨우 2개 정도만 어렵사리 복원된 상태다.[19] 이 아름다운 보석 같은 섬이 기원전부터 1,000여 년 이상 불국토의 섬이었음을 기억할 일이다. 그런 점에서 몰디브 불교는 인도양으로 진출한 불교의 극서極西 경계선이었던 셈이다.

---

19 Bajas, Vikas, "Vandalism at Maldives Museum Stirs Fears of Extremism", *The New York Times*, 13 February 2012. Archived from the original on 26 December 2018. Retrieved 15 January 2023.

Chapter 7

장안에서 천축으로

구법순례 연대기

본래 계율책을 구하고 있었으나 북인도의 여러 나라들은 모두 스승에게서 제자에게 구전口傳되어 오기 때문에 베낄 만한 책이 없었다. 그래서 멀리 찾아다니다 중인도에 이르러 이 마하연摩訶衍 승가람에서 일부의 율을 얻었다. 그것은 마하승기중摩訶僧祇衆의 율로 부처님 재세 시에 최초의 대중大衆이 행한 것이다. 그 책은 기원정사에 전해졌다. 스승에서 제자로 구전하여 전수되었고 문자로는 기록되지 않았다.

법현, 『고승법현전』

Chapter 7

장안에서 천축으로
구법순례 연대기

1 | 거대한 파도가 하늘까지 닿을 듯

천축국 당도는 물론이고 돌아올 것을 기대하기 어려운 머나먼 여로로 많은 구법승이 떠났다. 4세기 법현法顯의 표현대로, '하늘에는 새가 없고 땅에는 짐승이 없으며 오직 앞서간 이들의 뼈와 해골이 이정표가 된 길'이었다. 8세기 혜초는 "진실로 아득하기만 한 거대한 사막, 그리고 긴 강에서 이글거리는 해가 토해내는 빛과 거대한 바다의 큰 파도가 하늘까지 닿을 듯 세찬 격랑을 일으켰다"라고 육로와 해로를 모두 언급했다. 법현은 『고승법현전』에서 이렇게 구법승과 전교승의 기원을 논하고 있다.

> 여러 승려들이 법현에게 불법이 중국東으로 간 시발점을 아느냐고 묻곤 하였다. 법현은 물음에 대해 말하기를 "그곳 사람들에게 옛날부터 서로 전해지는 말로는 미륵보살상을 세운 직후에 어떤 인도 스님이 경·율을 가지고 이 강을 건너면서부터라고 했다"고 했다. 그 보살상은 부처님께서 열반하신 지 3백여 년 후의 일이므로 헤아려 보면 중국 주周나라 평왕平王 때이다.

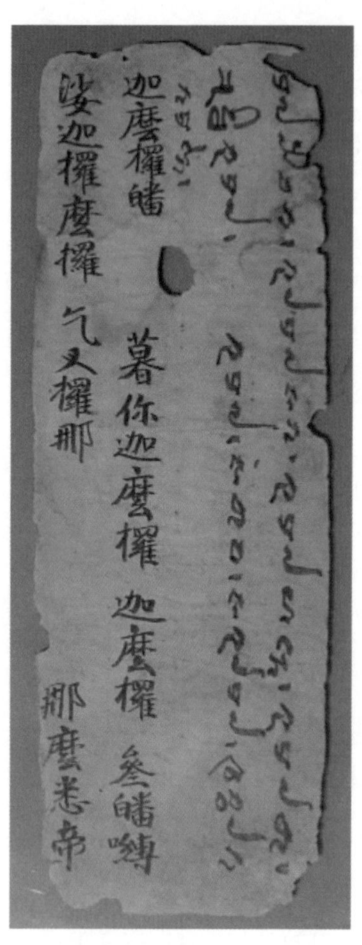

범어와 한자의 만남은 불교 전파사에서 큰 의미를 지닌다

이로 보면 불교가 중국에 들어오게 된 것은 이 보살상으로부터 비롯되었다고 볼 수 있다. 무릇 미륵보살상이 아니라면 어느 누가 능히 석가를 계승하여 삼보를 널리 알리고 변방 사람들이 불법을 알게 했겠는가? 본래부터 부처님의 운이 열린 것이고 본래 사람의 힘이 아님을 알 수 있으니, 한漢나라 명제明帝의 꿈도 이러한 데에 그 연유가 있었던 것이다.

구법승의 여행과 기록은 당대 불교상황, 방문 기간 동안의 사회경제 상황을 이해하는 데 사료적 가치가 높다. 당대 불교에 관한 역사적 준거를 빈약한 인도문헌보다 중국문헌에서 구해야 할 판이다. 구법승은 '타자의 시선'으로 주목하고 기록에 임할 수 있는 객관적 입장에 서 있었다. 육로와 해상무역로, 장거리 여행의 특성, 상업 교류, 불교순례자와 순회상인 간의 관계, 당대의 승려 수와 사원 현황, 신앙화되는 불교교리의 종류, 인도의 다양한 소왕국 등을 설명한다. 상선을 타고 인도에서 돌아온 법현의 이야기는 재앙에 가까운 고난에도 구법승과 순회 무역상의 관계, 해안을 연결하는 해상무역로의 존재를 유감없이 보여준다. 타자의 시선이 가져온 놀라운 당대 기록물이며, 한자의 힘이기도 하다.

구법승 기록은 살아남은 자의 기록이다. 모든 이가 기록을 남긴 것도 아니고 미처 돌아오지 못하거나 중도에서 죽은 이도 많았다. 가령 『대당서역구법고승전』에 의하면, 당의 법진法振은 천축으로 가는 도중 수마트라 북서부 갈차국羯茶國에서 입적하였다. 남해의 섬을 경유하여 갈차국에 도착했지만 더 나아가지 못하고 35, 36세 나이에 병이 들어 죽었다. 『삼국유사』에 등장하는 신라승 아리야발마阿離耶跋摩도 불법을 구하려 중국에 갔다가 정관년간627~649에 장안을 떠났다. 나란다사에 도착하여 계율을 베껴가지고 돌아오려 했으나 현지에서 죽고 말았다. 심지어 20세기까지도 불법을 찾아나섰다가 현지에서 병사한 이가 있을 정도이다. 영재英宰, 1900~1927는 법주사 승려로 동경제대 인도철학과에 입학하고 인도유학을 준비하여 스리랑카로 떠났으나 애석하게도 1927년 28세로 귀재단명貴才短命하였다.[1]

천축 구법승은 이름이 알려진 사람만 165명, 무명인은 695명으로 추산된다. 이를 합하면 모두 860명에 이른다. 근거가 희박한 민간인 동행자 수를 빼면 순수 구법승은 560여 명이다. 문헌상 수치이다. 9세기 동안 560명이라면 기록상으로 한 세기에 60명이 넘게 인도로 향했다는 뜻이다. 빈곤한 육상 교통 수준, 위험천만한 해상 교통 등을 고려할 때 압도적인 수다. 문헌 수치는 560여 명이지만 실제는 이보다 훨씬 많았을 것이다.[2] 문헌기록이란 언제나 제한적이기 때문이다.

숫자를 시기별로 살펴보면 4세기 15명, 5세기 117명, 6세기 20명, 7세기 124명. 8세기 84명, 9세기 2명, 10세기 465명, 11세기 9명이다. 10세기에 숫자가 높은 것은 동행 300인을 포함하였기 때문이다. 붓다의 행적이 남아 있는 천축에 관한 관심, 천축에서 직접 구할 수 있는 경전에 대한 관심이 높았기에 5세기에 대대적 구법 행렬이 이루어졌다. 교류는 쌍방이라 인도 승려가 중국으로 넘어오는 경우도 많았다. 천축승은 일부만 기록에 등장하고 많은 천축승이 기재되지 않은 것으로 보인다.

---

1 『佛教』 42호, 佛教社, 1927, 15~39쪽.

2 이주형 외, 『동아시아 구법승과 인도의 불교유적』, 사회평론, 2009, 13쪽.

통계 분석에 의하면, 구법인의 인도왕래 시도 197회에서 68%에 달하는 133회가 육로 이용이다. 해로 이용은 전체 197회에서 63회로 32% 비중이다. 입출항은 청주2회, 광주11회, 교주11회 등이다.[3] 대부분 남중국이나 통킹만을 이용하였다. 순례 방식은 개인 순례를 뛰어넘어 국가적 배려와 지원이 있었다. 그 자체로 '국제 프로젝트'였기 때문이다.

한반도의 경우, 삼국은 거의 고르게 14명의 구법승을 중국에 보냈다. 수·당대에는 180여 명의 구도승이 유학했다. 통일신라 시기에는 7세기 42명, 8세기 38명, 9세기 96명이 중국으로 들어섰다. 구도열은 중국에 머물지 않고 천축까지 이어져서 15명이 확인된다. 인도 혹은 중도에서 객사한 이가 10명, 중국으로 돌아온 이가 3명, 그리고 한반도로 돌아온 이는 불과 2명이다. 구법승 14명 가운데 신라 출신으로 명시된 구법인은 12명, 백제와 고구려가 각 1명이다. 14명 가운데 대다수인 9명이 『대당서역구법고승전』에 수록된 7세기 구법인이다. 이들 숫자는 공인 수치만을 뜻할 뿐, 전체가 확인된 것은 아닐 것이다. 바람처럼 떠났다가 바람처럼 사라진 구법승도 많았기 때문이다. 가령 혜초 같은 인물은 『왕오천축국전』이 발굴되기 전까지는 어느 문헌에도 언급되지 않았다.

구법승은 육로로 서역을 오갔거나 남중국해에서 천축행 해로를 선택했다. 주로 간다라 등 서역과 붓다가 활동하던 갠지스강 중하류를 많이 찾았다. 목숨을 건 순례길에 나선 것은 당시 중국에 결집된 경전이 제한적이었고 오류도 많았기 때문이다. 또한 스승에서 제자에게 구전되고 있어서 문헌을 구하기가 쉽지 않았다. 구술전통과 문헌전통의 간극을 메꾸는 방도는 가능한 많은 채록 불경을 구하는 방법밖에는 방편이 없었다. 불경을 구하여 한문으로 다시 번역하는 지난한 공정이 수반되었고, 구법승은 어학을 연마하는 어려운 과정을 거쳐야 했다. 즉 불교의

3 위의 책, 26~28쪽.

현지에서 범본梵本 구하기는 구법승의 중요 목적 중의 하나였다. 『고승법현전』에, 법현이 바라날국波羅捺國에서 동쪽으로 가서 파련불읍에 이르렀으며 불경을 구한 이야기가 나온다.

본래 계율책을 구하고 있었으나 북인도의 여러 나라들은 모두 스승에게서 제자에게 구전口傳되어 오기 때문에 베낄 만한 책이 없었다. 그래서 멀리 찾아다니다 중인도에 이르러 이 마하연摩訶衍 승가람에서 일부의 율을 얻었다. 그것은 마하승기중摩訶僧祇衆의 율로 부처님 재세 시에 최초의 대중大衆이 행한 것이다. 그 책은 기원정사에 전해졌다. 스승에서 제자로 구전하여 전수되었고 문자로는 기록되지 않았다.

인도 사람들의 먼 길을 거쳐온 구법승에 대한 생각이 『고승법현전』에 잘 나와있다.

법현과 도정은 처음으로 기원정사에 이르러 옛날 세존께서 이곳에 25년 간 머무르셨던 것을 생각했다. 자신은 변지邊地에서 태어나 여러 동지들과 함께 여러 나라를 유력遊歷하는 동안 되돌아간 사람도 있고 세상을 떠난 사람이 있다는 것을 가슴 아파하면서 오늘 여기에 부처님께서 계시지 않음을 보고 창연愴然히 마음으로 비통해 했다. 그러자 기원정사의 여러 승려들이 나와서 법현 등에게 물었다.

"그대들은 어느 나라에서 오셨습니까?"

대답했다.

"중국漢에서 왔습니다."

그러자 승려들은 감탄하면서 말하였다.

"훌륭하십니다. 변방의 나라 사람이 법을 구하려고 용하게 여기까지 오셨군요."

그러면서 자기네들끼리 말을 주고받았다.

"우리들의 여러 스승님들이 오늘날까지 이어 오는 동안 아직 중국의 도인이 이곳까지 온 것을 본 적이 없었다."

변지邊地 사람들이 이토록 멀리 떠나온 것을 알고 여행에 필요한 모든 것을 공급해 주고 법에 맞게 대접해 주었다. 흥미로운 것은 7세기에 나란다대학을 순례한 현장이 『대당서역기』에서 유학승이 나란다대학에 오는 이유와 당대 학습열을 재미있게 설명하고 있다.

"이역의 학인들도 그 명성을 널리 날리고 싶어 하는 자는 모두 이곳으로 와서 의문을 제기하고 생각함으로써 그 아름다운 명성을 널리 날리게 되며, 이역의 학인들도 이곳에 유학한다는 이름만을 내걸고 노닐어도 모두 다 정중한 예를 받게 된다"고 하였다. 외국 유학승이 많았던 이유 중의 하나로 천축국 유학으로 얻는 유명세를 꼽았다. 그러나 논의 마당에 끼고 싶어도 이역에서 온 사람들 중에는 질문에 대답을 하지 못해 굴복하고 돌아가는 자도 많아서 예나 지금이나 학문에 깊게 통달한 사람이어야 비로소 이곳에 입문할 수 있다고 하였다. 그래서 유학하러 왔던 젊은 학자들로서 그 자리에서 물러나 돌아가고 마는 사람이 실로 열 명 중에 7~8명이 된다. 나머지 2~3명도 세상 이치에 환하다 할지라도 대중들 속에서 질문을 주고받다 보면 그 예리함이 꺾이고 그 명성이 퇴색당하지 않는 자가 없다.

예나 지금이나 유학의 이유와 허명세를 잘 설명하고 있으며, 원효가 유학을 포기하게 된 배경도 이같은 이유가 포함될 것이다. 천축국 구법 열풍은 당대의 국제질서를 반영하는 측면도 있다. 불교가 인도에서 기원하여 서역을 거쳐 중국으로 들어왔기 때문에 서역 학자들은 중국에서 지적 스승으로 존경받았다. 천축은 세계의 중심으로서 그 위치를 자부하였고, 반면에 중국은 변방에 불과하였다. 이러한 인식은 천축으로 순례하며 경전을 찾아 중국으로 갖고 돌아온 구법승의 기록에서 찾아진다. 7세기 현장의 경우, 인도를 불교경전이 발견되는 곳으로서만이 아니라 부처가 말하고 행한 것들과 더불어 무엇보다도 부처가 있던 것을 말해주는 흔적과 이야기들로 가득 차 있는 풍광으로서 경험하였다. 나란다 승려가 현장에게 오랑캐의 땅인 중국으로 돌아가는 대신 인도에 머물라고 강권하였을 때, 현장은 부처가 "아직 깨달음을 얻지 못한 사람들을 잊지 않으실 것입니다"라고 주장할 수 밖에 없었다.[4]

구법승은 인도내 불교계 사정, 즉 소승과 대승의 차이를 잘 파악하고 있었다. 법현은 부파는 사리불탑이나 아난탑, 목련탑을 숭배하지만 대승은 반야바라밀, 문수사리 등을 공양한다고 했다. 의정은 대승과 소승은 함께 율에 따른 생활을 하고 사성제를 수행하지만 그들의 차이는 대승이 대승경을 낭송하고 보살숭배를 하는 반면 소승은 그렇지 않다고 하였다.[5] 사실 소승이란 표현은 온당하지 않은 것이나 대승 입장에서 둘을 갈라서 생각하였다.

육당 최남선은 『왕오천축국전』「해제」에서, "법현의 『불국기』는 육지로 갔다가 바다로 온 기록이요, 현장의 『대당서역기』는 육지로 갔다가 육지로 돌아온 기록이며, 의정의 『남해기귀전』은 바다로 갔다가 바다로 돌아온 기록인데 반하여, 『왕오천축국전』은 바다로 갔다가 육지로 돌아온 점에 특색이 있다"고 하였다. 각기 다른 이들 4명의 행장을 살펴봄으로써 구법승의 전체적 성격을 이해할 수 있을 것이다.

---

4 마크 에드워드 루이스, 김한신 역, 『하버드 중국사 당』, 너머북스, 2017, 442~443쪽.

5 안성두 편, 『대승 불교의 보살』, 씨아이알, 2008, 36쪽.

2 | 불국기와 법현의 바닷길

육로와 바닷길을 두루 통과한 구법승은 동진東晉의 법현法顯, 37?~416이다. 405년 이후 건강建康의 도장사道場寺에서 저술한 『고승법현전高僧法顯傳』에 행장이 잘 나와있다. "동진東晉의 사문 법현法顯이 천축天竺에 유람한 일을 스스로 기록한 것"이라고 하였다.

『법현전』이라 하고, 별칭은 『법현법사전』, 『불국기』, 『역유천축기전』이다. 법현은 산서성山西城 출신으로 399년 혜경慧景, 혜응慧應, 혜외慧嵬, 도정道整 등과 함께 장안을 출발해 육로로 서역으로 떠났다. 돈황燉煌에 이르렀으며, 사하沙河 : 고비사막로 들어섰다. "위로는 날아가는 새도 없고 아래로는 달리는 짐승도 없었으니, 아무리 둘러보아도 망망하여 가야 할 길을 찾으려 해도 가야 할 곳을 알 수 없었다. 오직 죽은 사람의 고골枯骨만이 표지가 될 뿐이었다"고 하였다. 호탄왕국을 거쳐 6년 만에 굽타제국에 닿았다. 북서쪽에서 인도로 들어와 파련불읍巴蓮佛邑, 파탈리푸트라에 이르렀으나 그는 폐허가 된 도시를 보았다. 그나마 파련불읍의 승가람에서 대중부 마하승기중摩訶僧祇衆의 율 일부를 얻었다.

법현이 당도한 굽타제국은 4세기 초부터 6세기 후반까지 인도 아대륙의 대부분을 지배하며 절정에 이르렀다. 이 시기는 인도의 황금기로 간주된다. 법현은 당대 문화의 정점을 목격하였고 범어를 배우고 불전과 불적을 살펴보았으며, 붓다의 탄생지 룸비니도 순례했다. 법현은 부드가야와 사르나트, 기원정사와 쿠시나가르를 비롯한 불교성지를 순례하였다. 파탈리푸트라에서 3년을 살면서 천축어를 익히고 6권의 율장을 수집하였다. 갠지스강 하구 탐라립티로 갔으며 407년부터 409년까지 2년여 머물렀다. 승려로 가득한 24개 불교사원이 있었고, 불교가 번성했다. 작은 도시가 아니었다. 해상무역이 발달하고 많은 주민이 살고 있어서 그 많은 사찰을 유지할 힘이 있었다. 이듬해에 상선을 타고 스리랑카로 들어갔다. 겨울 몬순을 이용하여 14일 만에 당도하였다. 오딧샤 칼링가 사람이 전통적으로 이용하던 스리랑카 노선이었다. 벵골만을 관통하여 스리랑카를 오가는 정기 상선과 무역로가 존재했다는 뜻이다.

법현

스리랑카에서는 아누라다푸라의 아바야기리Abhayagiri사원에 머물렀다. 당대 학승인 마하 테리Mahara Terra와 함께 스리 사다르마Sri Saddharma에 대한 토론을 통해 지식을 얻고, 스리랑카를 돌며 『미사새율장彌沙塞律藏』, 『장아함경長阿含經』, 『잡아함雜阿含』, 『잡장雜藏』 등의 불전을 구하였다. 그는 "이 것들은 모두 중국에는 없는 경전"이라고 하였다. 초기 불교시대에는 약 2,000개의 경전이 있었다. 그중 하나인 『아함阿含』은 '전해오는 가르침'이다. 불교 최초의 경전이 빨리어로 된 『니카야*Nikaya*』이고, 산스크리트어본이 『아가마*Agama*』다. 이 『아가마』를 한역한 것이 『아함경阿含經』이다.

법현은 범본梵本을 얻은 뒤라 스리랑카에서 중국으로 돌아가는 선박을 물색하여 상인의 큰 배에 승선하였는데, 그 배에는 2백여 명의 사람들이 타고 있었다. 항해에는 위험이 크기 때문에 큰 배 뒤에는 하나의 작은 배를 매달고 큰 배의 파손에 대비하고 있었다. 처음에는 순풍을 만나 동쪽으로 사흘 동안 잘 갔지만 곧 대풍大風을 만나 배가 새고 물이 들어오자 상인들은 작은 배로 옮겨 타려고 하였다. 작은 배 위의 사람들은 큰 배에 탄 사람이 많이 옮겨 올 것을 두려워하면서 그 배에 매어 있던 밧줄을 끊어 버렸다. 큰 배의 상인들은 두려워하여 이제 목숨이 얼마 남지 않았다고 하면서 배에 물이 차는 것을 겁을 내고 큰 재화財貨들을 바

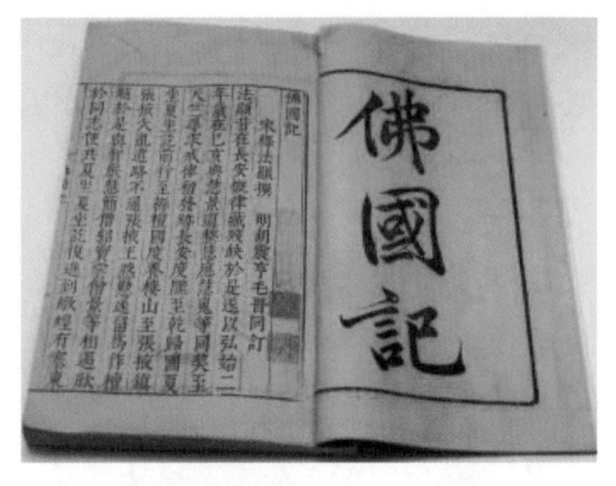
佛國記

법현의 『불국기』

다로 던져 버렸다.

대풍 속에서 주야로 13일 만에 섬에 이르렀다. 바람 자는 것을 기다렸다가 배에서 새는 곳을 찾은 다음 즉시 수리해서 막고는 다시 전진을 계속하였다. 해상에는 해적이 많기 때문에, 그들을 만나게 되면 무사할 수가 없었다. 대해大海는 끝없이 넓고 넓어 동서를 분별할 수가 없고, 오직 해·달이나 별자리를 보면서 나아갈 뿐이었다. 90일 정도 가서 야바제耶婆提라는 나라에 이르렀다. 이 나라는 외도 바라문이 흥성하여 불법을 말하기에 족하지 못하였다. 이 나라에 머물기를 5개월, 다시 다른 상인을 따라 배에 올랐다. 큰 배 위에는 역시 2백 명 정도의 사람이 탔고 50일분의 식량을 준비하였다.

배는 동북으로 광주廣州를 향하여 나아갔다. 1개월 정도 지나 밤의 북소리가 2시를 알렸을 때 흑풍黑風과 폭우가 쏟아져 상인이나 손님이 모두 공포에 떨었다. 법현은 이때에도 역시 일심으로 관세음보살과 중국의 승려들을 생각하였는데 위신력의 도움으로 하늘이 밝아졌다. 아침이 되자 여러 바라문들은 의논하여 말하였다. 순항을 위한 종교적 논란이 시작된 것이다.

"이 배에 사문이 타고 있기 때문에 우리들은 이롭지 못하게도 큰 고난을 만났던 것이다. 마땅히 이 비구를 바다 섬 주변에 내려놓아야 하겠다. 한 사람으로 인해 우리들이 위험할 필요는 없지 않은가?"

그러자 법현의 단월檀越이 말하였다.

"당신네들이 만약 이 비구를 내려놓는다면 나 또한 함께 내려 주시오.

그렇지 않으면 나를 죽여주시오. 당신네들이 어떻든지 이 사문을 내려놓는다면, 나는 중국에 도착해서 마땅히 국왕에게 당신들의 말을 고하겠소. 중국의 왕 또한 불법을 믿고 존경하며 비구승을 중하게 여기고 있다오."

그러자 상인들은 주저하면서 감히 내려놓지 못하였다.

나침반이 없던 고대에 원해 항해는 위험 그 자체였다. 배는 다시 경로를 벗어났고, 오늘날 칭다오에서 동쪽으로 30km 떨어진 산동반도 노산老山에 도착하였다. 벵골만과 자바해를 떠돌다가 구사일생으로 귀국한 것이다. 법현은 상인들과 함께 양주를 거쳐 장안으로 가려 했으나 해야 할 일이 있어 건강健康, 남경으로 들어갔다. 건강에 머물면서 북천축 고승 붓다밧드라佛馱跋陀羅, Buddhabhadra와 천축에서 가져온 경·율·논 삼장을 산스크리트어에서 한역했다. 장안을 출발한 지 6년 만에 중천축에 당도하고, 거기서 6년을 머물고 3년 만에 청주青州에 도착, 무릇 30개국을 돌아다닌 셈이다. 여생을 자신이 수집한 경전을 번역하고 편집하는 데 바쳤다.[6] 한편, 법현과 함께 천축국에 갔다가 귀국한 보운寶雲, 375?~449?은 유송 초기에 인도의 대표적 붓다 전기인 아슈바고사의 『붓다차리타』를 아름다운 문장의 『불소행찬佛所行讚』으로 번역하였다.

法顯傳一卷
東晉沙門 法顯自記遊天竺事
法顯昔在長安慨律藏殘缺於是遂以弘始
二年歲在己亥與慧景道整慧應慧嵬等同
契至天竺尋求戒律初發跡長安度隴至乾
歸國夏坐夏坐訖前行至耨檀國度養樓山
至張掖鎮張掖大亂道路不通張掖王殷懃
遂留爲作檀越於是與智嚴慧簡僧紹寶雲

『법현전』

6 법현의 『불국기』는 중앙아시아와 인도에 관한 귀중한 사료다. 귀국한 뒤 법현은 건강에서 불타발타라를 만나 그가 가져온 『大般涅槃經』, 『大般泥洹經』 등 많은 불교서적을 번역하고, 열반종 성립의 기초를 닦았다. 『摩訶僧祇律』 40권도 번역했다.

법현이 가지고 온 것은 불경만이 아니라 불아사리佛牙舍利도 포함된다. 우전국에서 어떤 승려에게서 봉안해 오던 불아사리를 받아온 것이다. 중국 땅에 불아사리가 들어온 최초이다. 법현이 거쳐간 불교의 바닷길은 1836년의 불어 번역본을 시작으로 일찍이 유럽인의 많은 관심을 받았다. 법현의 항해는 몇 사실을 알려준다.

첫째, 탐라립티와 스리랑카를 오가는 공식 항로가 개설되어 있었다는 점이다. 불치가 스리랑카로 이양된 길도 바로 이들 상선이 평소에 이용하던 바닷길이다. 몬순 계절풍을 이용하여 보름도 걸리지 않아 스리랑카에 닿았다.

둘째, 스리랑카에 동남아 뱃길이 존재했다. 태풍을 만나서 의도하지 않게 배가 흘러갔으나, 벵골만의 니코르바나 자바, 칼링가의 선원이 익숙하게 인지하고 있던 항로였다.

셋째, 동남아에서 중국으로 가는 뱃길이 존재했다. 수마트라, 혹은 자바에서 가능한 뱃길이었다. 선원 200명 규모의 초대형 선박이 중국과 자바를 연결하고 있을 정도로 무역항로가 번성하였다. 무역 루트와 불교의 바닷길이 밀접한 상관관계를 맺고 있었다는 증거이다.

3 | 대당서역기와 현장의 바닷길

7세기 인물 현장602~664, 玄奘도 온갖 고초를 겪으며 천축에서 불경을 가지고 왔다. 현장은 천축에 바닷길로 간 것이 아니고 전적으로 육로 왕복이다. 그렇지만 그가 남긴 『대당서역기』에 천축 바닷가를 빠짐없이 기록했다. 현장이 밟아나간 바닷가는 가히 인도 아대륙 전역이다. 경장經藏, 율장律藏, 논장論藏 전반에 능통하다 하여 현장삼장玄奘三藏으로 불린다. 현장은 627년 또는 629년에 인도로 떠났으며 645년에 귀국하였다. 귀국

후 사망할 때까지 19년에 걸쳐 가지고 돌아온 불교경전의 한역에 종사하였다.

견문기를 『대당서역기』에 통합 정리하여 태종에게 진상하였다. 이 책은 당시 인도나 중앙아시아서역를 알기 위한 1급 사료다. 천축 여행을 모티브로 하여 명대에 오승은吳承恩에 의해 소설 『서유기』로 각색되었다.[7] 총 21권의 『대당서역기』는 그의 17년간 구법 행적을 정리한 것으로 직간접 경험한 138개국 풍토와 전설, 관습 등을 정리한 방대한 분량이다. 서문에서 "친히 다녀온 곳이 110국, 전해들은 것이 28국인데 이 중에 어떤 일은 앞 세대의 전적에서도 보이는 것이며, 어떤 나라 이름은 지금 시대에 처음으로 알려지게 되었다"고 하였다. 고대 및 중세 초 중앙아시아와 서남아시아의 역사나 교류사를 연구하는 데 귀중 사료다. 특히 문헌기록이 미흡한 인도고대사 연구에 일차 사료로 유용하다. 그 천축행 목적은 서문에 명료하게 나와있다.

> 부처님께서 서방에서 나셨으나 법은 동국으로 흘렀는데, 통역한 소리가 와전되고 방언의 말이 잘못 전해졌다. 소리가 와전되면 그 뜻을 잃게 되고 말이 잘못 전해지면 곧 이치가 어긋나게 된다. 그러므로 반드시 이름을 바로잡아야 한다.

혜립慧立이 지은 『대당대자은사삼장법사전大唐大慈恩寺三藏法師傳』에 이르길, "법사께서 그 나라에서 얻은 대승 소승 삼장의 범본梵本 총 656부를 큰 코끼리와 날랜 말에 싣고서 길을 나섰으니, 서리를 무릅쓰고 눈발과 싸우며 걷는 길은 하늘이 도와서 잘 뚫렸고 고통스러운 햇볕과 음산한 그늘은 황제의 위엄에 의해 잘 건널 수 있었다"고 하였다. 정관貞觀 19년645

7 磯部 淳, 『西遊記 資料の研究』, 東北大學出版會, 2007.

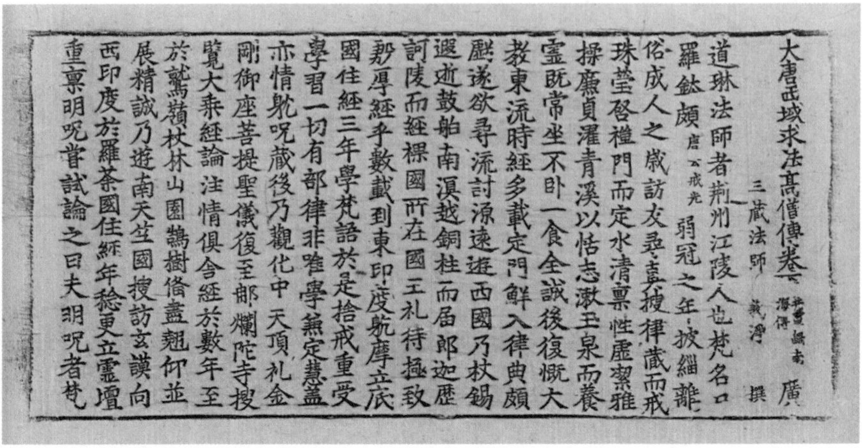
大唐西域求法高僧傳卷上 并重歸南海傳 廣
三藏法師 義淨 撰
道琳法師者荊州江陵人也梵名尸
羅鉢頗唐云戒光弱冠之年披緇離
俗成人之歲訪友尋真搜律藏而戒
珠瑩啓禪門而定水清禀性虛潔雅
操廉貞濯青溪以恬志漱玉泉而養
靈既常坐不卧一食全誠後復慨大
教東流時經多載定門鮮入律典頗
虧遂欲尋流討源遠遊西國乃杖錫
遐逝鼓舶南溟越銅柱而屆郎迦歷
訶陵而經裸國所在國王礼待極致
勤厚經乎數載到東印度耽摩立底
國住經三年學梵語於是捨戒重受
學習一切有部律非唯學兼定慧盖
亦情耽呪藏後乃觀化中天頂礼金
剛御座菩提聖儀復至那爛陀寺搜
覽大乘經論注情俱舍經於數年至
於鷲嶺杖林山園鵲樹備盡翹仰並
展精誠乃遊南天竺國搜訪玄謨向
西印度於羅荼國住經年稔更立靈壇
重禀明呪嘗試論之曰夫明呪者梵

고려장경의 『대당서역구법고승전』

에 경성에 도달하니 승려와 속인이 모두 나와 영접하였다. 무리들이 성곽을 꽉 메우고 시끌벅적 늘어섰으니 이 또한 당대에 보기 드문 성대함이었다고 하여 열렬히 환대받았음을 기록하였다.[8] 『대당서역기』에 따르면 현장은 구법을 마치고 귀국할 때 붓다의 사리 150과를 모시고 왔다.

인도에서 중국에 들어온 불교는 위진을 거쳐 수, 당에 이르러 그 전성기를 구가하였다. 그에 따라 여러 종파가 생겨났는데 가장 유력한 종파는 법상종, 화엄종, 천태종 등이 정통교파였다. 현장은 그중에서 법상종의 창시자였다.

4 | 남해기귀내법전과 의정의 바닷길

14세에 승려가 된 당의 의정義淨, 635~713은 천축에 가서 불법을 구해온 법현과 현장을 존경해 671년 광주를 떠났다. 해양실크로드를 이용해

8 혜립·언종, 김성구 역, 『대당대자은사삼장법사전』, 동국대 부설 동국역경원, 1997.

한 달여 동안 항해해 수마트라의 스리위자야로 들어갔다. 스리위자야는 중개무역에 종사하며 양질의 선박과 무역로를 확보하고 있었다. 법현 이후 3세기가 흐른 의정의 여행은 훨씬 안정적이었다. 동진시대와 달리 당대에는 국제무역로가 안정적으로 정착했기 때문이다.

스리위자야에서 6개월 체류하면서 산스크리트어와 말레이어를 배운 의정은 수마트라 팔렘방 북쪽에 위치한 믈라유Melayu에 당도했다. 그는 북상해 말레이반도 케다Keda왕국으로 들어갔다. 케다는 인도인이 개척한 말레이반도의 불교-힌두교왕국이었지만, 당시 스리위자야 영향권에 있었다. 오늘의 케다는 말레이반도에서 태국과 말레이 국경이 만나는 접경지대다. 케다의 숭가이페타니Sungai Petani에 있는 부장계곡은 그 자체로 거대 힌두교-불교 유적군이다. 안다만제도를 통해 인도로 갈 수 있는 전략적 위치다.[9]

의정은 케다에서 안다만해를 횡단해 '벌거벗은 왕국'으로 알려져 있던 니코바르제도에 도착한 후 동인도로 건너갔다. 북상한 의정은 마침내 탐라립티에 도착했다. 남중국해에서 스리위자야를 거쳐서 말레이반도를 경유하고 벵골만을 가로질러 갠지스강 하구에 당도하는 최단 해로가 당대에 개척되어 있었다는 증거다.

의정은 불교성지인 취봉, 계족산, 녹야원, 기원정사를 순례한 후 당대 불교대학 나란다사那爛陀寺에 도착해 11년간 대승·소승 불교를 공부했다. 30여 나라를 다녔으며, 총 24년이 걸렸다. 695년 산스크리트어로 된 경·율·논 전적 400부를 가지고 낙양으로 돌아올 때는 측천무후則天武后가 친히 그를 맞이했다. 측천무후가 그의 귀국을 알고 있었다는 것은 그만큼 당과 천축의 내왕이 활발해서 구법승 정보가 속속 장안에 당도했다는 뜻이다. 전후 25년에 이르는 대장정이었다.

---

9 Michel Jacq-Hergoualc'h, *The Malay Peninsular, Crossroads of the Maritime Silk Road*, Brill : Leiden, 2002.

의정은 오가는 여정에 짬파, 푸난, 믈라유, 갈도羯荼, 말레이반도 길타吉打, 나인국裸人國, 니코바르제도, 탐마입저국耽摩立底國, 인도 가이각답(加爾各答) 등을 들렀다. 무려 24년 동안 30여 개국을 다녔다. 당대의 중개무역지 짬파, 해양국가로 무역이 흥하던 푸난, 스리위자야와 경쟁하던 무역왕국 믈라유 등을 모두 거친 것이다. 마가다국에서 산스크리트 경전 400부를 얻어 중간 거점인 스리위자야로 돌아왔으며, 거기서 2년간 불경을 번역했다. 655년에 광주를 경유하여 낙양으로 돌아왔으며 그 후 낙양에서 역경사업을 주관했다.[10]

의정은 귀국길도 해양실크로드를 이용했다. 스리위자야에 2년여 동안 머물며 산스크리트어 경전을 한역했다. 의정은 잉크와 종이를 구하기 위해 중국으로 귀환하고자 했다. 스리위자야에는 잉크와 종이가 없었기 때문이다.[11] 귀국 도중 편찬한 『남해기귀내법전南海寄歸內法傳』[12]과 『대당서역구법고승전大唐西域求法高僧傳』[13]은 동남아시아 각국의 역사와 종교를 연구하는 데 중요한 자료다. 4권으로 된 『대당남해기귀내법전』은 691년 스리위자야에서 편찬하여 측천무후에게 올린 것으로 계율을 상세히 설명하면서 중국 승려들의 반성을 구하고 있다. 2권의 『대당서역구법고승전』은 인도와 스리위자야 일대를 순례하면서 견문한 구법승 60인의 전기로서 이 역시 측천무후에게 올려졌다. 그 책 안에 신라승 7인과 고구려승 1인도 포함되어 있다.

---

10 천축에서 귀국하는 도중에 『대당남해기귀내법전』(전4권)과 『대당서역구법고승전』(전2권)을 편찬했다.

11 귀국 후 불경 번역 사업을 주관해 『金光明最勝王經』, 『大孔雀咒王經』, 『佛爲勝光天子說王法經』, 『藥師琉璃光七佛本願功德經』, 『稱讚如來功德神咒經』, 『根本說一切有部毗奈耶』, 『法華論』 등 모두 21부 239권을 번역했다.

12 義淨, 王邦維 校注, 『南海寄歸內法傳』, 中華書局, 2001.

13 義淨, 王邦維 校注, 『大唐西域求法高僧傳』, 中華書局, 2004.

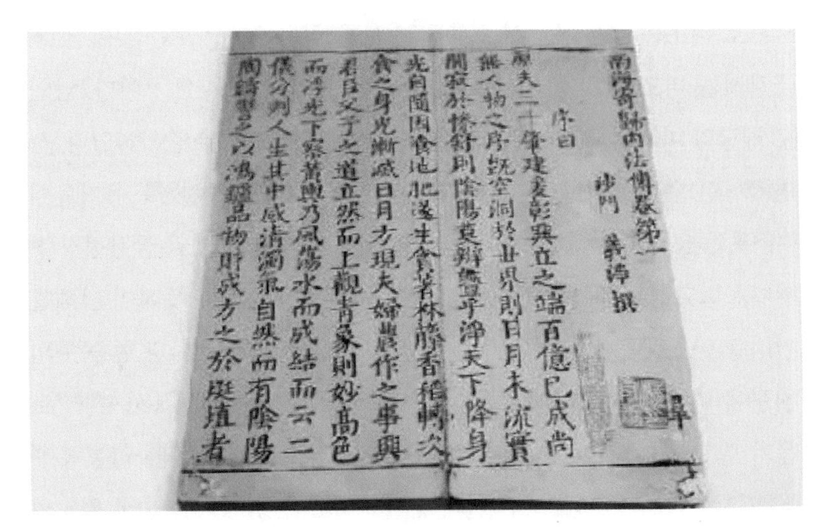
南海寄歸內法傳卷第一
序曰
沙門 義淨撰

『남해기귀내법전』

5 | 왕오천축국전과 혜초의 바닷길

혜초慧超, 704~787는 대략 723년 천축으로 떠난 것으로 비정된다. 의정이 695년에 귀국하였으므로 그로부터 30여 년 경과한 뒤다. 8~9세기 당나라 승려 혜림慧琳은 일종의 대장경 사전인 『일체경음의一切經音義』에서 혜초가 『왕오천축국전』이란 책을 지었다고 전했다. 혜초가 배를 타고 인도로 갔으며 동남아시아의 각멸閣蔑, 나형국裸形國을 거쳤다는 사실은 현재 남아 있는 『왕오천축국전』 부분이 아니라 원본을 인용한 이 책을 통해서만 알 수 있다. 1908년 프랑스 동양학자 폴 펠리오가 막고굴 문서를 사들인 데서 비롯된 그의 행적은 후대에 가서야 신라인으로 밝혀졌다. 나형국을 거친 것으로 보아 스리위자야에서 북상하여 말레이 반도를 거친 것으로 여겨지며, 거기서 니코르바제도나형국를 거쳐서 동인도로 들어갔을 것이다. 당시 통상적으로 이용하던 루트이다.

혜초는 719년, 광주에서 인도승 금강지金剛智, 671~741에게 밀교를 배웠다. 금강지는 의정이 천축으로 떠나던 해에 태어나서 중국으로 건너왔으므로 혜초는 그를 통해서 천축국 정보를 취득했다고 보는 것이 맞다. 금강지는 바즈라보디Vajrabodhi로 시호는 대홍교삼장大弘教三藏이다. 남인도 케랄라 마라야국摩羅耶國 출생으로 10세에 나란다사로 출가하였다. 성명聲明·인명因明을 배우고 다시 대소승大小乘·의율律·중관中觀·유가유식瑜伽唯識 등을 공부하였다. 31세에 용지龍智에게 밀교를 배워 금강정경金剛頂經 등 밀교경전에 정통하게 된다. 716년경 중국포교를 뜻하여 남해를 건너 719년 광주에 도착, 이듬해 낙양과 장안에 들어갔다. 당 현종玄宗의 칙령에 따라 대자은사大慈恩寺에 거주하였고 뒤에는 대천복사大薦福寺로 옮겨 밀교 경전의 번역과 포교에 힘썼다. 『금강정유가중략출염통경金剛頂瑜伽中略出念誦經』 등 밀교경전 번역에 몰두하였다. 금강지는 중국 밀교의 초조初祖가 되었다.

불공은 스리랑카 출신으로 금강지 문하에서 배웠으며, 720년 낙양에 도착했을 때는 16세였다. 구마라집, 진제, 현장과 함께 4대 번역가로 일컬어지며, 특히 범어와 한자 사이의 엄밀한 음운 대조 조직을 확립한 공이 지대하다. 불공이 지은 『대락금강불공진실삼마야반야경바라밀다이취품大樂金剛不空眞實三摩耶般若經 波羅蜜多理趣品』은 불공역의 『이취경理趣經』을 밀교적으로 더욱 의궤한 것이다.[14] 달마 굽타의 가르침을 받은 후 그로부터 동쪽으로 더 멀리 중국으로 가라는 말을 듣고 실행에 옮긴 것이다. 이들도 모두 배를 타고 남중국으로 당도했다.[15]

그 금강지 제자가 혜초慧超다. 혜초는 신라인 첫 제자이며, 혜초의 인도행도 스승의 권유와 안내에 힘입었다. 금강지의 행장을 거꾸로 돌려놓으면 혜초의 행장이다. 광주에서 떠난 혜초는 바닷길로 동천축국으로 들어가 중천축국·남천축국·서천축국·북천축국을 거쳐서 서역으로 넘

14 불공에 관해서는, 당의 조천(趙遷)이 지은 『大唐故大德贈 司空大辨正廣智不空三藏行狀』(일명 不空三藏)이 있다.

15 Richard Payne eds., *Esoteric Buddhism and the Tantras in East Asia*, BRILL.

어갔다. 천축으로 가는 도중에 밀교의 본산인 스리위자야에 체류하였다. 만 4년 동안 40여 개국을 순례하고, 카슈미르 아프카니스탄 중앙아시아 등 서역 일원까지 다녀온다. 다시 장안으로 돌아온 시점은 30세 전후였다. 733년 장안 천복사에서 금강지와 함께 밀교경전을 연찬했다. 이로써 중국 밀교의 법맥은 금강지-불공-혜초로 이어진다.[16] 중국 밀교의 법맥인 금강지-불공-혜초는 어떻게 '천축국-중국-한반도'가 바닷길로 연결되는지를 잘 보여주는 사례다.

중국에서 연활자본으로 발간된 『왕오천축국전』, 1931

동시대 인물로 선무외善無畏, Subhakarasimha, 637~735도 주목된다. 혜초도 선무외에게서 태장법을 배워 혜과에 전달한 것으로 전한다. 선무외는 동인도 오딧사烏荼國 출신으로 나란다 달마국다達磨鞠多, Dharmagupta에게 밀교를 배운다. 스승의 명을 받들어 716년 현종 통치하의 당 장안으로 향하였으며 중국 밀교에서 삼장법사 중 하나가 된다. 정확한 문헌은 남아 있지 않지만 선무외가 바다를 건너 일본으로 건너와 진언종의 조종이 되었다는 전설이 남아 있다. 716년 장안에 도착하여 밀교의 첫 경전인 마하바이로카나아비사보디 수트라Mahāvairocana abhisaṃbodhi Sutra를 한역일명 大日經했다. 밀교의 독립은 『대일경大日經』의 출현과 함께 시작된 것으로 인정된다.[17] 대일경은 『대비로자나성불신변가지경大毘盧遮那成佛神變加持經』의 줄임말이다.

선무외 계통의 순밀을 배운 사람으로 신라승 혜일惠日이 있는데 그는

16 고병익, 『삼국의 고승』, 신구문화사, 1976.

17 『大日經供養次第法疏』(대장정 50) 卷上, 790b27쪽.

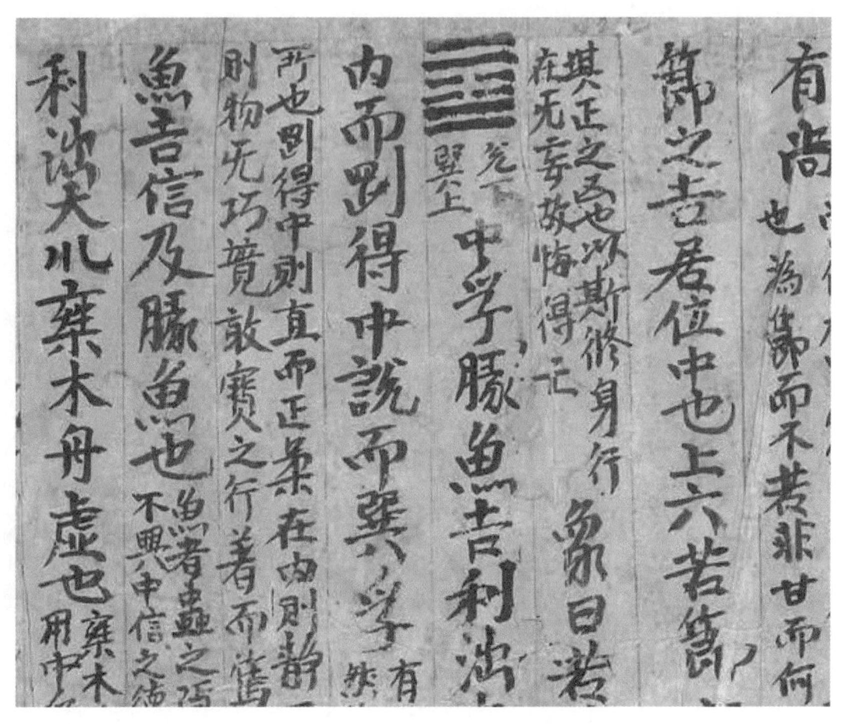

『왕오천축국전』

781년 오진悟眞과 함께 입당하였다. 일본 승려 공해空海보다 20년 앞선 일이다. 오진은 그 후 인도로 가던 중 티베트에서 입적하였고, 혜일은 『대일경』 등을 받아 신라로 돌아왔다. 혜초를 비롯한 이들 신라승의 천축-중국, 그리고 신라로 이어지는 행장은 밀교의 국제적 사승관계를 말해준다.

혜초는 수년 동안 장안에 머물러 있다가 오대산으로 들어갔다. 오대산은 불공이 오래 머무르던 곳이며, 첫 제자 함광含光도 여기에 있었다. 혜초는 노년을 오대산 건원보리사에서 보내면서, 전에 필수筆受를 맡았던 『천비천발대교왕경千臂千鉢大敎王經』 한역과 한자음사漢字音寫를 시도하여 이 한역본을 다시 채록했다. 이후 행장은 전하지 않으며, 787년에 입적했다. 『왕오천축국전』을 폴 펠리오가 둔황석굴에서 발견하였기에 신라인으로 밝혀진, '사라질 뻔한 역사'이다.

천축국 순례의 시대가 끝나고, 8세기에 접어들면 중국은 스스로 성스러운 불교의 성지이며 붓다의 가르침과 경전을 동아시아 전체로 전파시키는 중심지라는 식으로 생각이 바뀐다. 수와 당은 부처의 신체적 증거眞身舍利와 다른 불교적 신성성을 보유했다고 주장함으로써 불교의 중심이 되고자 하였다. 대표 사례가 오대산의 문수보살 거주처였다. 서역과 인도 승려의 오대산 방문과 그들의 인정과 지지 글은 불교성지로서 오대산의 명성을 강화시켰다. 밀교를 전파한 스리랑카 승려 불공은 문수보살이야말로 당의 진정한 수호자라 주장하였다. 엔닌의 일기도 오대산으로 순례오는 많은 일본 승려에 대해 언급하였다. 측천무후는 자신을 미륵으로 자칭하고 낙양성에 거대 미륵불상을 조성하였다.[18] 이제 물밀듯이 천축국으로 구법승을 향하는 물결은 필요가 없어졌고, 한반도 승려도 중국으로 가면 되지 굳이 천축국으로 향할 이유가 사라졌다.

6 | 구법승의 필수 순례지 불교대학

구법승은 반드시 갠지스강가의 불교대학을 순례하고 거기서 공부를 했다. 파탈리푸트라의 5세기에 세워진 나란다Nāland, 那爛陀대학, 팔라왕국에서 세운 바끄라마쉴라Vikramasila대학은 장기 지속적으로 교육의 중심지였다. 이 밖에도 팔라왕국이 갠지스강 주변에 세운 비하르의 오단타푸리Odantapuri, Uddandapura대학이 존재했다. 많은 구법승이 갠지스강가의 이들 대학에서 불법을 공부하였으며 범람하는 갠지스강처럼 세존의 말씀이 흘러나갔다.

18 마크 에드워드 루이스, 김한신 역, 『하버드 중국사 당』, 너머북스, 2017, 443~449쪽.

나란다대학

나란다사는 아란다阿蘭陀寺·나란다승가람那爛陀僧伽藍, 한역으로는 시무염사施無厭寺 등으로 불린다. 파탈리푸트라 남쪽 88km, 라즈기르Rajgir, 왕사성 북쪽 13km 지점으로 파탈리푸트라와 가야 사이에 위치한다. 마가다의 수도 왕사성에서 아주 가깝다. 빨리어 전승에 따르면, 붓다는 나란다에서 자주 설법하였고 열반하기 전에는 쿠시나가리로 가는 마지막 여정에 나란다에서 하룻밤을 묵었다. 나란다는 붓다의 제자인 사리불과 목건련의 탄생지이자 열반지이기도 하다.

굽타왕국의 쿠마라굽타 1세Sakraditya, 414~455 재위에 세워진 나란다는 후대 팔라시대에 이르기까지 800여 년간 존속하였다. 실제로는 일시 폐허가 되었다가 아소카시대에 승원을 세웠다는 학설도 많다. 기원후 2~3세기경 대승 불교의 위대한 스승 나가르주나Nāgajuna와 그의 제자 아리아데바Aryadeva도 활동했다. 5세기경 굽타시대의 유가행파 사상가인 무착無着, Asanga과 세친世親, Vasubandhu도 이곳에서 공부하였다. 달마굽다達磨笈多, 선무외善無畏, 금강지金剛智 등의 석학이 거쳐갔고, 중국의 현장·의정·현조玄照·도희道希·도림道琳·영운靈運·지홍智弘·무형無行을 비롯하여 신라의 혜업慧業·아리야발마阿離耶跋摩·혜초도 거쳐갔다. 먼 후대인 송대에도 계업繼業이 다녀갔다. 세계의 당대 학승들이 모여드는 대학촌으로 번성하는 대가람이었다.[19]

나란다는 불교뿐 아니라 베다·우파니샤드·논리학·음악·공학·산수·서화·주술에 이르기까지 다양한 학문을 가르쳤다. 631년에 현장이 당도했을 때, 인도 불교의 중심총림中心叢林이자 최고의 불교대학으로 기능하고 있었다. 현장도 나란다에서 5년간 수학하였기에 현장의 기록이 중요하다.

---

19 『宋高僧傳』 卷3 「慈恩寺寂默傳」

벽돌로 건축된 나란다대학 유적

> 부처님 열반 후 아직 얼마 되지 않았을 때 샤크라디티 왕은 나란다에 승가람을 세웠다. (…중략…) 나란다사는 인도 승려와 유학승을 합쳐 승려 수가 항상 1만 명이나 되었는데 모두 대승과 소승 18부파를 배우고 있다. (…중략…) 절 안에서는 강좌가 매일 백여 곳에서 열렸고 학승들은 촌음을 아껴서 배우고 있었다.[20]

나란다는 팔라시대에 절정에 이르렀다.[21] 마지막 불교왕국 팔라는 기존의 나란다와 새롭게 만든 비끄라마쉴라대학을 집중 후원하였다. 팔라는 벵골과 비하르에 걸쳐 있었으며 세존이 활동하던 영역이다.

---

20 한글대장경, 『대당대자은사삼장법사전』 제3권, 81쪽.

21 Raj Kumar, *Essays on Ancient India*, Discovery Publishing House, 2003, p.199.

비끄라마쉴라대학

팔라왕국의 다르마팔라Dharmapāla, 達磨皮羅, 770~810 재위는 불교철학자 하리바드라를 영적 스승으로 삼았다. 그는 비끄라마쉴라수도원과 소마푸라 마하비하라를 세웠다. 16~17세기 티베트 역사가 비구 타라타니Taranatham 기록에 의하면, 1백 명 이상의 교수와 1,000명의 학생이 있었다. 과목은 종교연구, 철학, 문법, 형이상학, 논리학 강의가 있었는데 중요한 학습은 탄트리즘밀교이었다.

훌륭한 학자인 디빵까라 스리즈냐나Dipankara Srijnana가 대학의 학장이 되었다1034~1038. 그는 티베트로 가서 불교를 국교로 이끄는 역할을 하였다. 동시에 수마트라의 스리위자야 팔렘방으로 배를 타고 들어가서 밀교를 가르쳤다. 디빵까라의 티베트 이름이 아티샤Artiśa, Atiśa Dīpaṃkara, 982~1054이다. 아티샤는 벵골의 불교 종교지도자이자 스승이었다. 11세기 아시아에서 불교를 확산시킨 주요 인물 중 하나이며 티베트에서 수마트라에 이르는 불교사상에 영감을 주었다. 스리위자야의 수마트라에서 12년을 보냈으며, 촐라왕조의 라젠드라 촐라 1세가 수마트라를 침공한 같은 해인 기원후 1025년에 인도로 돌아왔다. 수완나품Suvarnabhumi에서 아티샤가 돌아와 인도에서 명성을 얻게 된 시기는 불교 문화와 수행이 번성하던 시기였고, 아티샤의 영향은 여러 가지 면에서 기여했다. 그는 톨룽Tolung에서 3년 동안 머물며 자신의 가르침을 가장 영향력 있는 저작인 『보디파타프라디파*Bodhipathapradīpa*』, 즉 '깨달음의 길에 관한 등불'로 정리했다.[22]

자바의 사일렌드라 왕 발라푸트라데바는 데바팔라 왕에게 대사를 보내어 수도원 건설을 위해 5개 마을의 보조금을 요청했으며, 데바팔라는 요청을 승인하고 승원의 수장으로 브라만 비라데바를 임명했다. 팔라

---

22 "Excavated Remains at Nalanda : UNESCO World Heritage Centre", 2012(whc.unesco.org).

비끄라마쉴라대학과 수도원 유허지

의 불교학자들은 불교를 전파하기 위해 벵골에서 다른 지역으로 여행했다. 이처럼 불교는 남진, 북진을 하면서 오늘의 티베트와 방글라데시, 수마트라와 자바 등으로 바다를 건넜다.

비끄라마쉴라사원은 인도 불교의 마지막 거점이었다. 이 사원의 교학·조직·전적 등 대다수가 그대로 티베트에 전해져 티베트 불교를 형성했다. 유의할 것은 팔라는 힌두 신앙도 육성·지원하였으며, 불보살의 이미지 외에도 비슈누, 시바, 사라스바티의 이미지가 팔라시대에 만들어졌다.[23] 데바팔라는 시바의 배우자에게 바쳐진 사원을 지었고 마히팔라는 시바교 수도원을 후원했다.

23 Krishna Chaitanya, *Arts of India*, Abhinav Publications, 1987, p.38.

오단다투외사원을 모델로 한 티베트 최초의 수도원인 삼예사

오단타푸리대학

나란다와 같은 지방에 있는 오단타푸리는 나란다와 수위를 다투면서 티베트 불교의 본보기가 되었다. 팔라왕조의 다르마팔라Dharmapala가 8세기에 마가다에 세운 대학으로 인도에서 두 번째로 오래되었다. 나란다, 비끄마실라, 오단타푸리, 소마푸라 마하비하라Somapura Mahavihara, 그리고 자가달라Jaggadala 등 도합 다섯 개의 수도원 대학이 설립되었고, 이들 다섯 개는 서로 연결되어 있었다.[24]

티베트 자료에 의하면, 12,000여 명의 학생이 있었다. 749년 건립된 티베트의 삼예수도원Samye Monastery이 이곳을 본뜬 것이다. 삼예는 티베트 최초의 불교수도원으로 티베트에서 본격적으로 불교가 시작된 곳이다. 오단타푸리는 센다파스Sendhapas가 경영했는데 티베트어로 스리랑카 상좌부를 뜻한다. 저명한 티베트 학자들이 오단타푸리에 와서 공부했다. 스리랑카 상좌부와 오단타푸리, 그리고 티베트 불교가 국제적으로 네트워크 됨을 알 수 있다.

그런데 팔라시대에 이르면 나란다대학도 굽타시대와는 그 성격이 변화하였다. 나란다, 오단타푸리, 비끄라마쉴라 3대 사원을 중심으로 행해진 불교학 대부분은 밀교 위주였으며, 티베트 불교와의 연관성이 강화된 것이다. 9세기경 갠지스강 유역에서는 불교가 그 중심지에서 사라지고 중앙아시아에서도 무슬림 정복 이후에 불교가 사라졌다. 반면에 비하르, 벵갈, 오딧샤에서는 12세기 내내 지속적으로 번성하였다. 이 시기에 불교의 상당한 생명력은 밀교의 발전에 의지했으며 밀교가 핵심 종교가 되는 티베트로의 전파가 이루어졌다는 사실이다.

밀교는 대승 불교의 한 유파로 신비적 사유나 수단으로 궁극의 진리에 도달할 수 있음을 강조했다. 초기 불교전개 과정에서 붓다는 "스승에게

---

24 Dutt, Sukumar, *Buddhist Monks and Monasteries of India : Their History and Contribution to India Culture*, London : George Allen&Unwin Ltd., 1962, p.352.

악권握卷은 없다"는 말을 남겼는데, 이 말에 근거하는 한 붓다가 비밀리에 숨겨둔 가르침은 존재하지 않는다. 그러나 인도사상사에 비교적 초기부터 밀교의 주술적 요소가 등장할 맹아가 존재했다. 경전 속에서 밀교 요소가 중요한 위치를 차지하게 된 것은 4세기부터 5세기에 걸쳐서이다. 순밀純粹密教이 성립된 것은 7세기경 『대일경大日經』이 출현하고부터이다. 『대일경』은 석가불이 아니라 대비로자나불, 곧 대일여래 설법으로 구성되어 있어 여타 대승경전과 다르다. 그렇지만 그 가르침은 대승 불교 교리인 『화엄경』, 중관, 유식 등의 사상을 계승하여 이들과 근본적 차이는 없다.[25] 팔라왕조가 대학을 후원하던 시절에 밀교가 널리 퍼진 상태였다.

오단타푸리 유허지

티베트 불교의 전통은 나란다의 스승과 전통에서 비롯된 것이 대부분이다. 중국, 베트남, 인도네시아, 한국, 일본 등지의 승려도 이들 학교에서 학습하였다. 이들 대학은 다양한 서적을 보유한 방대한 도서관, 세계에서 찾아오는 학생, 뛰어난 학자들이 주석하는 불교의 심장이었다. 불교만이 아니라 수학과 의학, 논리학, 천문학 등이 모두 교수되는 학문의 전당이었다. 불교대학은 천신만고 끝에 찾아온 구법승에게 엄청난 문명사적 충격

25 山口瑞鳳·矢崎正見, 이호근·안영길 역, 『티베트밀교사』, 민족사, 1990.

무슬림에 의한 불교도 학살
(James meston, *India in Hutchinson's story of Nation*)

을 안겨 주었을 것이다.

굽타시대에 브라만교가 새롭게 힌두교로 변모하여 인도의 중심 사상으로 재등장하면서 불교는 쇠퇴 조짐을 보인다. 이어서 팔라왕조에 접어들면서 밀교의 강력한 자장권에 접어든다. 팔라왕조의 지배는 12세기까지 지속되는데 남인도 촐라의 압박을 당하여 북진해오던 세나Sena왕조에게 멸한다. 1203년 이슬람 침입으로 비끄라마쉴라사가 파괴되면서 인도 불교는 최후를 맞이하였다. 대량학살에서 피신한 비구들은 흩어져서 네팔로 가든지 아니면 티베트나 남쪽으로 갔다. 탄트리즘의 본거지인 비끄라마쉴라대학의 비구들이 티베트·네팔로 피신하자 자연스럽게 이들 나라는 밀교국가가 되었다.[26] 페르시아의 뛰어난 역사가 민하즈Minhaju-i-Siraj Juzjani는 아담으로부터 자신의 살던 시대까지, 특히 몽골침입과 델리 술탄 형성까지 치밀하게 다룬 연대기*Tabaquat-i Nasiri*, 1259~1260에서 이렇게 서술했다.[27]

> 수천 명의 비구들이 산채로 불태워졌다.
> 수천 명의 비구들이 참수되었다.
> 도서관의 불길은 수개월 동안 계속되었고

26 一雅, 『아소까－刻文과 역사적 연구』, 민족사, 422쪽.
27 Mirza Umair, *Tabaqat I Nasiri*, Hansebooks, 2021.

책들이 불타는 연기가 낮은 언덕 위에

검은 휘장을 덮은 것처럼 수일 동안 걸려 있었다.

인도 불교의 멸망은 이슬람의 동진 같은 외적 요인만이 아니라 사상적인 내적 요인도 컸다. 중국 구법승의 기록을 보면, 외도外道가 많다는 표현이 자주 등장한다. 불교의 전성기 때도 힌두교는 인도 전역에서 강세였다. 힌두교의 바탕인 베다는 사실 불교와 탄트라, 요가사상 등 인도인에게 전반적 영향을 미쳐왔다. 불교에서 인드라Indra를 제석천, 죽음의 신 야마Yama를 염라대왕, 간다바르바Gandharva를 건달바乾闥婆로 각각 번역하여 토착화하였으며, 이 밖에 수많은 용어와 제의형식이 불교에 영향을 미쳤다.[28] 불교가 힌두이즘 속으로 녹아 사라졌다고 보아도 좋을 것이다.

카스트 제도 등을 바라보는 브라만의 입장과 불교의 생각이 전혀 달랐던 측면도 있다. 붓다 이래로 불교는 브라만 종교에 비판적 입장에 서 있었다. 자이나교가 카스트 제도에 대하여 아량을 보이면서 적응한 것과 불교는 달랐다. 불교는 베다나 바라문이 주관하는 전통 의례를 존중하지 않고 인도사상의 영원불변의 아트만我를 인정하지 않으며, 무엇보다 계급의 차이를 인정하지 않고 평등하게 대하였다. 이에 관하여 자와할랄 네루는, "카스트는, 운명의 불가피한 과정처럼그렇게 보인다 천천히 알아차릴 수 없게 발달하고 퍼져서 그 숨통을 끊는 손아귀로 인도 생활의 모든 면을 움켜잡았다"고 하였다.[29]

유의할 것은 불교가 세력이 왕성했을 때조차 브라만교를 압도하지 못하였다는 사실이다. 브라만교가 힌두교로 부흥해감에 따라 불교도 그 영향을 받는다. 마침내는 본질적으로 양자를 구분하기 힘들 정도로

28 이명권, 『리그베다』, 한길사, 2013, 14쪽

29 자와할랄 네루, 김종철 역, 『인도의 발견』, 우물이있는집, 2003, 153쪽.

융합된 밀교의 전개를 보게 된다. 불교가 사라진 토양에서도 불교사상이나 실천 가운데 가치가 있는 것은 힌두교의 여러 신앙형태에 그 흔적을 남기고 있다.[30]

인도 불교는 티베트 불교로 그 법통이 넘어간다. 그러나 양자가 연결되는 시점은 이슬람 침공 훨씬 이전부터이다. 이러한 연고가 있었기 때문에 손쉽게 인도 경전이나 승려들이 티베트로 피난갈 수 있었다. 8~9세기 인물인 파드마삼바바Padmasambhava가 대표적이다. 그는 티베트인에게 소중한 스승 혹은 제2의 붓다다. 755년경 띠송 데첸 왕Trisong Deutsen이 불교를 다시 일으키려고 그를 초청함으로써 불교교설은 티베트 땅에 확실히 뿌리내린다. 티베트 왕의 초청으로 들어온 인도의 학승 산타락시타Śāntarakṣita도 티베트 최초의 수도원인 삼예사桑耶寺, Sam-yas 건립에 결정적으로 기여했다. 삼예사는 오단다푸리사원을 모델로 하였으며, 만다라를 근간으로 한 밀교 수행과 가르침이 티베트에 자리잡게 되는 본산이었다. 삼예사는 밀교 중심으로 티베트 불교의 향방을 결정한 771년 삼예종론의 무대였다.

1203년 이슬람 군대가 철저하게 파괴를 할 때 살아남은 승려들이 불경을 품에 안은 채 목숨을 걸고 티베트로 탈출했다. 이들을 이끌고 티베트로 넘어온 지도자가 바끄라마쉴라사원의 마지막 주지 사카스리바드라釋迦室利跋陀羅, 1127~1225다. 티베트 호족과 민중은 이들을 환영했다. 이들은 산스크리트어 경전을 티베트어로 열심히 번역했다. 그리하여 인도불교의 법맥이 티베트에서 살아남았다.[31]

30 정순일, 『인도불교사상사』, 운주사, 2004, 672쪽.
31 박근형, 『티베트 비밀역사』, 지식산업사, 2013, 99쪽.

Chapter 8

부장계곡에서 수바르나푸미로

말레이반도와 시암만 연대기

이 나라블라안는 비래불飛來佛 2존이 있는데, 하나는 여섯 개의 팔을 가졌고, 하나는 네 개의 팔을 가지고 있어 적의 배가 그 나라 경계에 들어오려고 하면 반드시 바람을 일으켜 막아 돌아가게 해, 사람들은 '붓다의 가호'라고 한다.

『영외대답』

Chapter 8

부장계곡에서 수바르나푸미로
말레이반도와 시암만 연대기

1 | 인도 문명의 동남아 전파사는 불교·힌두 전파사

남인도 타밀에서 넘어온 것으로 비정되는 산스크리트 비문이 말레이반도에서 다수 발견됐다. 남인도 팔라바나 촐라 상인이 일부 넘어와서 반도에 정착했을 가능성이다. 타밀 상인집단의 흔적이 인도네시아와 말레이반도, 베트남 해안 등에서 확인되고, 인도 상인의 광범위한 디아스포라가 이루어진 결과다. 그들은 힌두교와 불교를 가지고 왔으며 실제로 이들 종교 유적이 다량 발굴된다. 같은 유적에서 두 종교 신상이 동시에 발굴되는 경우가 많다. 그래서 '힌두-불교시대'라 부른다. 이들 문명을 실어나르는 주체는 상인이었다. 상인들의 큰 선박에 브라만과 불교 승려가 동승해 힌두와 불교를 전파했다.

상인들의 디아스포라가 동서 문화융합에서 큰 역할을 해냈다. 전쟁, 영토확장, 종교 등 다양한 요인이 문화융합에 작용하는데, 이주민 못지않게 원주민 역할도 중요하다. 산스크리트를 수용하고 이를 활용한 집단이 말레이 원주민이다. 지역 통치자도 브라만이나 불교 승려를 초청하여 정치적·개인적 안정을 꾀했다. 동남아 원주민은 본디 문자가 없었

인도네시아 자바의 고대 힌두사원(Candy gedong songo)

다. 이에 이주민이 갖고 온 팔라바Pallava문자를 차용해 토착 언어와 결합한 새로운 언어를 주체적으로 만들어냈다. 팔라바문자는 4세기 이래로 남인도에 팔라바왕조가 성립되면서 채택된 타밀-브라흐미Tamil-Brahmi에 기반하였다. 팔라바문자는 동남아시아의 자바, 발리, 카위Kawi, 크메르, 라오, 몬-버마, 타이 등으로 확산되었다. 남인도문자의 확산은 언어가 상징하는 바, 남인도 문화의 핵심이 퍼져나갔다는 뜻이다. 인도의 브라만 성직자, 불교 승려, 학자, 예술가, 상인 등이 끊임없이 말레이반도로 들어왔다.

초기 불교사에서 불교를 퍼뜨린 전교사들의 열정과 모범적 활동도 중요했다. 그들은 붓다의 말씀을 전하는 데 헌신적이었다. 어느 종교사에서나 초기의 종교적 열정과 모험이 돋보이는데 불교도 예외가 아니었다. 전혀 새로운 것이 전혀 미지의 새로운 땅에 당도하는 도전이 이루어졌다. 아소카가 세계로 보낸 전교사의 전통과 담마의 확산이라는 역사적 모범은 이후의 불교 승려에게도 중요 과제였다. 불교왕국의 중요한 소임 중의 하나에 붓다의 말씀을 외국에 전하는 것도 포함되었으며, 당대의 지적 엘리트들의 사회적 위상에서 전교를 통한 위상 확보도 중요한 일이었다.

지정학적 요인도 결정적이다. 인도에서 벵골만 건너편의 말레이반도는 남북으로 길게 뻗어내려서 손쉽게 닿을 수 있으며, 동남아 복판으로 들어가는 교두보였다. 무엇보다 인도에서 바다만 건너면 바로 닿았다. 벵골만의 동쪽인 현재의 방글라데시와 미얀마를 육로로 남하하여 말레이반도로 들어가거나, 말레이반도에서 시암만을 통과하여 태국과 캄보디아, 베트남으로 들어가는 것도 손쉬운 일이었다. 많은 인도인이 말레이반도로 들어가서 정착한 것은 당연한 일이었다. 덕분에 기원전부터 말레이반도에 많은 인도인 정착촌이 생겨났다. 정착촌은 인도에서 이입된 인구와 현지민 결합으로 만들어졌다. 전형적인 '상인 디아스포라'였다. 경제인류학 관점에서 상인의 경제 활동 비중이 중요했다.[1]

정착민이 아니더라도 고대 바닷길 이동은 순풍을 기다리면서 무한 장기체류하는 방식이었다. 인종과 언어와 종교가 섞이는 것은 당연지사였다. 원주민과 혼인을 통한 가족 형성도 이루어졌다. 국제결혼을 통한 현지 정착은 혼혈을 통한 새로운 핏줄의 탄생과 원주민 사회에 뿌리내리는 정착 문화의 형성을 뜻하였다. 당연히 그들 생활 속에 간직한 힌두나 불교를 현지에 전파시켰다. 순수 정착민과 이동하는 상인, 그리고 이에 결합하여 함께 움직인 승려를 포함하여 힌두와 불교가 말레이반도에 뿌리를 내렸고, 동남아와 중국으로 전파되기도 하였다. 시간이 지나면서 소왕국 형태의 항시국가가 성립되었고, 어떤 경우에는 만달레 시스템에 의한 국가로 존속하고, 어떤 경우에는 보다 독립적 왕국으로 발전해나갔다.

---

1 필립 D. 커틴, 김병순 역, 『경제인류학으로 본 세계 무역의 역사』, 모티브북, 2007.

말레이반도는 동서의 폭이 좁아서 벵골만과 시암만을 손쉽게 연결시켰다. 동서 문명 교섭에서 지금은 믈라카해협이 중요하지만 그 이전에는 말레이반도의 허리를 관통하는 크라운하Kra Isthmus Canal가 존재했다. 크라강을 통하여 벵골만에서 시암만으로 연결하는 강상 운하였다. 인도인은 최단거리로 크라 운하를 통과했고, 마찬가지로 동쪽 중국인도 크라를 통하여 인도양으로 손쉽게 진출했다. 말레이반도를 통과하면 시암만에 이르고, 시암만에서 북상하면 손쉽게 남중국해로 접어든다. 동서를 연결하는 크라 운하를 중심으로 동서남북에 많은 도시국가가 성립되었으며, 이를 항시港市국가라고 부른다. 말레이반도 내에 무수히 많은 항시국가가 명멸했으며, 대부분 힌두-불교 문명의 세례를 받았다. 중국 상선이 자주 당도하였으나 중국의 유교나 도교는 이들 항시국가에 영향을 미치지 못하였다. 반면에 인도의 종교, 법, 언어, 국가 시스템 등은 항시국가의 체제를 지탱하는 데 강력한 영향을 미쳤다. 당연히 불교도 중요한 역할을 했다.

어찌되었건 인도 문명은 그 자체 고대 사회의 문화적 우성으로서 동남아로 확산됐고, 그에 상응하는 대접을 받았다. 인도 문명의 동남아 확산과 전파는 상인을 통한 경제행위는 물론이고 힌두교와 불교를 중심으로 한 정신적·문화예술적 영향을 포함했다. 도량형 등 국가 통치 규범을 정하는 정치와 제도에도 영향을 미쳤다. 산스크리트어를 비롯한 언어 확산, 나아가서 이주하거나 장기 체류하는 상인을 통한 국제결혼을 통해 종족 결합과 혼혈이 강화됐다. 인도 아대륙에서 동남아 교섭의 주력은 동쪽 벵골만에 접해있는 동인도 세력이었다.

반도에는 많은 소왕국이 건설되었으며, 대부분 힌두교와 불교를 모셨다. 오늘날 말레이반도 곳곳에서 많은 힌두신상과 불상이 발굴되고 있다. 그들이 종교를 가지고 말레이반도에 정착했다는 증거들이다. 그런데 불상 발굴은 많이 이루어졌으나 사원의 존재, 그 사원의 실체 등에 관해서는 아직도 미궁이다. 이들 불교 유산이 훗날 미얀마나 태국 불교의 뿌리로 작용하였다. 인도 문명의 동남아 전파사 규명은 곧바로 남방불교 전파사의 단초를 규명하는 지름길이기도 하다.

유의할 점은 동남아 국가들은 인도의 영향을 받고 있으면서도 동시에 중국과 지속적으로 교류하고 있었다. 위진남북조시대에 중국과 교역하던 나라는 임읍국, 부남국, 가라타국訶羅陀國, 아라단국呵羅單國, 수마트라 소재,파황국婆皇國, Pahan, 말레이반도 소재, 반반국槃盤國, 말레이반도 소재, 단단국丹丹國, 파달국婆達國, 간타라국干陀羅國, 낭아수국狼牙修國 파리국波利國, 중천축국, 천축가비여국天竺迦毗黎國, 사자국 등이었다. 오늘날 인도로부터 스리랑카, 말레이반도, 수마트라와 자바, 베트남 그리고 서역에 이르는 모든 세계가 교역 대상이었음을 알 수 있다.[2]

가령 대통大通 2년529에는 말레이반도의 단단에서 사신을 보내어 상아로 만든 불상과 탑 2구, 길패吉貝, 화제주火齊珠, 잡향약雜香藥 등을 봉헌하고 있다. 말레이반도가 인도와 중국 중간 거점으로 불교 전파를 매개하고 있었다는 증거이다. 중간 위치에서 불교 전파의 매개자 역할에 충실하였다. 남조와 당의 구법승도 말레이반도를 이용하여 인도로 갔다. 그런 의미에서도 말레이반도가 주체적 입장에서 인도와 중국의 문명을 수용하고 이를 적절하게 토착 문화에 변용하고 있었던 상황으로 보인다. 그러나 앞에서 설명한 대로, 인도 문명이 힌두와 불교라는 정확한 종교 전파를 수행한 데 반하여 중국의 유교와 도교는 말레이 항시국가에 전파된 흔적이 보이지 않는다는 점이다.

중국인은 말레이를 곤륜으로 불렀다. 곤륜이란 민족과 언어의 명칭은 관해 상당히 모호하긴 하나 대체로 말레이인이다. 605년 중국의 장수 유방劉方이 짬파의 도읍을 점령했을 때, 564질로 구성된 1,350건의 불교

2 方豪, 『中西交通史』 上, 中國文化大學出版部, 1983, 195~196쪽.

문헌을 가져왔는데 곤륜어로 쓰여있다고 『속고승전』에 전한다. 의정은 중국 승려들이 팔렘방 또는 잠비의 옆에 있는 실리불서에서 곤륜어를 배웠다고 언급하였다. 당나라 승려 혜림慧琳은 『왕오천축국전』 주석에서 각멸閣蔑이란 나라에 주를 달면서, "곤륜국이 가장 크고, 경건하게 삼보三寶, Trirantna를 믿는다"고 하였다. 『구당서』에 따르면, 일반적으로 말레이반도에 사는 모든 사람들을 곤륜이라 지칭하는 것으로 보인다. 의정이 열거한 인도 동쪽에서 불교를 신봉하는 큰 나라들은 슈리크세트라 Criksetra, 테나세림, 드바라바티, 임읍 등이다.[3] 슈리크세트라는 오늘날의 미얀마, 테나세림은 미얀마 남부의 말레이반도, 드바라바티는 오늘날의 시암만 방콕 주변, 임읍은 베트남 해안의 짬파왕국을 뜻한다.

2 | 말레이반도의 불교왕국들

말레이반도 항시국가는 1,000년 넘게 존재했다. 고대로부터 중세까지, 즉 푸난시대로부터 스리위자야, 후대에는 이슬람 도착 이후의 술탄왕국까지 각 시기를 달리하면서 때로는 같이, 때로는 별도로 존재했다. 중국 문헌에 다양한 형식으로 말레이국가들이 등장함은 그만큼 중국이 이 지역을 중요시했다는 증거다.

말레이반도에 존속하던 나라의 존속 기간, 중심 지역, 연결된 도시 등은 문헌이 없거나 산발적이고 애매하다.[4] 시대에 따라서 항시의 이합집산도 보여진다. 말레이반도 전체를 총괄하는 통일국가가 형성되지 않았기에 스리위자야 같은 해상강국의 통치를 받는 특유의 만달레 시스

3 폴 펠리오, 박세욱 역주, 『8세기 말 중국에서 인도로 가는 두 갈래 여정』, 영남대 출판부, 2020, 164~165쪽.

4 주강현, 『해양실크로드 문명사』, 바다위의정원, 2023, 582~608쪽.

템이 존재했다.[5] 인근의 강대국인 오늘날의 미얀마나 시암, 인도네시아, 베트남 세력에게 휘둘리는 항시국가에 머물던 나라들이다. 이들이 통일국가를 형성한 것은 역사발전 단계에서 매우 늦은 시기에 이슬람의 도래와 함께 성립된 술탄국에 이르러서이다. 술탄국은 자신들의 이슬람적 정체성으로 인하여 이전 시대에 이루어진 힌두-불교의 흔적을 지워버렸고 문헌기록으로 남기지 않았다.

이들 항시국가의 구체적 실체에 관한 문헌이 제한적이다. 중국 문헌에 랑카수카 등 여러 국가들이 언급되고 있으나 말레이반도에 존재하던 모든 국가를 언급하는 것은 아니며, 특히 구체적으로 오늘날의 어떤 지역인지는 밝혀지지 않는다. 인도측 자료 역시 제한적이다. 다행히 20세기 이래로 금석문이 발굴되어 한층 실체에 가깝게 다가설 수 있게 되었다. 동남아 국가체제의 전형적 성격인 만달레 시스템도 제한적으로만 밝혀진 상태이다. 푸난이 손돌국을 통제하고 있었고, 스리위자야가 리고르를 지배하고 있었다는 식으로 일부 영역만 밝혀졌다. 항시국가의 위상, 즉 큰 지배국가와 보다 하부의 종속된 국가의 변별성도 일부만 밝혀졌다. 이상의 모든 것이 밝혀진다고 해도 각각의 시기마다 그 영역과 실체가 변화해간 역사적 변화는 또 다른 문제일 것이다. 역사는 살아있는 생물 같아서 고정불변의 것은 없으며, 항시국가도 끊임없이 유동하면서 자기 역사를 써내려갔기 때문이다.

상좌부를 따르는 몬족의 땅 타닌타리

미얀마 남부의 말레이반도 북단에 위치한 타닌타리Tanintharyi는 좁고 긴 반도이다. 상좌부 불교를 받아들인 불교왕국 타톤Thaton 바로 아래 영역인 타닌타리는 타톤과 마찬가지로 몬족의 땅이다. 이전 명칭은 테나

5 이 장에 등장하는 다양한 나라들에 관해서는 다음을 참조. 위의 책, 582~607쪽.

세림Tenasserim으로 말레이반도 북부에 길고 좁게 형성되어 있다. 타닌타리 서쪽의 안다만제도에는 많은 섬이 있다. 남부 및 중부 해안에는 메르귀 군도Mergui Archipelago, 미메익 군도라고도 부름가 있으며, 북쪽에는 작은 모스코스Moscos제도가 있다. 종족적으로 복잡한데 몬족이 중심이고 바마르Bamar, 다웨이Dawei, 라카인 타이, 말레이, 사로네Salone, 카인Kayin족 등이 살고 있다.

탄닌타리 바로 위쪽인 미얀마의 안다만 해역은 1,057년 전까지 몬존의 타톤왕국 영역이었다. 타닌타리는 전략적으로 중요하다. 동서 문명교류의 길목이었으므로 불교의 동진 루트로 활용되었다. 문헌이나 고고학적 발굴 자료 이외에 상상 이상의 많은 불교동진이 이루어졌을 것이다. 파우 다우 무Paw Daw Mu는 메에익Myeik에 있는 가장 높은 파고다로 6세기에 조성되었는데 붓다의 사리를 품고 있다. 상좌부 불교의 강력한 영향권에 놓여있다. 숲에 방치된 것을 1931년에 재건하였다.

탄닌타리는 지정학적으로 벵골만을 따라서 육상으로도 남하할 수 있는 위치이다. 불교왕국 미얀마와 태국이 영유권을 갖고 각축을 벌인 만큼 이 권역은 전통적으로 이슬람 등 타 종교가 들어올 여지가 상대적으

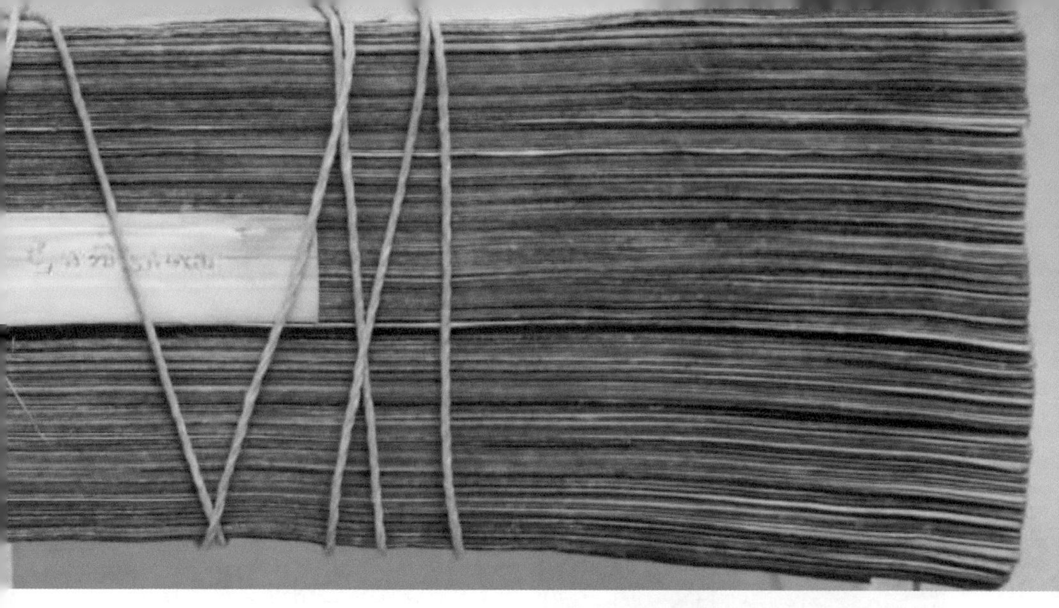

한국에도 전래된 빨리어 패엽경(해인사)

로 적었다. 지금도 대다수 불교를 믿으며 현재 기준 불교도가 87%에 이른다.

불교왕국 나콘시탐마랏과 차이야

말레이 북부권에서 반반국盤盤國·타원국陀沅國·타화라국墮和羅國 등의 소왕국이 확인된다. 네 나라도 인도 영향을 강력히 받은 '이주민왕국'이며, 동쪽으로 시암만, 서쪽으로 안다만에 걸쳐져 있다. 나콘시탐마랏Nakhon Si Thammarat과 차이야Chaiya, 안다만에 위치한 타콜라타쿠아파, Takua Pa가 그곳이다. 빨리어 경전 『니데사*Niddesa*』에 2세기에 등장한다. 나콘시탐마랏 혹은 리고르Ligor는 산스크리트어 '담마라자Dhammaraja'로 '의로운 통치자'를 뜻한다. 말레이반도에서 가장 강력한 항시국가들이 존재했던 곳이다.

문헌에 곤륜국, 곤륜선崑崙船, 곤륜노崑崙奴 등이 자주 등장하는데 이들은 말레이반도의 '바다에 능숙한 사람'을 지칭했다. 곤륜국의 대표적인 나라가 반반국이다. 반반국에는 불사와 힌두사원이 모두 있었고, 사람들은 바라문서婆羅門書를 학습했다. 2세기 빨리어 불교경전 『니데사*Niddesa*』에 등장

스리위자야 영향권이었던 말레이반도 차이야(Chaiya)의 불상(Bodhisattava Avalokiteshvara, Chaiya Art)

한다. 3세기 초반에 손권孫權이 보낸 강태康泰와 주응朱應의 기록에도 등장한다. 『양서』「제이전諸夷傳」에는 반반국이 송 문제 연간424~451, 그리고 효무제 효건 연간454~456과 대명 연간457~464에 사자를 보내 봉헌했다. 529년에 상아 불상과 탑, 침담枕檀 등을 바쳤으며, 530년에는 상아 불상과 탑 2구, 화제주, 고패, 여러 향약을 바쳤다. 534년에는 사자를 보내 보리국菩提國의 진眞 사리와 탑 그림을 보내왔다. 『구당서』에 반반국은 서남해 만곡부彎曲部에 있었다. 『구당서』「남만전南蠻傳」에는 이들이 불법을 공경한다고 기록하였다. 당 태종 정관 9년635에 사자를 보내 입조하여 공헌했다. 반반국은 남조로 불교가 들어가는 가장 빠른 길목이었다. 남조, 수, 당에 걸쳐서 반반국을 매개로 불교가 들어왔다는 증거가 무수하게 존재한다.

오늘날 나콘시탐마랏은 방콕에서 610km 떨어진 태국령 말레이반도 남부의 시암만에 면한 작은 도시다. 초기 정착지는 현대 도시에서 10km 떨어진 타 루아Tha Rua였는데 여기서 12세기 송나라 자기편이 출토된다. 시암만을 건너온 중국 상선이 나콘시탐마랏에서 짐을 부리고, 다시 말레이반도 서쪽의 벵골만으로 갔을 것이다. 나콘시탐마랏은 말레이반도 동쪽의 시암만, 서쪽의 벵골만을 연결하는 문명의 십자로로 기능한 유서 깊은 곳이었다.[6] 대양 차원에서는 벵골만이라고 불렀지만 지역 차원에서는 특별히 안다만해로 부르던 바다이다.

나콘시탐마랏 정착지는 남쪽 4km 지점 무앙 프라윙Muang Phrawieng으로 옮겨지는데 이 지역은 탐브라링가Tambralinga왕국과 관련이 있다. 탐브라링가는 산스크리트어로 '붉은 구리'를 뜻하는데 실제로 이 일대에서 구리가 많이 산출된다. 탐브라링가는 최소 10~13세기에 말레이반도에 존속하던 인도화된 불교왕국이다. 한때 잠시 스리위자야 영향권에 놓였는데 이후 독립하였다. 산스크리트 금석문이 발견되었는데 스리위자야 왕이 리고르Ligor를 말레이반도의 교두보로 설정한다는 내용이다. 왕은 붓다와 파다이Padmapani, 바라파니Vajrapani 보살에게 건축물을 헌정했다.

리고르 비문은 775년에 제작된 것이다.[7] 775년은 리고르가 스리위자야에 복속된 해다. 산스크리트어 비문에는 '산의 제왕'왕조Sailendravaṁśa가 언급되는데, 이는 자바의 샤일렌드라왕국을 말한다. 다른 한 면에는 스리위자야의 왕이 건립한 여러 불교성소가 기록돼 있다. 스리위자야 세력이 말레이반도에까지 미쳤음을 뜻하며, 중부 자바왕국에도 영향을 미치고 있었다는 증거다. 스리위자야와 샤일렌드라의 협조관계가 돋보인다. 지역특색과 불교적 요소가 모두 담긴 비석은 수마트라해안의 전략지점 곳곳에서 발견됐다.

해상제국 스리위자야의 말레이반도 해상 거점이 설정됐던 곳으로 리고르와 탐마랏은 동일 지명이다. 세력을 갖추어 한때 벵골만을 건너서 스리랑카를 침범한 적도 있었다. 바다를 건너 스리랑카를 침략할 정도

---

6 Munro-Hay, Stuart C., *Nakhon Sri Thammarat : The Archeology, History and Legends of a Southern Thai Town*, Bangkok : White Lotus Press, 2001.

7 Leonard Y. Andaya, *Leaves of the same tree : trade and ethnicity in the Straits of Melaka*, University of Hawaii Press, 2008, p.149.

면 상당한 군대와 힘을 확보하고 있었을 터인데 정작 그들의 군사력이나 경제적 능력 등은 미궁이다. 그런데 13세기 말에 이르면 탐브라링가는 태국의 세력권으로 들어가며 나콘 시 탐마랏으로 기록된다.[8]

탐브라링가는 중국문헌 담마령單馬令을 뜻하는데 다양한 명칭으로 호칭되었다. 진랍 서쪽이며, 백두구白荳蔻·전침향속箋沉速香·황랍黃蠟·자광紫礦 등이 난다고 했다. 송의 진종 함평 4년1001에 사신 9인을 보내어 내조하고, 목향木香, 놋쇠와 백납鑞, 호황련胡黃連, 자초紫草, 화포花布, 소목蘇木, 상아를 진공했다. 불교왕국 파간왕조와 스리랑카왕조에게도 사신을 보내어 진공하였다.

나콘시탐마랏은 13세기에 나콘시탐마랏 왕에게 헌정된 불교도시이다. 차이야Chaiya에서 나온 금석문에는 나콘시탐마랏 왕이 탐브라링가를 1231년에 통치한 것으로 나온다. 나콘시탐마랏 왕은 유서 깊은 와트 프라 마하타트Wat Phra Mahathat사원을 세웠다. 78m에 이르는 높은 체디chedi는 스리랑카 스타일로 축조되었으며 불치를 모셨다. 스리랑카와 나콘시탐마랏의 상좌부 불교 네트워크가 확인된다. 불경뿐 아니라 사원 건축 양식도 안다만해를 건너온 것이다. 이들의 불교는 뒤에서 서술할 시암의 불교에 그대로 접목된다.

송대『제번지』는 나콘시탐마랏을 등류미국登流眉國으로 서술하고, 이곳에 무농無弄이라는 산이 있는데 붓다가 열반에 든 모습을 보여주는 동상이 거기에 있다고 하였다. 이곳 왓보로마탓Wat Boroma That 불교사원에 비석이 보관되어 있다. 말레이반도에 거주하던 상인 단마 세나파티Danma Senapati가 힌두사원과 브라만 공동체를 위해서 사재를 기증했다. 나콘시탐마랏 북부에서 후기 촐라의 많은 힌두사원 흔적이 발굴되었다. 나콘시탐마랏 박물관에 보관된 유물은 대략 1258~1265년으로 비정된다.

---

8 Michel Jacq-Hergoualc'h, *The Malay Penisula : Crossroads of the Maritime Silk-Road(100 BC~1300 AD)*, Brill, 2002.

나콘시탐마랏의 왕은 12개 도시를 관장하였는데 북쪽으로 춤폰Chumphon, 남쪽으로 파항Pahang에 이르렀다. 남북으로 길게 포진하여 말레이반도 동서 바다를 무대로 중개무역에 유리한 조건이었다. 불교왕국 나콘시탐마랏은 14세기에 약진하던 아유타이왕국에 접수되었으며, 만달라Mandala 국가로서 주변에 위치했다. 나라의 정체성은 바뀌었으나 아유타이에서도 불교의 정체성은 그대로 이어졌다.

반돈만Bandon Bay에 위치한 차이야는 라엠포Laem Pho로 알려지는데, 반반국槃槃國의 오랜 도시다. 오늘날 태국 남쪽 반돈만BanDon Bay 연안에 위치한 반반국은 유송劉宋, 420~479의 문제文帝 연간424~451과 그 이후 여러 차례 사자를 보낸다. 434, 435, 438년 당시 유송 수도는 건강이었으므로 차이야 사신은 바닷길로 올라와서 강을 통해 남경에 당도했을 것이다.

반반국은 불아佛牙와 화탑畵塔을 보내왔으며, 침단沈檀 등의 향 수십 종을 받쳤다. 『양서』「제이전諸夷傳」에 따르면, 534년 8월에 다시 사자를 보내 보디국菩提國의 사리 및 화탑도를 보내왔으며, 보리수 잎과 첨당 등의 향을 공헌하였다. 말레이반도 동쪽에 위치하여 인도와 중국 사이의 불교 교섭을 매개하고 있음을 말해준다.

반반국은 일찍이 푸난의 첫 왕 판시만Fan Shih-man에 의해 정복당해 푸난의 말레이반도 창구로 이용되었다. 오늘날 베트남 메콩강 하류를 점거하여 동남아의 무역 거점으로 번성을 구가하던 푸난으로서는 말레이반도에 무역 거점 항시가 필요했을 것이다. 푸난이 중국과 인도 사이의 중간 거점이라면, 보다 인도에 가깝게 위치한 말레이반도에 반반국이 또 다른 중간 거점으로 기능하였을 것이다. 푸난이 사라지자 푸난이 담당하던 동남아 해상무역의 패권은 스리위자야에게 주도권이 넘어간다. 치이야는 7~13세기까지 불교왕국 스리위자야의 말레이반도 거점항구로 기능한다. 즉 푸난이 멸망하자 그 중간 거점 역할을 스리위자야가 담당하게 된 것이다.

스리위자야시대에 만들어진 왓프라보롬마닷Wat Phraborommthat Sawi사원은 1260년 나콘시탐마랏 왕이 지나가다가 명당인 것을 알고 건물을 지었다고 한다. 벽에 서있는 110개 불상으로 유명하다. 7~10세기 당 도자기가 차이야해안에서 발견되었다. 시암만에서 도자기가 수출되던 루트다.

후대 기록인 『명사』「외국전」에는 "가지柯枝를 고대의 반반국이라 일컫는다"고 하였다. 명 선덕 5년1430에 정화를 보내 나라를 안무하고 효유하게 하였다. 그 나라 왕은 쇄리瑣里 사람으로 불교를 숭상하였다. 불좌의 사방은 모두 수구水溝였는데 또 우물 하나를 팠다. 매일 아침 종과 북을 울리고 물을 길어 불상에 부었는데, 세 차례 그것을 씻은 뒤에야 비로서 그것을 둘러싸고 절을 한 후 물러간다고 하였다. 불상 좌대에 수구를 만들어 물이 흘러가게끔 장치를 하였다. 명대에 말레이반도 반반국에 남인도 촐라왕국의 지배력이 뻗쳐 있었고 불교를 숭상한 것으로 기록되었다. 촐라의 불교가 힌두-불교의 혼합이었던 것은 앞장 아라비아편에서 밝힌 바와 같다.

무역의 거점 까오 삼깨오와 타쿠아파

나콘시탐마랏 북쪽 시암만에는 수공업 기지였던 고대 항구 까오 삼깨오Khao Sam Kaeo가 있었다. 기원전 400년에서 기원후 100년까지 500여 년간 말레이반도에서 국제무역이 번성하던 유적이다. 이후 등장하는 말레이 항시국가보다 앞선 시기에 존재했다. 삼깨오에서 시암만을 가로지르면 건너편 푸난에 닿는다. 무역 중심이 해안선을 따라 형성됐을 때, 동서무역의 교차점은 말레이반도 중부가 중심이었다. 까오 삼깨오는 고대 무역도시로서 인도, 그리스-로마 문명이 기원 1세기에 교류했음이 확인된다.

인도와 아시아에서 많은 상인과 숙련공이 삼깨오로 모여들었다. 중국

도자기와 베트남 청동기, 로마 공예품이 시차를 두고 거래됐다. 삼깨오 항구 유적을 통하여 기원전 1세기에 인도 아대륙에서 남중국해에 이르는 교류가 확인된다. 구리에 기반한 공예품은 남아시아, 베트남, 서한西漢의 재료 문화에서 유사한 구리합금 전통을 말해준다.

타쿠아파Takua Pa는 안다만의 푸켓섬 북쪽에 위치한다. 건너편 직선거리에 안다만제도가 있다. 인도인 정착지로 여겨지며, 꼬리를 물고 인도인이 나타났다는 증거가 있다. 타쿠아파에 무역상인과 여타 인도인이 정착하여 수바르나디비파Suvarna Dvipa를 5세기경에 세웠다. 타쿠아파는 이미 고대 2~3세기 문헌 불교경전 『밀란디왕문경王問經, *Milindapañha*』에 거대 무역 거점으로 등장한다. 라잔드라 1세의 스리위자야 침공 때 정복되었다고 전한다. 1030년 탄조르 비문에서 언급된 탈라이딱꼴람과 같은 곳이라 여겨진다. 이들 인도문헌은 3세기부터 11세기까지 타콜라의 존재를 지속적으로 나타냈다. 타콜라는 좁은 크라 운하를 관통하여 반돈만에 이르러 시암, 캄보디아, 안남으로 가는 전략적 루트이기 때문이다.

적의 침략을 예고하는 비래불이 있던 블라안국

블라안은 오늘날의 말레이 베라낭Beranang으로 비정된다. 베라낭은 셀랑고르Selangor 남동부이며, 쿠알라룸푸르에서 남쪽으로 25km 거리다. 송대 『제번지』에 등장하는 블라안국佛囉安國을 말레이반도 서쪽 해안의 베라낭Beranang으로 비정하는데,[9] 랑카수카에서 4일이면 도착할 수 있었다.

이 나라에 비래불飛來佛 2존이 있었다. 하나는 6개의 팔을 가졌고, 하나는 4개의 팔을 가지고 있어 적의 배가 그 나라 경계에 들어오면 바람을 일으켜 돌아가게 하여, 사람들은 '붓다의 가호'라고 했다. 사원은 구리로 기와를 만들어 금으로 장식한다. 매년 6월 15일은 붓다의 탄신일인데 요발

9 조여괄, 박세욱 역주, 『바다의 왕국들 – 『제번지』 역주』, 영남대 출판부, 2019, 92쪽.

블라안국의 비래불(삼재도회)

鐃鈸로 풍악을 울리면 맞이하여 이끄는 사람들이 매우 많으며 외국 상인도 참여한다. 『삼재도회』에도 비래동신飛來銅神 두 개가 있는데 하나는 여섯 팔, 다른 하나는 네 팔이다. 신묘에 주옥을 겁탈하려고 항구에 오는 외국인이 있으면, 언제나 큰 풍랑을 만나 배가 나아가거나 머무를 수가 없어 겁을 먹은 상선들이 돌아간다고 하였다.

송대 『영외대답』 삼불조 조목에 "그 나라에 예속된 나라로 불리안이라는 나라가 있고 나라 주인은 스리위자야에서 선발하여 파견한다"고 하였다. 스리위자야에 종속된 나라로 스리위자야와 동일하게 밀교를 모시던 나라로 여겨진다.

말레이반도 불교의 본산인 부장계곡

나콘시탐마랏 남쪽의 숭가이페타니Sungai Petani에 있는 기원전 불교 유적지 부장Bujang계곡은 그 자체로 거대 힌두교-불교 유적군이다. 산스크리트어 부장가bhujanga는 뱀을 의미하므로 부장계곡은 '뱀 계곡'이다. 말레이반도에서 가장 풍부한 고고학적 증거를 남기고 있다. 부장계곡은 강가 옆에 건설되어 곧바로 안다만제도를 통해 인도로 갈 수 있는 전략적 위치다. 무려 224km^{2}에 달하는 유적을 남기고 있는 것으로 보아서 방대한 규모의 왕국이었다. 남쪽으로 무다Muda강이 흐르고 북쪽으로 메복Merbok과 케다Kedah 근처에 위치한다.

브라흐미문자로 각인된 스투파, 부장계곡, 5세기 (Kolkata Indian Museum)

부장은 동남아시아 초기 불교의 중심지다. 2,535년 전으로 소급되는 유적으로 50개 이상의 탑이 발굴되었다. 가장 인상적인 유적은 숭가이바투Sungai Batu인데 기원후 110년경의 철기시대 용광로와 동남아에서 가장 오래된 사람 형상이 발굴되었다. 2015년 숭가이바투를 방문했을 때, 용광로 유적이 유구 가운데 천막 아래에 보존되어 공개되고 있었다. 지역적으로 대교를 이용하여 페낭섬으로 넘어가기 직전 오른쪽 구역에 위치한다.

발굴 도자편에 스투파가 새겨져 있고 주변은 산스크리트어로 각인됐다. 문자로 볼 때 남인도 그란타Grantha문자로 450~500년으로 추측된다. 세베랑페라이Seberang Perai에서 발굴된 비석은 '위대한 바다 선장 붓다굽타The Great Sea-captain Buddhagupta' 이름이 새겨져 있다. 불교와 힌두의 본거지였음이 확인된다.[10]

산스크리트문자가 각인된 돌관과 서판, 금속 도구 및 장식품, 도자기, 힌두교 아이콘 등으로 미루어 보아 힌두교-불교를 매개로 한 인도의 문

10 Pierre-Yves Manguin ed., *Early Onteractions Between South and Souteast Asia*, Manohar Publishers, 2001, pp.252~253.

화와 정치 모델을 택했음을 알 수 있다.[11] 출토 유물은 인도 아대륙의 팔라바왕국, 촐라왕국, 베트남의 푸난, 인도네시아의 스리위자야, 마자파힛 등 해상왕국이 시기를 달리하면서 모두 선보였다. 푸난이 득세하던 시대에는 남부 인도네시아에 영향력을 미치고 있었고 서쪽으로 부장계곡을 활용하였을 것이다. 스리위자야가 득세하면서 말레이반도에 많은 만달레 종속국가를 만들어 나갔으며 부장계곡도 스리위자야의 국제무역에 조응하였다. 마자피히트 해상제국이 부상하면서는 다시 마자피히트에 조응하였다. 부장계곡은 말레이반도의 지정학적 위치를 십분 이용하면서 오늘날의 인도와 중국, 베트남과 인도네시아 거점 국가들 사이에서 중간 역할을 해냈다. 힌두-불교왕국으로 많은 불경이 축적되고 승려들이 통과했을 것으로 여겨지지만 남은 문헌기록이 거의 없어서 부장계곡의 고구를 어렵게 한다.

케다 부장계곡에서 발굴된 불상, 5~9세기
(싱가포르 아시아문명박물관)

부장의 중요성은 이미 7세기에 중국에서 인정받았다. 607년 수 왕실

11 Wolters, O. W., *Early Southeast Asia : Selected Essays*, Cornell University, 2008.

은 광주에서 부장계곡으로 대규모 사절단을 파견했다. 약 70년 후 중국 문헌은 부장계곡을 지에투羯荼, Jietu로 기록한다. 688~695년 사이에 말레이 군도를 방문한 당의 의정義淨도 케다를 언급했다. 팔렘방을 떠난 이후 믈라유를 거쳐서 말레이반도로 북상하며, 671년경 천축으로 자신을 데려다줄 배로 갈아탄 그곳이다. 의정이 믈라유에서 곧바로 천축으로 가지 않고 말레이반도 부장계곡에서 배편을 구한 것은 당시 부장과 인도 사이에 항로가 개설되어 있었음을 말해준다. 의정 이외에 다른 구법승들도 이용하였을 것이고, 반대로 천축승들도 부장계곡과 팔렘방을 거쳐서 중국으로 들어오는 이들이 있었을 것이다.

케다왕국에 딸린 소왕국 타콜라Takola는 불경에도 3세기에 등장하는데 동인도의 오딧샤 선원이 개척한 땅이다. 또한 부장에서 아마라바티 불교 양식도 발굴되고 있다. 선원들의 대외 활동이 빈번하던 동인도 북부의 오딧샤, 불교예술이 꽃피우고 있던 오딧샤 남쪽의 아마라바티 등에서 부장계곡으로 불교가 넘어온 것으로 비정된다.

사타바하나 고대왕국의 대외 영향권에서 부장계곡이 포함될 것이다. 부장에 당도하고 숙성된 불교는 다시 중국으로도 넘어갔을 것이다.

3 | 시암만의 창구 수바르나푸미

북송『태평어람』에서는 푸난에서 2,000여 리 떨어진 벌나포미伐那蒲迷, Suvarnnabhumi를 언급하고 있다.[12] 시암만이 전략적으로 중국이 동남아로 들어가는 중요한 요충지임을 암시한다. 월越·면緬·태泰, 즉 오늘날의 베트남과 미얀마, 태국을 연결하는 노선이다. 남중국 교지에서 짬파와 메

12 『太平御覽』卷790.

콩강의 푸난, 거기서 서쪽으로 시암만의 오늘날 태국령과 말레이반도는 중국의 오랜 교역처였다.

『신당서』에 나월羅越이 등장한다. 『도이지략』에서 언급되는 나위羅衛가 나월이며, 강진향·대모·황랍·면화가 난다. 나월은 남진랍의 남쪽에 있으며, 북쪽으로 바다와 5,000리 떨어져 있고, 서남쪽은 가곡리다. 상인이 왕래하며 모여들었고, 풍속은 타라발저墮羅鉢低와 같다. 해마다 배를 타고 광주에 이르는데, 중국에서는 반드시 이를 조정에 보고했다. 나월은 지금의 싱가포르로 비정된다. 타라발저는 드바라바티Dvaravati의 음역으로 현재의 시암만 일대이며, 시암의 수도 아유타야의 산스크리트어 발음이다.[13]

오늘날 방콕 북방의 찬센Chansen에서는 많은 금속 생산품이 나왔는데, 푸난 옥에오의 것과 유사하다. 주석과 금 장신구, 도자기, 천에 찍는 도장, 동전 등도 우통과 옥에오 것이 같다.[14] 먼 훗날인 1350년, 우통의 왕은 수코타이를 공격하여 속국으로 만들고 오늘날 태국의 전신인 아유타야를 세웠다. 그만큼 우통은 시암의 역사에서 결정적 도시였다. 수바르나푸미에 관해서는 뒤의 시암편에서 다시 상세히 거론하기로 하다.

4 | 프톨레마이오스 지도에 등장하는 황금반도

2세기 그레코-로만Greco-Roman시대를 보여주는 클라우디우스 프톨레미Claudius Ptolemy세계지도는 150년경에 제작된 프톨레미우스의 『지리학*Geographike Hyphegesis*』에 근거한다. 오늘날 비티칸 도서관에 있는 세계지도는

13 『新唐書』「南蠻傳」.

14 John N. Niksig, *Singapore&The Silk Road of the SEA 1300~1800*, National Museum of Singapore, 2016, pp.49~52.

프톨레마이오스의 『지리학』에 근거하여 다시 제작되었는데1300, 말레이반도는 황금 케르소네세Golden Chersonese, 즉 황금반도로 그려졌다. 이로부터 동방의 황금반도에 대한 지리적 상상력은 서양인을 오랫동안 자극하였다.

황금 케르소네세 너머에 있는 거대한 만Magnus Sinus은 시암만과 남중국해의 조합으로 여겨진다. 지도는 로마제국이 동방으로 확장되는 데 유용했을 것이다.[15] 인도양 무역은 2세기부터 광범위해졌으며 고고학 발굴로 인도 전역에서 많은 로마 무역항이 확인되었다. 고대 인도 사람도 『라마야나』나 불교의 자카타 설화에서 수바르나부미Suvarṇabhūmi, 황금의 섬를 제시하였다. 수바르나부미는 황금이 넘쳐나는 어떤 이상향, 유토피아 같은 곳으로 설정되었다. 그 위치에 관해서는 말레이반도라는 설에서부터 수마트라섬까지 논란이 있다. 황금의 땅은 고전 서사시 라마야나에서 수바르나부미 혹은 수바르나드비파Suvarṇadvīpa, 황금의 섬 또는 반도로 구전되었다.

그 전설의 황금 땅을 찾아나서는 대항해 서사가 자카타本生譚, Mahānipāta Jātaka에서도 등장한다. 자카타는 붓다가 현생에서 깨달음을 얻기까지 과거세에 실천했던 위대한 선행 이야기로 붓다 자신의 신통력을 가지고 전생을 돌이켜보는 서사다. 빨리 상좌부 전승의 현존하는 자타카에는 547종의 이야기가 전해오는데 동남아 대항해 이야기가 등장한다. 상좌부 경전 마하 니데사Mahā Niddesa에도 같은 이야기가 등장한다. 인도의 고대 해양사에서 주목할 만한 것은 부처의 화신인 '수파라가Supāraga 보살의 서사'일 것이다.

여섯 달이나 지속된 항해, 훈련된 새를 활용해 육지를 찾는 선원, 별을 따라가는 항해, 심지어 눈이 먼 도선사에 대한 이야기까지 나온다. 선원들

---

15 Thrower, Norman Joseph William, *Maps&Civilization : Cartography in Culture and Society*, University of Chicago Press, 1999.

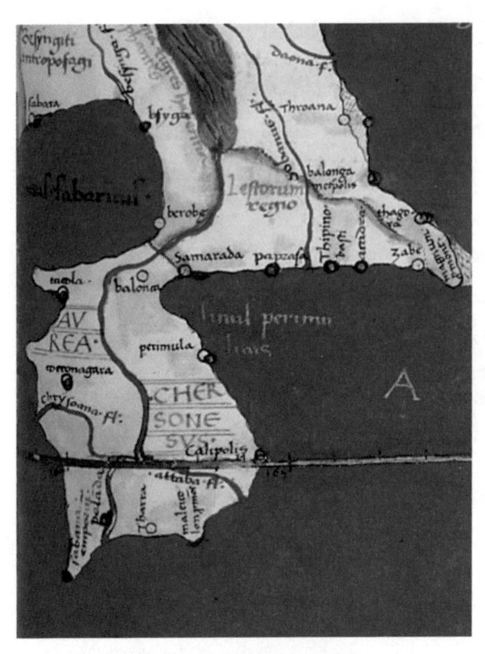

황금반도 지도(1300년경 로마 바티칸)

이 서쪽 바빌론과 알렉산드리아, 동쪽 미얀마와 말레이시아에 이르기까지 항해하는 내용도 나온다. 이를 통해 고대 인도의 항해 범위가 얼마나 넓었는지 알 수 있다.

수파라가는 뛰어난 항해가이자 선장이었다. 고대 항해는 위험한 일이었지만 당대의 모든 해양 과학과 예술에 통달한 수파라가 선장은 노련하게 잘 헤쳐나갔다. 그런 그에게 뱃사람들은 멀리서도 도움을 청했다. 그의 천문지식은 배를 밤새도록 안전하게 인도하는 데 도움이 됐고, 그의 지구력은 극한 조건과 온도를 견딜 수 있게 해주었다. 그는 전설이었다.[16] 어느 날 보석을 찾아 '황금의 땅' 말레이반도로 가려는 미숙한 보석상인들이 수파라가에게 항해 동행을 부탁했다.

이 '위대한 존재'는 배에 타기로 했다. 그가 승선한다는 사실에 모두 기뻐했다. 상인들은 '이제 우리는 성공적으로 항해할 것'이라고 확신했다. 그렇게 항해가 시작됐다. 망망대해에 도달하자 갑자기 거센 돌풍이 일었다. 폭풍과 거친 파도가 며칠 동안 그들을 끌고 갔다. 상인들은 공포에 질려 전율했다.

이윽고 날이 좋아져서 아름다운 바다를 본 상인들은 나태해지기 시작했다. 해류가 다시 배를 다른 바다로 몰고 갔다. '위대한 존재'가 말했

---

16 *Supa'raga*, Buddh'st Text Translation Society, 2008.

다. "당신들이 나를 따르지 않는다면 안내자가 무슨 소용이 있겠습니까? 선장은 단지 그대들에게 길을 보여줄 뿐입니다. 실제로 그대들을 원하는 곳으로 데려갈 수 없습니다". 시간이 지나고, 상인들은 또 다른 바다에 이르렀다.

며칠 후 강풍이 은빛 바다로 몰아넣었다. 수파라가는 매우 위험한 '우유의 바다'라고 말했다. "지금 배를 돌려라!" 그가 주장했지만, 여전히 반짝이는 파도 사이의 놀랍고 기이한 현상에 매료된 상인들은 적극 협력하지 않았다. 배를 통제하라는 지시를 반복했지만, 듣는 이는 거의 없었다. 날이 갈수록 배는 황옥과 호박색으로 빛나는 이상하게도 잔잔한 바다로 더욱 멀어져갔다.

본생담의 항해 속에서 인도 아대륙의 동쪽과 서쪽으로 펼쳐진 국제항로를 확인할 수 있다. 동쪽으로 '황금의 땅' 말레이반도로, 서쪽으로 페르시아만으로 향하는 험난한 여정 속에서 상인들은 좌절하고 극복하고 다시 좌절하는 고난을 겪었다. 기원전 4세기에 성립된 본생담 이야기는 붓다시대 인도의 국제항해를 잘 설명해준다.[17]

바다의 험난한 여정은 불경에 자주 등장하는 소재이다. 『인연승호경因緣僧護經』대장정 17, 566a25쪽에 따르면, 승호僧護, Sangharaksita는 사리불舍利佛 제자의 이름이다. 500명 상인들과 함께 바다로 나갔다가 돌아오는 길에 함께 갔던 상인들을 모두 잃고 홀로 돌아오다가 해변에서 53지옥을 보았다고 한다. 중생들이 그 지옥에서 각자 지은 죄업에 따라 고통을 당하는 모습을 보고 돌아와서 부처님께 여쭈었고 부처는 질문 하나하나에 대답해 주었다고 한다.

---

17 V. T. Gune, "GOA's Costal and Overseas Trade : From the earlies times till 1510 AD", *GOA : Through the Ages,* vol.2, New Delhi : Concept Publishing Co., 1999, pp.117~118.

5 | 고대 몬-드바라바티 문명권

불교 전파사에서 동남아 복판에 자리잡은 시암은 중요한 위치다. 시암만은 말레이시아, 인도네시아, 베트남, 캄보디아, 태국 등이 바닷길로 이어지는 문명의 교차로다. 인도와 중국은 시암만을 징검다리 삼아서 동에서 서로, 서에서 동으로 온갖 상품은 물론이고 종교·건축·예술 등을 교환하였다. 시암은 중간에서 그 문명적 시혜를 입었다.

오늘의 방콕은 아유타야·수코타이 등 흥망성쇠를 거듭한 나라들의 역사적 맥락 위에 있으며, 그 전신은 드바라바티 문명이다. 드바라카Dvāravatī라고도 알려진 드바라바티는 힌두교, 자이나교, 불교문헌에 나오는 신성한 역사도시를 일컫는다. 힌두의 신인 크리슈나Krishna가 붙인 이름이다.

『구당서』「남만전南蠻傳」 타화라국墮和羅國은 6~11세기에 태국 중부에 존재했던 드바라바티왕국으로 비정된다. 남쪽으로 반반, 북쪽으로 가라사불迦邏舍佛, 동쪽으로 진랍과 접하며, 서쪽으로 대해를 곁에 두고 있다. 광주와의 거리는 5개월 여정이라 하였다. 그런데 드바라바티왕국은 타이족이 아니라 몬족이다. 타이족이 중국 황하 일대로 들어온 것은 기원전 3천여 년 전이다. 애뢰哀牢라 불리던 타이족은 한족에게 밀려서 장강 이남에 정착하여 남소제국을 만들었다. 남소가 남쪽으로 이동하여 오늘날 타이족의 기원을 이룬다.[18] 따라서 드바라바티는 몬Mon-드바라바티로 지칭함이 옳다.

드바라바티는 6~11세기까지 존속한 몬족왕국으로 태국 중앙에 자리잡고 있었다. 차오 프라야강 저지대에 자리잡고 서쪽으로 말레이반도의 테나세림과 크라 운하 지역까지 세력을 뻗었다. 7세기 중국 순례자

---

18 시와다 겐, 송완병 역, 『남양민족지』, 보고사, 2021.

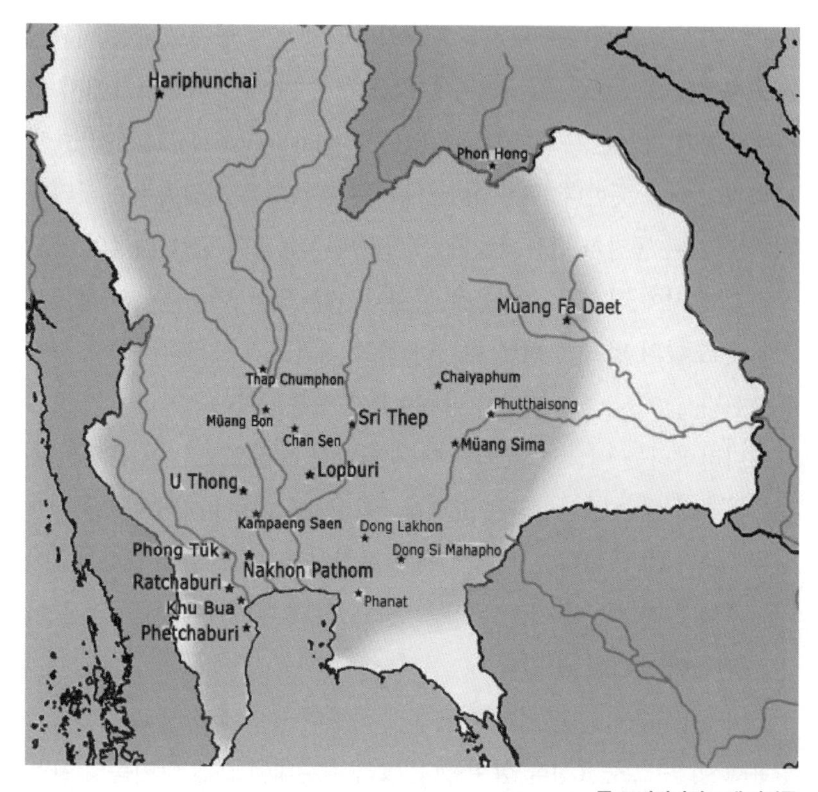

몬-드바라바티 고대 거점들

들은 이곳을 불교왕국으로 묘사하였다. 일련의 고고학 성과에 힘입어 6세기 이전에 존재한 원시 드바라바티Proto-Dvaravati가 생생하게 밝혀졌다.

첫 밀레니엄의 중반 무렵, 동남아에서는 어떤 치명적인 이주 행렬이 뒤따랐다. 이들 이주 시기에 관해서는 고고학자와 예술사가 사이에 이견이 존재한다. 선사시대에서 역사시대로의 이전 시점도 논쟁 중이다. 4~5세기 원시 드바라바티 문명이 확인되는데, 어떤 고고학 발굴에서는 철기시대로 소급되는 유적도 발굴되었다. 과거에는 인도 문명의 영향을 받은 '인도화'에서 역사시대의 전개를 판단하는 이론이 우세하였지만, 현재는 내적·외적 두 요인이 모두 반영된 것으로 본다.

드바라바티는 현장과 의정 기록에도 등장한다. 드바라바티가 638,

640년 사신을 보냈다는 기록은 드바라바티가 원해 항해로 배를 띄워서 외교사절을 보냈다는 항해역량을 말해준다. 1943년 나콘파톰에서 팔라바문자가 각인된 은화가 발굴되었는데 'sridvaravatisvaraounya'는 드바라바티 왕을 뜻한다. 우통이나 쿠부아Khu Bua 같은 지역에서 드바라바티가 각인된 동전이 발굴되었다. 드바라바티 문명이 중부 태국의 차오프라강 분지에 자리잡고 있음을 뜻한다. 지도에서 보여지듯, 바다에서 가까운 오늘의 방콕 주변뿐 아니라 북쪽 내륙까지 드바라바티 유적이 분포한다. 그러나 중요 거점은 나콘빠톰과 우통이었다.

드바라바티는 예술과 건축의 어떤 형식적 특징으로 많이 운위된다. 드바라바티 예술 양식이라는 표현은 1926년에 담롱 라자누바브Damrong Rajanubhab가 쓴 태국예술사 책에 처음 등장하였다. 그 후 유럽학자들이 정설처럼 드바라바티 예술 양식을 논하였는데 이에 관해서는 많은 이견과 비판이 제기된 바 있다.[19]

드바라바티는 11~13세기경 메콩강 하류의 분지에서 앙코르 문명이 발흥한 이후 그 중요성을 상실했다. 그러나 후대에 생긴 타이족의 아유타야가 드바라바티왕국 명칭을 계승함으로써, 결과론적으로 문명의 장기 지속이 이루어졌다.

드바라바티 문명의 거점 나콘빠톰

6세기 이후의 드바라바티 문명에서 2개의 중요 도시가 등장한다. 나콘빠톰Nakhon Pathom은 기원전 2,000년경에 시암만에 위치했던 항구다. 해안 퇴적작용이 심해져서 시암만은 남쪽으로 후퇴하고 방콕에서 50km 떨어진 내륙이 되었다. 나콘빠톰은 랏차부리Ratchaburi, 싱부리Sing

19 Stephen A. Murphy, "The case for proto-Dvaravati : A review of the art historical and archeological evidence", *Jounal of Southeast Asian Studies* 47(3), University of Singapore, 2016, pp.366~392.

Buri와 함께 기원전 40년에 건설된 태국에서 가장 오래된 도시 중 하나다. 말레이반도 롭부리Lop Buri까지 지배한 몬왕국 수도 중 하나였다. 일찍이 아소카 왕이 승려를 보내 불교가 뿌리를 내렸다.

나콘빠톰에서는 은으로 만든 메달 2개가 발굴되었는데 몬족 스리 드바라티Sri Dvarati 왕의 기념비적 유산이다. 산스크리트어로 '들어가는 문gate'을 뜻한다. 문 상징으로 미루어 보아 시암만에서 인도차이나로 들어가는 관문을 뜻한다. 산스크리트어가 확인되는 것으로 보아 인도 영향권에 놓였다.

나콘빠톰은 드바라바티왕국의 중심이었다.[20] 몬족은 본디 중국 서부에 웅거하던 민족인데 메콩강 북쪽에서 서쪽으로 이동한 것으로 비정된다. 기원전부터 인도와 상업 및 문화 접촉이 이루어졌고, 몬족이 인도 문명의 매개자 역할을 하면서 왕국을 건설한 것으로 보여진다. 인도 영향력은 조각이나 문자, 법률, 그리고 정부 형태에도 미쳤다. 드바라티는 이후의 이 지역 정복자인 크메르나 미얀마, 시암의 교사 역할을 해냈다. 이들 세 정복자들은 문자 시스템, 예술 양식, 정부체제, 종교의례, 학문 등에서 드바라바티의 강한 세례를 받았다. 즉, 드바라바티를 통하여 당대 인도의 선진 문명이 동남아에 확산되는 계기를 마련하였다.

드바라바티는 11~13세기에 이르러 메콩강 저지대를 기반으로 앙코르가 부상하면서 그 중요성을 상실하였다. 그러나 14세기에 이르러 아유타야가 차오 프라야강가에 건국되면서 드바라바티의 역사적 승계가 이루어진다. 아유타야라는 말 자체가 드바라바티의 산스크리트어 명칭인 'Krung Thep Dvaravati Si Ayutthaya'에서 유래하는 것으로 보아 몬족 드바라바티는 사라졌지만 아유타야왕국에 계승되었다. 그런데 아유타야는 몬족이 아니라 타이족이 중심이었다. 지역은 같지만 지배 종족

20 Higham, C., *Early Mainland Southeast Asia*, Bangkok : River Books, 2014.

오늘날 태국 불교에 강력한 영향을 미친 우통의 불교 양식

은 바뀐 상태였다.

오늘날 나콘빠톰의 거대 상징물은 200m가 넘는 프라 파톰Phra Pathom 스투파이다. 아소카가 전교사를 파견하면서 기원전 325년에 사찰이 조성되고 탑은 기원전 193년에 완공되었다. 탑 양식은 산치 스투파와 같다. 고대 스투파 양식이 벵골만을 건너 인도차이나에 당도한 중요 증거물이다. 드바라바티 스투파는 일반적으로 인도 양식을 반복하는 수준에서 전개되었다. 출라 파돔Chula Paton 스투파와 더불어 프라 파톰Pra Pathom의 벽돌 스투파는 태국에 불교가 들어온 최초의 탑이다. 프라 파톰은 높이 114m의 세계 최고 불탑인데 이후 크메르 침략 등 잦은 외침을 겪으면서 본래 스투파는 무너지고 현재의 스투파는 라마 4세가 재건한 것이다.[21]

아유타야의 전신인 우통

나콘빠톰 위쪽에 자리잡은 우통U Thong도 시암만불교사에서 중요하다. 우통은 수판 부리Suphan Buri지방에 속한다. 우통 역시 드바라바티 항시국가가 발전하기 전부터 수세기 동안 드바라바티왕국에 속했다. 후에 아유타야왕국의 기원이 된다. 아유타야 초대 왕 라마티보디Ramathibodi 1세는 우통의 왕자였으며, 그가 동쪽으로 이주하여 아유타야를 건설한

21 박순관, 『동남아 건축문화산책』, 한국학술정보, 2013, 139쪽.

다. 아유타야왕국은 우통에서 그리 멀지 않다.

우통에서는 로마령 갈리아 황제 빅토리누스Victorinus, 269~271 초상이 각인된 동전이 발굴됐다. 로마와의 교섭이 확인된다. 또한 우통에서는 스리위자야 불상도 발굴되어 남방 불교왕국과의 교섭이 확인된다. 우통은 훗날 명에 사신을 보내어 중국과의 친교도 유지했다. 중국 남해 상선은 적어도 당대 이래로 시암만에서 활발하게 무역거래를 하고 있었다.[22]

시암왕국을 건설한 우통은 태국 남부 펫부리의 부유한 중국계 상인의 아들로서 수판부리와 롭부리 군주의 딸과 결혼하면서 국가 형성의 틀을 확립하였다. 시암의 왕은 정체성과 정통성을 말레이반도 중부의 나콘시탐마랏을 통해 들어온 스리랑카계 남방 불교를 통하여 확립했다. 이러한 왕들을 일반적으로 다르마라자dharmararaja라 부른다.

우통은 불교미술사에서 중요 위치를 차지한다. 우통 양식은 붓다 아이콘의 결정적 스타일 중 하나이다. 12세기에서 13세기, 13세기에서 14세기, 13세기에서 15세기의 뚜렷한 세 시기가 있으며 일부는 겹친다. 높게 솟은 헤어라인과 이마 사이의 작은 밴드, 길이가 다른 손가락, 작고 약간 뾰족한 머리카락, 다리를 접고 앉은 포즈 등이 그것이다. 큰 영적 능력을 유지하기 위해 붓다 아이콘은 전통적으로 붓다가 살아 있는 동안 만들어졌다고 믿어지는 원형과 최대한 유사해야 했다. 아이콘의 진정성을 확립하려는 시암 왕의 주요 노력 중 수코타이 양식이 첫 번째였으며 우통이 그 뒤를 이었다.

---

22 Wang Gungwum, "The Nanhai Trade : A Study of the Early History of Chinese Trade in the South China Sea", *Jounal of the Malayan Branch of the Royal Askatic Society,* vol.31, no.2, 1958, pp.3~135.

6 | 시암 불교의 시작은 수코타이와 아유타야

드바라바티가 미얀마 하부 해안지대를 이루는 몬족 영향력에서 출발하였다면, 오늘날의 태국의 진정한 시작을 알리는 두 왕국은 타이족의 수코타이와 아유타야이다. 역사적으로는 수코타이가 아유타야에 선행한다. 태국의 중심인 짜오프라야강 하류에 드바라바티 문명이 형성되었던 것은 앞 장에서 살펴본 바와 같다. 13세기 접어들면서 미얀마 바간 왕조와 캄보디아 앙코르가 약화되면서 타이족이 세력을 뻗친다.

1238년 인드라딧야 왕에 의해 타이족의 수코타이왕국이 건국되었다. 힌두교가 주류였던 시대에서 수코타이에 의해 반도 전체가 불교화되기 시작했다. 인도에서 불교가 힌두교에 밀리던 시대에 인도차이나와 자바·수마트라에서는 불교가 세를 얻고 힌두교가 쇠퇴하고 있었다. 당시 시암 곁의 크메르도 불교로 전환되어 앙코르와트를 세우는 등 불교세가 득세하였다. 크메르제국이 왕권 쟁탈전으로 나라가 분열되었고 힘이 약해지기 시작하자 시암 북부의 토후국 수코타이가 스리 인드라딧야 왕을 중심으로 크메르에 반기를 들며 왕국을 건국한다. 이후 크메르를 몰아낸 수코타이왕국은 람캄헹Rankemheng, 1279~1300시대를 맞이한다.

람캄헹 왕은 벵골만을 건너서 스리랑카와 교섭하여 상좌부 불교를 들여온다. 자국 승려를 스리랑카에 보내서 구족계를 받게 하고 스리랑카 학승을 나콘시탐마랏으로 초청하여 불교를 진흥시킨다. 한편 수코타이왕조가 세워졌을 때 북부 치앙마이에서는 란나타이Lannathai왕조가 건립된다. 이 왕조도 스리랑카 승려를 초청하고 상호 교류하면서 상좌부 불교를 신봉했다.[23]

한편 수코타이왕국과 크메르왕국 사이에 위치한 우통왕국이 1350년

---

23 조계종 불학연구소 편, 『계불교사』, 2012, 100~101쪽.

아유타야의 무너진 유적들

독립하면서 아유타야왕국을 세운다. 아유타야는 차오프라야강 하류의 삼각주에 위치한다. 도시는 1350년에 건설되어 약 400여 년 동안 수도로 번영하다가 1765년 미얀마의 침입으로 파괴되었다. 아유타야는 인도의 고대 도시 어요디야Ayodhya에서 비롯된 말이다. 불교를 기본으로 통치했지만 힌두 이념도 받아들였다. 아유타야 왕은 앙코르의 크메르 통치자에 견줄 만한 반신적 지위를 부여하는 인도 의식을 통해 절대 권위를 부여받았다. 궁정 언어는 힌두교의 신성 언어인 크메르어와 산스크리트어에 기반을 두었다. 앙코르 통치자와 마찬가지로 상좌부 불교를 신봉했으며, 왕은 힌두신의 화신으로 여겨졌다.

사원 건설은 수코타이, 앙코르, 자바의 샤일렌드라왕국의 통치자에게 그랬던 것처럼 아유타야 왕에게도 중요 활동이었다. 아유타야 창건자 라마티보디 1세는 짜오프라야강 서쪽 제방에 크메르 양식의 웅장한 왓

푸타이사원을 지었다. 아유타야에 수도를 정하기 전 궁전이 있었던 곳이다.[24] 아유타야는 1361년에 상좌부 불교를 국교로 선포하고 승려들을 스리랑카로 유학보내 구족계를 받아오게 한다. 이로써 상좌부에 입각한 타이 불교의 전성시대를 구가한다.

아유타야는 하루아침에 건설되지 않았다. 1350년 어느 날, 시암의 수도로 선택되어졌을 뿐, 적어도 1200년경에는 중국 교역으로 많은 돈을 벌어들인 상인들이 거대 사찰을 세웠다. 중국과 교섭한 상인이 많았으며 중국 상인도 쉼없이 아유타야로 장사를 하러 왔다. 아유타야에 지금도 남아 있는 거대 사찰 유적은 국제 무역상인의 스폰서 없이는 불가능하였다. 마환이 쓴 『영애승람』은, "시암 사람 중에는 비구나 비구니가 되는 사람이 아주 많다. 승려들 복장은 중국과 사뭇 같고 또한 암관庵觀에서 살며 재계하고 계를 받는다"고 하였다.

아유타야는 '동양의 베니스'라 불리던 무역항으로 동서 교류 중심지였다. 한때 세계의 여행객, 선교사, 모험가를 자석처럼 끌어모았다. 도시의 성공 비결은 차오프라야강을 통하여 바다로 연결되었기에 가능하였다. 왕궁과 거대 사찰들, 촌락은 강과 바다의 만남이 줄 수 있는 선물이었다. 강과 바다로 연결된 네트워크로 중세적 세계경영을 성취하였다. 번성하던 아유타야는 미얀마군 공격으로 400여 년 역사의 막을 내린다.

이후 등장한 톤부리왕조는 아유타야에서 짠따부리로 탈출한 딱신Taksin Mahara, 1734~1782에 의해 창건된다. 딱신은 미얀마의 공격을 물리치고 세력을 모아서 라오스와 캄보디아를 다시 속국으로 만들었다. 특히 치앙마이의 란나왕국을 병합하였다. 비엔티안에서 에메랄드 불상을 빼앗아오는 등 세력을 키웠으나 말년에 정신병자가 되어 왕조가 단 1대에 그치

---

24 Nicolas Gervaise, John Villiers trans. and ed., *The Natural and Political History of the Kingdom of Siam*, Bangkok, 1989, pp.58·61~63.

아유타야의 와불

고 단명한다. 그는 자신을 부처로 자칭하고 포악한 폭군으로 변신한다. 이에 반란이 일어나 유폐되어 살해당하고 새로운 왕 라마 1세가 등장한다. 그러나 딱신의 폭군설은 사실은 중국계 혼혈아로서 차별받던 라마 1세가 딱신을 죽인 명분이었을 뿐이며, 오늘날 딱신은 국민영웅으로 대접받는다. 톤부리왕조도 불교왕국이었다.

명대 『성사승람』에서, 시암暹羅國의 부인들은 대부분 비구니尼姑이며, 도사道士들은 모두 송경誦經과 재계를 잘 지킨다고 했다. 도사는 승려를 뜻한다. 사람이 죽으면 송경과 기도佛事를 지내고 매장하였다. 불교식 장례인데 매장이라고 한 점이 특이하다. 『명사』「외국전」에서는, 불교를 신봉하여 남녀 다수가 승니였는데, 또한 암자와 절에서 기거하면서 채식을 하며 계율을 지켰다고 하였다. 의복은 자못 중국과 비슷하였으며, 부귀한 자는 더욱 부처를 경배하여 황금 100량의 재산도 바로 그 반을 시주하였다.

Chapter 9

수마트라에서 자바로
자와해 연대기

불상에는 금은산金銀山이 있는데 황금으로 주조한다. 국왕이 즉위할 때마다 먼저 금으로 형상을 주조하여 그 몸체를 대신한다. 금으로 그것을 만들어 쓰며 모시는 것도 매우 엄격하다. 그 금으로 만든 상과 그릇은 각각 새겨서 기록한 다음 후세 사람들이 훼손하지 않게 한다. 나라 사람들이 만약 몸이 아프면 자신의 몸무게만큼 금을 궁핍한 사람에게 베풀어 생명을 연장할 수 있다.

조여괄, 『제번기』

Chapter 9

수마트라에서 자바로

자와해 연대기

1 | 실리불서·삼불제·스리위자야

자와해Laut Jawa, 자바해는 인도네시아 자바 북부, 보르네오섬 남부칼리만탄, 수마트라섬 남동부, 소순도열도 서부 등으로 둘러싸인 동서로 긴 바다이다. 카리마타Karimata해협을 통하여 남중국해, 순다해협을 통해 인도양, 동쪽으로 플로레스해까지 이어진다. 이들 자와해 권역을 중심으로 거대 해상제국이 출현하고 있었다. 불교왕국 삼불제三佛齊, 즉 스리위자야가 그것이다.

'섬-불교왕국'의 출현은 동남아 역사에서 남다른 의미가 있다. 수마트라의 스리위자야를 거쳐 자바의 샤일렌드라와 마자파힛에 이르기까지 동남아 해양사의 맥락이 육지에서 섬으로 이동하여 일관되게 '섬 제국'으로 흘러가는 전환점이었기 때문이다. 메콩강 하구에 자리잡은 푸난이 해양왕국으로 세력을 떨치다가 몰락하고, 그 맥을 건네받아서 수마트라의 스리위자야가 해양왕국으로 나선 것은 섬 제국의 상징적 출발이었다. 현재 인도네시아 전체가 이슬람국가로 변신하였지만 본디 불교왕국이었다. 말레이반도와 인도네시아가 이슬람화하면서 방글라데시-미얀마-말레이반도-인도네시아-태국-베트남으로 이어지는 불교 문명의 선이 끊겨지고 일부만 남게 된 것이다.

수마트라의 고대 스투파, 1889년 촬영

스리위자야가 왕성하던 7~13세기는 해양력이 비약적으로 발전하고 있던 당, 송, 원시대다. 『신당서』에 스리위자야는 실리불서室利佛逝·시리불서尸利佛誓로 등장한다. "성이 열네 개 있는데, 두 나라로 나누어 다스린다. 서쪽 나라는 낭파로사郎婆露斯라고 한다"라고 했다. 또한 "금·수은·용뇌가 생산된다. 당 고종 함형 연간679~673에서 당 현종 개원713~741 사이에 여러 차례 사자를 보내 입조했다."라고 했다.[1]

오늘날의 수마트라 고대 스투파

10세기 초904부터는 삼불제로 등장하며, 볼림방팔렘방을 수도로 했다. 스리위자야의 주요 관심은 중국과의 수익성 있는 무역 관계 유지였다. 10세기 말 북송 건륭 원년960 삼불제 왕이 사신과 방물 등 조공 사절을 보냈다.

1 『新唐書』「南蠻傳」.

962년에는 상아, 유향, 장미수, 장수 대추, 백설탕 등을 보냈다. 송 함평 6년1004에는 삼불 왕이 송 진종의 생일을 맞아 불사를 일으켰고, 송 진종은 승천만수承天萬壽 종을 하사했다.

『송사』에 따르면 스리위자야는 산스크리트어를 사용하고, 산스크리트어가 각인된 왕의 반지를 인장으로 사용하였다. 송에 주기적으로 사신을 보냈는데, 주로 수정·화유火油·상아·장미수·유향·편도褊桃·백사탕·유리병·산호수·서각·상아·진주·파률婆律·훈륙향薰陸香 등을 공물로 바쳤다. 송에서는 관대와 기폐器幣, 백자, 은기, 안장과 고삐 등을 내렸다. 남송의 고종은 소흥紹興 26년1156에 이르기를, "먼 나라 사람들이 교화를 흠모하는 것에 대해서는 그들의 성심을 가히 여길 뿐이지, 방물로부터 이익을 얻기 위한 것이 아니다"라고 했다.[2] 조공을 통한 원거리 기미정책의 대상이었음을 알 수 있다.

원대 주거비의 『영외대답嶺外代答』에서 "삼불제는 남해 중앙의 수로 요충이다. 동쪽 자와자바국에서 서쪽 대식, 대진에 이르기까지 이곳을 경유하지 않으면 중국으로 들어올 수 없다"라고 했다. "번국 가운데 부강하고 보화가 많은 나라로 첫 번째는 대식국, 그 다음은 사바자바국, 그 다음은 삼불제"라고도 했다. 아라비아와 페르시아, 인도에서 오는 배는 반드시 스리위자야를 거쳐야만 중국으로 들어올 수 있었다. 그 이전 시기인 13세기 초1225, 천주 시박사市舶司의 조여괄도 『제번지』에서 삼불제를 상세 기술했다. 실리불서實利弗逝가 삼불제와 혼용되었고, 혹은 금주金州라고 했다.

금주는 글자 그대로 '황금의 땅' 또는 '황금 해변'이다. 스리위자야에 있는 언덕부킷세군탕으로 추정이 금은으로 그려진 불화로 가득하다고 묘사했다. 종교 의례를 치르는 동안 스리위자야인은 연꽃 모양의 황금 그릇을

---

2 『宋史』「外國傳」.

불화 앞에 공물로 바쳤다. 이 그릇은 지역 특산물로 유명했다. 1082년 한 중국 문헌은 스리위자야의 사절이 진주를 비롯한 귀중품으로 가득 찬 황금 연꽃 그릇을 송 황제를 위한 선물로 가져왔다고 기록했다. 금과 보석이 풍부했음을 뜻한다.

원대 『도이지략島夷志略』에서는 수마트라를 수문답랄須文答剌으로 표기하고 뇌자·거친 강진·학정鶴頂·두석斗錫 등이 나는데 향과 맛이 오래가지 않는다고 하였다. 『원사』의 속목도랄速木都剌도 수마트라를 뜻하며, 그 음가는 'Sumatra'를 뜻하는 수무드라Sumadra에 해당한다. 수무드라는 '큰 바다'라는 뜻이다.

송원시대가 끝나고 14세기에 명이 들어서자 동남아 화교 세력이 늘게 된다. 홍무 2년1369 명 태조는 사신을 삼불제에 보내 조서를 내렸다. 홍무 4년1371에는 삼불제 왕이 보낸 사신이 공물로 금을 가지고 와서 바쳤고, 홍무 10년1377에는 흑곰·칠면조·공작·앵무새·고추·육두구를 바쳤다. 홍무 30년1397 자바의 왕이 삼불제를 멸망시키자 나라는 혼란에 빠졌다. 이때 삼불제에 거주하는 중국인 1,000여 명이 광동의 남해 사람 양도명梁道明을 삼불제의 왕으로 옹립했다. 양도명은 군대를 이끌고 삼불제 북쪽 영토를 자바 세력으로부터 지켰다. 당연히 이 시기에 남양 화교의 폭발적 증가와 더불어 중국 불교가 바다를 건너 수마트라로 들어갔다. 화교들 손에 의하여 중국 사찰이 동남아에 선보이기 시작한 것이다.

삼불제는 일찍이 고려와도 관련이 있다. 남송의 이도李燾, 1115~1184가 편찬한 북송 역사책인 『속자치통감장편續自治通鑑長編』에 이르길, 삼불제 국왕 석리야釋利耶와 고려 국왕 왕소王昭, 광종가 함께 사신을 보내와 방물을 받쳤다는 대목이 있다. 『송사』 권489 「삼불제전」에 건융建隆 3년962 봄에 삼불제왕 오리도야室利烏耶가 정사를 파견하여 내공하였다고 기록되어 있는 바, 오리도야가 석리야와 동일 인물로 여겨진다. 삼불제와 고려의 사신이 북송의 개봉開封에서 조우했을 가능성이 높다.

삼불제에 관해서는 조선 사람들도 파악하고 있었다. 19세기 혜강 최한기1803~1877의 기록은 중국 문헌을 통하여 획득한 정보일 것이다. 청나라 역사학자이자 지리학자인 위원의 『해국도지海國圖志』1844와 서계여의 『영환지략瀛環之略』1866을 재정리한 것이 『지구전요地球典要』이다. 『지구전요』「남양각도南洋各島」에서 수마트라를 이르러, "소문답랍蘇門答臘, 섬 길이가 2,000리나 되고 가운데는 긴 산이 뻗어 있다. 종족은 믈라유족이다"라고 했다. 최한기의 기록에 소문답랍과 믈라유족이 등장한 것이다.

2 | 스리위자야의 선행왕국 칸톨리와 믈라유

스리위자야가 등장하기 이전, 수마트라에 2개의 선행왕국이 존재했음을 기억해둘 필요가 있다. 스리위자야가 장기 지속되고 워낙 역사에서 두드러진 측면이 있기 때문에 선행왕국에 관해서는 관심을 기울이지 않지만, 스리위자야는 칸톨리와 믈라유 두 나라로 인해서 성립된다.

첫째, 5세기 무렵의 칸톨리Kantoli는 스리위자야와 믈라유의 거점인 잠비와 팔렘방 사이에 위치하였다.[3] 정확한 장소는 알려져 있지 않다. 『양서梁書』「제이전諸夷傳」에서는 스리위자야를 간타리국干陀利國으로 칭했으며 삼불제의 고칭古稱이라고 하였다. 『남사南史』「이맥전夷貊傳」에, 간타리국干陀利國은 "남해의 큰 섬 위"라고 하였으며, 그 풍속이 임읍·부남과 대략 같다고 하였다. 칸톨리에서 중국으로 불교가 전파되는 서사를 꿈에 빗대어 설명하고 있다. 중국에 불교가 흥할 것을 점지하는 꿈을 꾸며 천자를 배알한다는 서사는 간타리국에서 중국으로 어떤 식이든지 불교가 전파되었음을 암시한다.

---

3 Paul Michel Munoz, *Early Kingdoms : Indonesia Archipelago&the Malay Peninsula*, Singapore : EDM, 2016, p.102.

팔렘방 Seguntang에서 발굴된 스리위자야의 불상, 6~7세기

502년, 왕이 꿈에서 한 승려를 보았는데, 그가 왕에게 말하기를, "중국에 지금 성왕이 있는데 10년 후에 불법이 크게 흥할 것이다. 네가 만약 사자를 보내 공헌하고 경례로서 받든다면, 토지가 풍요해질 것이며 상려商旅가 백 배에 달하리라. 만약 나를 믿지 않으면 경토가 평안하지 못하리라"라고 하였다. 왕이 처음에는 믿지 못하다가, 다시 꿈에서 이 승려가 '네가 나를 믿지 못하겠다면, 내가 너와 함께 가서 보이리라'고 말한 뒤, 꿈에서 중국에 가서 천자를 배알하였다. 잠에서 깬 뒤에 마음으로 기이하게 여겼다. 왕은 본디 그림에 재주가 있었는데, 꿈속에서 본 양 무제의 용모를 그리고 색을 입혔다. 그리고 사자와 화공을 보내 표를 받들고 옥반 등의 물건을 공헌하였다. 사신과 화공들이 이르러 고조의 형상을 모사하여 그 나라로 돌아간 뒤 왕이 그린 본디의 그림과 비교하여 보니 상부相符하여 똑같았다. 이 때문에 그 그림을 보석함에 넣고 매일 예를 행하고 공경을 드렸다.

이미 502년 이전인 남조의 송유송, 439~589 효무제453~464 재위 시기에 칸톨리의 석파라나린타釋婆羅那鄰陀 왕이 장사長史 축류타竺留陀를 보내 금은보기

金銀寶器를 공헌한 사실이 있다. 왕의 이름에 '釋'이 들어 있고 사신 이름에 인도 사람 '竺'이 들어 있다. 518년에는 장사 비원발마毗員跋摩를 보내 표를 받들고 금부용金芙蓉과 잡향약雜香藥 등을 바쳤다. 520년에 다시 사자를 보내 지역 특산물을 공헌했다.[4]

팔렘방에서 발굴된 스리위자야의 미륵상, 9~10세기 (국립인도네시아박물관)

칸톨리는 수마트라 적도우림의 아로마나 벤젠 같은 숲 생산물로 중국시장의 수요에 응하면서 부를 축적하고 있었다. 수마트라 서부의 인도양 바닷가에는 장뇌樟腦, Camphor 산지 바르수왕국이 있었는데, 칸톨리는 장뇌도 취급했을 것이다. 장뇌는 비싼 가격으로 고대 및 중세 국제시장에서 거래되고 있었다. 칸톨리의 중요 시장은 중국이었던 것으로 여겨지는데 무역 루트를 따라서 승려 및 불경도 중국으로 속속 넘어가고 있었다. 칸톨리는 6세기 중엽에 내리막길을 걷는데 이 시점에 남쪽 팔렘방에 거점을 둔 스리위자야가 등장한다.

둘째는 믈라유다. 팔렘방 북쪽으로 300km 올라가면 잠비가 나온다. 잠비 시에서 25km 떨어진 무아라잠비Muara Jambi는 수마트라에서 가장

4 『南史』「夷貊傳」.

무아라 잠비 고대 사원터

큰 고고학 유적지이자, 인도네시아에서 자바 이외 지역에 고대 힌두교-불교 사원단지가 남아 있는 좋은 예다. 믈라유는 스리위자야와 다른 독립왕국으로 활발하게 무역에 종사하였지만 팔렘방에 비하여 상대적으로 덜 알려졌으며 역사적 평가에서도 논외다. 유적지는 12km²에 달하며 건축군은 적어도 7세기로 소급된다. 무아라잠비는 국제적 차원에서 자기 역할을 하면서 13세기까지 존속했다.[5] 믈라유는 한때 스리위자야에 복속되기도 했다가 남인도 촐라의 침략으로 스리위자야가 몰락하면서 다시 부상하는 등 나름의 굴곡진 역사를 갖고 있다.

전설에는 바다를 건너온 튀르키예 사람이 수마트라 공주와 결혼하였다고 한다. 잠비의 인종은 말레이족이 기본이지만 다양한 종족이 섞여 살던 혼용의 역사를 말해준다. 무역으로 생존하던 도시였기에 다양한 인종이 모여들었던 것으로 여겨진다. 잠비는 믈라유왕국의 본거지였으며, 전형적 불교왕국으로 그 명성이 중국에 널리 알려져서 많은 구법승이 믈라유에 들렀다. 당대의 마라유摩羅遊 혹은 末羅瑜, 몽골 시기의 몰랄유沒剌由 등은 모두 말레이어 믈라유Malayu에서 비롯된 명칭이다. 당이 성립

5 Fiona Kerlogue, "Muara Jambi", *UNESCO in Southeast Asia*, NIAS Press, 2016, p.237.

된 이후 644년에 수마트라에서 최초로 사신을 보낸 곳도 믈라유다.

7세기의 의정은 『남해기귀내법전』에서 "남해의 여러 주에 십여 국이 있는데 오로지 근본설일체유부뿐이다. 정량부가 때에 맞춰 최근에 들어왔는데 적은 수가 두 가지를 겸한다"고 했다. 설일체유부Sarvāstivāda의 율장과 그것에 따르는 수계전통이 온전히 존재했다는 뜻이다. 학자들은 7세기 현장이 당시 천축승의 약 1/4이 정량부 승려였다는 추정을 자주 언급한다. 정량부가 가장 널리 퍼지고 대중적인 수계 전통이었음을 뜻한다.

정량부正量部, Sammatīya는 독자부犢子部, Vātsīputrīya와 더불어 개아론補特伽羅論, Pudgalavāda에 속하는 부파였는데 불행하게도 그들 문헌은 거의 전해지지 않으며, 특유한 교의에 관한 대부분의 지식은 다른 학파들의 비판에서 나온다. 상좌부의 『논사*Kathāvatthu*』가 이 교설에서 시작하며, 유부의 아비다르마 논서인 『식산족론識身足論, *Vijñānakāya*』에서도 중요한 논의가 보인다. 또한 『구사론』에서도 상당히 긴 분량이 이에 대한 비판에 할애되고 있다. 현존하는 가장 잘 알려진 개아론에 관한 문헌은 한역으로만 남아 있는데 『정량부론正量部論, *Sammitīyanikāya Sāstra*』이라는 산스크리트어 제목이 붙어 있다.[6]

현장은 『대당서역구법고승전』에서 왕이 후원하고 믈라유국으로 가도록 호송해주었다고 하였다. 현장에 의하면 믈라유를 거쳐간 승려들은 상민常愍·무행無行·혜명慧命 등이었다. 믈라유에서 북상하여 말레이반도로 들어가고, 부장계곡 같은 항시국가를 거쳐서 벵골만 북판의 니코르바제도를 거치는 천축행 뱃길을 이용한 것이다. 의정은 『남해기귀내법전南海奇歸內法傳』에서 "믈라유주末羅遊州가 지금의 시리불서국"이라고 하였다. 의정은 695년에 팔렘방을 거쳐서 귀국하였으므로, 그의 기록은

6 폴 윌리엄스 외, 안성두·방정란 역, 『인도불교사상』, 씨아이알, 2012, pp.188-189.

이미 믈라유가 스리위자야에 복속된 7세기 말 상황을 말해준다.

무아라잠비에는 고대 힌두-불교 사원군이 집결된 유적지Muarajambi Temple Compound가 남아 있다. 잠비의 바탕가리Batanghari강변에 오래된 운하가 흐르는데 강물을 끌여들인 고대 인공운하이다. 믈라유시대부터 존재한 운하를 따라서 2,062헥타르에 달하는 고대 건물 유지가 82여 개 보존되고 있다. 힌두-불교의 철학에 따라 7~14세기에 구현된 벽돌 건축물이다. 초기 건축으로부터 믈라유가 몰락했을 때, 다시 부흥했을 때 등 각기 다른 시기의 건축군이 공존한다.[7]

믈라유는 오랫동안 스리위자야에 복속되었다가 스리위자야가 기울면서 세력을 키워 한때 다시 번성을 구가했다. 1205년 남인도 촐라왕국의 해군이 스리위자야를 공격을 받아 스리위자야가 쇠락하면서 믈라유가 다시 부상할 기회를 얻은 것이다. 그러나 1278년에 자바의 상하사리singhasari왕국이 잠비를 공격하고 왕족을 잡아가면서 믈라유 역시 멸망의 길을 걷는다. 믈라유가 몰락함으로써 역사적으로 수마트라는 언제나 자바 세력에게 눌려 살게 된다. 14세기에 접어들면 이슬람 세력이 수마트라 북단 북쪽 야체로부터 치고 내려왔으며 수마트라의 섬-불교도 끝이 났다.

3 | 불교중개지 팔렘방과 왕의 불보살 일체화

당나라 시기에 세계적으로 불교는 최전성기를 맞았고, 한반도와 일본에서도 굳건히 자리를 잡았다. 바로 이 시기에 스리위자야도 불교국가로 자리 잡았다. 중개무역으로 큰 돈을 벌어들이는 스리위자야 왕은

7 아래 사원들이 집중 관리되는 중이다. Gumpung, Tinggi I, Tinggi II, Kembar Batu, Astano, Gedong I, Gedong II, Kedaton temple 등.

사원을 넉넉하게 후원했고, 중국 구법승의 천축행 여비도 지원했다. 분명히 스리위자야에서도 자체적으로 천축으로 승려들이 유학을 갔을 텐데 현재 남아 있는 명단은 외국 구법승뿐이다.

스리위자야의 중간 거점으로서의 전략적 중요성은 이미 『신당서』 「지리지」에 수록된 가탐의 『광주통해이도廣州通海夷道』에 남해로 중간 거점 수마트라로 부각되어 있다. 해남로를 거쳐서 현재의 베트남 짬파, 신가파新加波, 현 싱가포르해협을 내려와 불서국佛逝國, 현 수마트라에 당도했다. 불서국에서 바닷길은 사자국스리랑카으로 이어졌다.

스리위자야 전략 거점의 중심은 팔렘방이었다. 팔렘방에서 북상하면 믈라카해협을 통해 말레이반도를 끼고서 벵골만으로 접어들어 손쉽게 인도로 갈 수 있다. 북동으로 올라가면 베트남과 남중국해에 닿는다. 남쪽으로 내려가면 순다해협을 통하여 인도양으로 빠져나와 스리랑카나 남인도로 직접 갈 수도 있다. 스리위자야가 팔렘방에 도읍을 정한 이유이다.

팔렘방은 여러 시기에 걸쳐 세계경제의 중심지였다. 나란다대학에 경비를 지원하고, 중국과 천축에서 오고가는 구법승의 체류비를 부담하고, 수천여 승려들이 불경을 번역하는 등의 다양한 불교사업은 경제력 없이는 불가능했기 때문이다. 의정이 장기 체류하면서 불경을 번역할 수 있던 것도 이같은 경제력에 기반한다. 671년, 의정은 천축국 여정의 첫 기착지로 스리위자야왕국에 도착했다. 250여 년 전 스리위자야에 불교가 없다고 기술했던 5세기 법현과 달리, 의정은 이 섬 왕국에 불교가 번성하고 있음을 확인했다. 법현과 의정의 기록으로 보아 동진과 당 시기 중간쯤에 불교가 전파된 것으로 확인된다.

의정과 같이 수많은 구법승이 천축으로 향했다. 믈라카와 순다해협을 이용했기 때문에 스리위자야항구는 구법 중심지가 됐다. 의정이 권했듯이, 구법승은 인도로 건너가기 전에 스리위자야의 사원에 한동안

스리위자야의 석조입상, 팔렘방 출토

머무르며 산스크리트어를 배웠다. 인도인과 중국인이 들어오고 있었으므로 산스크리트어·한문 등이 두루 통용되었으며, 천축으로 들어가기 전에 언어를 습득하는 학교가 존재했다. 이에 해당하는 다양한 문헌이 있을 것이 분명한데 스리위자야 불교 유산에서 문헌기록은 남은 것이 없다. 그러므로 우리가 현재 수준에서 판단하는 스리위자야 불교는 중국 구법승 기록이나 고고 유물에 근거할 뿐이다. 스리위자야의 불교는 생각 이상으로 방대했을 것으로 짐작되나 그 전모는 미궁이다.

의정은 수마트라 중심지에 발달한 불교학에 깊이 감명받아 중국 구법승들에게 인도에 가기 전에 스리위자야에 들러 수학할 것을 권했다. 의정 자신이 671년 인도로 가던 중 스리위자야에 6개월간 머물렀을 뿐 아니라, 685년에 다시 돌아와 685~695년에 걸쳐서 그곳에서 지냈다. 의정이 본 스리위자야는 거대한 정치적 변화를 겪은 후였다. 훨씬 전에 법현이 방문한 시기에는 역내 항구 간 경쟁이 치열했으나, 7세기 말에는 한 항구가 다른 경쟁자를 모두 압도하고 스리위자야대승리 또는 영광스러운 정복이라는 뜻의 산스크리트어라는 왕국을 형성한 상태였다.

왕국은 중국해 남단을 비롯한 인근 해협 연안, 즉 말레이반도, 수마트라, 칼리만탄, 자바 서부 등지에서 패권을 잡고 있었다. 믈라카해협과

순다해협까지 영향력을 끼쳤기 때문에 인도와 중국 사이의 모든 해로를 통제하는 위치였다. 의정은 이러한 국제 네트워크를 적절하게 활용하여 천축으로 갔다. 혜초가 천축국으로 들어갈 때 이용한 루트도 같은 뱃길이었다. 천축승이 남방 뱃길을 거쳐 한반도로 들어왔고, 신라승이 같은 뱃길을 이용해 인도양을 관통했다. 스리위자야는 그 뱃길의 중간 거점이었다.

불교는 왕권에 의해 받아들여졌고 옹호 발전된다. 송대 『제번지』에 스리위자야 불상에 금은산金銀山이 있는데 황금으로 주조하였다고 하였다. 국왕이 즉위할 때마다 먼저 금으로 형성을 주조하여 그 몸체를 대신한다. 금으로 그것을 만들어 쓰며 모시는 것이 엄격하다고 하였다. 왕실은 부처와 보살 그림 그리는 이를 후원했는데, 그림은 통치자의 얼굴과 닮은 모습으로 그려졌다. 불보살과 통치자의 일체화가 엿보인다. 또한 그림에는 전통적으로 저주가 새겨졌다. 후세에 누구든 감히 이 그림을 태우려 드는 자에게 내리는 저주였는데 일종의 방어적 흑주술黑呪術이었다. 왕과 불상 및 그림의 일체화를 통한 국가권력과 불교의 친화성을 도모했던 것 같다.

통치자를 보살로 표현함은 말레이 토착 전통과 잘 들어맞았다. 고인이 된 통치자의 얼굴을 보살의 모습으로 담아냄으로써 말레이인은 자신들의 훌륭한 조상을 삶의 조력자인 보살과 동일시했다. 통치자의 조상은 중생을 구원해주는 관세음보살로 그려졌다. 현재의 왕이 관음과 특별한 관계이고, 왕은 관음에게 그의 백성을 돌봐달라고 간청할 수 있는 유일한 지위에 있는 사람임을 뜻했다. 관음이 바다 수호신임을 주목할 필요가 있다. 아래 송대 『제번기』에서 국왕과 부처가 일체화되는 사례를 문헌으로 확인할 수 있다. 신성불가침의 불상을 주조하는 데 국왕과 부처의 일체화 서사를 창출하여 통치에 원용한 것이다.

불상에는 금은산金銀山이 있는데 황금으로 주조한다. 국왕이 즉위할 때마다 먼저 금으로 형상을 주조하여 그 몸체를 대신한다. 금으로 그것을 만들어 쓰며 모시는 것도 매우 엄격하다. 그 금으로 만든 상과 그릇은 각각 새겨서 기록한 다음 후세 사람들이 훼손하지 않게 한다. 나라 사람들이 만약 몸이 아프면 자신의 몸무게만큼 금을 공헙한 사람에게 베풀어 생명을 연장할 수 있다.

스리위자야의 종교생활은 활기에 넘쳤다. 의정은 수천의 학생과 승려가 정진하고 있다고 기록했다. 산스크리트어를 배우기 위해 오는 외국승이 많았으며, 1011년에서 1023년 사이에는 티베트 승려 아티샤Atisa가 이곳까지 찾아왔다. 아티샤는 초기에는 인도에서 금강승 문하에서 공부하다가 스리위자야로 와서 12년간 스승 곁에 머물렀다. 스승에게 보리심과 마음 닦는 법을 배워 자신의 수행생활의 핵심으로 삼았다. 아티샤는 1040년 티베트 왕의 초청을 받아 티베트에 가서 핵심 역할을 하며 여생을 보냈다. 그가 저술하거나 번역한 책만 200권이 넘으며 가장 유명한 저서는 『보리도등론菩提道燈論』이다. 티베트 불교와 스리위자야 불교의 내적 연맥성을 살펴볼 수 있다.

스리위자야 유산은 열대 강물에 휩쓸려 사라졌다. 강이 자주 범람하는 저지대 평야이기 때문이다. 강가의 도시는 나무, 대나무, 초가지붕 재료로 만든 떠 있는 수상가옥의 집합체였다. 수상가옥이라 온전한 궁성 유적은 나오지 않는다. 그 대신 강바닥에서 금붙이 등 귀중한 유물이 발굴되고 있다. 마환도 『영애승람』에서 팔렘방의 수상가옥을 기록하였다.

오늘날 팔렘방시 무시강가의 부킷 세군탕Bukit Seguntang 구역은 높이 29~30m의 작은 언덕으로 스리위자야제국과 관련이 있는 많은 고고학 유물의 본거지이며, 원주민들이 지금도 신성스럽게 모시는 공간이다. 이 언덕은 스리위자야 고고학공원으로 지정되어 있다.

언덕에서 1920년대에 불상이 발견됐는데 머리와 몸통이 따로 발굴되고 다리는 분실 상태였다. 남인도에서 2~5세기에 번성하던 아마라바티Amaravati 양식이 스리위자야 양식으로 접목되어 7~8세기에 조성됐다. 여래불 입상으로 의정이 팔렘방에 들린 이후 시대에 조성된 것으로 여겨진다.[8] 벵골만을 건너서 아마라바티 양식이 당도한 것이다.

언덕에서는 사암과 벽돌로 만든 사리탑 유적, 비문 조각, 보살 석상, 후광이 있는 비로자나 불상도 발견됐다. 가네사Ganesa, 코끼리 머리를 한 힌두신가 발굴됐으며, 청동 불상 3점이 무시강에서 회수됐다. 팔렘방 교외에서는 청동 보살상 2점하나는 거대한 관세음보살상과 시바상 1점이 발견됐다.

강바닥에서 보석이 박힌 8세기 불상, 바다를 휘저어 불사의 영약을 빚은 라후라의 상징물 등 불교와 힌두 유물이 나오는 중이다. 궁궐에서 쓰여졌을 금반지와 여타 장신구, 몇 톤에 달하는 고대 주화와 중국 도자기도 발굴됐다. 인도와 중국과의 빈번한 교섭을 설명한다. 강바닥에서 귀한 보물이 발굴됨은 보물조차 챙기기 어려운 급박한 사정에 의해 궁성을 포기했다는 증거이다. 출토 유물은 인도네시아의 초기 불교와 힌두교 관련 조각과 의례 도구가 뒤섞여 융합되어 있다. 잠발라Jambhala 조각상은 힌두교에서 쿠베라로 불린다. 다량의 바즈라Vajra라 부르는 금강저金剛杵도 발굴되는데, 바즈라는 영혼과 힘으로 가득 찬 생명체를 뜻한다.

『도이지략』에 구항舊港이 등장하는데, 이는 발림방浡淋邦, 팔렘방을 뜻한다. 『성사승람』에서, 스리위자야가 수도를 팔렘방에서 믈라유로 옮겨가면서 팔렘방은 구항舊港으로 호칭되었다고 하였다. 스리위자야가 몰락한 상황을 설명하는 대목이다. 『영애승람』에 "구항국 옛 명칭이 삼불제국이다. 이 나라의 발림방은 조와국 관할이다"라는 대목은 스리위자야가 자바에게 몰락한 이후의 사정이다.

---

8 Coedès, George, Walter F. Vella ed., Susan Brown Cowing trans., *The Indianized States of Southeast Asia*, University of Hawaii Press, 1968.

스리위자야는 이후에도 중국과의 관계가 오래 지속되었다. 중개무역으로 생존하는 스리위자야에게 중국은 여전히 큰 시장이었다. 1003년 스리위자야 왕 사리미라무니불마조화思離咊囉無尼佛麻調華가 내공해왔다. 이 왕의 이름은 1025년 남인도 촐라가 스리위자야를 정복하고 1030년에 수마트라에 세운 산스크리트어 비문Tanjore 출토에 등장한다. 본국에 불사를 세워 성상의 만수무강을 축원하려 한다며, 사찰 이름과 종을 하사해 줄 것을 요청했다. 성상이 그 뜻을 훌륭히 여겨 승천만수承天萬壽를 사액으로 삼으라는 조를 내리고 종을 주조하여 하사하였다. 사신 일행은 범협경梵夾經을 공납했으며, 귀국 전에 태청사太淸寺를 유람하게 하였다. 스리위자야와 송의 불교적 친화성을 보여주는 사례이다.

4 | 상인의 종교였던 밀교와 무역로 전파

나란다대학 비문에 스리위자야가 기숙사를 세워서 유학생을 배려한 내용이 기록되어 있다. 당대의 나란다대학에는 밀교 이론가들이 다수 주석하고 있었다. 가 스리위자야까지 바다를 건너온 이유가 설명된다. 스리위자야가 강력하게 후원했던 나란다대학의 뛰어난 밀교의 이론가들이 스리위자야에 영향을 미친 것은 두말할 나위도 없다. 스리위자야 왕이 나란다대학에 다양한 지원을 하는 반면, 나란다의 유수의 학자들이 스리위자야로 넘어와서 활동했다. 당연히 동인도와 벵골만의 무역선을 이용했다. 밀교승 아티샤도 나란다와 스리위자야 두 곳 모두에 족적을 남긴다.

스리위자야에서는 대승 불교의 2대 조류인 중관파中觀派, madhyamika와 유식파唯識派가 번성하였다. 중관사상은 '연기의 다른 이름이 곧 공'이라고 주장한 용수龍樹에서 비롯된 중관학파의 사상을 가리킨다. 유식사상은 마음 외에 어느 것도 존재할 수 없으며, 마음에 의해서 모은 것이 창조된다는 불교교리이다. 그런데 8세기부터는 밀교가 유행하였다. 이러한 변화는 천축국 내의 불교변화와 연동된 것으로 여겨진다. 밀교에 의존한 천축국 최후의 불교왕국 팔라왕조 750~1174가 들어서면서 동남아에도 밀교의 열풍이 불었다.

아티샤(Himalayan Art Museum)

7세기 의정시대만 해도 스리위자야의 장대한 승원에 대해 언급하며 인도의 나란다사원에 필적하는 대승 불교 연구의 중심지였다고 전한다. 그러나 8세기부터 밀교에 기반을 둔 티베트 불교가 스리위자야에 영향력을 미치게 된다. 그 전에도 밀교가 들어왔을 것으로 여겨지지만 순밀純密로 심도가 깊어진 것으로 보인다. 6세기 힌두교 시바파 탄트라의 영향으로 시작된 인도 불교의 밀교 경향은 7세기부터 본격적으로 스리랑카를 포함한 수마트라, 자바, 말레이반도 등에 영향을 미쳤다. 밀교의 본산으로 변한 나란다대학에는 뛰어난 밀교논사들이 대거 수학하고 있었다. 스리위자야와 자바의 샤일렌드라가 나란다대학을 후원했음을 상기할 필요가 있다. 또한 밀교는 유별나게 해안의 포구 또는 바다로 이어지는 강을 따라서 전파되었다.[9]

한반도에도 들어온 밀교의 금강저(고려, 송광사 성보박물관)

인도 동부, 즉 벵골과 비하르 등지는 서인도보다 밀교가 훨씬 유행한 곳이다. 비하르의 오딧샤는 뛰어난 항해세력으로 스리위자야에도 빈번하게 기항하였다. 오늘날 오딧샤에 남아 있는 오랜 전통 의례와 축제에는 동남아로 떠났던 배가 무사 귀환하기를 염원하고 있다. 그만큼 오딧샤와 스리위자야의 무역통상이 잦았으며 밀교도 뱃길을 따라 확산되었을 것이다.

7세기 이후 불교의 광범위한 확산은 항해로 발달뿐 아니라 각 왕국의 정치적 필요성, 불교의 생존 전략, 그리고 상인 집단의 후원 등이 적절한 교점을 찾았기 때문이다. 밀교는 상인의 종교로서 유달리 해안의 포구 또는 바다로 이어지는 강을 따라서 전파되었다. 7~8세기 이슬람 상인이 출현하면서 불교를 후원하던 상인들이 대거 위축되는 상황에서 밀교 수행자들은 국가의 대소사 자문과 왕실 번영을 위한 의례를 제공해줌으로서 불교의 확장과 보호를 약속받았다. 북동 인도의 팔라왕조나 오딧샤와 스리랑카의 왕들, 그리고 수마트라 스리위자야와 자바의 샤일렌드라 왕 같이 해상무역의 거점을 지배했던 곳의 불교가 대부분

9 심재관, 「인도-동남아시아의 해양실크로드와 7~9세기 밀교의 확산-동아시아 불교 구법승의 활동과 관련하여」, 『아시아 리뷰』 제8권 제2호(통권 16호), 2019, 215~237쪽.

수마트라 메단의 중국 사찰. 메단은 지금도 사찰이 다수 존재한다(H.Ernst 사진)

이러한 특징을 보여준다.

스리위자야 불교는 왕족을 중심으로 확산되었다. 스리위자야는 하층에 '바다의 노마드' 오랑 라우트 같은 해상민족을 거느리고 있었으며, 이들 바다 사람을 적절히 거느림으로써 해상제국 경영이 가능하였다. 왕은 불교인 동시에 토착 샤먼을 믿었다. 밀교 승려들은 왕권이 요구하는 의례를 집행해주고 국가 안위를 챙겨주는 일정한 역할을 하는 대신에 불교확산을 지원받았다.

스리위자야 불교의 밀교화를 입증하는 중요한 자료는 금강저다. 무시강변에서는 밀교의식의 상징적 증거물인 청동 바즈라Vajra, 金剛杵나 바즈라가 달린 요령이 발굴된다. 금강저는 아축불의 상징으로 의식을 주도하는 승려가 사용하며 높은 권위를 지닌다. 힌두교에서 바즈라는 인드라가 가지고 다니는 무기이며, 두르가도 종종 사용하곤 한다. 향을 피우는 향로는 불교와 힌두교에서 보편적으로 등장하는 기물이다. 훗날 바즈라는 불교, 자이나교, 힌두교 등에서 영혼과 영성의 견실함을 나타내는 상징물이 되는데 특히 밀교의 상징 도구가 된다. 금강저에서 스리위자야 불교의 성격이 엿보인다.

바즈라는 난파선에서도 발굴되고 있다. 스리위자야의 전성기인 10

세기에 수마트라에서 자바로 향하던 상선 인탄Intan이 침몰했다. 팔렘방 출구인 벨리퉁섬 근처에서 수중 발굴됐다. 배는 태국에서 건조됐으며, 말레이반도에서 주석을 싣고 팔렘방을 들렀다가 자바로 가던 상선이었다. 수마트라에서 제작한 금속 제품이 엄청나게 많이 실렸다. 청동 바즈라가 대량으로 배 밑창에 밸러스트로 실릴 정도였다. 불상과 금화, 은화도 발굴됐다. 청동 바즈라가 잔뜩 실렸던 것은 밀교 전파와 그에 따른 수요가 있었기 때문일 것이다.[10]

8~9세기 동 칼리만탄East Kalimantan에서 발굴된 바즈라파니Vajrapani, 金剛 불상은 대승 불교 보살 중 하나이다. 손에 야자잎과 바즈라를 쥐고 있다. 콤벵kombeng산의 동굴에서 시바상과 같이 발굴된 것으로 보아서 힌두교와 불교가 혼용되던 상황을 말해준다.[11] 이 좌상은 현재 국립인도네시아박물관에 소장되어 있다. 인도네시아 섬 곳곳에 밀교가 확산되어 있던 상황을 말해주는 불상이다.

중국에 정착한 많은 밀교승들이 스리위자야를 거쳤다. 금강지가 좋은 사례이다. 남인도 마라야국에서 태어난 금강지는 나란다에서 10년간 수행했으며, 사자국과 스리위자야를 경유하여 당 개원開元 7년719 광주에 당도했다. 금강지의 장기간 스리위자야 체류가 주목된다. 싱할라 사람인 제자 불공은 719년에 자바에서 금강지를 만나 함께 중국으로 들어와 경전을 번역했다. 금강지가 입적한 후, 당 조정은 불공에게 싱할라에 보낼 국서를 전달했다. 불공은 광주로 와서 배를 타고 스리위자야를 거쳤으며, 1년여 만에 싱할라의 아누라다푸라에 당도했다. 신라 승려 혜초는 719년 광주에서 금강지를 만나 제자가 되어 밀교를 배웠다.

---

10 John N. Niksig, *Singapore&The Silk Road of the SEA 1300~1800*, National Museum of Singapore, 2016, pp.88~89.

11 The National Museum of Indonesia, *The Maritime Legacy of Indonesia*, Jakarta, 2016, p.114.

팔렘방의 먼 후대 풍경, Passar 컬렉션, 1902년

혜초는 불적지佛蹟地를 참배하고 밀교를 공부하려는 목적으로 인도에 갔다. 혜초는 천축으로 들어갈 때는 해로, 돌아올 때는 육로를 이용했다. 그 역시 스승의 전례를 따라서 스리위자야를 거쳤을 것이다.

오늘날 수마트라 팔렘방에서 북쪽에 위치한 메단Medan은 절반 정도만 무슬림이고, 불교도와 기독교도가 제법 된다. 스리위자야 불교의 잔재다. 중국 문헌에 등장하는 코타치나kota Cina를 주목해야 한다. 수마트라 북동쪽 델리강 어귀에 있는 이 유적은 1970년대 중반에 발굴됐다. 인도네시아에서 지금도 불교도가 가장 많은 메단지역의 맹그로브강가에 위치한다. 코타가 도시를 뜻하므로 코타치나는 '중국인 도시'라는 뜻이다. 벽돌사원의 기초가 발굴됐는데, 상당한 규모의 힌두교-불교 사원이었다.[12] 애초에 남인도 타밀의 촐라 세력 영향력이 미쳤던 곳이었다가 후대에 중국 화교들이 당도한 것으로 비정된다. 촐라 세력은 북수마

12 John N. Niksig, *Singapore&The Silk Road of the SEA 1300~1800*, National Museum of Singapore, 2016, pp.121~127.

트라 서쪽의 향료산지 바루스Barus에도 흔적을 남기며, 북수마트라 동쪽의 코타치나에서도 남인도 힌두-불교 불상들이 발굴되었다.[13]

5 | 인공으로 빚어낸 수미산 보로부드르

복구되기 이전의 20세기 초반 보로부드르사원 (Firna Sigrist Djocja 사진)

1814년 자바의 영국 통치자 토마스 래플스Thomas Stamford Raffles, 1781~1826 경은 자바의 평원에서 독특하고 어마무시하게 큰 보로부두르Borobudur사원을 '발견'한다. 보로부두르의 보로는 '위대한' '존경하는' 뜻이며, 보로는 부처를 뜻하는 '부두르Budur'에서 기원한다. 학자에 따라서는 부두르가 산스크리트어로 산을 뜻한다고 주장하기도 하는데 정확하게 합의된 것은 없다. 래플스가 자신의 저서 『자바의 역사』에서 보로부두르로 명명하고 난 다음부터 서양인에 의해 익히 통용된 것이다. 원주민은 반드시 캔디를 붙여서 '캔디 보로부두르'로 부른다. 캔디는 자바에서 고건축을 상징한다.

---

13 E. Edwards Mckinnon, *Early Interaction between South and southeast Asia*, Singpaore : ISEAS, 2018.

8~10세기, 해상제국 스리위자야가 전성을 구가할 때 자바에서는 건축 붐이 대대적으로 일어나고 있었다. 불과 200여 년이 채 안되어 메게랑Megelang에서 족자카르타Jogjakarta에 이르는 화산지대의 산비탈과 평원에 많은 사원이 건축됐다. 7세기 말 워노소호Wonosoho 북서 16마일 거리의 화산지대에 세워진 디엥 플라티안Dieng Platean 힌두 사원군이 그 시작을 알렸으며, 프람바난 힌두 사원군에서 절정에 이르렀다. 비슷한 시대인 8~9세기에 족자카르타에서 북서 26마일 거리의 광활한 케두Kedu평원에 보로부두르 불교사원이 축성된다. 적도의 높은 생산력과 중앙 집중화된 강력한 왕국의 탄생을 바탕으로 어떤 종교적 열망의 바람이 자바를 강하게 휩쓸고 지나갔다.

사일렌드라왕국의 보로부드르사원 축성에 불교왕국 스리위자야의 영향이 있다고 여겨진다. 최강의 불교왕국이 수마트라에 좌정하여 해상무역을 경영하고 있었던 조건에서 자바에 그 영향을 미친 것으로 볼 수 있다. 수마트라에서 스리위자야가 불교왕국으로 번성을 구가할 당시, 자바섬에는 사일렌드라왕국이 존재했다. 역사적으로 수마트라와 자바는 경쟁관계이자 동반관계였다. 자바섬은 광활한 경작지대로 비옥한 화산토에서 수전 경작으로 많은 쌀을 생산하였다. 해상제국 스리위자야는 자바섬의 식량을 가져다 먹는 처지였다. 자바는 인도에서 바다를 건너온 불교와 힌두교가 공존하면서 세력을 뻗치던 상황이었다. 프람바난 힌두 사원군과 보로부두르 불교사원 축성이 동시대에 이루어진 것은 두 종교가 동부 자바에서 각축하면서 세력을 확산시키던 정황을 설명해준다.

보로부두르는 족자카르타에서 북서쪽으로 약 40km 거리다. 두 개의 화산과 두 개의 강 사이에 자리 잡고 있다. 보로부두르는 케두 평원Kedu Plain의 다른 두 불교사원인 파원Pawon과 멘두트Mendut와 가깝다. 학자들은 세 사원이 일직선상에 있기 때문에 이들 사이에 일종의 관계가 존재

대항해에 나섰던 선박이 보로부두르사원 부조에 보인다

불두 보로부두르 9~10세기

했을 것이라고 추측한다. 그러나 이러한 상상은 해결되지 않은 논쟁거리이다. 분명한 것은 수전 농업지대의 방대한 생산력을 기반으로 거대한 사원이 성립되었다는 것이다. 사원 축성에 드는 엄청난 인력과 경비, 이 정도 규모의 사원을 유지하기 위한 인력과 재정 능력이 평원의 수전농업 잉여에서 배태되었다.

보로부두르 불교사원은 미안먀 파고다처럼 흩어진 상태가 아니라 거대한 단독 건축물이라는 특장을 지니며, 이는 앙코르와트의 거대한 축성물에 비견된다. 200만 장의 큐빅으로 만들어진 화산암을 쌓아올려 그 자체 하나의 거대한 산을 만들었다. 정상에 오르면 광활한 평원이 굽어보인다. 사원 기획자는 평원에 솟은 인공산을 통해 현실세계의 수미산을 염두에 두고 만다라를 설계했다. 카마다투욕망의 세계, 루파다투형태의 세계, 아루파다투무형태의 세계를 통해 정상으로 올라간다. 불교의 우주관이 건축을 통해 구현된 것이다.

중앙돔 6개의 정사각형, 3개의 원형 플랫폼으로 된 9단계의 플랫폼으로 높이가 30여 미터를 넘는다. 사면을 두른 부조에는 붓다의 일대기를 비롯하여 자바 선주민 생활상이 각인되어 있다. 굽타 양식으로 추정되지만 인도식 불교만이 아니라 자바식으로 수용되고 선택된 형식을 취하여 자바인 활동상을 적극 묘사한다. 말하자면 불교와 토착민의 삶이 적절하게 결합된 자바식 사원이다. 2,672개의 부조와 504개의 불상, 중앙돔에는 72개의 불상을 구멍 뚫린 사리탑에 봉안하였다. 보로부두르사원은 내부에 방이 없고 순례객이 사방으로 돌아다닐 수 있게 설계됐다. 이 사원을 경영하였던 승려들은 인근 목조 건축물에서 기거하였던 것으로 여겨진다. 이 거대한 수미산 어디고 침식을 할 만한 공간이 없기 때문이다.

자바인이 보로부두르를 건설한 기간과 그 과정은 여전히 신비에 싸여 있다. 알려진 것은 불교도들이 중세 초기에 보로부두르에서 순례를 하고 불교의식에 참여하던 1400년대의 어느 시점에서 사원이 버려지기 전까지 존속했다는 것이다. 아랍·페르시아·구자라트 무역상이 8세기와 9세기 초에 이슬람을 가져왔지만 여전히 불교사원은 건재했다. 15세기에 이르러 자바인의 이슬람 개종으로 그때쯤부터 사원 기능이 멈춘 것으로 여겨진다. 지금은 논으로 둘러싸인 평원에 유네스코 문화유산의 팻말을 걸고 관광객만 끌어들이는 버려진 사찰이지만, 한때 많은 스님들이 불법을 닦고 불법을 자바섬에 전하던 거점이었다.

6 | 힌두와 불교가 공존한 자바의 마자파힛

사자국에서 범본梵本을 얻은 법현은 무역상인의 큰 범선에 오른다. 법현이 고난을 겪으면서 90일 정도 되어서 당도한 야바제耶婆提라는 나라가 자바섬이다. 사자국에서 무려 90일이나 흘러 자바에 당도한 것이다. 법현은 자바에 5개월여 머물다가 다른 상선에 올랐다. 아주 큰 배에 200여 상인이 타고 있었는데 50일분의 식량을 준비하였다. 배는 광저우를 향해 나아갔는데 1개월이 지나면서 검은 바람과 폭우가 쏟아졌다. 사람들은 모두 공포에 떨었다. 법현은 이때에 관음보살의 가피력을 염하였다. 죽을 고생을 하면서 마침내 산동반도에 도착한다.

관음을 모신 수마트라 북부의 사원

법현이 겪은 바닷길은 고대 항로의 위험성을 설명한다. 이처럼 4세기에 이미 200여 명이 타는 국제상선이 사자국-자바-남중국해로 연결되고 있었다. 불교의 바닷길이 상선에 의해 연결되었으며 불경과 불상이 사자국에서 중국으로 넘어왔다. 자바는 향료 등 물산이 풍부하고 인도와 중국의 중간지점으로서 원해 항해를 하는 상선들의 중간 기착지였다. 상선에 브라만이 등장하는 것으로 보아 그들은 인도 상층부의 힌두 상인들로서 중국과 거래하고 있음을 나타낸다. 법현은 "이 나라는 외도 브라만이 홍성해 불법을 말하기가 마땅치 못하다"라고 했는데, 당시 서부 자바의 힌두교 세력이 강한 상황을 기록한 것이다.[14]

흥미로운 것은 법현이 탄 상선이 들른 바루스Barus다. 향료를 중국으로 싣고가기 위해서였다. 불교의 전래와 확산에 무역선이 큰 기여를 했다는 증거이다. 바루스는 장뇌camphor 산지로 유명했다. 당인이 최고로 쳤던 파율장뇌婆律樟腦의 파율은 바로 장뇌 수출항이었던 바루스를 뜻했

14 法顯, 『佛國記』.

다. 향은 절에서도 향불사를 위해 가장 중시하던 진귀한 물건이었다.

『신당서』에서는 "가릉訶陵은 사파社婆, 闍婆라고도 하는데, 남해 가운데 있다. 동쪽의 파리와 조금 떨어져 있다"라고 했다.[15] 후대인 송대 『제번기』에 의하면, 자바는 사바국으로 불리웠다. 원대의 『도이지략』에 의하면, 자바는 조와국爪蛙國으로 기록되었다. 조여괄은 『제번기』에 기록하기를, '나라에는 두 절이 있는데 하나는 성불聖佛이라 하고 하나는 사신捨身이라 한다'고 하였다. 자바 사람들은 질병에도 약을 먹지 않고 신이나 부처에게 기원한다고 하였다. 신은 토착 신앙을 뜻하며, 약사여래 기능이 강하게 펴져 있음을 지적한다. 불교가 민간에 널리 신봉되고 있던 사정을 알려준다.

동부 자바에서는 싱하사리왕국Singasari, 1222~1292이 짧은 시기 동안 부상하였다. 고대 자바어와 산스크리트어를 썼던 이 나라는 힌두-불교왕국이었다. 비슈누바르다나Visnuvaidhana, 1248~1268 왕은 자신이 죽자 화장한 유골을 사원 두 개에 나누어 모시게 하였다. 하나는 시바를 모신 신전, 다른 하나는 관음절에 모셨다. 그의 아들은 밀교 의식이 특별히 강한 힘을 부여한다고 믿었으며, 악쇼비아Akshobhya에 몰두하였다.[16] 한국에서 아촉불이라 불리며, 아촉불은 금강계 만다라의 제존으로서 금강저를 잡은 상태로 코끼리좌대에 앉는다고 설해졌다. 아촉불은 의역하면 부동不動, 무동無動, 무노불無怒佛이며, 부동불이라 부른 것은 보리심이 금강과 같이 견고하여 움직이지 않음을 상징하기 때문이다. 아촉불은 일체 중생을 대하여 화를 내지 않겠다는 무진에無瞋恚의 대원을 세운 것으로 유명하다. 악쇼비아는 오래된 초기 대승경전의 하나인데 금강만다라 계열이다.

---

15 『新唐書』「南蠻傳」.

16 Lynda Norene Shaffer, *Maritime Southeast Asia to 1500*, New York : Routledge, 1996, pp.86~87.

동부 자바의 힌두상, 15세기(Parvati 신상, Rimbi 사원, 국립인도네시아박물관)

인도네시아 불교가 밀교에 전념하였음은 스리위자야의 경우나 자바의 경우나 동일하였다. 전형적인 힌두-불교 의례가 궁궐에서 모셔진 것인데 당시 민간 사정은 잘 알려져있지 않으나 상층부와 마찬가지로 힌두-불교 습합이었다.

몽골의 자바섬 공략에 따른 내부의 반란과 동요 등으로 싱하사리는 멸망하고, 대를 이어서 마자파힛 해상왕국1293~1528이 부상하였다. 스리위자야가 구사한 해양전략을 복제하여 과거 스리위자야의 해양영역을 뛰어넘는 최대 제국을 건설했다. 본거지는 싱하사리왕국의 뒤를 이은 동부 자바였다. 1290년에 수마트라의 믈라유왕국을 꺾으므로써 새 제국이 시작되었다. 『명사』「외국전」에 이르길, "당시 조와가 이미 삼불제를 격파하고 그 나라를 점거하고는 이름을 구항舊港, 팔렘방으로 바꾸니, 삼불제는 드디어 멸망하였다"고 하였다. 주도권이 수마트라에서 자바로 완전히 이동한 것이다.

자바의 마자파힛은 싱하사리와 마찬가지로 전통적으로 힌두교와 불교의 조화를 통하여 국가를 통치하였다. 마지파힛 힌두교는 샤이비즘Shaivism에 기반한 것이다. 샤이비즘은 수천 년간 인도에서 행해온 고대 종교와 정신적 전통으로 비슈누파, 삭티파, 스마르타파와 더불어 네 종파가 힌두교를 형성한다. 굽타제국에서 동남아까지 퍼져나간 샤이비즘이 어느 시점에 자바에 당도한 것이다. 샤이비즘파는 힌두신 시바를 최고의 초월 존재로 믿으며 고통으로부터의 해방을 강조했다.

왕은 자신을 힌두와 불교, 샤이비즘 세 종교의 화신으로 내세웠다. 같은 힌두라도 샤이비즘을 강력 옹호하는 성향이었다. 그 당시에도 분명히 이슬람 세력이 들어와 있었고 상인을 통한 무슬림교도들이 존재했지만 마자파힛의 왕은 힌두와 불교는 포용하되 이슬람은 제외시켰다. 왕은 시바와 비슈뉴, 두르가 등을 일상으로 내세웠다. 왕녀가 불교신자이기도 했으며 대승 불교가 넓게 받아들여졌다.[17] 스리위자야와 전신인 싱가사리가 밀교에 기반하였다면, 마자파힛 불교도 밀교 성격을 간직하고 있었다. 힌두와 불교는 국가 제의에서 공동으로 잘 표출되었다.

수라바야에서 작은 보트로 갈아타고 강을 거슬러 올라가면 두 개의 도시에 당도한다. 궁궐과 시장이 형성된 부밧Bubat이 그곳이다. 부밧은 국제도시로 시장이 형성되어 있고 중국인과 인도인이 다수를 차지했다.[18] 부밧과 궁궐에서는 매년 3~4월 봄철에 차이트라Chaitra축제가 벌어졌다. 본디 남인도에서 힌두력으로 봄의 시작이자 새해의 시작점에서 열리는 힌두축제가 자바의 부밧에서도 열린 것이다. 전형적인 인도 문화가 그대로 이식되었다. 첫 과일을 천신하고 쌀의 신에게 올리는 이 제의는 왕의 사회적·정치적 권위를 세우는 데 기여했다. 힌두와 불교 승려들이 축원을 함으로써 힌두교와 불교인이 공존하는 종교적 포용성을 과시했다. 마자파힛이 인도네시아 마지막 힌두왕국이었으나 저변에 불교가 여전히 넓게 퍼져 있었음을 알 수 있다.

마자파힛 해양제국이 번성을 구가하는 동안 인도양에서 시작된 이슬람의 확산은 마침내 바다를 건너 동남아시아에 당도하고 있었다. 인도네시아 영역에서 불교의 소멸은 이슬람의 도래와 더불어 시작된 것이다. 자바 북부에 자리 잡은 데막 술탄의 공격으로 힌두-불교세계는 인도네시아에서 막을 내린다.[19]

그런데 인도네시아불교사에서 미궁의 발굴들을 고려해야 할 것이다. 바다를 통하여 보르네오와 술라웨시에도 불교가 전파되었다. 인도상인은 보르네오와 술라웨시 등으로 향료를 찾아서 왔다. 향료는 인도인의

17 Ann R. Kinney · Marijke J. Klokke · Lydia Kieven, *Worshiping Siva and Buddha : The Temple Art of East Java*, University of Hawaii Press, 2003.

18 Kenneth R. Hall, *Maritime Trade and State Development in Early Southeast Asia*, University of Hawaii Press, 1985, p.235.

19 주강현, 『해양실크로드 문명사』, 바다위의정원, 2023, 715~719쪽.

식생활에 절대적으로 중요하였다. 보르네오 서부의 삼바스Sambas마을에서 금과 은으로 만들어진 귀한 불상이 수집되었는데 이슬람이 인도네시아에 당도하기 전인 8~9세기에 자바에서 만들어진 불상이다. 금은으로 9명의 붓다와 보살을 형상화하였는데 높이는 18cm 정도이다. 붓다 입상과 8개의 그보다 작은 보살상으로 이루어진다.

이슬람 당도 이전까지 힌두와 불교는 보르네오에서도 기본 종교였다. 상인의 배에 실려서 당도하거나, 때로는 남인도로 순례 간 사람들이 돌아올 때 갖고 왔다. 이들이 들여온 불상들은 지역 토착 장인들의 욕망을 불러일으켰고 현지에서 불상이 모방 창작되기 이른다. 이 불상 역시 모델이 수입되어 자바에서 재창작된 것으로 여겨진다. 자바에 전문적 불상 제작자가 있었다는 뜻이다. 이 불상은 1940년대에 수집되어 싱가포르 역사학자 손에 넘어갔다가 영국박물관으로 건너갔다.[20]

1921년 술라웨시 서부의 시켄둥Sikendung 유적도 중요하다. 쿠람Kuram 강가에서 청동불상이 발견되었는데 전통적으로 금을 채취하던 강이다. 불상은 동남아에서 발굴된 가장 아름다운 불상의 하나로 인정되는데 대체로 2~5세기 남인도 아마라바티 양식이다. 남인도에서 그대로 수입되었거나 현지에서 모방하여 만든 것으로 여겨진다. 인도네시아 사람들은 이 불상을 디팡카라Dipangkara 붓다로 여기는데,[21] 그는 선원들의 수호신이다. 디팡카라 불상은 수마트라의 믈라유에서도 발견되었다. 말레이인들이 동남아 해상무역을 장악하던 시절에 인도에서 수입된 불상으로 여겨진다.

수마트라 스리위자야에 불교가 전파되던 비슷한 시점에 멀리 술라웨시까지 인도의 불교가 당도하고 있었다. 청동불은 허리 아래가 파괴되

---

20 R. Fisher, *Buddhist art and architecture*, London : Thames&Hudson, 1993.

21 The National Museum of Indonesia, *The Maritime Legacy of Indonesia*, Jakarta, 2016, pp.110~111.

었고 손도 파손되었으나 두려워하지 말자는 뜻의 시무외施無畏 수인이 다. 고대 술라웨시에 어떤 불교세력이 웅거하고 있었던 것으로 비정되는데 더 이상의 내용은 미궁이다. 현재 이 불상은 자카르타의 국립인도네시아박물관에 전시되고 있다. 바다를 통한 불교 전파의 극서단이 술라웨시였음을 입증하는 불상이다.

항해자의 수호신으로도 모셔진 디팡카라(Dipangkara) 보살상.
인도에서 대단히 먼 바다인 술라웨시 서해에서 발견되었다(국립인도네시아박물관)

Chapter 10

옥에오에서 인드라푸라로

메콩강 연대기

내부는 완전히 석가모니 부처와 비슷한데 그 상은 붉은 옷이 입혀져 있고 점토로 만들어 붉고 푸르게 장식되어 있다. 이것이 사원의 유일한 상이다. 탑 안의 부처들은 오히려 다른 모습을 하고 있고 청동으로 주조되었다. 종, 북, 요발, 비단으로 만든 늘어뜨리는 봉헌물, 덮개 같은 것은 없다. 승려들은 생선과 고기를 먹지만 술을 마시지 않는다. 부처에게 바치는 제수에도 생선과 고기를 사용한다. 하루에 한 번 재를 지내는데 제주의 집에서 마련한 것이다. 사원에는 부엌이 없기 때문이다. 그들이 암송하는 문헌은 아주 많고 모두 규칙적으로 접힌 야자나무 잎으로 만들었다. 이 잎들 위에 검은 글씨로 쓰지만, 그들은 붓이나 먹을 사용하지 않아 무엇으로 쓰는지 모르겠다. 어떤 승려들은 막대가 달린 가마와 금 또는 은으로 만든 손잡이가 있는 파라솔을 쓸 수 있다. 왕은 그들에게 중요한 문제들을 자문한다. 비구니는 없다.

주달관, 『진랍풍토기』

Chapter 10

옥에오에서 인드라푸라로

메콩강 연대기

1 | 동남아 인도화와 문명사적 파장

기원전과 기원후 초기, 당대의 선진 문명이었던 인도에서 동남아로 강력한 파장이 미치고 있었다. '동남아의 인도화'가 시작된 것인데 그 내용물 안에는 종교와 언어, 국가 시스템 등이 망라된 것이었다. 그중에서도 힌두교와 불교의 파동이 강력하였는데 그 순서는 힌두교가 앞장서고 불교가 뒤늦게 당도하였다. 그러나 시간이 흘러갈수록 힌두교가 밀려나고 불교가 자리잡는 경향을 보여주었다. 초기에는 인도적 정체성이 강한 힌두교가 득세하다가 나중에 불교가 들어온 것이다. 그러나 전이된 종교 양식은 힌두-불교라는 습합과 공존 방식이 많았다.

푸난과 앙코르, 짬파 세 나라는 '인도-인도차이나'왕국이었다. 이들 나라는 각기 시기를 달리할 뿐더러 민족 구성원 자체가 다르고 역사도 다르다. 그런데 인도차이나를 형성하는 세 왕국은 모두 힌두와 불교 문명이 매개된 혼재 국가였다는 공통의 특징이 있다. 국민국가로서의 캄보디아와 베트남 영역은 엄밀하게 구분되지만 메콩강 줄기에서 벌어진 푸난과 앙코르 문명은 무관한 것이 전혀 아니다.

공통 특징이라는 것도 각각 왕국마다 상이한 방식으로 나타났다. 크메르는 오늘날의 남부 메콩강과 캄보디아 남동, 라오스 일부에 걸쳐 있었다. 짬파는 오늘날의 캄보디아 일부, 중남부 베트남의 동해안에 걸쳐 있었다. 푸난은 남부 메콩강 일대와 캄보디아에 일부 걸쳐 있었다. 멸망 순으로는 푸난이 가장 빨리 사라졌으며, 그 이후에 짬파, 크메르 순이다. 짬파는 소수민족으로 자취를 남기고 있으며, 크메르는 캄보디아로 존속된다. 대체적으로 푸난과 짬파는 현재의 베트남과 캄보디아에 흡수되었다.

2 | 힌두와 불교 문명이 혼재된 푸난왕국

시암만의 베트남 쪽, 즉 시암만에서 메콩강으로 들어선 곳이 푸난의 중심지이다. 메콩강은 세계에서 12번째로 길 뿐더러 아열대지방을 흘러내려가서 유수량이 풍부하다. 칭하이성에서 발원하여 운남성과 미얀마, 태국, 라오스, 캄보디아, 베트남을 거쳐 남중국해로 흘러든다. 인도차이나 대부분이 메콩강에 의지하여 살아간다. 인도차이나 젖줄을 따라서 불교도 이동하였다.

푸난의 성립은 1세기 무렵이다. 크메르어로 브남Bnam, 현대어 Phnom, 중국어로 부남扶南이며, 모두 '산'을 뜻한다. 푸난 건국 신화는 캄보디아 건국 신화와 연결되며, 푸난의 시조를 인도 설화와 연결한다. 이 신화는 그 후 천 년 넘게 장기 지속으로 궁중 의례의 중요 부분이 됐다. 푸난 중심지는 옥에오O-Eo였다. 메콩강 삼각주 하구에 위치하여 베트남 사후인, 동선 문화 그리고 더 멀리 인도, 중국, 지중해의 고대 문화와 연결된다. 푸난은 동남아에서 본격적으로 인도화한 최초의 나라였다.

푸난이 제국은 아니다. 제국으로 발달하기에는 시대 조건과 지역 및

옥에오의 인물 두상(호치민역사박물관)

종족 역량이 충분하지 않았다. 동남아 특유의 만달레 시스템에 의한 '네트워크 연합국가' 성격을 지니며, 큰 만달레와 작은 만달레가 유기적으로 엮어졌다. 푸난은 일찍이 중국 『한서』에 등장하는 부남이다. 229년, 삼국의 오나라 손권 휘하의 교주지사 여대呂岱가 사신을 파견하여 짬파와 푸난을 순방하도록 했다. 만진萬震은 『남주이물지南州異物志』, 강태康泰는 남해 여러 나라의 견문록인 『오시외국전吳時外國傳』과 『부남토속전扶南土俗傳』을 각기 저술했다.[1]

1 이들 문헌은 인멸되면서 후대의 다양한 문헌에 흔적을 남겼다. 다소 상이한 이름과 그 전거는 다음과 같다. 『扶南土俗』(『太平御覽』), 『扶南記』(『藝文類聚』), 『扶南傳』(『典』, 『水經注』), 『康泰扶南土記』(『水經注』), 『吳時外國傳』(『太平御覽』, 『册府元龜』), 『吳時外國志『(『太平御覽』, 『藝文類聚』).

푸난의 목조불상, 3~6세기
(호치민역사박물관)

푸난의 입상, 7~8세기
(호치민역사박물관)

『부남토속전』은 인도를 왕래하던 중국 상인 가상리家翔梨가 인도에서 귀환 길에 푸난의 왕 범전范旃을 만나 자신이 보고 들은 풍습을 설명한다. 그런데 강태는 부남에서 불교가 융성하고 있다고 했다. 불교가 상층뿐 아니라 하층까지 폭넓게 받아들여지고 있던 실상을 기록했다. 『오시외국전』에서는 "부남국에는 벌목선伐木船이 있어 길이 12장, 넓이 6척"이라 했으며, 『남주이물지』에서도 능히 원해 항해가 가능한 선박을 묘사하고 있다. 푸난과 중국의 무역거래를 가능케 했던 상선들이다. 이들 상선 루트를 이용하여 무역은 물론이고 사신과 불교 교섭이 이루어졌을 것이다.

저지대 평원에 솟아 있는 옥에오의 산은 힌두교에서 신성시하는 신이 사는 성산聖山 메루산須彌山, 수미산이다. 힌두에서 수미산 정상에는 브라흐마푸라梵宮, Brahmapura가 있다. 불교우주관에서 세계의 중앙에 산이 솟아 있는 산이다. 메루산을 직접 가보니 야트마한 동산에 불과한데, 주변이 수로와 논이 펼쳐진 저지대라서 높게 보인다. 바다와 강이 연결되는 메콩 델타지역에 항시국가를 성립시켰는데 낮은 메루산도 저지대 삼각주에서는 전략적인 고지대로 보인다. 산 아래에 절터가 보존되고 있다. 벽돌로 축조된 절터는 불교가 흥성했다는 증거이다. 남은 벽돌로 미루어 보아 절은 붉은 벽돌을 쌓아올린 고대적 방식이다.

옥에오 출토품에는 지역 생산물, 동남아 교역품, 인도·이란·지중해 수입품 등이 섞여 있다. 옥에오는 프톨레마이오스가 언급한 국제무역항 카팅가라Kattingara로 비정된다. 유적지에서 2세기 마르쿠스 아우렐리우스의 금화, 안토니누스 피우스의 금화, 막시미누스 트라쿠스의 초상, 포세이돈·디오니소스·판의 초상, 4세기 테오도시우스 1세Theodosius, 347~395의 초상 그리고 콘스탄티누스 1세Constantinus, 272~337 등의 동로마 유물이 나왔다. 콘스탄티노플에서 푸난까지 국제무역선이 왕래했다는 증거다. 동한25~220의 동전도 발굴되어 중국 상인이 당도했음을 말해준다. 북

푸난의 석불(호치민역사박물관)

쪽 산동반도에서도 푸난의 영향을 받은 불상이 발굴되기도 하였다. 푸난은 전형적인 중개무역지로 중국과 인도를 연결하는 매개처였다. 푸난이 멸망하고 난 다음, 그 매개체 역할을 수마트라섬의 스리위자야가 계승한다.

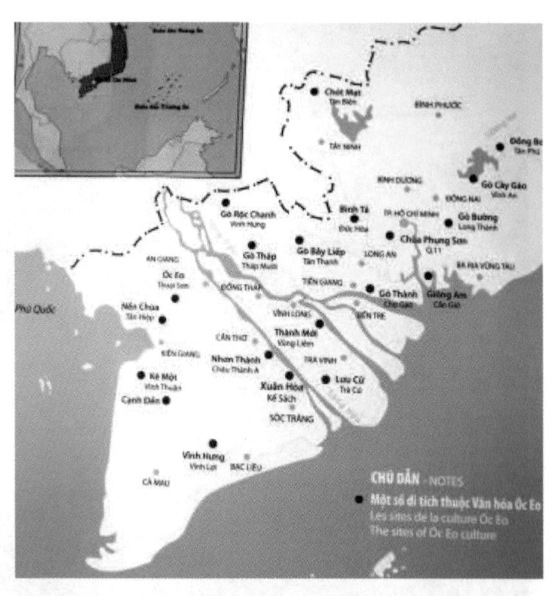

메콩델타의 옥에오 근거지 분포도(호치민 역사박물관)

옥에오는 해상과 강상 루트를 연결하는 전략적 위치다. 북동쪽으로는 푸난의 정치 중심지로 추정되는 캄보디아 앙코르보레이, 남서쪽으로는 시암만 연안의 넨쭈어 유적과 운하로 연결된다. 인구밀도가 높은 정착지 옥에오에서는 지중해, 인도, 동남아시아 등지에서 원료를 수입·가공한 후 제조품을 수출한 것으로 보인다. 물품 집산지이자 가공지로 기능한 것이다. 당대의 선진 문명권인 인도에서 바다를 건너 종교, 정치, 문학예술, 수공업 기술 등이 들어왔다.

유리구슬 제작법, 힌두교사원과 만다라, 1~4세기 인도 불교미술의 중심이었던 동인도 아마라바티Amaravati 양식의 조각상, 초기 인도문자와 힌두교도상이 새겨진 금판과 인장, 산스크리트어가 새겨진 주석판과 비문 등이 확인된다.[2] 벵골만 건너편의 아마라바티 양식이 들어온 것으로 보아 남인도에서 불교가 벵골만을 건너와서 이입된 것으로 여겨진다. 이미 말레이반도에는 부장계곡을 위시하여 인도 영향권의 여러

2 『옥에오』, 한성백제박물관, 2019, 22쪽.

그리스풍 느낌이 드는 푸난의 힌두신상(호치민 역사박물관)

항시국가가 있었기 때문에 말레이반도에 당도하면 시암만을 건너 손쉽게 옥에오에 당도할 수 있었다.

브라만 문화를 받아들인 푸난의 군주는 신왕의 지위를 고수하고 시바신을 숭배했지만, 불교도 널리 퍼져 있었다. 호찌민역사박물관에는 푸난과 짬파 유물이 모여있고 산스크리트어 비문이 전해온다. 발굴 유물에서 힌두 양식이 중심이지만 빼어난 석불과 목불도 남아 있어 불교 역시 문화적 구심점이었음을 알 수 있다. 다채로운 힌두신상이 다수 발굴되었는데 비슈누 신앙과 불교 신앙이 동시에 발전하고 있었다는 증거이다. 푸난에는 많은 승려와 경전이 있었으며 당시 동남아 대승 불교의 중심지였던 것으로 보인다. 고고학적 물질 증거와 중국 문헌의 괴리감이 엿보인다. 중국 사서에는 분명히 푸난의 불교가 대단한 수준이라고 하였다. 그러나 고고학적 발굴에서는 불교적 증거물은 힌두신상에 비하여 제한적이다. 따라서 고고학적 잔유물만으로 푸난은 '힌두의 나라'였다고 논하는 것은 오류일 것이다.

헬레니즘 양식의 간다라미술도 옥에오에 영향을 미쳤다. 호찌민역사박물관의 옥에오 유물에는 불교신상 및 힌두신상이 같이 진열되어 있는데 간다라미술은 불교신상에만 영향을 미친 것이 아니라 힌두신상에도 그 흔적을 남겼다. 간다라 양식이 서역에서 바다를 건너 옥에오에 이른 것이다. 세련된 양식의 힌두상은 지금 봐도 지극히 현대적이다. 불교와 힌두 그리고 그리스 양식이 메콩강 유역에서 만나 융합되면서 새로운 문명을 만들어냈다. 브라만 문화를 받아들인 푸난의 군주는 신왕의 지위를 고수하고 시바신을 숭배했지만, 불교도 널리 퍼져 있었다. 즉 힌두-불교 공존의 시대였다.

푸난은 중국 남조에도 영향을 주었다.[3] 푸난 불교의 명성이 높았기에 양나라는 승려를 보내달라고 하였고, 푸난은 사가바르만Sa ghavarman, 僧伽婆羅과 만다라Mandala, 曼陀를 보냈다. 산스크리트어 경전을 양나라로 가져갔으며 그들은 중국에 머물면서 경전을 한역했다. 『남제서南齊書』「만·동남이전蠻·東南夷傳」에 따르면, 중국 남조의 유송劉宋, 420~479 말 부남 왕 사야발마는 상인과 상품을 광주까지 보내 교역하였다. 천축 승려 나가선那伽仙을 보내 표를 올렸다.

> 신이 전에 사신을 보내 잡다한 물건을 싣고 광주에 가서 무역을 하였습니다. 천축의 승려 나가선이 광주에서 신들의 선박에 편승하여 부남으로 오려고 하였는데, 바다에서 태풍을 만나 임읍에 도착하게 되었을 때, 임읍의 국왕이 신의 화물과 나가선의 개인 재물을 빼앗았습니다. 나가선이 중국에서 이곳에 왔다는 것을 자세히 설명하면서, 폐하의 성스러운 위덕과 인

3 이경신, 현재열·최낙민 역, 『해양실크로드의 역사』, 선인, 2018, 80쪽.

> 자스러운 다스림을 우러르며 나열하였습니다. 상세히 논의하고 교화를 행하시고, 불법이 흥성하며, 많은 승려가 모여고, 불교행사가 날로 성행하며, 왕의 위엄이 엄정하고……. 복종하지 않는 자가 없다고 하였습니다,

푸난이 남조와 인도의 중간 지점에서 중개무역을 하고 있었고, 천축승도 매개자 역할을 하고 있음이 확인된다. 『남제서』는 푸난인은 교활하고 꾀가 많아, 주변의 복속되지 않는 사람들을 공략하여 노비로 삼고, 금은과 비단을 교역한다고 하였다. 선박을 건조하였는데 길이가 8~9장이고 폭이 6~7척이라 하였다. 능히 중국과의 항해가 가능하였을 것이다.

푸난의 자야와르만Jayavarman, 478~514 왕은 양무제에게 조공을 바치면서 위에서 언급된 나가선, 즉 나가세나를 통해 "부남국은 국교가 브라만교로 주로 시바Śiva 신을 모시지만 불교도 성행하여 신도 수가 많다"고 전한다. 중국과의 교학 교류도 활발하여 만드라네세나Mandrasena가 『문수반야경文殊般若經』 2권, 상가팔라Sanghapala는 『아육왕경阿育王經』 10권을 크메르어로 번역했다.

『양서』「제이전諸夷傳」에 따르면, 503년 산호로 빚은 불상을 보냈고, 중국은 교진여도사발마憍陳如闍邪跋摩, 인도 계통의 카운딘야를 뜻함를 푸난 왕으로 책봉한다. 책봉이란 단어로 미루어 푸난이 중국의 기미체제에 편입된 것을 알 수 있다. 중국은 푸난에서 지속적으로 불교 문화를 받아들였다. 519년 루두르와르만Rudravarman, 514~550시대에는 천축에서 단향목으로 조각한 석가모니상과 보리수 잎婆羅樹葉을 보냈으며, 보석 화제주火齊珠와 울금鬱金, 소합蘇合 등을 중국에 봉헌했다. 519년에 사자를 보내어 말하기를, 푸난에 부처의 머리카락이 있는데, 길이가 1장 2척이라 하였다. 이에 양무제가 조를 내려 승려 운보雲寶에게 사자를 따라가서 붓다의 머리카락을 모셔오게 했다.

6세기 초 무렵 중국에 건너온 푸난 출신의 상가팔라僧伽婆羅, 460~524는

스리랑카 아바야기리사원의 우파팃사가 지은 『해탈도론解脫道論』 대승경전인 『문수사리문명文殊師利問經』, 『공작왕주경孔雀王呪經』 등을 한역하였다. 535년에는 천축승 구나라타나를 중국에 보냈으며, 546년에는 패엽경으로 제작된 대승경전 240개를 보내면서 붓다의 모발사리를 다시 회수한다.[4] 중국 요청으로 천축승 파라마르타Paramartha 또는 Gunaratna와 불교용품 및 경전 240종류를 함께 보낸 것이다.

546년에 유식론唯識論의 대가 진제眞諦, Paramārtha, 499~569가 546년 해로로 푸난에서 광주에 당도하였다. 그가 푸난에서 광주로 간 상세 내막은 알려지지 않지만, 당시 푸난은 대승 불교가 승하였으므로 양나라의 홍법을 위해 간 것으로 추측된다. 양무제는 푸난에 사신을 보내어 대승 불교 논서와 대덕삼장을 요청하였고, 푸난에서 진제를 보낸 것이다.

이처럼 양나라 성립 이후에 푸난은 502년부터 539년 사이에 무려 열세 차례나 사신을 보낸다. 당시 중국은 끊임없이 천축국뿐 아니라 푸난에서도 다양한 불교자료를 들여오기 위해 애를 썼다. 푸난의 불교계가 양나라보다 우월한 상태였음을 말해준다. 이처럼 푸난과 중국은 서로 관심이 많았으며 교류에서 불교가 매개 역할을 했다.[5]

푸난 영역을 메콩강에만 국한하면 안된다. 푸난은 연계 식민지도 거느렸다. 시암만의 우통도 사실상 푸난의 도시였다. 규모는 옥에오보다 작지만 옥에오와 우통 두 도시는 역할 분담을 하면서 공존했다. 우통은 푸난의 일정한 통제를 받는 만달레 시스템에 속하는 나라였다. 우통에서 로마제국의 빅토리누스 동전과 머리가 두 개인 메두사 목걸이가 출토됐다. 우통에서도 옥에오와 마찬가지로 남인도 아마라바티 초기 양식 불상이 발굴됐다.

『양서』에서는 시암만 돈손국頓遜國도 푸난의 별칭이라고 하였다. 돈손

---

4 조계종불학연구소, 『세계불교사』 1, 2012, 28~129쪽.

5 『梁書』 卷54 「諸夷傳」.

은 푸난의 속국으로 중국 대외무역 거점 중 하나였다. 만달레 시스템의 작은 나라였을 것이다. 돈손은 말레이반도에 있으며, 동쪽은 교주, 서쪽은 천축과 안식국을 경계로 하고 시장이 늘 열려 있다고 했다. 돈손에는 천축인 500호가 살며 불교도와 바라문힌두교이 1,000여 명이 살고 있다고 했다. 『양서』는 인도 상인이 이주촌을 형성하고 있음을 잘 인식하고 기록하였다.[6]

푸난의 실제 정치 중심지는 앙코르보레이Angkor Borei다. 오늘날 프놈펜 북방 102km 지점에 위치한 이 도시는 해발 2~10m에 불과한 저지대다. 옥에오보다는 내륙으로 들어가 있고 메콩강 본류에서는 서쪽이다. 기원전 5세기에서 기원후 6세기까지 1,000여 년간 존재했다. 앙코르보레이가 정치 중심지, 옥에오가 국제교역항으로 역할을 분담했다.[7] 옥에오는 푸난의 국제 외항이고, 앙코르보레이는 푸난의 수도였던 것으로 추정된다.[8] 기원후 5세기 말엽 왕은 자신의 종교를 기록할 목적으로 산스크리트어 비문을 새기기 시작했다. 낙타담방덱Nak Ta Dambang Dek에서 나온 비문은 부처를 기려서 새겼다. 앙코르보레이에서 나온 이들 비문은 이곳이 푸난의 수도였음을 암시한다.[9] 앙코르보레이에서는 기원전 700년부터 적어도 7세기까지 그곳에 계속 새로운 사원이 지어졌다.

흥미로운 것은 멸망한 푸난 세력이 13세기까지 잔존한 기사가 확인된다. 남송 보우寶祐 5년1257의 『고금합벽사류비요古今合璧事類備要』에 고려와 푸난 및 서역 외국高麗 扶南及 西域 外國高麗 扶南及 西域 外國이 금으로 만든 그릇을 받친 것으로 나온다. 왕국으로서의 푸난은 사라진 상태에서 지역 세력으로서 여전히 푸난이 잔존하였고, 남송에 공납을 바치고 있으며,

6 陳炎, 「海上絲綢之路與中泰兩國的文化交流」, 『海交史研究』 29, 泉州海外交通史博物館, 1996, 14쪽.

7 권오영, 『해상 실크로드와 동아시아 고대국가』, 세창출판사, 2020, 107쪽.

8 石井米雄 等編, 『東南アジア史 1 大陸部』, 山川, 1999, 79~80쪽.

9 찰스 히검, 조흥철 역, 『앙코르 문명』, 소나무, 2009, 67쪽.

고려 및 서역과 동등하게 기술되고 있는 점이 특이하다.[10]

앙코르보레이는 종교 성소로의 기능을 입증하는 비문이 여럿 발굴됐다. 기원후 5세기 말엽 삼각주의 왕은 자신의 종교를 기록할 목적으로 산스크리트어 비문을 새기기 시작했다. 낙타담방덱에서 나온 비문은 붓다를 기려서 새겼다. 비문은 시바의 보호를 믿는 자야바르만 왕과 아들을 인용하며, 왕이 브라만 승려인 아들을 자신의 재산 감독인으로 삼았다고 기술한다. 붓다와 시바를 모두 숭배하는 혼합 상태였다.

3 | 힌두에서 불교로 전환한 크메르왕국

앙코르와트는 힌두에서 불교로 전환한 경우이다. 앙코르는 톤레사프 호수 주변의 관련 유적에 전통적으로 붙여진 이름이다. '신성한 도시'를 뜻하는 산스크리트어 나가라nagara에서 유래한다. 동남아에서 나가라는 뱀에서 유래하였고 이는 물과 연관된다. 앙코르와트 입구의 거대한 코브라 조각도 물을 상징한다.

앙코르보레이는 해발 2~10m에 불과한 저지대다. 무역도시 옥에오보다 내륙으로 들어가 있고 메콩강 본류에서는 서쪽이다. 톤레사프호수을 통해 메콩강으로 이어지며, 캄보디아 중심부 톤레사프호수와 연결되었다. 앙코르보레이는 정치 중심지, 옥에오는 국제교역항으로 역할분담이 이루어지고 있었다.

번성을 구가하던 푸난을 진랍眞臘이 멸망시킨다. 푸난을 접수한 크메르족의 조상격인 콤Khom족의 진랍왕국은 본디 푸난 북쪽, 오늘날의 남부 라오스와 북부 캄보디아에서 일어났다. 진랍은 8세기 초반에 분열을

10 謝維新 撰,『古今合璧事類備要』(四庫全書本) 外集 卷61.

뱀을 상징하는 나가. 불법의 수호자로 앙코르를 비롯하여 인도와 동남아 곳곳에 세워졌다

Henry Moubut, 앙코르와트 전경, 1826년

한다. 『구당서』에서 당 신룡神龍, 705~706 이후 육진랍과 수진랍으로 둘로 나뉘었다고 설명한다. 이때까지도 진랍의 기본 종교는 힌두교였다. 수진랍은 자바의 해상강국 사일렌드라왕국에게 복속되는 운명을 겪는다.

앙코르와트 전경

그만큼 남방 해상세력의 힘이 강력하게 동남아에 미치고 있었다.

앙코르와트의 역사적 등장은 12세기 무렵이다. 수리야와르만 1세Suryarvarman, 1010~1050는 캄보디아 역사상 최초로 국왕이 불교도임을 선언한다. 그러나 이는 브라만교와 불교의 편견 없는 조화를 추구하는 것이었다. 또한 자신이 대승 불교를 숭앙하면서도 테라바다 불교의 확산도 용인하는 방식이었다.

12세기 초에 수리야와르만 2세1113~1150가 들어서자 상황이 바뀐다. 왕

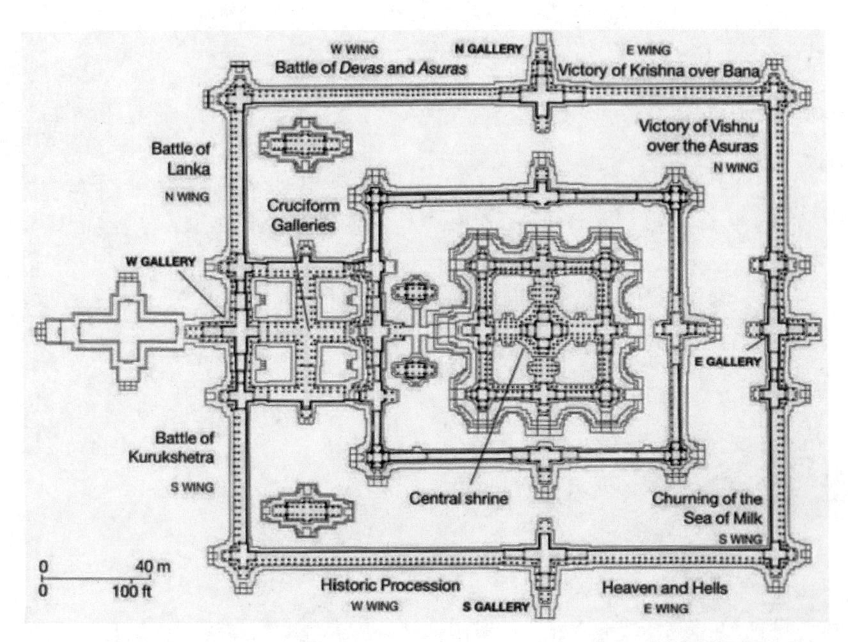

앙코르와트 유적 도면

은 힌두사원인 앙코르와트를 완성한다. 이전 왕들과 다르게 힌두교에 의탁한 통치자였다. 앙코르Angkor도 산스크리트어로 '도읍'이라는 뜻을 지닌다. 와트Wat는 크메르어로 사원을 뜻하므로 앙코르와트는 '사원의 도읍'이라는 뜻이다. 힌두교 3대 신 중 하나인 시바와 비슈누 신에게 봉헌되었다. 앙코르와트 중앙의 다섯 개의 높은 탑은 힌두신이 살고 있는 메루산Meru인데 불교의 수미산과 동일하다. 주변의 해자처럼 판 도랑은 바다를 상징한다. 바다 위에 우뚝 메루산이 솟은 형국을 뜻한다.

그런데 1177년 오늘날의 베트남 해안가의 짬파왕국이 크메르를 공격하는 큰 사건이 벌어진다. 힌두신의 영력이 떨어져서 공격을 당했다고 생각하고 왕은 불교로 전환한다. 불력에 의탁하여 나라의 운명을 구해보고자 하는 생각을 할 수도 있으나, 단순하게 짬파의 공격 때문만이 아니라 이미 불교가 민간 사이에 넓게 저변을 확보하고 있었기에 불교로의 전환을 결정했을 것이다. 대승 불교가 테라바다 불교와 공존하면서

앙코르와트의 부조

앙코르와트의 불상

융성하였고 많은 승려들이 존재했다.

앙코르와트 주변에 새롭게 앙코르 톰Thom을 세우면서 기존의 힌두사원을 불교사원으로 바꾼다. 시바에 헌정한 부조는 불보살로 바뀐다. 12세기 말 불교교리가 부드럽게 스며들면서 앙코르는 불교숭배의 중심지가 된다. 앙코르톰Angkor Thom의 중심 사원은 자야와르만 7세에 의해 건립된 바이욘Bayon사원인데 불교가 중심이었다.[11] 바이욘은 크메르제국의 마지막 국가 사찰이었으며, 상좌부 성향이 강한 앙코르에서 대승 불교 사찰로 지어졌다. 다만 바이욘은 불교사찰이면서도 힌두요소를 포기하지 않았으며 크메르 고유의 토착신도 포함하였다. 캄보디아 사람은 자야와르만 7세를 크메르인을 수호하기 위해 극락정토에 온 보살이라고 믿었다.

사원 전면에 216개의 인면을 배치하였는데 이전에는 없는 양식이다. 자야바르만은 자신을 생불이라고 자처하였으며 관세음보살의 화신이

---

11 Sila Tripati ed., *Maritime Contacts of the Past*, Oxford Centre for Maritime Archaology, 2015.

라고 주장했을 가능성이 있다. 그 전의 왕도 힌두신 시바와 동일시하여 데바라자, 즉 신정정치를 구사하였다. 짬파의 침략으로 무너진 왕조를 재건설하면서 불심으로 국난을 극복하고자 했던 자야바르만 7세의 의도가 반영된 사원이다. 바이욘 부조에는 중국 상선이 보인다. 광동이나 통킹만에서 온 중국 정크의 전형이다. 남중국해에서 인도차이나반도로 중국 상선의 뱃길이 이어졌다는 증거다.[12]

앙코르와트 건축 양식은 인도 영향을 받아들인 뒤에 건물 형태나 석조 장식 등에서 앙코르왕조의 독자 양식을 발현하여 이룩한 것이다. 당시 캄보디아의 종교적 성향과 인력 동원 능력, 종교적 열정과 국력, 뛰어난 예술수준과 우주관, 도시의 구획방식 등을 알려주는 기념비적 유적이다.[13]

13세기 중반, 크메르 통치자 자야바르만 8세에 의해 인가된 힌두 신앙의 짧은 부활이 이루어졌다. 초기 크메르제국의 힌두교 중심을 복원하고 앙코르를 힌두 중심으로 되돌렸다. 불교에 헌정되었던 바이욘조차도 이 짧은 기간 동안 개종되었으며, 건축 장식에 등장하는 많은 부처의 얼굴이 제거되었다. 왕의 단독 결정이라기보다는 힌두에 의탁한 브라만 지배세력의 불만과 요구가 반영된 결과로 여겨진다. 그러나 한번 포교가 시작된 불교가 사라진 것은 아니다. 13세기 말까지 불교는 앙코르 도읍이 포기될 때까지 국교로 존재했다. 그리하여 크메르의 오랜 문화 유산에는 힌두와 불교의 중첩된 이미지가 겹쳐져서 잠복되어 있다.

송대의 『제번지』에 의하면, 진랍국은 부처를 근엄하게 신봉하여 매일 현지 여인 2백여 명이 춤을 추며 공양을 드렸다. 그들을 아남阿南이라고 부르는데 바로 기녀들이라고 하였다. 조여괄은 불전에서 불교의례를

12 조지프 니덤, 왕링·루구이전 공동연구, 김주식 역, 『조지프 니덤의 동양항해선박사』, 문현, 2016, 244~247쪽.

13 M. Freeman·C. Jacque, *Ancient Angkor*, River Books, 2003.

집행하는 여성들을 기록으로 남긴 것이다. '그 나라의 승려와 도사들은 주법呪法의 영험함이 심하다. 승려 중에 옷이 누런 자는 아내를 들일 수 있고, 옷이 붉은 사람은 사원에서 거주하며 계율이 정밀하고 엄격하다'고 하였다. 대처승과 청정승이 별도로 존재했고, 승려와 달리 도사라는 존재가 별도로 존재했다.

13세기 몽골 침략을 받아 항복을 하며 크메르제국은 원제국에게 세금과 조공을 바치는 속국으로 전락했다. 테무르 칸은 주달관周達觀, 1266~1346에게 동남아 군사 정보와 정치 상황, 지리, 물산 등을 기록하고 오라는 칙령을 내리며 1285년에 사신으로 파견했다. 제국통치에 들어온 크메르를 효과적으로 지배하기 위해서는 군사정보는 물론이고 나라 전반에 걸친 현지 정보가 필요했기 때문이다.

주달관은 온주를 떠나 복주를 거쳐 하이난섬을 경유하여 안남을 거쳤으며 메콩강 수로에 당도한다. 이 시절에는 나침반이 일반화되어 크메르까지 항해에 아무런 문제가 없었다. 톤레사프호수로 작은 배를 갈아타고 12일을 항해하여 당시 수도인 앙코르 톰에 당도한다. 주달관은 앙코르사원까지 둘러본 후 『진랍풍토기眞臘風土記』를 저술했다. 이곳에서 1년간 머물면서 그곳을 통치하던 인드라바르만 3세 곁에서 1297년 7월까지 머물면서 기록을 남겼다. 『진랍풍토기』는 진랍제국을 이해하는 기본 사료다. 당시에 진랍의 운명은 기울고 있었다. 주달관은 시암과의 전쟁으로 인하여 황폐해진 평야를 만났다. 『진랍풍토기』에는 이 시기 캄보디아가 정체된 상태로 있었다는 상황을 담고 있다. 더 나아가지도 또 너무 몰락하지도 않은 상태였다. 불교 또한 그러한 상태였다.

> 내부는 완전히 석가모니 부처와 비슷한데 그 상은 붉은 옷이 입혀져 있고 점토로 만들어 붉고 푸르게 장식되어 있다. 이것이 사원의 유일한 상이다. 탑 안의 부처들은 오히려 다른 모습을 하고 있고 청동으로 주조되었다. 종,

북, 요발, 비단으로 만든 늘어뜨리는 봉헌물, 덮개 같은 것은 없다. 승려들은 생선과 고기를 먹지만 술은 마시지 않는다. 부처에게 바치는 제수에도 생선과 고기를 사용한다. 하루에 한 번 재를 지내는데 제주의 집에서 마련한 것이다. 사원에는 부엌이 없기 때문이다. 그들이 암송하는 문헌은 아주 많고 모두 규칙적으로 접힌 야자나무 잎으로 만들었다. 이 잎들 위에 검은 글씨로 쓰지만, 그들은 붓이나 먹을 사용하지 않아 무엇으로 쓰는지 모르겠다. 어떤 승려들은 막대가 달린 가마와 금 또는 은으로 만든 손잡이가 있는 파라솔을 쓸 수 있다. 왕은 그들에게 중요한 문제들을 자문한다. 비구니는 없다.

암송하는 문헌이 매우 많다는 것은 다양한 경전이 들어와 있었음을 뜻한다. 아마도 남방 계통의 빨리어 경전이 들어왔을 것이다. 야자나무 잎으로 만들었다는 것은 잎을 엮어서 만든 패엽경貝葉經이 통용되었다는 뜻이다. 원의 『도이지략』에서는, 진랍에서 딸아이가 아홉 살이 되면 승려를 초청하여 산스크리트식 율법을 행하였다고 하였다.

성 밖 백탑주百塔州라는 곳은 금 스투파 1백 개로 이루어졌다. 구소촉狗所觸이라는 한 스투파는 꼭대기가 완성되지 않은 채 세워져 있다. 다음은 마사록지馬司錄池라고 하는데 다시 5개의 스투파를 세워 황금으로 끝을 만들었다. 다음은 상향불사桑香佛舍라고 하는데 금으로 돌을 싼 40여 장의 다리가 조성되어 있다. 속담에 "부귀한 진랍 사람들"이라고 하는 것이다.

『진랍풍토기』에서는 '이 나라 중심에는 금탑 1좌가 있고 옆에는 석탑 20여 개가 있으며, 석실 100여 칸이 있다고 하였다. 송·원대까지 이어지던 수도 앙코르는 15세기에 이르러 포기되고 만다. 수도가 퇴락한 것은 강국으로 부상하고 있던 이웃 시암의 침략 때문이다. 그러나 여전히 상좌부를 신봉하는 승려들이 절을 지켰다.

앙코르와트는 정글 속에 묻힌 채 인적이 끊겨버린 여타 크메르사원들과는 다르게 단 한 번도 완전히 버려진 적은 없었다. 멸망 이후, 앙코르에 있던 많은 전적이 시암의 수도 아유타야로 옮겨졌다. 학자들에 따라서는 앙코르 몰락 원인을 자야바르만 7세 이후에 힌두교에서 불교로의 개종에서 찾기도 한다. 개인에 대한 극단적 실체 부정으로 인해 왕조숭배의 활력이 떨어졌다는 것이다.

17세기 앙코르 비문에 일본에서 건너온 불교수도승이 앙코르와트 근처에 터를 잡고 수행을 하였다는 기록이 남아 있다. 대항해시대 이래로 유럽인 발길이 잦았으며, 1863년 프랑스 식민당국에 의해 대대적 '재발견'이 이루어진다. 프랑스 극동학원이 주도하여 복원과 보존작업이 이루어졌다.

지금도 곳곳에 힌두 흔적이 남아 있다. 그러나 앙코르와트는 물론이고 오늘의 캄보디아가 불교왕국이라는 것에는 변함이 없다. 인도의 영향을 강력하게 받아서 초기에 왕성하던 힌두교가 동남아에서 쇠퇴하고 불교로 대체되어 있는 것이다.

4 | 바다의 역사를 꾸려간 임읍·점성·짬파

『송사』「외국전」은 점성占城을 시작으로 총 10개국을 소개하고 있다. 중국 사서에서 남이南夷, 또는 해남으로 불리던 현재의 동남아 국가이다. 그중에서 점성은 오늘의 베트남 영역인데 시대에 따라 중국에서 부르던 호칭의 변화가 있다. 『구당서』까지는 계속 임읍林邑으로 칭하다가 『신당서』에서 환왕環王이라 하였으며, 신·구 『오대사五代史』 이후로 점성이라 기록하였다. 그 점성·임읍이 짬파이다.

광남지방 짬파의 불상, 4~6세기(다낭짬박물관)

3세기 초 중국 문헌에 임읍林邑이 등장한다. 의정은 『남해기귀내법전』에서 "환주에서 정남쪽으로 걸어서 반달 정도가 걸리고, 배를 타면 5~6일 만에 비경匕景에 도착한다. 남쪽으로는 점파에 이르는데, 바로 임읍이다"고 하였다. 당 말에 국호를 개명해 점성이라고 했으며 전성기를 맞았다. 영토를 확장하고 수도를 인드라푸라에 정했으며 많은 궁전과 사원을 세웠다. 베트남 해안이 남북으로 긴 만큼 짬파의 영역도 남북으로 길었다. 단일 정치 단위가 아니었던 만큼 짬파에 조공하는 복속관계의 나라도 여럿 존재했다.

짬파는 바다를 중심으로 다이내믹한 역사를 꾸렸다. 짬파는 바다를 통해서 들어온 오스트로네시아 종족의 후예이다. 타이완에서 넘어온 해양민족으로 간주하는 학설이 있으나 확증된 것은 아니다. 짬파는 국가가 성립되던 2세기부터 인도의 영향을 강력하게 받았다. 짬파가 인도 문화의 영향을 많이 받은 것은 바로 남쪽 경계에 해양국가 푸난이 존재했고, 푸난이 인도의 강력한 자장권에 놓여 있었음을 고려해야 한다. 이웃 푸난왕국과의 마찰과 정복을 통하여 힌두교와 그들의 건축술, 예술, 문학 등이 들어온다. 오늘날 잔존하는 짬파의 벽돌 건축과 힌두 조각상이 그 결과물들이다.

그런데 인도화된 동남아 역사에서 가장 흔히 부딪히는 인식의 오류는 들어온 문화와 토착 문화를 바라보는 시각에서 빚어진다. 동남아 문화는 베레나스, 보드가야, 메카, 장안에 중심을 둔 문명의 특징 없는 일부분이 아니다. 짬파는 독자적 정체성을 알려주는 좋은 예다. 이웃 푸난을 통하여 들어왔을 것으로 짐작되는 힌두의 신들은 지역 토착 마법의 힘에 용해되어 새롭게 태어났다. 짬파에서도 자바 등과 마찬가지로 시바를 내세우는 힌두파가 중심이었다. 번개의 신을 뜻하는 인드라Indalinga는 후대 짬족에 의해 민속영웅으로 잘못 기억되었다. 힌두 입장에서 보면 분명한 오류인데, 짬족은 민속영웅으로 인드라신을 수용하고 서사를 만들어냈다.

각기 다른 사회는 서로 다를 수 있으며, 이를 다른 사회와 대조하기 위하여 미분화된 성격으로 취급하려는 유혹을 받는다.[14] 동남아에 '이식'된 힌두교와 불교라는 차원에서 벗어나 토착화된 내재화 과정을 주목할 필요가 있다. 짬파의 힌두교는 짬파식의 힌두교였으며, 이후에 들어온 불교도 짬파식 불교였다. 북방의 베트남 대월족이 중국으로부터 전래된 대승 불교 영향권에 머무는 반면, 대월과 싸우던 남쪽의 짬파는 밀교 전통을 받아들였다.

짬파는 통일된 단일 정치 단위가 아니었던 만큼 문헌과 비문에도 다양한 명칭으로 등장한다. 가장 북쪽에서부터 나열하면, 인드라푸라Indrapura는 현재의 다낭, 아마라바티Amaravati는 꽝남성, 비자야Vijaya는 빈딘지방의 꾸이년Qui-nhon, 카우타라Kauthara는 나짱나트랑, 판두랑가Panduranga, Phan Rang-Tháp Chàm는 닌투언성에 위치했다. 인드라푸라는 875년부터 982년까지 존속했는데, 심지어 12세기까지 존속했다는 주장도 있다. 인드라푸라는 불교를 신봉하던 인드라바르만 2세Indravarman, 875~890와 그 후계자들이 통치했다. 인드라푸라라는 말뜻은 산스크리트어로 번개와 전쟁의 신인 '인드라의 도시'이다. 비자야는 12세기부터 대월에게 정복되던 1471년까지 존속했다.

8세기 중엽, 인드라푸라의 아래인 꽝남 일대에서 아마라바티가 번성했다. 다낭에 존재하는 미선 유적도 아마라바티 유산이다. 본디 아마라바티는 벵골만에 위치한 중인도 권역으로 해상왕국 오딧샤와 지척이다. 이들 지역에서 건너온 인도 문화 영향권으로 추정할 수 있다. 미선은 힌두의 종교적 센터였다. 시바 여신을 비롯한 다양하고 풍부한 힌두 문명의 그림자가 잔존한다. 짬파의 작은 도시들은 국제무역으로 생존

14 David G.Marr · A.C.Milner eds., *Souteast Asia in the 9th to 14th Centuries*, Singapore : ISEAS, 1986, pp.289~314.

짬의 미선 유적 발굴, 20세기 초반(짬박물관)

하던 터라 대부분 해안가에 자리잡았으며 항시국가 형태의 시스템으로 국가를 경영하고 상대적 독립성을 지닌 왕국들이 연합하여 전쟁 등에 임했을 것이다.

애초에 813년 건설된 최남단 판두랑가는 대월족에 밀려서 남하한 짬파왕국의 최후의 수도1471~1693로 기능하였으며, 1832년에 대월에 병합되었다. 벽돌로 지은 포 클롱 가라이Po Klong Garai 힌두사원이 현재도 남아 있다. 인드라푸라가 대월족에게 밀려서 수도를 포기하고 남하하자 비자야가 짬파의 중심으로 기능하게 되며, 1471년에 다시 대월족에게 패하여 더 남하하게 된 것이다. 이들 짬파 소국들은 사이가 좋지 않아서 전쟁을 불사하였으며, 정략결혼 등을 통하여 무마하곤 하였다. 이러한 조건에서 강력한 대월의 통일된 왕국이 북방에서 무력으로 밀어냈기에 결국은 남쪽으로 계속 밀려 내려간 것이다.

중국 문헌에 가장 많이 등장하는 나라는 판두랑가이다. 송대『제번지』에 등장하는 빈동룡국賓瞳朧國은 짬파가 여러 나라로 형성되었음을 알려주는 좋은 예다. 빈동룡국은 판두랑가의 음역으로, 오늘날 베트남 남부 닌투언Ninh Thuân성 판랑탑짬Phan Rang-Tháp Chàm 지역이다. "해마다 짬파에 방물을 바친다"라고 했다. 송대의 『영외대답』에서도 점성의 속국으로 빈동룡국과 빈타릉국賓陁陵國을 꼽았다.[15] 원대 『도이지략』에서는 "불교서적에 나오는 왕사성王舍城이라는 곳이 바로 빈동룡"이라고 했다. 판두랑가는 짬파였는데 왕대연의 『도이지략』이나 『성사승람』이나 어떤 착오에 의했는지 "이곳은 불교서적에서 말하는 여래가 슈라바티Sravasti, 舍衛에서 걸식하던 곳이다. 마우드갈라야나Maudgalyana, 目蓮가 살던 옛터가 여전히 남아 있다"고 하였다. 착오이기는 했으나 역설적으로 그만큼 불교왕국으로 인식하고 있었다는 증거이다. 판두랑가는 상장례에 승려를 초대하여 송경하는 불사를 하여 망자를 보냈다. 일상생활에 불교의례가 관철되었다는 뜻이다.

5 | 짬파 불교의 표징인 동즈엉사원

짬인은 힌두교와 불교 유적을 함께 남겼다. 짬파는 10~14세기까지 대승 불교를 경험했다. 산스크리트어 비문은 당시의 불교가 시바교와 불교가 혼합된 밀교임을 알려준다. 붓다와 아미타, 비로자나불 등이 짬파에서 확인된다. 원대 『도이지략』에 짬파 영역의 영산靈山이 등장한다. 영산 사람들은 무슨 일에도 부처를 숭배하며 불경을 왼다고 했다. 풍속, 기후, 남녀가 짬파와 같다고 하였다. 오늘의 베트남 해안은 이 시기에는 대체적으로 고전시대의 인도풍 힌두교가 사라지고 습합된 불교가 자리

15 『도이지략』 역주에서 박세욱은 民多朗이 바로 『영외대답』의 빈타릉이며, 『제번지』에 등장하는 빈동룡이라고 보았다.

잡은 것으로 보인다.

명대 비신의 『성사승람』에도 짬파와 산맥으로 연결되어 있는 영산 정상에 부처 머리같은 바위 한 덩어리가 있어 영산이라 불렀다고 했다. 영산에서 뱃사람들은 부처를 받들어 불경을 외우며 수등水燈을 피우고 채색한 배를 띄워 사람과 배의 재액을 물리치는 제사를 했다. "등불을 놓아 부처의 복을 기원하고, 굿하여 상선의 안전을 소원하네"라고 노래했다고 한다. 영산은 지금의 베트남 중남부 꾸이년Qui-nhon지방의 북쪽 랑선Land son항으로 비정된다.[16]

광남성 동즈엉Đông Dương 고고 유적지는 짬파 불교건축의 특별한 사례다. 동즈엉은 베트남의 고대 불교수도원이 있던 도시인데 875년에 봉헌되었다. 9~10세기 짬파 장인의 실력과 취향을 보여주며, 9세기 짬파의 수도였던 인드라푸라Indrapura에 건설된 사원이다. 인드라푸라는 힌두성지 미선Myson 유적과 짬족의 고대 도시 싱가푸라Singhapura, 사자의 도시와 지근거리에 있다.

국력을 기울여 사찰을 세울 당시 인드라바르만Indravarman 2세가 적극 후원하였다. 875년부터 982년까지 사원이 활발하게 움직이고 있을 때 많은 외국승도 들어왔다. 짬파는 전략적 위치상 중국과 인도를 오가는 항로의 중간 거점이었고, 짬파 자체가 무역으로 생존하던 해양국가였기 때문이다. 875년에서 대략 1000년까지 대승 불교를 신봉하며 동즈엉에 불교 유산을 남겼다. 동즈엉사원은 베트남전쟁으로 인하여 폐허가 되었으나 통일 이후에 고고발굴이 시작되었다.

동즈엉의 거대한 제단 받침대에 앉아 있는 붓다는 실물 크기의 사암 조각이다. 양쪽 어깨에 무거운 도포를 걸치고 있다. 큼직한 손발과 두툼한 옷주름은 특징적인 짬파 양식이다. 대좌는 붓다의 생을 묘사한 부조

16 왕대연, 후지타 토요하치 교주, 박세욱 역주, 『바다와 문명(도이지략 역주)』, 영남대 출판부, 2022, 291쪽.

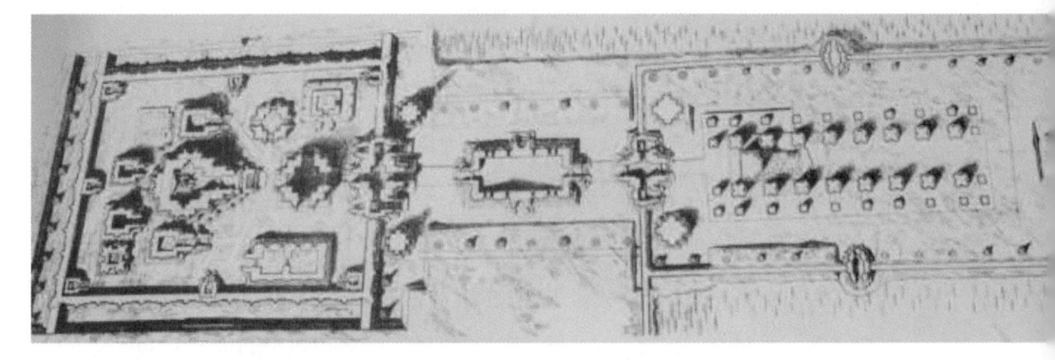

동즈엉사원배치(짬파박물관)

조각으로 채워졌다. 사자도 보이는데 당나라 사자와 유사하여 중국과의 불교 교류의 결과로 보인다. 붓다의 아버지 숫도다나 왕과 어머니 마야 왕비의 부조도 보이는데 산치 스투파에서 보이는 것과 같이 남아시아예술의 풍요와 다산을 상징한다. 룸비니 정원에서 마야 왕비가 싯다르타를 낳는 모습도 그려져 있다. 싯다르타 왕자가 궁전을 떠나 그의 영적 여정의 시작을 알리는 장면, 싯다르타가 그의 스승과 토론을 하는 모습도 보여준다. 붓다의 아내와 아들 라훌라를 상징하는 어머니의 손을 잡고 있는 아이도 보인다. 이는 붓다가 중요한 영적 탐구를 하고 있었지만 사랑하는 사람들을 남겨두고 있었다는 사실을 상기시킨다. 어떤 패널에는 싯다르타 왕자가 하렘의 여성들과 교류하는 모습도 조각되어 있다. 서술형 부조는 이러한 삶의 서사가 싯다르타가 부처가 되기 위한 여정의 기초이자 플랫폼임을 시사한다.

동즈엉사원은 많은 질문을 남겨준다. 왜 힌두통치국가였던 짬파가 불교를 선택한 것인가, 다른 사찰은 없이 동즈엉사원만 단독으로 지어진 이유가 무엇일까, 시바를 중시하는 샤비즘Shavism과 불교의 관계는 무엇인가 등등이다. 이에 관한 해답은 짬파에서 발견된 금석문이 말해준다. 금석문에 따르면 동즈엉사원을 건립할 때 시바사원도 동시에 건립한 것으로 나와 있다. 힌두를 중심으로 경영하던 국가에서 불교가 첨

가된 것이다.[17]

불교에 대한 인드라바르만 2세의 입장은 기존의 힌두 일변도에서 중국의 강력한 왕조를 겨냥하는 통합적·국제적 시각을 펼치는 것으로 여겨진다. 사원이 세워진 인드라푸라의 외항이 오늘날의 호이안이며, 중국인이 일상적으로 드나들던 항구이다. 어떤 국가적 위기와 국가경영의 필요성 등이 짬파의 왕에게 힌두와 더불어 불교를 같이 선택하게 된 배경이라고 생각된다.

매우 흥미로운 861년의 일본 기록이 하나 있다. 816년 3월 14일 동대사東大寺에서 무차대회를 베풀고 비로자나불을 점안하였는데 장엄하게 의식이 펼쳐졌다. 그런데 당우堂宇에 가득하게 당, 고려, 임읍 등의 음악이 울려퍼졌다고 하였다.[18] 임읍, 즉 짬파 음악이 일본에 전파되었다는 기록인데 그 전파 경로는 알 수 없지만 임읍의 음악이 일본에서 의식에 쓰일 정도로 그 수준을 갖추었다는 뜻이기도 하다. 이 기록의 신뢰성을 믿는다면, 바다를 건너 일본 교토까지 짬파의 음악이 당도한 것이다.

이후 짬파는 국제 무역상인에 의해 전파된 이슬람교도로 전환한다. 10세기에 짬파에 이슬람이 전파되며, 17세기에 이르면 왕족들이 모두 개종함으로서 잠시나마 술탄국으로 전환한다. 그런데 짬족에는 두 부류가 있어서 이슬람 개종자를 바니 참Bani Cham, 힌두교 고수자는 발라온 참Balamon Cham으로 대별한다. 두 종교로 분화되는 중간에 불교는 없다. 더군다나 베트남 역사에서 짬파는 소수민족 역사로만 치부되고 어떤 측면에서는 '부인된 역사'이다. 종족 자체가 부인된 역사로 밀려나서 소수민족이 된 상태에서 짬파의 불교사는 제대로 밝혀지지 못하고 있다.

분명한 것은 짬파의 도읍과 거점들이 대부분 바닷가에 존재했고, 바

---

17 Bui Dieu Linh, "Buddhism in Champa Trough Inscription", *Canadian Counsil for Southeast Asian Studies*, University of Ottawa, 2015.

18 『日本三代實錄』 卷5 「大唐 高麗 林邑等之樂」.

짬파왕국의 동즈엉에서 나온 힌두신상

동즈엉 불상(다낭짬파박물관)

다를 다루는데 능수능란한 민족이었으므로 바다를 통한 불교의 이입이 이루어졌음이 분명하다. 베트남 불교가 북쪽 통킹만교지에서 남중국의 영향을 강하게 받은 데 반하여, 짬파의 불교는 그 전파 맥락이 남쪽에서 올라왔다.

다낭의 짬박물관에는 대부분 힌두 문화의 석상이 전시되어 있는데, 간간이 불교석상도 있다. 동즈엉사원에서 구출된 붓다상과 거대한 제단 등이 짬박물관에 전시되고 있다. 박물관에는 4~6세기 꽝남지방의 청동여래입상 같이 동남아시아에 확산된 불교조각도 전시하고 있다.[19] 호찌민역사박물관의 짬파 전시실에도 다수의 불교조각이 전승된다. 호찌민역사박물관은 옥에오의 푸난 유물과 짬파 유물을 연결 전시하므로써 두 문화가 무관하지 않음을 강조한다.

6 | 통킹만을 건너온 대월의 대승 불교

한편, 북방의 대월족은 남방 짬족과 달리 중국에서 대승 불교가 전파되었다. 광주, 천주 등 남중국해로 끊임없이 천축승이 들어오고 있었고, 반대로 중국 구법승이 교주를 통하여 인도로 갔다. 그 중간 지점인 교주에 북방으로부터 불교가 전래되는 것은 시간문제였다. 특히 중원에서 전란이 벌어졌을 때 대거 많은 이민자와 승려들이 전란을 피해 교주로 피난을 왔다.

베트남에 불교를 전한 인물인 모자牟子, 170~?도 광동성 주강 유역 출신으로 피난온 인물이다. 그밖에 지강향支僵良, 마하기역摩何耆域 등이 손꼽히는데 상세 행적은 알려지지 않는다. 중국에서 베트남으로 불교뿐 아

19 Nguyen Van Ku, *Cha'm : Heritage of cham Culture*, The Gioi Publishers, 2007, p.17.

왼쪽은 베트남 남부 메콩강 유역의 몬 종족의 좌상, 6~7세기(호치민 역사박물관)

니라 유교, 도교 등도 수입되었으며, 특히 6~7세기경부터 선종 중심의 대승 불교가 성행하였다. 하지만 베트남 토착의 민간 신앙이 바탕이 된 상태에서 선불교가 누적된 것으로 여겨진다. 테엔Tien은 선의 베트남 버전이다.

그 외에도 서쪽 미얀마를 통하여 산악지대를 넘어온 불교도 있다. 베트남의 경우에는 육로, 해로 두 가지 루트로 불교가 전해되었을 것으로 보는 것이 옳다. 2세기에 불교가 베트남에 전래된 이래로 중국 승려들이 교지를 거쳐서 인도로 향하였고, 반대로 천축승이 해로를 이용할 때도 교지를 거쳤다. 거쳐간다는 뜻은 바람을 기다리면서 장기 체류함을 포함하므로 거쳐가는 승려들을 통하여 어떤 식으로든 불법이 전파되었을 것이다.

당대 중국에서 인도로 통하는 안남통천축도安南通天竺道가 교지에서 출발하므로 모여드는 승려가 많았다. 6세기 후반 남인도 비니다류지Vinita-

베트남의 토제탑 모형(호치민 역사박물관)

ruci, 毘尼多流支, ?~594가 선禪을 전하여 초기 선의 비니다류지파를 형성한다. 비니다류지는 중국으로 건너가 선종의 3조 승찬僧璨, ?~606을 만나 깨달음을 얻은 후, 승찬의 지시로 남쪽으로 향했다고 한다. 비니다류지로부터 제14대에 해당하는 10세기에 활약한 친애사親愛寺의 마하마야摩訶摩耶 선사는 짬파인이었다. 짬파 불교가 베트남불교사 및 중국불교사 에서 일정한 역할을 수행한 것이다.

수당 때 중원의 불교가 흥성할 때는 교주 불교도 발전하여 각지에 불교사원이 세워졌다. 당대 중국과 베트남의 불교관계가 밀접하여 승려들 왕래가 빈번했다. 교주의 승려가 장안에 초빙되어 불경을 강의하기도 하였으므로 불법 수준이 높았다.[20] 달마의 가르침을 받은 선이 교지에 널리 퍼진 상태였다. 이처럼 오늘의 베트남 전체를 놓고 볼 때, 북방 교주의 불교 전파와 짬파왕국에 전래된 불교를 구분하여 살펴볼 필요가 있다. 교주로 바다를 통해서 불교가 당도하고 있었고 짬파는 말할 것도 없다.

당대에는 인도나 스리랑카에 건너간 베트남 승려도 많았다. 궁충窮沖은 당의 승려 명원明遠과 함께 스리랑카에 건너갔으며, 서인도에서 당의 승려 원조元照와 신라 승려 현각玄恪을 만나 함께 불적을 순례하다가 왕사성에서 입적하였다. 자바에 간 베트남 승려도 있었다. 운기運期는 7세기 중엽에 당나라 승려 담윤曇潤과 함께 인도 칼링가 사람들이 이주해 살고있던 자바섬의 칼링가가릉, 訶陵로 건너가 즈냐나바다라약나발타라, 若那跋陀羅에게 사사하였다. 칼링가에 온 성도 출신의 중국승 회령會寧이 즈냐나바다라와 함께 『아함경』 중 붓다 입멸 부분을 한문으로 번역하자 운기는 그의 부탁으로 그것을 가지고 당에 가서 고종에게 헌상한 후 교주를 거처 칼랑가에 돌아왔다고 한다. 이와 같이 베트남 승려들은 한자문화권

20 이해원, 『당제국의 개방과 창조』, 서강대 출판부, 2013, 347~355쪽.

에 속하면서도 인도 지향이 강하였고, 동남아시아나 동아시아 승려들과 교류하였다. 동서 교역 루트는 그대로 불교 교류 루트였던 것이다.[21]

조선 후기 지봉 이수광도 안남국의 불적佛跡을 거론하였다. 불적은 바로 교지에 있다는 불적산佛跡山을 말한다. 『대명일통지大明一統志』나 장섭張燮의 『동서양고東西洋考』에서 언급한, "안남의 불적산은 교주부 석실현石室縣이 있다"는 대목을 조선 땅의 이수광이 파악하고 있는 것이다. 석실현은 현 하노이 서쪽 탁텃Thạch Thất이다. 안남의 불적 흔적은 동일한 것이 스리랑카에도 남아 있으며, 천주와 광동에도 전해온다.[22] 사람들은 불법이 전해진 곳마다 불적 전설과 실제 흔적을 남김으로써 글로벌적 서사를 꾸며온 것이다. 교지의 불적 역시 불교 전파의 흔적을 성소로 꾸며낸 서사이다. 불교가 매우 일찍이 오늘날의 통킹만에 당도하였다는 증거이다.

21 이시이 코세이, 『동아시아불교사』, 씨아이알, 2019, 176쪽.

22 이수광, 박세욱 주해, 『지봉 이수광이 바라본 세계』, 영남대 출판부, 2024, 41~42쪽.

Chapter 11

남해에서 천축으로

남중국해 연대기 1

천축국은 옛 이름이 신독身毒, 마가타摩伽陀, 또는 바라문婆羅門이라고 불렸다. 민간에서는 불교를 신봉하여 술을 마시거나 고기를 먹지 않는다. 한 무제 때 10여 무리 정도의 사절단을 보내 서남쪽으로 나가서 신독을 찾아가려 했지만 곤명에 막혀 통하지 못했다. 한 명제明帝가 꿈에서 금인金人을 보았기에 사람을 파견해 천축에 가서 불도의 법을 알아보게 했다. 이로부터 불교가 중국에 전해졌다. 양 무제와 북위의 선무제宣武帝 때 모두 중국에 와서 조공을 바쳤다.

『양서』

Chapter 11

남해에서 천축으로

남중국해 연대기 1

1 | 민월은 천축으로 가는 관문

중국사는 황하 중심의 내륙사관이 주류였다. 남은 배를, 북은 말을 수단으로 삼는다는 남선북마南船北馬의 역사적·지리적 경계가 선명했다. 민월閩越의 세계는 그 자체가 해양의 세계였으며, 남해에서는 전혀 새로운 남해로南海路의 역사가 쓰여지고 있었다. 처음에는 서역의 육로, 즉 북방길로 불교가 들어왔지만 곧이어 남해로를 통해서 불교 전파가 시작되었다. 바닷길 불교는 인도에서 직접 건너오거나 푸난과 교지, 말레이반도 부장계곡 같은 중개 거점을 거쳐서 들어왔다.

바닷길의 중핵은 예나 지금이나 남해다. 남쪽 해양민족이 가진 사회경제적 역량은 대단했다. 남쪽은 중원 입장에서는 남만南蠻의 변방이었다가 전란 등으로 북방에서 한족이 내려가면서 민월왕국을 성립시켰다. 남해 바닷길인 남해로를 처음으로 밝힌 기록은 『한서』「지리지」다. 베트남 북부 통킹만교지 합포에서 남인도 칸치푸람까지 가는 노선이 이미 한 대에 개척되어 있었다. 상선이 남중국-남인도 노선을 오고갔기에 『한서』「지리지」가 완성될 수 있었다.

남방으로 눈길을 돌린 오나라 손권

천축 바닷길은 삼국과 육조시대에 부각되었다. 삼국 시기는 위魏·촉蜀·오吳가 대립하고 있었다. 삼국시대 바닷길 개척의 으뜸은 오나라였다. 오는 장강 이남부터 오늘날의 통킹만, 해남도까지 아우르고 도읍을 건업에 두어 남중국해로 손쉽게 들어설 수 있는 위치였다. 손권孫權은 남해를 중시했다. 230년 1만 병력의 대선단을 이주夷州, 오늘날의 대만에 파견했으며, 남방 길목인 교지와 구진九眞을 평정했다. 오는 선박 5,000여 척을 보유하고 있었으며, 조선술이나 항해술에서 당대 최고였다. 그 시대에 교주를 통하여 로마 사절도 들어왔다. 남해 인식이 넓어졌고, 당연히 천축 가는 바닷길도 열리게 된다.

229년 교주자사 여대呂岱는 강태康泰와 주응朱應을 파견하여 짬파와 푸난을 순방하도록 했다. 귀국 후에 주응은 『부남이물지扶南異物志』, 강태는 남해 여러 나라의 견문록인 『오시외국전吳時外國傳』과 『부남토속전扶南土俗傳』을 각기 저술했다. 이들 기록은 인멸되었으나 후대 기록에 일부 흔적이 남아서 전해온다. 『오시외국전』에서는 부남, 교주, 천축, 안식과 서로 교역한다고 하였다. 오늘의 통킹만과 메콩강, 인도 및 서역과의 교역이 이루어졌다는 뜻이다.

강태의 『부남토속전』은 인도를 왕래하던 중국 상인 가상리家翔梨가 인도에서 귀환길에 푸난의 왕 범전范旃을 만나 자신이 보고들은 풍습과 불교의 융성을 설명하고 있다. 인도 중국간의 무역선이 존재했으며, 그 중간에 놓인 메콩강 삼각주에서는 이미 불교가 꽃을 피우고 있었다. 푸난 사람은 모두 박舶을 타고 다닌다고 했다.[1] 수준 높은 해양력으로 인도에서 직접 불교를 들여왔을 가능성이 높다.

손권의 시대에 이미 불교의 초기 접촉이 이루어지고 있었다. 양 『고승전』에 따르면, 당시 오는 "위대한 불법이 전파되기 시작하고 있을 뿐, 그 가르침의 영향은 아직도 먼 상태"였다. 『출삼장기집出三藏記集』에 따르면, 강승회康僧會가 손권의 요청으로 강동으로 가서 손권을 만난다. 강승회 선조는 강거인康居人, 즉 중앙아시아 유목민 출신으로 대대로 천축에서 살았다. 부친은 상인이었기 때문에 교지로 옮겨갔다. 그 당시에 손권은 장강 동쪽을 지배하고 있었다. 붓다의 가르침은 아직 도착하지 않은 상황이었다. 천축에서 살다가 중국으로 들어온 강승회는 남해 바닷길을 이용했을 것이다. 강승희를 만난 왕이 불법을 믿으면 어떤 영험한 일이 있는지를 물었다.

강승회는 붓다가 열반에 드신 지 천 년이 지났지만 사리의 영험은 멀리까지 미친다고 하였다. 손권이 그 말을 거짓이라 여겨 만일 사리를 얻을 수 있다면 탑을 세우겠지만 그렇지 못하면 형벌로 다스리겠다고 하였다. 강승회가 삼칠일을 기도하면서 간청하자 감응하여 사리가 나타났다. 손권이 힘센 장사에게 명하여 철퇴로 이를 내려치도록 하였으나 조금도 변하지 않았다. 이에 크게 감복하고 마침내 건초사建初寺를 창건하였다. 이러한 이적異蹟과 신이神異는 대체로 불교전래 초기에 등장하고 어디서나 있는 통과의례이다. 조금 뒤에는 월지 계통의 지강량접支疆梁接이 오나라 오봉五鳳, 255부터 다음 해까지 교주에서 『십이유경十二遊經』, 『법화삼매경』을 번역하였다. 손권의 시대에 불교가 어떤 식으로든지 우여

1 『水經注』 卷1.

곡절 끝에 강동에 정착하였음을 증명한다.

불도는 후한 명제5~75년 재위 때부터 법이 비로소 동쪽으로 유전되었는데, 이때부터 그 가르침이 점차 넓어져서 일가의 학이 되었다고 하였다『南史』「夷貊傳」. 『송사』「외국전」에도 불교는 한 대에 전래한다. 서역 비단길로 전파된 것이다. 『후한서』에 이복형 초왕楚王 유영劉英이 "황로黃老와 함께 부처를 숭상했다"고 전한다. 한 대에 이미 안세고安世高, 지식支識, 축불삭竺佛朔, 지겸支謙 등이 들어와서 역경에 종사하였다. 안세고는 안식국 태자로 알려지며, 지식과 지겸은 월지국, 축불삭은 인도인이다. 백마사白馬寺에서 불경을 한역했던 천축승 천축담마가라天竺曇摩迦羅, Dharmasatya, 안식국 승려 담제曇帝, 천축승 승가발마僧伽跋摩, Samghavarman도 뛰어난 역경가였다.

그런데 후한 명제 때의 국가적 공전公傳·공인公認과 다르게 그 이전 기원전에 이미 불교가 당도했다는 학설이 받아들여지고 있다. 기원전 2년 전한 시기에 부도경붓다의 경전을 구두로 전해주었다는 『위서』「석로지釋老志」의 내용은 가장 이른 시기의 것이다. 『열자列子』 공자의 말에 '서방 사람 중에 성인이 있다'는 부분을 붓다를 가르키는 말로 해석하여 이미 불교가 선진先秦시대에 전래했다고 보는 설이 있다.[2] 진시황이 불전을 가지고 들어온 것을 금했다는 기록도 있다. 아마도 기원전부터 불교가 중국에 당도하였을 것으로 짐작된다. 다만 후한 명제 때 공식적으로 접수된 것으로 보인다. 그만큼 기원전에 이미 민간에 확산된 불교가 기원후에 공식 수용이 이루어질 수 밖에 없던 역사적 단계를 반영한다.

1981년 장강 하구인 강소성 연운항 공만산에서 벼랑을 깎아서 만든 일단의 부처상 150여 구가 발견되었다. 조각상 형태와 양식은 키질Kizil, 돈황, 용문만이 아니라 인도 및 중앙아시아의 여러 지역에서 발견되는

2 『列子』「仲尼篇」.

남해로를 통하여 불교를 처음 전파한 오나라 강승회

불교를 최초로 전교하고 백마사를 창건한 가섭마등

상과 유사하다. 이 조각상들이 2세기 후반東漢末에 만들어졌음을 확정할 수 있다. 후한25~220은 수도를 전한의 장안보다 동쪽인 낙양에 두었기에 동한이라 부른다.[3]

서진265~420과 동진317~420시대에는 구마라집鳩摩羅什, Kumarajiva이 당도하여 역경의 일대 전환을 이룬다. 서진시대에 180여 곳에 불과하던 사원이 동진시대에는 1,768곳으로 늘어나며 승려도 2만 명을 넘어서고 이를 관리하기 위한 승관僧官도 설치된다. 불약다라弗若多羅, Punyatara, 비마라차卑摩羅叉, Vimalaksas, 불타야사佛陀耶舍, Buddhayassa, 불타발타라佛馱跋陀羅, Buddhabhadra 등이 중요한 역경가였다. 『남사南史』에 의하면, 동진 의희義熙, 405~418 연간에 사자국에서 사자를 보냈다.

동진시대에 법현法顯, 337~422이 험난한 바닷길로 천축에서 스리랑카와 스리위자야를 거쳐서 돌아와 『불국기』를 남긴 것은 대단히 이른 시기에 이루어진 불교의 바닷길이었다. 법현은 399년 서역으로 떠난지 13~14년만에 돌아와 지금의 인도, 파키스탄, 네팔, 스리랑카 등의 불교상황과 자연경관, 풍습의 체험을 기술한 『불국기』를 지었다. 이 책은 해외의 육해상 교통에 관한 본격적 상세 문헌으로 이후의 구법승에게 많은 영향을 미쳤다. 불교의 바닷길은 남조南朝시대에 이르러 본격 만개한다.

3 이경신, 현재열·최낙민 역, 『해양실크로드의 역사』, 선인, 2018, 80쪽.

2 | 천축 바닷길이 열린 남조시대

남쪽으로 내려온 남방 한족의 남조는 남해로를 개척하여 국제적으로 바다를 경영했다. 남조는 동진이 끝난 뒤의 시대로 유유의 송이 동진의 마지막 황제인 공제 사마덕문에게 선양받은 420년부터 시작된다. 남조는 북위·북제·북주 등의 북조에 조응해 남쪽에 건국된 송420~479·제479~502·양502~557·진557~589의 4개 왕조를 일컫는다. 남북조시대는 중국 역사상 불교가 가장 활발했던 전성기로 서역뿐 아니라 남해로를 통하여 불교가 직수입되었다. 고문헌에 등장하는 남해로는 오늘날의 해양 실크로드와 동일한 뜻이다.

송 문제 때부터 서방의 승려들이 끊임없이 들어왔다. 『양서梁書』와 『남사』에 사절 기록이 확인된다. 송 원가元嘉 5년428에 사자국 왕 찰리마가刹利摩訶, Raja Mahanaama가 표를 올렸다. 동년 가비여국迦毗黎國, 즉 가유라위성迦維羅衛城, Kapilaavastu 왕이 사자를 보냈다. 435년에는 사자국이 다시 사자를 보내 보냈다. 『양서』 「해남제국전」에 이르길, "해남제국은 대개 교천交川, 교주를 말함 남쪽 및 서남쪽 대해에 위치하며 짧게는 3만 5,000리, 멀게는 23만 리로 서쪽은 서역과 접한다"고 하였다. 남해 무역이 왕성하여 물산이 폭주하고 있었다.

『위서魏書』에도 서역 및 인도에서 끊임없이 사절이 당도한 기록이 있다.[4] 477년에 차다리車多羅, 서천축西天竺, 사위舍衛, 첩복라疊伏羅제국이 사절을 보냈다. 사위성 등 당시 불교가 왕성하던 북인도에서 보낸 사절이다. 송 효무제 시기에 간타리국干陀利國 왕이 금은보기를 사절 편에 봉헌했으며, 천감天監 원년502에는 간타라국 왕이 화공을 보냈으며 옥반 등을 봉헌하였다. 간타리국은 스리위자야 성립 이전의 나라를 뜻하며, 오늘의

---

4 方豪, 『中西交通史』 上, 中國文化大學出版部, 1983, 193~194쪽.

수마트라에서 사절을 보낸 것이다.

불교전래는 처음에는 육로를 이용하다가 남해 항로의 발달과 함께 바닷길이 열렸다. 많은 중국 사서에 천축국에서 남북조에 불교가 도착했음을 밝히고 있다. 6세기 중반에 황폐화된 낙양을 보고 생생한 기록을 남긴 『낙양가람기洛陽伽藍記』에는 한창 시절에 낙양에는 외국승이 3천여 명에 달하고 사찰 천여 개가 번창하였다고 하였다. 3천 숫자는 과장된 느낌이 들지만 그만큼 외국승이 몰려왔다는 뜻이다. 불교전래는 처음에는 육로를 이용하다가 차츰 바닷길이 함께 이용되었다. 북방세력과 대립하고 있던 남조는 필요성에 의해 남중국해로 영향력을 확대했으며 조선술과 항해술을 발전시킬 필요가 있었다. 교주 남쪽 여러 나라와 천축, 강거康居 등의 사절과 상인이 바다를 통해 끊임없이 영남에 도착했다. 항구도시 광주나 천주, 육조의 수도였던 건강 등에서 불경을 한역한 인도 승려들은 대부분 바다로 들어왔다.

> 천축국은 옛 이름이 신독身毒, 마가타摩伽陀, 또는 바라문婆羅門이라고 불렀다. 민간에서는 불교를 신봉하여 술을 마시거나 고기를 먹지 않는다. 한 무제 때 10여 무리 정도의 사절단을 보내 서남쪽으로 나가서 신독을 찾아가려 했지만 곤명에 막혀 통하지 못했다. 한 명제明帝가 꿈에서 금인金人을 보았기에 사람을 파견해 천축에 가서 불도의 법을 알아보게 했다. 이로부터 불교가 중국에 전해졌다. 양 무제와 북위 선무제宣武帝 때 모두 중국에 와서 조공을 바쳤다.

3~6세기까지 바다를 건너 광주에 당도한 외국승 중에는 구나발타라求那羅跋陀, Gunarahhatha, 구나발마求那跋摩, Gunavarman, 승가파라僧伽跋陀羅, Sanghabhadra, 파라말체波羅末蒂, 만타라曼陀羅, 수보재須菩提, 도보道普 등이 있다. 법현法顯·법용法勇·지엄智儼·이용李勇 등은 바닷길을 서택하여 천축으로

향하였다. 이들 중에서 구나발타라를 사례로 살펴보면, 인도승 입국과 불법 활동의 한 모범이 보여진다.

『당고승전唐高僧傳』에 의하면, 구나발타라는 사자국에서 배를 타고 푸난을 거쳐서 송 원가 12년435에 광주에 도착했다. 푸난이 중간 거점으로 활용되고 있었다. 중도에 바람이 작고 식수가 끊어져 뱃사람들이 모두 걱정을 하자 열심히 시방불을 염하고 뱃사람에게도 관세음보살을 염하도록 하였다. 주경을 외워 간절히 기도하자 갑자기 바람이 일어 무사히 광주에 닿았다고 한다. 광주 제지사制旨寺, 오늘날 光孝寺에서 대승 불교입문서인 『대승기신론大乘起信論』을 한역하고 『섭대승론攝大乘論』·『아비달마구사론阿毘達磨俱舍論』을 설법하면서 무착無着·세친世親·진나陳那 등의 대승유가학설大乘瑜伽學說을 체계적으로 소개하였다. 12년간 광주에 살면서 49권의 경전을 번역하고 섭론종攝論宗을 세웠으며 광주에서 입적하였다.[5] 중국불교사 초창기의 미진한 공백을 역경 작업이 채워주었다. 구나발타라는 천축승이 뱃길로 중국에 당도하는 과정, 중국에 정착하여 한역에 몰두하는 과정 등의 좋은 예증이다. 뒤에 상세하게 설명할 보리달마菩提達磨, Bodhidharma 역시 바다를 통해 건너온 대표 사례이다.

입국 천축승은 한문을 체득하여 능히 한역이 가능하였다. 어학 능력과 소통은 중요한 문제였다. 입국하기 전에 한문과 중국어를 배울 수 있는 어학교육 시스템이 천축국 내에 존재했을 것이다. 중국 내에서도 중국어와 한문을 습득하는 어학훈련이 가능했을 것이다. 단순 어학이 아니라 불경을 한역하는 일은 고차원의 언어 능력을 요구하였고, 그러한 점에서 역경승은 당대 최고 지식인이었다. 범어경 한역이 늘어나고 각종 종파가 차례로 중국에 전파되었다.

남중국해를 통하여 인도에서 중국으로 전해진 선은 남종으로 불리웠

5 이경신, 현재열·최낙민 역, 『해양실크로드의 역사』, 선인, 2018, 92쪽.

續高僧傳卷第二十三 承
大唐西明寺沙門釋 道宣 撰
護法上 本傳六 附見四
魏洛都融覺寺釋曇無最傳一
齊逸沙門釋曇顯傳二
周終南山避世峯釋靜藹傳三 慧宣
周京師大中興寺釋道安傳四 慧影 寶貴
周新州願果寺釋僧勔傳五
隋京師雲花寺釋僧猛傳六
釋曇無最姓董氏武安人也靈悟洞
微涉覽玄秘少稟道化名垂朝野為
三寶之良將即像法之金湯諷誦經
論堅持律部偏愛禪那心虛靜謐時
行汲引咸所推宗兼博貫玄儒尤明
論道故使七衆望塵奄有繁內寂默
世情重將捐四部行施獎誨多以戒
禁爲先亟動物機信用雲布曾於鄴
鄴崇尊寺說戒徒衆千餘並是常隨
門學至四月三十日布薩行籌依位
授受常計之外乃長六十家居坐端
深恠其異既无外衆通夕懷疑明旦
重推有人見從邯鄲城西而來者並

후대에 고려에서 간행된 『속고승전(續高僧傳)』

다. 남종으로 불리운 이유는 '남인도에서 전해진 종지'라는 의미였다. 삼론반야학도 남인도와 관계가 있다. 반야의 종의를 계승하여 그것을 발양한 사람은 대부분 남인도 사람이었다. 삼론이 남종론이라고 일컬어졌던 이유이다. 남종의 또 다른 의미는 '중국 남방의 불교학'이라는 뜻이다. 남북조로부터 수, 당에 이르기까지 중국 불교에서 남방계와 북방계가 있었으며, 이것이 남종과 북종의 상위로 귀결된 것이다.[6]

남해로는 『양서梁書』가 상세하게 다루었다. 『양서』에서 해남제국에 속하는 많은 종족과 국가를 소개하고 있다. 『양서』에 이르길, "해남의 여러 나라는 대체로 교주 남쪽에서 서남쪽 대해에 미치는 (동남아) 대륙부 및 도서에 위치한다. 거리가 가까우면 삼천 리에서 오천 리, 멀면 이삼만 리에 달하며, 서편의 서역 여러 나라와 접한다. 후한 환제桓帝 시기에 대진과 천축이 모두 이 길을 통해 사자를 보내 공물을 바쳤다"고 했다. 양은 해남과의 교류와 정보 수집에서 유리했으며, 동이東夷와의 통교도 유지했다. 『양직공도梁職貢圖』에 등장하는 외교관계는 양의 대외 교섭력을

6 印順, 鄭唯眞 역, 『중국선종사』, 운주사, 2012, 186~187쪽.

상징한다. 양 무제는 한반도 불교 전파에도 역할을 했다. 불교의 남방 전교에서 양은 50여 년이 조금 넘는 짧은 시대였지만 최상을 구가했다.

502년 양의 개국과 더불어 503년에 남천축국에서 벽지불아檗支佛牙를 봉헌했다. 507년에는 남천축, 파라婆羅, 소륵疏勒, 차륵車勒, 아구阿駒 등이 사절을 보냈다. 508년에도 남천축에서 사절이 왔으며 509, 510, 511, 514, 518, 521년 남천축국에서 보낸 사절이 쉬지 않고 중국에 당도하였다.

대통普通 원년527에는 사자국 왕 가섭가라가리야伽葉伽羅訶梨邪가 사자를 보내, "비록 산과 바다로 멀리 떨어져 있으나 소식이 때마다 통합니다" 라고 표를 올린다. 천축승이 속속 당도하자 범어 불경을 한역하는 작업이 점차 늘어났고 각종 종파가 차례로 중국에 전파되었다. 남북조시대에 개략적으로 법상종, 천태종, 율종, 화엄종, 밀종, 선종 등이 성립되었다. 제나라 무제의 둘째 아들로 사후에 경릉왕竟陵王에 봉해진 소자량蕭子良, 460~494과 양 무제464~549는 남조의 제왕 가운데 가장 독실한 불교신자였다.

양나라는 남조 중에서 가장 열렬히 불교를 옹호·발전시켰다. 양에서는 혜교慧皎에 의해 『양고승전梁高僧傳』으로 알려진 『고승전』을 총 14권으로 펴냈다. 『고승전』을 편찬할 정도로 불교사가 축적된 것이다. 중국에 불교가 전래되어 널리 퍼지고 자리를 잡는 과정에서 큰 기여를 한 고승 500인의 업적을 기리기 위해서 찬술했다. 불법 홍포의 의미를 지니지만 이를 통해 경·율·론 주석에 중심을 둔 불교찬술의 범위가 확대되었다는 의의가 크다.[7]

양나라에서 승려는 번역, 해석, 선수행, 명율明律, 통경通經, 경사经師, 홍복興福, 창도唱導 등 10여 분야로 전문화되어 있었다. 건강 일대에는 사원

---

7 『고승전』 편찬의 역사는 『속고승전(續高僧傳)』, 『송고승전(宋高僧傳)』, 『대명고승전(大明高僧傳)』 등으로 이어졌다. 당의 도선(道宣)이 649년에 편찬한 『당고승전(唐高僧傳)』은 혜교의 『고승전』 전통을 이었다.

500여 개, 승려 10여만 명이 있었으며 천축승이 속속 입국했다. 문헌 기록이 남은 천축승은 제한적 숫자이며 기록 이외의 무명의 천축승이 입국했을 것이다.

대표 인물이 서인도 출신의 구라나타拘羅那陀, Paramārtha다. 법명은 진제眞諦로, 546년 해로로 중국에 들어와 광주에 정착했다. 유식론唯識論, 구사론俱舍論, 섭대승론攝大乘論 등 64부 278권을 역경했다. 구라나타는 구마라습, 현장과 함께 중국 3대 역경가다. 메콩강 하구 푸난을 거쳐 양으로 들어왔으며, 푸난이 불교전래의 매개처였음을 알려준다.

남조의 바닷길 창구는 건강이었다. 건강은 옛부터 한족이 거주했기 때문에 삼국 위魏의 수도인 허창许昌 다음으로 번창한 도시였다. 원제元帝 사마예司馬睿는 서진의 마지막 황제 민제愍帝 사마업司馬鄴의 업鄴이 건업建業의 업과 음이 같다 해서 이를 피하기 위해 건강建康이란 지명으로 고쳤으며, 이후 한족 국가 진晋·송宋·양梁·진陳 등 남쪽으로 피란 온 한족들은 이곳을 수도로 썼다. 이후 화남의 거점으로 북조 수도인 낙양에 비견되었다. 파괴와 복구를 거듭하면서도 송과 명의 수도로 번창하였고 송·원대까지 건강으로 불리다가 명대에 남경난징으로 개명하여 2대 주체朱棣, 영락제가 수도를 북경으로 옮기기 전까지 도읍으로 삼았다. 정화의 하서양 대항해 본부가 남경에 위치했으므로 사실상 해양실크로드의 중국 측 기점은 아주 오랫동안 남경이었다. 건강의 바다 출구로서의 역사적 역할이 원과 명대까지 장기 지속된 것이다.

어느 도시공간이 성쇠를 거듭하면서도 나라가 바뀜에도 장기 지속됨은 지리적·지정학적 여건과 정치경제적 배후 등이 복잡하게 얽혀있기에 가능한 일이다. 여러 왕국이 교차되면서도 파탈리푸트라가 왕조들의 수도로 기능한 것이 갠지스강의 우월한 수상조건 덕분이었다면, 건강도 명대의 남경에 이르기까지 장강의 우월한 수상조건에 의탁한 결과이다. 파탈리푸트라에서 강상교통을 이용하여 곧바로 벵골만으로 연결되었다면, 건강에서는 장강을 통하여 남중국해로 연결되었다. 강과 바다를 이용하여 장기 지속으로 하나의 문명권이 창출되었으며 불교는 이러한 강과 바다의 정점에서 종교와 예술의 꽃을 피웠다.

3 | 황제보살 양 무제와 천축국 달마

남조에서 불교에 가장 많은 신심을 보인 사람은 양 무제464~549다. 그는 불교를 옹호하여 황제보살皇帝菩薩로 불리웠을 정도다. 그의 불심은 외국에도 널리 알려져서 대외 국서에서도 보살 칭호를 썼다. 황제 자신이 불경을 편찬했으며, 저명 승려들을 극진히 대접하여 법운法雲, 지장智藏, 승민僧旻 등 3대 법사가 설교할 때면 왕족, 귀족, 사대부들이 앞다투어 경청하였다. 무제의 불교에 의탁한 통치술이 작동한 측면도 있을 것이다.

『양서』「제이전諸夷傳」에 따르면, 537년 8월에 양 무제가 아육왕사南京의 長干寺를 지칭 탑을 고쳐 세우면서 구탑 아래에서 사리 및 부처의 손톱과 머리카락을 꺼낸다. 칙령을 내려 사원 부지를 넓혔다. 여러 당전堂殿과 서상瑞像을 세우고 빙 둘러 측실을 짓는 등, 사원이 크고 넓으며 아름다움이 극에 달하였다. 아육왕을 자처함으로써 불법을 널리 퍼뜨린 마우리아 아소카의 전범을 따르고자 하였다. 무제는 무려 48년간 통치하면서 불교를 옹호하였으나 스스로 동태사同太寺에 사신捨身을 행하는 무모한 짓을 여러 번 행하였다. 그럴 때마다 신하들이 막대한 돈을 들여 무제를 되찾아왔기에 국고가 궁핍해졌다. 퇴위 후 법황의 신분이라면 모르나 재임 도중 황제를 잃는 일은 없었기 때문에 이런 황당한 일이 벌어진 것이다.

무제 때인 보통普通 8년 9월 21일에 보리달마菩提達磨, Bodhidharma가 남해군에 당도한다.[8] 달마가 서쪽으로 온 것을 서래西來라 하며, 그가 전한 뜻을 서래의西來意, 달마가 전한 분명한 뜻은 서래적의西來的意, 전법의 도는 서래조도西來祖道 등 다양한 표현이 전해온다. 천축에서 법이 끊어지지 않고 대대로 전승되어온 것을 서천기西天記라 하는데 '기'는 각인되어 잊혀지지 않고 전승되었다는 뜻이다.

선禪의 시작은 세존이 마하가섭에게 염화미소로서 법을 전함으로써 시작되었다. 가섭을 시작으로 보리달마에 이르기까지 28대 동안 선법이 전해온 것이다. 바다를 건너온 달마의 출현은 선의 역사에서 획을 긋는 사건이었다. 『증도가證道歌』에 "제1조 가섭이 처음으로 불법의 등불을 전하였고, 이후 28대 동안 대대로 끊어지지 않고 인도에서 전승되어 왔다네. 그 법이 동쪽으로 전해져 이 땅에 들어왔으니, 보리달마가 초조가 된다네"라 하였다.[9]

달마는 남인도 팔라바 왕자로 태어나 불제자로 귀화했다. 『조당집祖堂集』에 "남천축국南天竺國 향지대왕香至大王의 셋째 왕자로서 반야다라의 법을 이어 배를 타고 중국 광주로 건너왔다"라고 밝혔다. 달마의 입국은 502년 양나라가 성립되기 이전인 유송劉宋, 420~478시대 일이며, 상륙 지점은 남월, 즉 지금의 해남도 건너편 어느 해안이었다. 팔라바의 칸치푸람과 남중국 해로가 개설되어 있었고, 달마는 당연히 남해 바닷길로 들어왔다. 장기간 강남에 머물고 있었던 것이다.[10]

달마가 양 무제를 만난 전설 같은 이야기는 지금도 회자된다. 달마는 양 무제를 만나러 건강으로 갔다. 양 무제는 자신을 중국의 아육왕이라 하고, 업적을 자랑하며 얼마만큼의 공덕이 되겠느냐고 달마에게 질문하였다. 달마는 한마디로 "無"라고 하였다. 선업선과 악업악과의 유위

8 藥山志安 감수, 仁海 역주, 『달마대사의 小室六門』, 민족사, 2008.

9 『證道歌註』.

10 印順, 鄭唯眞 역, 『중국선종사』, 운주사, 2012, 35쪽.

양 무제

〈달마도〉(김명국, 조선 후기)

적이고 외적인 공덕이 아니라, 실제 수행을 통해서 깨달음에 도달하는 무위적이고 내적인 공덕에 비할 바 없다는 의미였다.

황제가 마침내 물었다.

"어떤 것이 가장 성스러운 진리입니까."

달마가 대답했다.

"텅 비어 성스럽다 할 것도 없소."

양 무제가 다시 물었다.

"짐을 마주하고 있는 이는 누구요?"

달마가 대답했다.

"모릅니다."

황제는 알지 못했다. 바로 달마는 강을 건너 갔다. 『송고승전』에는 '처음에 송 남월에 이르고, 그 후 북쪽 위나라로 갔다'고 했다. 520년 전후에 북위 낙양에 갔다가 그 후 숭산嵩山 소림사에 이르렀고 9년 동안 면벽

달마도해 동경, 금나라, 1115~1123년간

面壁하며 말없이 좌선수행坐禪修行만 했다고 전해진다. 그 모습을 보고 면벽바라문面壁婆羅門이라 불렀다고 한다.[11] 이후 선법禪法을 혜가 등에게 전수했다. 선종 여명기를 알리는 이같은 서사는 북쪽 육상실크로드뿐 아니라 중국 불교의 태동이 바닷길에서 본격화되었음을 암시하는 것이다. 달마의 바닷길은 그 자체로 해양실크로드 문명사의 고대적 궤적이다. 달마를 시초로 선종이 본격 뿌리를 내린다. 그런데 선종의 역사는 대부분이 구술 전승의 역사이다. 달마 이래의 선사들 사적事蹟은 모두 구술에 의하여 전해졌으며, 후대 사람에 의하여 기록으로 남았다. 구술전승은 당연히 이설異說을 만들어 내었다.[12]

---

11 만송 행수 역해, 『한권으로 읽는 從容錄』, 김영사, 2018, 15~16쪽.

12 印順, 鄭唯眞 역, 『중국선종사』, 운주사, 2012, 16쪽.

달마가 뿌린 씨앗은 후대 당나라에서 역사상 최초의 선종사원禪院叢林 성립으로 발아된다. 백장회해百丈懷海, 720~814가 창건한 백장산 백장사가 그것이다. 회해는 백장청규 규칙을 최초로 제정하였으며, "하루 일하지 않으면 하루 먹지 않는다一日不作 一日不食"라는 명구를 남겼다. 그 이전에는 독자적 선종사원이 없었다. 비로소 율종사찰에서 독립하여 독자 사원을 갖게 되는데 백장총림을 세우면서 몇 중요 원칙을 제시한다.

첫째, 불전대웅전을 세우지 않고폐지, 법당설법당만 세운다不立佛殿 唯樹法堂. 둘째, 생활경제 즉 총림의 식생활은 보청노동으로 해결한다行普請法 上下均力也. 셋째, 주지방장는 불조로부터 친히 법을 받은 법왕이므로 불상을 모시지 않는다表佛祖親屬授 當代爲尊也.

당시의 조사선 선승은 반야지혜가 투철한 이들이었다. 사상적·정신적으로 치열하게 고뇌한 끝에 부처란 목석이나 금은으로 만든 불상이 아니고 반야지혜가 곧 부처임을 확신했다. 따라서 반야지혜가 작동·가동되지 않는 부처는 나무토막이나 돌조각에 불과하다고 생각했다. 불전을 세우지 않고 법신불이 활발하게 작용하는 법당을 세운 이유였다.[13]

4 | 도교와 불교의 갈등, 격의 불교의 성립

양 무제의 불교관 바탕에는 중국식 도교관이 깔려 있었다. 이국 종교인 불교가 중국 땅에 뿌리내리는 과정에서 전통 종교와 피할 수 없는 접점이었다. 문화적 갈등이자 친연성있는 도교와의 융합 과정이었고, 일정한 타협 과정이기도 했다.

제齊·양梁대의 도학자 도홍경陶弘景, 456~536과 양 무제와의 관계가 주목

13 윤창화, 『당송시대 선종사원의 생활과 철학』, 민족사, 2017, 5쪽.

명(明) 동기창(董其昌)의 도홍경시의도(陶弘景詩意圖)

된다. 도홍경은 어릴 적부터 『신선전神仙傳』을 읽고 양생에 뜻을 두었고 『심산지尋山志』를 써서 은일을 동경하였다. 산림에 은거하던 중 옹주자사雍州刺史 소연蕭衍이 군사를 일으켜 제를 공격하자 소연과의 우정을 생각하여 제자들을 이끌고 도참을 원용하여 승리에 도움을 주고 양이라는 국호도 주었다. 양 무제가 된 소연의 신임과 총애를 받았으나 벼슬길에는 나아가지 않았고, 무제와는 사자를 통하여 국사를 논하였기 때문에 산중재상山中宰相이라 불렸다. 도홍경의 철학이 양 무제에게 영향을 주었을 것이 분명하다.

도홍경은 노장철학과 갈홍葛洪의 신선사상을 계승하여 도교와 불교 두 종교의 관념을 합하고 유불도 삼교합일을 주장하였다. 삼교합일은 불교가 들어온 이래로 천여 년 이상 일관되게 제기된 주장이었다. 도홍경은 일찍이 유현劉縣, 절강성 영파으로 가서 아육왕탑阿育王塔에서 불계를 받았으며 모산의 도관에 불교와 도관의 당을 함께 세워 격일로 돌아가며 조례를 올렸다. 도교사상사에 주목할 만한 저술로 『진고眞誥』, 『등진은결登眞隱訣』, 『진령위업도眞靈位業圖』, 『신농본초경집주神農本草經集註』 등을 펴냈으며 도교사상을 조직, 체계화하였다. 도홍경과 양 무제의 특수관계를 고려할 때, 무제의 불교관 바탕에 도교관이 바탕에 있음은 당연하다.[14]

무제가 도교를 버리고 불교를 받든 일을 사도봉불捨道奉佛이라 하였다. 504년 무제가 지은 「사도문捨道文」이 『집고금불도논형集古今佛道論衡』에 실려있다. 「사도문」은 무제가 노자에 빠졌다가 불법으로 돌아와 발원하니 모든 불보살이 증명하여 보호해 주기를 청하는 글이다.[15] 이러한 사례는 비단 양 무제에게만 해당되는 것이 아니라 불교가 중국에 들어와서 겪어나간 전통 신앙과의 길항관계를 말해준다.

덕분에 격의 불교가 득세하였다. 격의 불교의 만개는 불교가 중국 땅

14 『梁書』 권51 「華陽隱居先生本起錄」.

15 『集古今佛道論衡』 「釋氏原流應化事蹟」.

아육왕탑(항주 雷峰탑, 절강성 항주박물관)

에 토착화되는 신호이기도 했다. 중국인은 불교전래 초기에는 인도승에 대하여 '竺'을 붙여서 표시했다. '釋'을 붙이게 된 것은 이후의 일이다. 격의 불교의 득세는 도교와 불교가 기원을 달리 하지만 현실에서는 그 경계가 모호한 부분이 많은 측면에도 비롯된다. 두 종교 모두 전문 종교인을 두고 거주 시설을 설립하였으며 경전을 편찬하고 교리체계를 정비하였다. 대부분의 경우 불교가 도교 측에 완성된 교단과 신앙행위를 위한 본보기를 제공하였다.[16] 불교의 오래 축적된 승가僧伽 시스템이 도교에 가르침을 주었다.

불교가 남북으로 널리 전파되고 있을 때 뛰어난 무신론자 범진范縝, 450~515은 불교와 첨예한 투쟁을 전개하였다. 남제 말엽에 『신멸론神滅論』을 써서 윤회나 인과응보 등의 설법은 황당무계한 것이라고 주장하였다. 소자량은 많은 고승을 소집하여 반론을 폈지만 범진을 설복시킬 수 없었다. 양 무제도 즉위 후에 귀족과 승려들을 동원하여 반박하였으나 범진을 굴복시키지 못하였다.[17] 또

16 마크 에드워드 루이스, 조성우 역, 『하버드 중국사 남북조, 분열기의 중국』, 너머북스, 2016, 409쪽.

17 白壽彝, 임효섭·임춘성 역, 『중국통사강요』, 이론과 실천, 1991, 172쪽.

한 유학자들도 반불에 참여하였다. 한유韓愈, 768~824의 논불골표論佛骨表가 대표 사례이다. 한유는 이렇게 '오랑캐의 종교'를 비판하였다.

아육왕탑 바닥의 탁본, 오대 시기, 965년
(항주 雷峰탑, 절강성 항주박물관)

> 불교는 오랑캐의 한 도법일 뿐입니다. 후한 대에 중국에 들어왔지만 상고시대에는 존재하지 않았습니다. 무릇 부처란 본시 오랑캐 땅의 사람으로 중국과는 언어가 통하지 않고, 의복의 제도가 다르며 옛 어진 임금들의 어진 말을 한 일이 없고.

이러한 이유를 바탕으로 격의 불교라는 '타협 장치'를 통하여 불교가 중국에 밀착하는 방식으로 나아갔다. 격의 불교적 방향성은 불교건축에서도 두드러졌다. 양진 남북조시대205~589의 탑 개념과 양식은 인도 스투파에서 찾을 수 있으나 중국 탑은 전통과 결합하여 누각식 목탑으로 나타났다. 불교교의가 중국 전통철학과 서로 결합하여 중국 불교교의가 강조되었듯이 불교건축도 중국 전통건축 위에서 일정한 타협을 거쳐서 정립되었다.[18]

---

18 劉敦楨, 정옥근·한동수·양호영 역, 『중국고대건축사』, 세진사, 1995, 165쪽.

5 | 궤도에 오른 당의 해양실크로드

당대는 북방 육상과 남방 해양실크로드를 모두 가동한 시대이다. 7세기로 접어들면, 해양실크로드 역사에서 전환이 나타난다. 이슬람 세력의 '무슬림의 바다'로 인도양이 변하기 시작했고, 당제국이 등장하여 해양의 시대를 열었다. 세계사적으로 동방의 당, 서방의 이슬람제국이 동시대에 성립된 것은 역사적 우연, 혹은 필연적 역사였다. 글로벌을 지향하는 이슬람세계와 당의 세계가 동시에 열린 것이다.

서쪽에서 이슬람 상선이 몰려오고 있었고 동쪽에서는 당선이 인도양을 건넜다. 조선과 항법기술의 발달로 동남아, 믈라카해협, 인도양, 홍해, 아프리카 항로가 개통되어 해양실크로드가 육상실크로드를 대체했다. 당대 해로는 『신당서』「지리지」에 수록된 가탐賈耽, 730~805의 『광주통해이도廣州通海夷道』에 개척된 항로가 잘 정리되었다. 가탐은 지리학자이자 지도학자, 또 천문학자이자 음양가였다. 30여 년간 자료 수집과 연구를 바탕으로 『해내화이도海內華夷圖』와 『지지地誌』, 『고금군국도현사이술古今郡國道縣四夷述』 40권을 남겼다.

광주에서 시작하여 오늘날의 남중국해, 인도양, 페르시아만, 동아프리카 및 지중해로 100개가 넘는 국가와 지역을 통과하는 남해 항로가 완성되었다. 당연히 이 항로를 따라서 당과 천축이 연결되었다. 그러나 먼 바닷길은 여전히 힘들었다. 4세기 동진 법현이 귀환길에 죽을 고생을 한 것이 이를 잘 입증한다. 당대에는 상선 크기와 항해술, 해로 등이 발전하였으므로, 7세기 의정은 법현에 비하면 한결 수월하게 천축을 다녀왔다. 한국과 일본의 승려도 당이 개척한 항로를 이용하여 천축을 오고갔다. 혜초가 이용한 바닷길도 당나라에서 개척된 길이었다.

당은 종교박람회장으로 불리울 만큼 개방적이었다. 네스토리우스교경교를 비롯하여 힌두교, 마니교 등이 공존했다. 그러나 당 전성기의 종

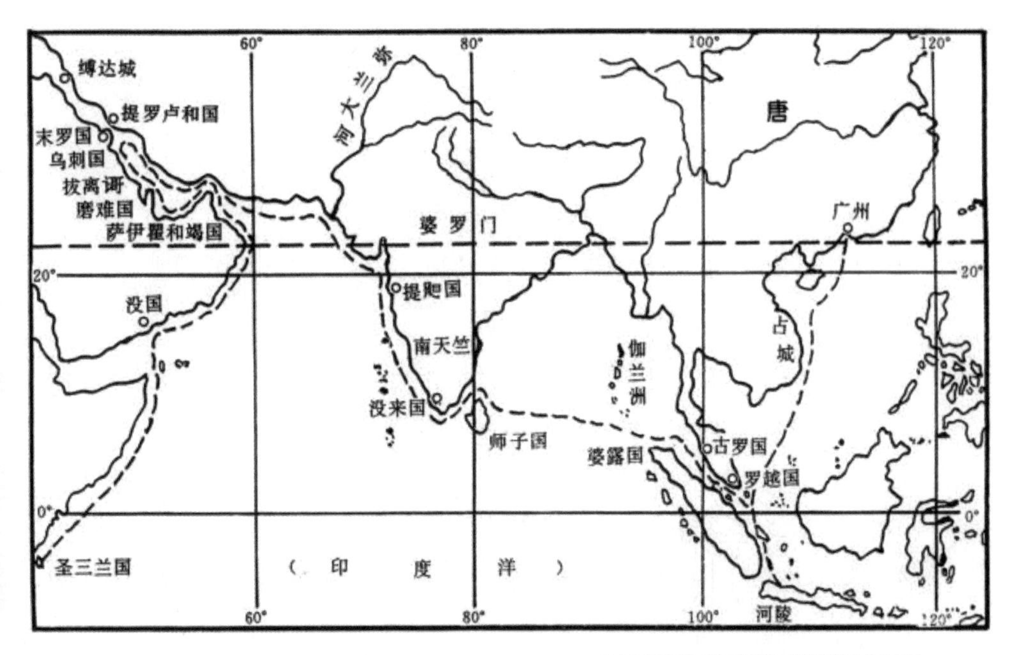

광주통해이도에 기반한 당대 해양실크로드

교는 불교였다. 장안, 낙양 외에도 전국 각처에 사원이 들어섰다. 현장玄奘・도선道宣・의정義淨・법장法藏・신수神秀・혜능惠能 등 저명 승려가 속속 등장했다. 많은 승려들이 천축으로 떠났으며, 반대로 천축승들이 중국으로 들어왔다. 그 숫자와 빈도수에 있어서 달마가 들어왔던 양나라시대에 비할 바가 아니었다.

송『제번지』에 의하면, 당 정관貞觀, 627~647, 천수天授, 690~692 연간에 천축국에서 사신을 보내 조공을 바쳤다. 옹희雍熙, 984~987 연간에는 승려 라호나囉護哪가 배를 타고 바다를 건너와서 스스로 천축국 사람이라고 했다. 외래 상인들은 그가 외래 승려라고 여기고 다투어 금, 비단, 보배 등을 가지고 와 보시하였다. 그는 한 푼도 유용하지 않고 빈 터를 사서 천주에 사찰을 세웠는데 바로 오늘의 보림원寶林院이다. 천축승에게 시주가 몰려들 정도로 당대의 불심이 대단하였다는 뜻이다.

그러나 당은 폭압적 방식으로 법난을 일으켜서 승려 추방 조치도 함께 했다. 845년 7월 무종武宗의 회창멸법會昌滅法 조치로 불교, 현교, 마니교, 경교조로아스터교 등이 멸교 위기에 빠진다. 회창연간841~846에 일어난 폐불사건으로 사찰 44,000여 개에서 4만 개를 파괴하였으며 승려를 26만 9,000명에서 26만여 명을 환속시키고, 경전의 90%를 없애고 불상과 동종을 녹여서 주전토록했다. 일본승 엔닌이 남긴 『입당구법순례행기入唐求法巡禮行記』에 당시 상황이 잘 드러난다.[19] 당은 각 절에 공문을 보내어, '만일 비구승이나 비구니 가운데 환속을 따르지 않는 자가 있다면, 칙령을 위반한 죄를 적용하여 그 자리에서 죽이라'고 했다.

『입당구법순례행기』에 이르길, "청룡사에는 남인도 삼장인 보월寶月 등 5명이 있고, 홍선사에는 북인도 삼장인 난타難陀 1명이 있고, 자은사에는 사자국 승려 1명이 있다. 자성사에는 일본에서 온 승려 3인이 있고, 여러 절에 신라의 승려들이 있고, 그밖에 구자국龜玆國 승려 등 그 이름을 모두 기억할 수가 없다"고 하였다. 중국 동해안 바닷가의 경우, 인도 및 동아시아 승려들이 절마다 산재했던 것이다. 당은 외국승이 어느 나라에서 왔으며, 언제 장안에 도착하여 어느 절에 머무르는지, 나이는 몇 살이며 어떤 공부를 하고 있는지를 조사하라는 공문을 보냈다.

843년에는 칙령으로 마니교摩尼教 신도를 죽이게 했다. 마니교는 회골족回鶻族이 깊이 믿는 종교였다. 844년 불경을 불태우고 불상을 부숴버리고 승려들을 뽑아내어 각기 본사로 돌려보냈다. 도량에는 노군老君 상을 안치시켜 놓고 도사들이 도교 경전을 베끼고 도술을 수련하게 하였다. 칙령을 내려 산중의 수도원, 불당 등을 헐어버리고 비구승과 비구니를 환속시켜 읍역邑役으로 보냈다. 헤아릴 수 없이 많은 불당과 불원, 승려의 묘·탑이 파괴되었다.[20]

30여 년 뒤에는 더 큰 종교탄압과 외국인 집단학살극이 벌어졌다. 878년 황소의 난을 일으킨 반란군이 광주를 점령하고 무슬림, 현교, 경

19 감숙성(甘肅省)에 있던 쿠차국.
20 圓仁, 신복룡 역, 『입당구법순례행기』, 정신세계사, 1991.

교도를 포함하여 이곳에 거주하던 아라비아, 페르시아, 소그드 등 외국 상인 12만 명 (혹은 20만 명)을 학살한다. 무차별 학살극으로 당의 개방적 분위기는 사라졌다. 이로써 국제무역항 광주는 초토화되고 당분간 외국인이 찾지 않는 폐허가 됐다.

회창법란은 당시 도시에서 권력층과 밀접하게 관련을 맺고 있던 불교종파에 준엄한 타격을 가하였다. 반면에 강남 변두리에 위치한 노동형 종교인 선종은 상대적으로 부각되는 계기를 맞았다. 특히 5대 10국 시기의 복건과 절강, 강소지역은 경제 번영을 기반으로 하여 선종 융성기를 맞이하였다. 불우했던 시절에 한때 선종 사찰에 의지했던 선종宣宗, 846~859 재위이 즉위하자 폐불령을 철폐하고 불교, 특히 선불교를 후원한다. 이에 서민형 종교인 선불교로 대거 귀의하며, 선불교가 역사에 전면으로 부상한다.[21]

회창법란은 불교 전파 이래로 잠복되어 온 전통적 도교·유교와의 누적된 갈등과 모순이 폭발한 것이다. 인도 불교의 중국화는 전통 신앙과의 혼융이라는 관점에서 전개되었고, 동시에 배불이라는 역행도 포함하였다. 북위 무제武帝, 423~452 재위에 의한 불교대탄압, 북주北周의 법란도 같은 성격이다. 장보고시대에 이루어진 회창법난은 신라인에게도 영향을 주었다.

이슬람 무역상인 술레이만 알 타지르Sulayman al Tajir가 850년 경년에 출간한 여행기 『중국과 인도 소식』에서는, 무역이 활발했으나 상업의 10분의 3을 소유하고 있는 당국이 엄격히 통제하고 과중한 세금을 부과했다고 언급했다. 상아, 유향, 거북껍데기, 코뿔, 소뿔 같은 고급품만이 무역로 전역에서 세금과 교통비를 감당했을 것이다. 이처럼 당은 분명히 개방적인 나라이면서도 외국인 혐오와 공격 또한 분명했다. 불교

21 贊寧, 『宋高僧傳』 10권 「唐新五百丈山懷海傳」.

李成, 오대시대 화북의 산사를 그린 청만소사도(晴巒蕭寺圖), 919~967(대북 국립고궁박물관)

를 받아들이면서도 척불을 감행하고, 외국 상인을 받아들이면서도 배척하는 양면성이야말로 당의 '양면적 진실'이다.

외국승 배격을 포함한 중국의 논리는 중국이 불교세계의 새로운 중심지라는 당대인의 주장에 근거한 것이기도 하다. 붓다 가르침의 종말이 임박했다는 교리로 인해 더욱 설득력을 얻었다. 인도에서 불교가 소멸 직전에 이르렀다는 예언이 유행했으며, 중국을 불교세계의 중심으로 만들었다. 인도에서 불교가 쇠퇴하였다는 추정은 불교가 갠지스강 유역의 오래된 중심지에서 사라지고 서역에서는 무슬림 정복 이후에 사라졌다는 사실에 근거한다. 그러나 불교는 비하르, 벵갈, 오딧사에서 지속적으로 번성하였다. 이 시기는 또한 불교 자체의 상당한 생명력도 보여주었다. 예를 든다면 밀교가 폭발적으로 확산되면서 티베트의 핵심 이론으로 정착한다. 이러한 외국 불교계 동향과 무관하게 중국은 여러 단계를 거쳐나가면서 '중국식 불교'로 안착하게 된다 .

중국과 외부세계 교류의 중요 형태 중의 하나는 교역이었다. 교역에서 불교와 관련된 용품이 일정 비중을 차지하였다. 차와 설탕은 불교의 등장과 관련이 있다. 필사에 쓰이는 종이와 인쇄술 발전도 불교교의에서 자극을 받았다. 불경 사본 만들기는 공덕을 쌓는 행위로 널리 받아들여졌다. 기원후 몇 세기 동안 대승 불교 초기의 주요 경전이 다수 등장하였고 널리 필사가 행해지면서 종이가 많이 소모되었다.

역방향으로 중국 비단이 세계로 퍼져나가서 불교의례에 쓰였다. 불교사원은 그 자체로 사치 품목의 주된 소비자였다. 사원과 탑은 금, 은, 비단, 산호 구슬, 유리, 혹은 준보석류로 장식되었다. 7세기 현장이 묘사했듯이 당시 부흥하던 브라만교와 불교 사이의 경쟁은 앞다투어 각자 사원을 호화스럽게 장엄하는 양상으로 전개되었다. 불교장엄에서 고급 비단이 널리 소비되었다. 붓다의 사리는 유리나 크리스탈 같은 고가품으로 대체물이 만들어져 거래되기도 하였다. 이같은 국제 유통은 남해로의 바다도시를 통해 이루어졌다.

6 | 천주에 남아 있는 천축국의 흔적

오늘날의 복건성 복주, 그 아래의 천주와 장주漳主, 강동성 광주에 이르는 남해로의 도시들은 해양실크로드 1번지로서 천축승이 당도하는 출입처이었고, 구법승이 천축으로 떠나는 출발지였다. 남해로 도시 중에서 광동성, 복건성의 여러 도시들이 불교전래와 성장에 크게 기여하였다. 위로는 온주, 항주, 영파 등도 바닷가 출구로서 중요한 역할을 했다. 중요 사찰과 불교사적을 개괄하는 방식으로 남해로에 남겨진 불교의 흔적을 살펴본다.

복건성 천추가 가장 높게 부각된 시점은 당보다는 송대이다. 송대로 접어들면서 천주는 광주를 제치고 '해양실크로드 1번지'로 부각된다.[22]

---

22 陳支平 主編, 『海上絲綢之路與泉港海國文明』, 厦門大學國學研究院, 2015.

개원사의 인도 흔적

유라시아에서 가장 많은 인구가 밀집한 항구로 발돋움했다. 서양인은 천주를 자이톤 또는 자이툰Zation, Zaitun, 刺桐으로 불렀으며 세계의 '중심'으로 유럽까지 소문났다.[23] 그러나 천주는 남조시대로부터 천축에서 불교가 들어오는 관문이었다.

천주는 남조 진陳 무제武帝 영정永定 2년558에 천축승 진제眞諦가 구월산 부근의 건조사建造寺에 주석하며 대승불법을 설법한 유서깊은 곳이다. 건조사는 천주의 가장 오래된 사원으로 훗날 송대에 연복사延福寺로 개칭된다.[24] 중국 4대 역경가 가운데 하나인 진제는 양 무제의 초청으로 메콩강 하구 푸난에서 넘어왔으나 무제가 죽고 난 다음에 남조가 혼란기로 접어들면서 유랑생활을 한다. 남중국 해안가를 떠돌면서 역경에 종사하였는데 그의 역경은 백제나 통일신라시대 불교사상계에 깊은 영향을 주었다.

천주 진장강晋江강변에는 개원사 쌍탑이 위엄을 뿜으며 서 있다. 개원사는 618년 당이 건국되고 70여 년 뒤인 686년에 창건하여 1300여 년에 이르는 천주의 상징과 같은 절이다. 창건 당시에 연화도창延華道昌이라 부르다가 개원 26년738에 개원사로 개칭했다. 개원사는 바다를 통해 당도한 인도의 완벽한 흔적이 남아 있는 곳으로 유명하다. 개원사 터는 본디 뽕나무 밭이었다. 뽕나무는 당시 천주 견직 산업의 번영을 증명한다. 견직은 명확한 분업을 통해 발전해 나갔으며 점차 천주가 해양실크로드의 출발점이 되는 밑바탕이 되었다. 고대 뽕나무 정원이 유명 사찰이 된 것이다.

개원사는 완벽한 중국 절인데, 힌두 양식이 섞여 있다. 해양실크로드를 따라 힌두 문명이 들어온 결과다. 인도와 중국 문명이 만난 다양한 증거 중의 하나다. 명대에 중축하면서 가져다 쓴 개원사 석재에서 인도

23 야곱 단코나, 오성환·이민아 역, 『빛의 도시』, 까치, 2000, 197쪽.
24 湯錦台, 『海上閩南帝國－閩南人與南海文明的興起』, 臺北 : 大雁出版基地, 2013, 37쪽.

양식이 나타난다. 힌두 신화에서 가져온 이야기를 각인한 기둥과 사자와 연꽃이 각인된 기단석이 남아 있다. 모두 비슈누와 시바를 위해 봉헌하였다. 대웅보전은 개원사 본당으로 86개의 큰 돌기둥이 있는데, 기둥을 축소하여 지은 들보형 목골을 지지한다. 대웅보존 기둥 장식도 비슈누를 위한 것이다. 대웅보존 월대月臺 하단에는 인면수신人面獸身 부조가 각인되어 있다. 당과 천축국의 활발한 교류 흔적이다.[25]

천주시립박물관과 천주교통사박물관에도 시바 여신에게 바친 남근상, 촐라시대의 힌두상, 원숭이나 사자상 등이 전시되고 있다. 천주 일원에서 발굴된 인도 유물이다. 천주는 복주와 더불어 인도에서 건너온 건축 양식, 디자인이 가장 많이 남아 있는 항구다. 잔존 인도풍 석각은 대체로 해양제국을 건설한 촐라의 유산으로 인도풍을 들여다가 현지에 적용시킨 융합물이다.

촐라왕국은 기원전부터 존립했으나 해상제국으로 번성한 시기는 845~1279년에 걸쳐있다. 대체로 당·송시대에 남중국 항구로 촐라의 문화가 들어왔다. 남인도 말라르바와 코르멘델에서 동남아를 거쳐 남중국해에 이르는 긴 무역로가 오랜 시기를 두고 장기 지속되었다. 인도와 중국 교섭사는 당·송·원에 이르기까지 장기 지속으로 연결되어 있어 시기를 토막 내어 설명하기 어려운 면이 있다.

힌두교성직자와 불교 승려, 집단주거의 흔적은 힌두사원과 조각 등의 고고학적 증거를 통해 확인된다. 인도 상인의 후원을 받고 중국 조정의 허락과 토지 사용을 인정받아 사원이 성립된다. 팔라바시대600~850에도 중국과의 무역이 이루어졌으나 촐라시대850~1350, 즉 중국의 당과 오대, 송대에 무역량이 급증하였다. 특히 11세기부터 촐라왕국의 팽창을 목격하게 되는데, 그들은 군사 정벌과 상업 확산을 동시에 꾀했다. 원거

25 David Yu, 「泉州印度教石刻藝術的比較研究」, 『海交史研究』 51, 泉州海外交通史博物館, 2007, 1~23쪽.

리까지 뻗어나간 촐라 무역로는 송대에 해당되는 라젠드라촐라Rajendra Chola, 1012~1044시대에 왕성했으며, 1015년 중국에 공식 사절을 보냈다. 타밀 상인의 존재를 확인시켜주는 유물이 중국 광주와 천주에서 다량 확인되었다.

힌두사원들은 대체로 명대에 사라졌다. 1940년에 중국-일본전쟁을 치르면서 명대에 축조된 성벽을 허물면서 다량의 인도 및 천주교 등 다른 종교 관련 석재가 성터에서 나왔다. 이들 석재를 성벽에 재활용하다가 다시 발굴된 것이다. 타밀문자 비석에서 힌두사원이 확인된다. 1281년 비석으로 현재는 하문대학교박물관에 소장되어 있는데 다섯 줄로 쓰였으며, 시바 여신에게 봉헌했다. 성문 아래가 힌두 사원터로 여겨지며 도시화 속에 땅 속에 파묻혔다.[26]

천주는 한반도와도 교류가 잦았던 항구이다. 천주에는 고려항, 고려향 등 고려와 관련된 지명이 지금도 남아 있다. 청원산 자락의 초경사招慶寺는 당대에 건립된 절인데 신라·고려와 관련된다. 당시 천주자사는 당대 최고의 선승이었던 의존선사義存禪師의 제자 중 한 사람인 신라 혜릉선사惠稜禪師를 첫 방장으로 모신다. 이 절에서 『조당집祖堂集』 20권이 저술되었다. 조당집은 석가모니불을 비롯한 과거 칠불에서부터 중국 당과 오대까지의 선사 235명의 행적과 법어·게송 등을 담고 있는 등사선의 역사를 기록한 책이다. 신라승 10인이 등장하는데 모두 유학승들이었다. 조당집은 중국 선종의 역사를 알려주는 귀한 정보를 제공하며 우리나라 구산선문의 원류를 밝힐 수 있는 신라승의 행장도 다수 수록하였다. 952년 중국승 정靜과 해동구법승 균均이 저술하였다. 당시 초경사의 주

26 J. Guy, "Tamil Merchants and the Hindu-Budddhist Diaspora in Early Southeast Asia", Pierre-Yves Manguin ed., *Early Interactions between South and Southeast Asia : Reflections on Cross-Cultural Exchange*, Singapore : Institute of Southeast Asian Studies, 2011, p.259.

지였던 문등이 서문을 썼는데 의존의 제자였다. 초경사는 5호 16국시대에 어떤 연유에서인지 폐사됐으며 『조당집』 역시 북송 초기에 사라져 버렸다. 그런데 사라진 이 책이 1912년 해인사 고려대장경 보유판에 존재한다는 것이 극적으로 발견됐다. 오대의 마지막 왕조 후주後周의 불교 탄압기에 천주에 와 있던 고려승이 가져와 팔만대장경 보유편에 들어간 것으로 비정된다.

민강閩江 하구 복주는 한 초기부터 민월閩越의 왕도였다. 당대인 725년에 복주를 두었으며 오대五代 때 민의 왕도가 되었다. 민왕국閩王國, 909~945의 후원으로 복건의 설봉산문이 번창하여 그 문도들이 강江·절浙지방으로 확대되고 민閩·절浙은 이른바 동아불국을 이루게 되었다. 복주 상골산象骨山 설봉사는 선종 고승 설봉의존선사雪峰義存禪師에 봉헌됐다. 설봉은 '남 설봉, 북 조주趙州'라는 말이 있을 정도로 당말 오대 시기에 중국선을 대표하는 선승이었다.[27]

통일신라의 많은 승려가 복건에 와 있었는데 이들 대부분 설봉의 제자가 됐다. 그중에 현눌선사玄訥禪師가 있다. 복청사福清寺는 오대 시기에 천주자사 왕연빈王延彬이 현눌선사를 위해 창건하였다. 현눌은 국제 무역도시 천주에서 30여 년 지내다가 입적했다. 설봉의존의 법맥을 계승한 영조靈照의 임안부臨安府 활동도 전해온다.[28] 설봉의 법맥이 복건성에서 항주까지 북상하여 퍼진 것이다.

민왕국에서 불교를 옹호한 왕으로 왕심지王審知, 862~925가 중요하다. 불상을 조성하거나 탑을 세우고 경전을 사경하는 등 불사에 힘을 기울였다. 특히 설봉의존을 후원하여 복건 일대에 종풍이 널리 선양되도록 도왔다.[29] 과거 복주에는 동서남북에 선사가 한 곳씩 있었는데 서쪽의 서

27 설봉 의존, 청두종인 편역, 『설봉어록』, 담앤북스, 2019.

28 曺永祿, 「唐末五代 閩越 雪峰門徒의 吳越進出과 '東國僧' 靈照」, 『역사학보』 162, 1999.

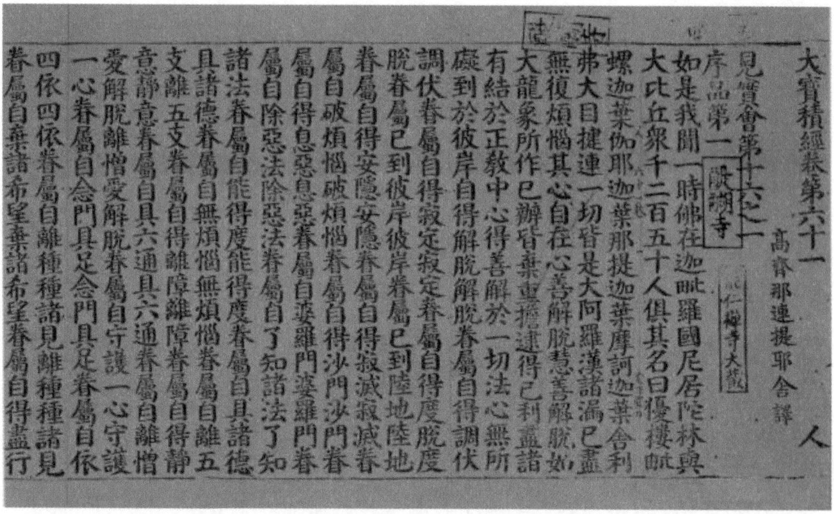
大寶積經卷第六十一
高齊那連提耶舍譯
見寶會第十六之一
序品第一
如是我聞一時佛在迦毗羅國尼居陀林與
大比丘衆千二百五十人俱其名曰優樓頻
螺迦葉伽耶迦葉那提迦葉摩訶迦葉舍利
弗大目揵連一切皆是大阿羅漢諸漏已盡
無復煩惱其心自在心善解脫慧善解脫如
大龍象所作已辦皆棄重擔逮得己利盡諸
有結於正教中心得善解於一切法心無所
礙到於彼岸自得解脫解脫眷屬自得調伏
調伏眷屬自得寂定寂定眷屬自得度脫度
脫眷屬已到彼岸彼岸眷屬已到陸地陸地
眷屬自得安隱安隱眷屬自得寂滅寂滅眷
屬自破煩惱破煩惱眷屬自得沙門沙門眷
屬自得息惡息惡眷屬自婆羅門婆羅門眷
屬自除惡法除惡法眷屬自了知諸法了知
諸法眷屬自能得度能得度眷屬自具諸德
具諸德眷屬自無煩惱無煩惱眷屬自離五
支離五支眷屬自得離障離障眷屬自得靜
意靜意眷屬自具六通具六通眷屬自離憎
愛解脫離憎愛解脫眷屬自守護一心守護
一心眷屬自念門具足念門具足眷屬自依
四依四依眷屬自離種種諸見離種種諸見
眷屬自棄諸希望棄諸希望眷屬自得盡行

송판대장경

산사가 유명하다. 당대에 건축되어 1,200여 년 되었으며 당대에는 3천 승려를 거느리는 대찰이었다. 잦은 전란으로 피해를 보아 자주 중수하였다. 청대의 태평천국, 현대의 문화대혁명의 피해도 보았다.

『불조통기』에는 강남에서 천태종 중흥에 이바지한 고려승 체관諦觀과 그의 제자 의통義通을 소개한다. 신라 구법승이 유학, 상업, 외교 등 다목적으로 당을 방문했으며 기존에 확보된 해상 루트를 이용해 오가면서 중국에 뿌리내렸다. 오월은 입당승이 강서, 호남으로 가는 길목이었으며 해상교통이 편리하였다. 덕분에 오월지역의 천태종 중흥과 법안종 전법에 고려승의 적극 참여가 이루어졌으며, 나말여초에 많은 승려들이 속속 중국으로 입국하였다.[30]

민왕국 말기인 942년에 만들어진 복주 관내의 회안경성사懷安慶城寺에 관한 기록인 『순희삼산지淳熙三山志』가 있다.[31] 이 사찰에는 고려동불高麗銅

29 『五代史』 卷68; 『釋氏通鑑』 卷1.
30 조영록, 『동아시아 불교교류사연구』, 동국대 출판부, 2011, 125~128쪽.
31 梁克家, 『淳熙三山志』 303 「寺觀類 1」 「僧寺」.

佛 3개, 석순石筍, 그리고 소목탑小木塔 등이 있었다. 민시대에 고려가 국신물로 중국에 전해주었다고 하는데 고려의 불교 관련 생산물이 중국에 건너간 사례의 하나이다. 동불은 그 무게 때문에 남중국까지 육로 운반이 힘들었을 것이고 뱃길로 운송되었을 것이다.

송대의 복주는 여전히 대외무역의 중요 항구였다. 복주에서 송판대장경 중의 하나인 복주본이 오랜 세월에 걸쳐 간행되었다. 송판대장경은 촉판蜀板·복주동선사판福州東禪寺板·복주개원사판福州開元寺板·사계판思溪板·적사연성원판磧砂延聖院板 등 다섯 종류가 있다. 12세기 초엽에 만들어진 복주동선사판은 동선사 6대 주지가 33년1080~1103에 걸쳐서 제작한 것으로 송판·원판·명판의 원천이다. 촉판 계통과는 다른 계통인 사본대장경에 의해 개판된 것으로 추정된다. 동선사판의 영향을 받아 37년1112~1148에 걸쳐 민간에서 복주개원사판福州開元寺板이 만들어진다.

복건성과 더불어 광동성도 절대적으로 중요한 남중국해 관문이다. 광주와 교주지역에서 많은 해외 상인과 승려가 빈번하게 교류하였다. 광주는 이미 한대부터 합포와 번우 같은 국제 해상 거점이 자리잡은 해항海港이다. 광주는 당나라에 이르러 가장 큰 무역항으로 발전하였으며, 이러한 전통은 북송과 남송시대에도 이어졌다. 인도와 스리랑카, 스리위자야와 짬파, 진랍, 자바 등에서 온 선박이 몰려들었으며 외국인 정착촌이 만들어졌다. 광동성을 중심으로 선종이 확산된 사실을 주목한다. 사찰 몇 개만 살펴본다.

남화선사南華禪寺는 남종선법의 발상지다. 광동성廣東省 곡강현 동남쪽 약 6km 떨어진 조계산曹溪山 북쪽 언덕에 위치한다. 양 무제 천감 원년502에 창건되었다. 천축승 지락智藥 삼장이 오대산 문수보살을 친견하러 가는 길에 광주를 지나 강을 따라 북상하다 개울물을 마셨는데, 물맛이 하도 좋아서 발원지 조계曹溪까지 오게 되었다고 한다. 이에 양 무제가 보림사寶林寺 편액을 하사한다. 그 후 677년부터 혜능선사가 보림사에서

남조 때 창건되어 989년에 중건된 광주의 육용사.
캄보디아에서 모셔온 부처님 사리를 모시기 위해 창건되었다

37년간 남종선을 전한다. 절 이름은 몇 번 바뀌다가 송 태조가 황명을 내려 남화선사를 하사하였다. 2002년에 창건 1,500주년 개산법회를 봉행하였다. 남화선사의 두 그루 보리수는 지략삼장이 서역에서 직접 가져와 심었다. 당대에 조성된 영조탑元和靈照之塔은 남화선사에서 가장 오래되고 제일 높은 탑이다.

광효사廣孝寺에는 엄격한 건축구조, 유명한 진대의 대웅전, 남조 보리달마가 파낸 우물, 당나라 석경탑, 석경탑 등 많은 유산이 있다. 서한 남월의 왕 조타의 손자 집터였다. 조주 개원사는 당대의 가람 배치를 유지하고 송·원·명·청의 건축 예술을 구현한다. 당대의 완벽한 건축이자 남중국의 가장 오랜 건축 중의 하나이다. 육용사는 남조 대동大同 3년537에 지어졌으며, 원래 명칭은 보장엄사로 1,400여 년 역사를 지닌다. 원나라1100 때에 소동파가 유람을 왔다가 절 안에 오래된 용榕나무 6그루를 보고 육용六榕 글자를 새겼고 그때부터 육용사로 불리기 시작했다.

금태사金台寺는 본래 금태경사金台智沙라고 불렸는데, 남송 말기 송 군대가 원 군대에게 대패하자 재상 육수복魯秀富이 어린 항홍제楊興帝를 업고 조국을 위해 목숨을 바친 가운데 바다에 몸을 던졌다. 유배된 공흥청孔興淸, 등광견鄧光廣 등이 황양산黃陽山에 몰래 들어가 은둔생활을 하며 거주지를 진태경사金台景沙라 명명하였으므로 진태사는 남송의 피와 눈물이 가득한 상징이다. 광주 보림사 관음당은 산을 배경으로 물을 마주하고 있으며 푸른 호수로 둘러싸여 있다. 순금 관음보살과 양쪽에 18관음보살이 모셔져 있다.

Chapter 12

말라바르에서 보타산으로

남중국해 연대기 2

선남자야. 만일 온갖 고통을 받고 있는 한량없는 수백 수천 수만 수억 중생들이 이 관세음보살의 이름을 듣고 그 이름을 한마음으로 부르면, 곧 그 음성을 알아듣고 모두 고통에서 해탈케 할 것이다……. 만일 수백 수천 수만 수억의 중생들이 금·은·유리·거거·마노·산호·호박·진주 등 보물을 얻기 위해 큰 바다에 나갔다가 흑풍黑風을 만나 나찰羅刹의 나라에 떨어진다 해도, 그들 가운데 한 사람이라도 관세음보살의 이름을 부르면 그들 모두 나찰의 재앙에서 벗어나게 되리니. 이러한 까닭으로 관세음이라 부르는 것이다.

구마라습 역, 『묘법연화경』

Chapter 12

말라바르에서 보타산으로
남중국해 연대기2

1 | 동아시아 선원과 어민들의 관음 신앙

'깨달음을 구하는 중생'이라는 의미를 지닌 보살菩薩, Bodhisattva 신앙이 중국에서 확산되었다. 발보리심發菩提心으로 서원을 세운 보살이라는 새로운 인간상과 그 이념은 불교사에 빛을 던져준 획기적 사건이었다. 보살은 깨달음, 혹은 지혜라는 의미를 지니는 보리bodhi, 그리고 유정, 즉 생명있음을 의미하는 살타sattva가 합쳐진 말로 '지혜있는 유정', '지혜를 본질로 하는 유정' 등 여러 해석이 가능하다.[1] 인도에서 불교가 꽃을 피우는 계기를 마련한 보살행이 동방으로 전해져 중국에서 새롭게 태어났다.

보살을 신앙대상으로 하는 다양한 전통이 보타산 관음보살, 오대산 문수보살, 아미산 보현보살, 구화산 지장보살에서 구현되었다. 이들 보살의 구현처를 중국 내에서 설정함으로써 지금까지의 천축 중심에서 중국 중심으로 전환하는 계기를 마련한 것이기도 하다. 송대에 이르면

1 안성두 편,『대승 불교의 보살』, 씨아이알, 2008, 7쪽.

이들 사찰의 영장靈場 순례가 유행하였다. 붓다가 되겠다는 서원 아래 숭고한 수행의 길을 선택하여 정진하는 사람이 중국 불교 교단에도 나타나기 시작한 것이며 그 구현처를 중국 내에 설정한 것이다. 그중에서 관음보살은 보타산 바닷가에 구현처를 설정하였다.

관음은 자비의 신, 고통과 괴로움에 처한 모든 이의 구원자로 숭배됐다. 관음은 위기에 처한 중생을 구하는 보살이니, 항해를 하다가 위급한 상황에 처한 뱃사람의 신앙이 될 수 밖에 없었다. 재난에서 내는 소리를 관觀하고 구원하므로 관세음이라 하였다. 구원의 손길은 누구에게나 열려 있으므로 보문普門, 즉 '널리 들어가는 문'이라고 한다. 구마라습이 역경한 『묘법연화경』은 이렇게 말했다.

> 선남자야. 만일 온갖 고통을 받고 있는 한량없는 수백 수천 수만 수억 중생들이 이 관세음보살의 이름을 듣고 그 이름을 한마음으로 부르면, 곧 그 음성을 알아듣고 모두 고통에서 해탈케 할 것이다……. 만일 수백 수천 수만 수억의 중생들이 금·은·유리·거거·마노·산호·호박·진주 등 보물을 얻기 위해 큰 바다에 나갔다가 흑풍黑風을 만나 나찰羅刹의 나라에 떨어진다 해도, 그들 가운데 한 사람이라도 관세음보살의 이름을 부르면 그들 모두 나찰의 재앙에서 벗어나게 되리니, 이러한 까닭으로 관세음이라 부르는 것이다.

관음보살 주처가 생겨났으며 그에 따라 관음을 모신 사원도 속속 생겨났다. 관음 주저처는 보타락가산普陀洛伽山이다. '꽃과 나무가 가득한 작은 산'이란 산스크리트어 포타락가Potalaka 음역인데 포타락가補陀洛迦·포달락가布呾洛迦·보달락가補怛洛迦 등 다양한 이름으로 호칭되었다. 『화엄경』「입법계품」에 선재동자가 구도를 위해 세상을 돌아다니던 중 보타락가산에 도착하는 구절이 나온다. 바다에 접한 아름다운 곳이라고 했다.

보타산의 관음(보타산 불교학원)

7세기 현장은 "스리랑카로 가는 바닷길 가까이에 보타락가산이 있다"라고 기록했다. 관음 주거처는 세계에서 일곱 군데를 꼽는다. 인도 남해의 포타락가, 스리랑카의 포타락가, 복건의 보타산, 티베트의 납살拉薩, 라사, 주산군도의 보타락사, 일본 기이紀伊의 보타락, 그리고 한국의 낙산사다.

원대인 1316년에 성희명盛熙明이 지은 『보타락가산전補陀洛迦山傳』에 이르길, "보타락가란 범어의 음사어이다. 한역어는 소백화小白華라 한다. 『화엄경』에서 말하기를, 선재동자가 28번째로 관자재보살을 참방하였을 때 여러 보살들에게 둘러싸여 법을 설하고 계셨던 곳이 바로 이곳이다. 세상에 아는 이가 없다가 당대에 천축승이 와서 관세음보살의 신변神變을 보면서 보타락가산 이름이 마침내 이곳에 전해졌다"라고 하였다.[2] 천축승이 절강성 동해의 주산군도 보타산에서 처음으로 관세음보

2 『보타락가산전』(대장정 51) 「題辭」, 1135a24쪽.

살을 친견한 사실을 일컫는 것으로 보인다. 같은 책에서 "당 대중년간847~860에 천축승이 동굴 앞에 와서 열 손가락을 태웠는데, 손가락이 다 탈 즈음 관음보살을 친견하였다. 관음보살이 설법을 하고 일곱 가지 보석을 주었는데 이로써 관음보살을 영감한 일이 마침내 처음으로 이루어졌다"라고 하였다.

남해로에 무역 상선이 빈번해지면서 관음 신앙이 바닷길에서 힘을 얻어갔으며 동아시아 전역에 자취를 남기었다. 관음 신앙은 동아시아 삼국의 항로와 밀접하며, 특히 한반도 양양 낙산사와 관련이 깊다. 의상대사가 보타락가산 불긍거선원에서 관음을 전수받아 낙산사를 세웠기 때문이다. 하문에서 주산군도를 거쳐 한반도 동해에 이르기까지 '관음의 바닷길'로 이어진 것이다. 낙산사 창건 배경이 되는 관음진신주처신앙觀音眞身住處信仰의 소의경전所衣經典도 『화엄경』「입계품入界品」이다. 선재동자가 구도 과정에서 28번째로 선지식을 만나는데 그가 곧 관음이다. 의상은 당 사신의 배에 승선하여 유학을 다녀왔으며 화엄종 조종이 됐다. 『삼국유사』 3권에 이르길, 의상대사가 처음 당에서 돌아와 대비보살인 관세음보살진신이 바닷가 굴속에 머물고 있기 때문에 이것으로 말미암아 이 산을 낙산이라고 한다는 말을 들었다.

낙산사 홍련암 서사는 주산군도 보타락가산 불긍거관음원으로 거슬러 올라간다. 바닷가 절벽 위에 세운 불긍거관음원의 자연 형세도 낙산사 홍련암紅連庵과 일치한다. 공간 구성뿐 아니라 서사도 일치한다. 낙산사와 불긍거관음원이 바다를 통해 강렬한 끈을 지녔으며, 관음의 전파력이 한반도 동해안까지 도달했음을 증거한다.

낙산사에는 굴산조사 범일梵日, 810~889과 관련한 정취보살正趣菩薩, Ananyagamin 서사도 전해온다. 정취보살은 관세음보살의 화신이며 정취관음이다. 『화엄경』「입법계품」을 보면 해탈법문을 널리 설해주는 보살이며, 지혜의 보살로 자비의 관세음과 함께 중생을 위해 존재한다. 범일은 당나라로 유학하여 선을 배우고 돌아와서 명주 굴산사에 머물렀다. 범일은 낙산사에 정취보살상을 봉안하였으며, 이는 그 이전에 의상에 관음보살을 낙산사에 모신 것과 연계된다. 범일을 개산조로 하는 사굴산문은 고려말까지 선을 주도하는 산문으로 성장하였다. 범일이 정취보살을 친견한 이야기가 『삼국유사』에 전해온다.[3]

한편으로, 동아시아 관음 신앙은 뛰어난 불교회화로 꽃을 피워냈다. 특히 고려에서 그려진 관음상은 단지 고려에 머무는 것이 아니라 동아시아 전체의 미술사 전개에서 주목할 만하다. 관음보살은 서른 세 가지 형상三十三觀音으로 응화하기 때문에 그 표출 양식이 다양하다. 아누관음阿耨觀音 같이 바위에 앉아 바다를 관조하는 모습은 관음이 어민이나 뱃사람에게 왜 절대적으로 수용되었던가를 말해준다. 『법화경』「관세음보살보문품」에, "넓은 바다를 떠돌며 용·물고기·귀신들로부터 괴롭힘을 당할 때 저 관음의 위력을 떠올리면 파도에 의해 침몰하지 않는다"는 귀절은 어민과 뱃사람들에게 절절하게 다가왔을 것이다.

수월관음도는 관음보살이 남인도 보타락가산의 연못가 바위에 앉아 선재동자善財童子, Sudhana에게 가르침을 주는 불화이다. 당대에 주방周昉이 창안한 도상으로 관음 신앙이 발전함에 따라 33관음 중 하나가 되었다.[4] 『법화경』 권7의 「관세음보살보문품」에서 맑은 물이 있으면 어디든 그 모습을 드러내는 달처럼 관음보살도 중생이 어려움을 호소하면 각각의 조건에 알맞게 여러 형태로 자비를 베푼다는 의미이다.

관음보살이 산호·보석·연꽃으로 화려하게 장식된 연못가 바위에 반가부좌 자세로 선재동자를 맞이하고 있으며, 주변에는 버들가지가 꽂힌 정병과 두 그루의 대나무가 있고, 이러한 장면을 둥근 광배가 둘러싸고 있는 묘사가 도상의 특징이다. 그런데 중국의 자주색 대나무는 세 그

3 『삼국유사』「洛山二大聖觀音正趣調信」.

4 강희정, 「수월관음도상의 연원에 대한 재검토」, 『미술사연구』 8, 1994, 3~32쪽.

루이며, 고려의 것은 청죽 두 그루가 그려지며, 버드나무와 파랑새가 등장한다. 이같은 모티프는 의상대사의 홍련암 전설과 일치한다. 주산군도 보타락가사에서 발흥되어 동해의 낙산사 홍련암을 성립시킨 관음의 장기 지속성에 고려에서는 청죽 두 그루의 〈수월관음도〉로 화려하게 꽃을 핀 것이다.

2 | 주산군도 보타산과 하문의 남보타사

남해 바닷길인 복건성 하문廈門에는 남보타사南普陀寺, 북쪽 바닷길인 주산舟山 군도에는 불긍거관음원을 설정함으로써 인도에서 북상한 관음 신앙의 현현顯現을 내외에 알렸다. 남보타사가 자리한 하문대학교 주변은 언제나 순례객으로 들끓는다. 오로봉 자락 남보타사는 천축에서 바다를 타고 건너온 관음 신앙이 당도한 성지다. 인파로 발 디딜 틈이 없다. 남보타사는 오대에 창건됐다. 국제 항로가 오가는 바닷가에 강남 최대의 관음 사찰이 있어 항해의 안전을 기원했다.

남보타사에는 유명한 천수관음이 대비전에 모셔져 있는데 목불이 아니라 철불이다. 불경 수만 권과 불상·서화가 보존된 장경각, 20세기에 들어와 창설된 민남불학원閩南佛學院도 있다. 북송시대 동종이 유명하다. 관음보살 탄신일인 관음탄觀音誕에는 많은 신도가 몰린다. 오로봉에 오르면 불자佛字 석각이 계곡마다 숨어 있다. 오로봉 자체가 신성한 '불국토의 산'이다.

남보타사에서 주산군도 보타산으로 관음이 북상한다. 보다 정확히 말하자면, 주산군도에 관음 주거처가 먼저 설정되고, 남보타사가 후대에 성립된 것이다. 보타산 개산은 해양 불교의 새로운 전개 양상으로 여겨진다. 항주만으로 들어가자면 중국에서 가장 섬이 많은 주산군도를 거쳐야 한다. 주산군도에 신라와 일본의 승려와 상인 출입이 빈번하여 관음도량이 성립되었다.

해상의 관문이었던 천주의 남보타사의 불적들.
남조시대로부터 20세기에 이르기까지
천 년을 넘는 불적들이 모여있다

보타산 관음원은 6세기 전반에 양 무제에 의해 시작됐다. 양의 수도는 오늘의 남경인 건강이다. 남경은 역사적으로 오랫동안 대항해의 거점으로 큰 강항이 존재하던 전략적인 곳이다. 훗날 명 정화함대의 보선을 건조한 곳도 남경이다. 항주만 주산군도에 속하는 보타산이 항해의 안전을 비는 관음도량으로 크게 발전한 것은 동아시아 해양 교류가 극성기를 맞은 9세기 중엽으로 비정된다. 신라와 일본의 상인과 승려가 개입하여 관음상을 안치함으로써 동아시아 해양 신앙 거점으로 부상했다. 오대 시기와 송대, 원대로 접어들어도 관음 신앙은 지속되었다. 주산군도는 중국 배는 물론이고 고려와 일본 상선의 왕래가 끊기지 않았기 때문이다.

916년 일본승 혜악慧鍔이 본국으로 돌아가다가 보타산에서 관세음보살을 친견하였다는 이야기가 전해온다. 『불조통기』에서,

혜악이 오대산을 참배하고 그곳에서 단아한 자태로 웃는 낯빛을 한 관음

상을 보았다. 그곳 스님들에게 일본으로 가져갈 수 있게 해줄 것을 간청하고 허락을 받아 관음상을 배에 싣고 뱃길을 떠났다. 배가 보타산을 지날 때 풍랑이 너무 거세어 배가 앞으로 나갈 수 없었기에 배를 조음동潮音洞에 정박시키고 머물렀다. 밤에 혜악이 꿈을 꾸었는데 호승胡僧이 "나를 이 산에 봉안하면 떠날 수 있게 해주겠다"라고 하였다. 혜악은 "배에 탄 사람들과 함께 보타산에 내려 임시로 관음상을 봉안할 곳을 만들어 안치하고서야 떠날 수 있었다"고 하였는데 이때 혜악이 본 호승이 바로 관세음보살의 화신이다.

보타산 주변에 작은 섬이 있는데 오늘날은 낙가산洛迦山이라고 하여 보타산과 구별하여 부른다. 그러나 이는 명말에 생겨난 관행으로 그 이전까지는 보타산 혹은 낙가산이라 하면 두 산을 모두 일컬었다. 매잠梅岑 명칭은 한나라 때 난정亂政에 저항하던 관리 매복梅福이 은둔하면서 신선이 되기 위한 연단술을 닦던 곳에서 비롯된다. 보타산은 대체로 한나라 때는 매잠산, 송나라 때는 보타산, 원나라 때는 보타락가산으로 불리웠다.

송과 고려의 교류가 활발해질수록 당과 신라시대부터 이어져오던 관음 신앙이 더욱 세를 얻어갔다. 보타락가사는 남송 이후에 조정에서 대대로 큰 재물을 보시하여 대도량이 되었다. 1131년에는 선종 도량으로 귀속시켰고, 1214년에는 관음도량으로 규정하였다. 『선화봉사고려도경』의 송-고려 뱃길에 관음이 등장한다. 『고려도경』에 매잠산梅岑山 지명이 보인다. 사절단이 고려로 출발하여 먼저 정해현 매잠으로 들어간 것이다. 매잠은 고려와 일본에서 오는 배가 지표로 가늠을 잡고 항해하던 산이다. 서긍은 이런 기록을 남겼다.

깊은 산기슭에 소량蕭梁이 세운 보타원寶陀院이 있고, 그 절에는 영감관음靈感觀音이 있다. 옛날 신라의 상인이 오대산에 가서 그곳 관음상을 파내 자국으로 싣고 돌아가려고 바다로 나갔더니, 배가 암초에 달라붙어 전진하지 않았다. 이에 다시 암초 위에다 관음상을 놓으니, 보타원 승려 중악이 가져다 그 절에 봉안했다. 그 뒤부터 바다를 항해하는 선박이 왕래할 때는 반드시 가서 복을 빌었고, 그렇게 하면 감응하지 않는 예가 없었다. 오월吳越의 전씨錢氏가 그 관음상을 성안의 개원사開元寺로 옮겼다. 지금 매잠에서 받드는 것은 후에 만든 것이다.

옛 제도에 따르면 사자는 여기서 기도를 드린다. 이날 밤 승도들이 엄숙하게 분향, 송경, 범패를 하였고, 삼절의 관리와 병졸도 다들 경건하게 예를 행하였다. 안전을 기원하는 통과의례를 거쳤으며, 황제의 사절단도 예외가 아니었다. 신라시대부터 상인이 모셨던 보타원寶陀院에도 들러 예불하고 바람을 기다렸다.

한중 간의 항해에서 관음의 현신으로 위기에서 벗어난 사례가 꽤 있었고, 이런 사실이 유포되면서 보타산 신앙이 더 깊어졌다. 1079년, 사신 왕순봉王舜封이 탄 선박이 보타락가산 밑에 이르자 거대한 거북이 나타나고 풍랑이 심하게 일어서 나아가기가 불가능했다. 이때 관음보살이 현신하여 환난에서 벗어났다. 이에 왕순봉이 조정에 청해 사찰을 건립했다. 이 경우에서 보듯이 사절단의 서해 항해에는 험난한 파도 이외도 대귀大龜·대어大魚·용 같은 장애물이 있다고 믿었기에 이를 극복하기 위해 각종 사찰과 신묘神廟를 건립했다.[5] 무사 항해를 위하여 도교 궁관宮館 같은 신묘나 사찰을 건립한 사례도 많았다. 불서佛書와 도서道書를 바다에 던져 풍랑이 잠재워지기를 희구한 경우도 있었다.

선화 연간1119~1125 장방기張邦基가 명주 시박사에 근무할 때 동료에게 보타산 산관음동山觀音洞 일대의 형편을 들은 기록이 전해온다.[6] 이에 의

5 趙彦衛, 『雲麓漫鈔』.

6 張邦基, 『墨莊漫錄』.

관음상(불정산 혜제선사)

개원사

하면, 보타산 정상에는 삼한을 위시한 해외제국이 조망되며 해외 상인이 이곳에 이르면 반드시 무사 항해를 빌었다. 절에 보관되어 있는 종반鍾磬, 동물銅物 등이 모두 '한반도의 상인'이 기증한 것이며, 이들 기물에는 한반도 국가의 연호年號가 각인되어 있다고 했다. 그 외 보타산에는 외국인 제명이 각인되어 있다고도 했다. 이처럼 보타원에 기도를 드리고 원해로 왕래하던 관행은 고려인에게 일반화된 절차였다.

고려 말 충선왕이 보타산에 참배한 기록도 전해온다. 충선왕은 백련교도와 협력하고 있었고, 대도大都, 북경에서 남인南人 출신 관료와 활발하게 교유하는 동시에 강남 불교세력과 관계를 유지하고 있었다. 충선왕은 1319년 절강지방을 순례하면서 보타산에 참배하러 가는 도중 사명산四明山 건부사乾符寺의 고승 보용普容을 방문한다. 충선왕이 강남을 순력하며 여러 사원을 참배하고 고승들과 유대관계를 가졌던 사례가 건부사 보용의 탑명塔銘에 남아 있다. 충선왕은 보용에게 제자의 예를 행한

후 이상한 꿈을 꾸어 더욱 경건하게 받들었다는 내용이다.[7]

충선왕은 1319년 3월에 인종仁宗의 허가를 받아 절강지방을 순력하면서 여름에 항주에 도착했고, 이어서 바다를 건너 보타산에 도착하여 12면 관음을 배알했다. 같은 해 9월에 서천목산西天目山에 있는 환주암幻住庵에 도착하여 명본明本을 방문하였는데, 이때 여러 사람이 시종하였으며 그중에 이제현李齊賢도 있었다. 이제현은 충선왕을 수종하여 함께 보타산에 가서 향을 올렸다.[8] 충선왕은 명본에게 제자의 예를 갖추었고, 이에 명본이 크게 감격하였다. 명본은 왕을 위시한 시종들 앞에서 장문의 설법을 행하였는데 원과 고려왕실을 위해 축복을 올리고 충선왕의 방문을 기렸다. 명본은 강남 불교인 임제종臨濟宗의 제17손으로 법통을 이은 인물인데, 고려 후기에 임제종이 바다를 건너 수입되는 하나의 계기가 되었을 것이다.[9]

보타산은 소백화산小白華山이라고도 부른다. 명나라 때 백화산으로 불린 것은 인도 보타락가산을 소백화라고 한역하는데 백의대사인 관세음보살의 진신이 머무는 곳이라고 전해지므로 이를 빌려 소백화라는 이름을 지었다. 그러나 백화산 명칭은 이미 당나라로 소급된다. 7세기 현장이 서역에서 본 보타락가산은 백의대사白衣大士인 관음이 머무는 곳이므로 소백화산小白華山으로 불리웠다. 신라의 의상도 관음굴에서 기도를 올릴 때 이를 본따서 백화도량발원문百花道場發願文을 지었다.[10]

1225~1227년에 편찬된 명주지방지 『보경사명지寶慶四明志』에 "매잠산 관음보타사가 동해에 있으며, 양 정명正明 2년에 창건되었는데 고려인은 필히 기도했다"고 하였다. 명대 천계天啓 연간1621~1627에 항주 혜인선사慧

---

7 黃溍, 『金華黃先生文集』 塔銘.

8 陳樵, 『鹿皮子集』 2.

9 張東翼, 『元代麗史資料集錄』, 서울대 출판부, 1997, 152쪽.

10 조영록, 『동아시아 불교교류사 연구』, 동국대 출판부, 2011, 285쪽.

因禪寺 승려 지수止水의 요청으로 펴낸 사지寺志에서는 옥잠산이라 불렀으며, 아예 혜인사를 고려사로 지칭하고 있다.[11] 매잠산이 옥잠산으로 바뀐 것이며, 혜인선사를 고려사로 부를 정도로 고려인과 오랜 인연을 지녔다는 뜻이다. 그만큼 고려인이 중국으로 들어갈 때 빈번하게 이용하던 항로였다.

유의할 점은 바닷가의 민간 신앙 마조가 관음과 무관하지 않다는 것이다. 해로를 따라서 북상하는 관음의 뱃길에 송대에 이르러 마조가 나타났다. 마조는 토착 신앙이 분명하지만 마조의 탄생 서사는 관세음보살의 화신 그 자체이다.[12] 마조가 태어날 때 부친 임원林愿이 안뜰 창틀에 기대어 앉아 있었는데, 갑자기 이상한 빛이 거실 전체를 비추고 공기가 향기로워짐을 경험했다. 꿇어 엎드려 빛을 향해 경배하니 관음보살이 현현顯現했다. 마조나 관음이나 현현 방식과 중생 구제법이 거의 유사하다. 그래서 남중국 바닷가의 어민이나 항해자들은 마조와 관음을 동시에 모시는 중이다.

바다 수호신 천후궁天后宮이 마조다. 명 장섭張燮의 『동서양고東西洋考』에 따르면, 송대에 복건성 미주도興化軍 莆田縣 湄州島 어민 임원에게 여섯째 딸 묵낭默娘이 있었다. 어린 시절부터 재치가 번득이고 신앙심이 깊었으며, 16세에 신통력을 이용해서 병을 고치는 기적을 행하는 통현령녀通賢靈女였다. 밤이면 해안에 불을 피워 어선 조난을 막았고 조난자를 구했다. 묵낭의 아버지도 조난을 당했고, 부친을 찾아나선 묵낭도 죽었는데 아미산으로 승천하여 여신이 됐다. 묵낭은 960년에 태어나서 987년에 승천했다. 15~16세기 명 침몰선 '남오南澳 1호'가 수중 발굴되었는데 천후낭랑여신상天后 娘娘女神像과 백자 관음보살상이 발굴됐다.[13] 마조와 관음

11 『玉岑山慧因高麗華嚴教寺志』 卷6.

12 王海濤, 「媽祖與觀音」, 『澳門媽祖論文集』, 澳門海事博物館, 1998, 63~65쪽.

13 국립해양문화재연구소, 『명나라 무역선, 난아오 1호』, 2016.

이 한 배에 실려 있었음은 그 둘이 뱃사람 안전에 절대 의지처였다는 증거다. 명나라까지 장기 지속으로 두 신앙이 뱃사람에 의해 모셔졌고, 청대를 거쳐 21세기까지 지속되고 있다.

3 | 송의 남해로와 천축과의 불교 교섭

중국사에서 해상 활동이 가장 활발하게 전개된 시기는 송나라이다. 불교도 왕성하게 바닷길을 통해 이동하였다. 송 초기에 도원道圓은 18년간 인도를 순례하고 불사리와 패엽경을 들고 개봉으로 돌아왔다. 천축행 구법승과 승려가 증가하자 982년에는 수도 개봉 태평흥국사太平興國寺에 역경원譯經院을 설치하기에 이른다. 천식재天息災·법천法天·시호施護 등의 천축승을 맞이하여 2백 년 만에 역경 사업도 개시하였다. 그러나 인도 불경 안에 내포된 성 풍속 등은 중국의 유교 풍속과 맞지 않아 역경은 원활하게 진척되지 않았다.

송대에는 새로운 불교를 만들어내는 면이 약했던 반면 그간에 한역되었던 불경들을 재검토하면서 재구성하려는 시도가 성행하였다. 축적된 불교사 기반 위에 이를 편집·편찬하려는 시도였다. 남북조시대와 수·당, 오대 등을 거치면서 웬만한 경전이 이미 축적된 결과, 송대에는 불경을 결집시키는 대장경 사업이 중요 국가 시책이 되었다. 송대 대장경 결집은 한반도에도 영향을 주어 고려 『팔만대장경』의 출현으로 이어졌다.

송대의 남해 및 인도 교섭과 이해도를 잘 보여주는 기록은 주거비周去非의 『영외대답嶺外代答』과 조여괄趙汝适의 『제번지諸蕃志』이다. 주거비는 수많은 선원에게 지리 정보를 수집하여 『영외대답』을 1178년에 완성했다. 6개 바다 명칭, 40개국 및 지역 명칭, 20여 개 국가의 지리상 위치, 동식물 나아가 그곳에 가는 방법을 상세하게 기록했다. 송인이 해국을 기록한 귀한 사례로 중국 최초의 세계지리서인 『제번지諸蕃誌』는 남송 말 천주에서 해외 상인에게 탐문한 것을 기록한 책이다. 『제번지』에 등장하는 외국 역시 『영외대답』과 다를 것이 없다. 이들 두 책은 송인들이 생각하고 실제로 무역하던 나라가 동남아, 인도, 아라비아, 북아프리카까지 확장되어 있었음을 입증한다. 『제번지』에서 불교가 등장하는 나라는 진랍국, 등류미국登流眉國, 파간蒲甘國, 삼불제국, 블라안국佛囉安國, 세란국細蘭國, 주련국注輦國, 대진국大秦國, 천축국 정도이다. 송대에는 많은 나라가 이슬람화되었고 천축도 힌두화 및 이슬람화가 진행된 상태였기에 불교관련 기사가 소략한 수준이다. 당대에 비하여 송대에는 세계적으로 불교가 쇠퇴한 측면을 보여준다.

월등한 수준으로 발달한 송의 항해 능력 덕분에 국제 불교 교섭은 보다 용이해졌다. 송 국제 무역선은 규모가 상상 이상으로 컸다. 서긍徐兢이 고려를 다녀오고 쓴 『선화봉사고려도경宣和奉使高麗圖經』에서 복건 상선을 객주客舟라 불렀으며, 선박 길이가 10여 장, 깊이 3장, 화물 적재는 2,000료에 달했다고 적었다. 물류 총량이 압도적으로 성장할 정도로 수요와 공급이 있었다는 뜻이다.[14] 북방세력에게 내몰린 남송은 남중국해 거점 무역국가로 거듭났다. 무역이 번성하자 이전 시대에 어렵사리 천축에 당도하던 것과는 차원이 달라졌다. 나침반이 상용화되었고 정기 항로가 개설되어 있었다. 『송사』「외국전」에 많은 천축승이나 구법승이 등장하는 것으로 보아 천축과의 불교 교섭이 왕성하였다.

옹희雍熙 연간984~987에 사한辭澣이 서역에서 돌아오면서 외국승 밀탄라密坦羅와 함께 북인도 왕의 서신을 받들고 내조한다. 또 바라문 승려 영세永世가 파사 외도外道 사람인 아리연阿里烟과 함께 개봉에 이르렀다. 송 태종 지도至道 2년996에 천축승이 선박을 타고 해안에 이르렀는데, 불구와

14 陳希育, 「宋代大型商船及其'料'的計算法則」, 『海交史研究』 19, 泉州海外交通史博物館, 1991, 53~59쪽.

묘법연화경의 설법도, 1685년(지리산 안국사(安國寺), 벽송사 소장)

불상, 그리고 패엽경 한 질을 가지고 있었다. 그와 말을 해도 알아듣지 못했다고 했다.

송 태조 개보開寶 연간968~975 이후로 천축승들이 범협梵夾을 가지고 와서 바치는 일이 그치지 않고 계속되었다. 천축승 만수실리蔓殊室利는 인도 왕자로서 중국에 와서 불법을 널리 행하여 덕을 쌓았는데 이를 질투한 사람들이 천축승이 중국어를 이해하지 못함을 이용하여 본국으로 돌아가길 원한다는 거짓 상주문을 황제에게 올리게 된다. 나중에 잘못된 것을 알고 크게 놀라며 통한하였으나 이미 황제에게 보고된 사안이라 부득이 중국을 떠나게 되었다. 남해로 가서 상인의 배를 타고 돌아간다고 했으나 끝내 그가 간 곳을 알 수 없었다고 했다. 남해에서 인도로 상선이 연결되었음을 알 수 있다.

천축승 시호施護는 남천축으로부터 남쪽으로 6개월 가는 거리면 남해에 도달할 수 있다고 진술하였다. 송 인종仁宗 2년1024에는 서천축 승려 애현愛賢·지신호智信護 등이 와서 범어 경전을 바쳤으며, 이듬해에는 선칭善稱 등 9명이 범어 경전, 불골佛骨 및 청동과 상아 보살상을 바쳤다. 남송은 남쪽으로 내몰린 상황에서 해상무역 아니면 지탱이 어려웠다. 송대에는 활발한 상선 덕분에 천축행이 대단히 쉬어졌다.

중개무역국인 삼불제는 당 의정이 중간 기착지로 이용했듯이 송대에도 여전히 중간 거점으로 활용됐다. 가령 983년 승려 법우法遇가 천축에서 경전을 얻어 돌아오면서 삼불제에 들린다. 거기서 천축승 미마라실려어불다령彌摩羅失黎語不多令을 만났는데 중국에 가서 경전 번역을 희망했기에 그를 송나라로 불러들인다. 남조시대부터 가동하던 중국-삼불제-천축 네트워크가 송대에 이르기까지 존속했다. 끊임없이 천축승이 중국으로 왔으며 불교 문화가 바다를 건너왔다.

4 | 송과 고려의 관문도시 명주·영파·항주의 불교

오늘날의 상하이시 아래에 항주만杭州灣이 있고, 항주만 어귀에 항주시가 자리잡고 있으며, 항주만 아래로는 오랜 도시 소흥紹興과 영파, 항주만 남동쪽으로 주산군도가 자리잡고 있다. 이들 해역권은 중국에서 가장 섬이 많은 곳이며 해상교통이 빈번하여 사람과 물류 이동이 활발했으며 주산군도 보타락가사가 증명하듯이 불교사적으로도 중요하다. 항주, 소흥, 영파 등은 동일 해역권 내에 존재하며 주산군도를 통하여 국제적으로 열려져있다. 명주라는 지역명은 시대를 달리하면서 권역의 변화가 존재했지만 바다로 열려진 지역임에는 변함이 없었다.

송대에 번창한 명주는 사실 당·송대부터 일찍이 대외 해상무역항으로 명성이 높았으며, 당으로 들어가는 구법승이 거쳐 가는 고대 항로의 거점이었다. 명주에는 신라초新羅礁, 신라방新羅坊 등 신라 흔적이 남아 있다. 오대의 명주항은 국제항으로 크게 부상하였으며 후삼국과 오월 사이의 내왕도 잦아졌다. 고려와 오월은 명주를 통하여 천태 불교 교류가 진행되었다. 의통이 바다를 건너와 천태산 문하로 들어갔으며 그들은 명주를 중심으로 이루어진 교통로를 이용하였다. 명주는 대 고려인 사무를 관장하는 고려사高麗司, 사절이 머무는 고려사관高麗使館을 운영했다.

명주는 역사적으로 경원慶元·영파寧波 등 다양한 이름으로 호칭되었다.[15] 당대에는 명주, 오대십국에서는 오월국, 북송과 남송대에는 경원부로 불리웠으며 원대에도 경원 명칭이 쓰여졌다. 명 주원장이 들어서서 해안을 봉쇄하는 해금책을 쓰면서 명주만은 대외 개방하였다. 1381년에 '바다를 사로잡으면 파도가 잔잔하다'는 뜻에서 명주를 영파로 개칭하였다. 영파 사람은 자신들을 해상 문화海商文化의 거점이라 믿는다.

15 白撫,『二十五史 寧波史料集』, 寧波出版社, 2013.

보타락가산의 보제사 관재자 각인

해안에 위치하여 남북조시대 이래로 한반도 및 일본열도와의 교류를 위한 통로 역할을 하였기 때문이다.

명주의 항주만은 남북을 이어주는 항해상의 중간 거점이다. 남방 상선이 항주만을 통과하여 운하를 타고 내륙으로 들어갔다. 반대로 북방 화물이 이곳을 거쳐서 남방으로 갔다. 항주만은 국제 불교의 거점인 보타산普陀山이 위치한 주산군도舟山群島가 천연 병풍처럼 둘러있다. 고대 이래의 대외무역항으로 해양실크로드 동쪽 출발지 역할을 했다. 한편 고려 시기에는 명주 위쪽의 산동반도 등주登州가 또한 중요했다. 당송시대에 북방에서는 등주가 가장 큰 항구였으며, 등주 외에 밀주密州 또한 고려와의 통상에 중요했다.

명주를 중심으로 천태종 교류가 활발하였다. 935년에 사명四明의 자린子麟과 고려 이인욱李仁旭이 명주항을 이용하여 고려를 왕래했다. 930년대 중반기부터 고려와 오월의 명주 영안원永安院 사이에 불교 교류가 진행되었다. 오월의 불교는 해상무역의 번성으로 해양 불교적 성격이 강했다. 960년에 오월국왕 전홍숙錢弘俶이 사신과 보물 50종을 보내 천태의 여러 논소를 구하자 고려는 체관諦觀이 중국에 들어가 전달하였다. 체관은 강남에서 천태교 중흥에 이바지하였으며 제자 의통義通, 927~988도 기록에 함께 등장한다.[16] 교법이 중원에서 쇠퇴하고 있었으므로 중흥을 위해 고려에 있는 천태종 장소章疏를 구해올 것을 중국 측에서 건의한 것이다. 고려의 불법이 승하여 중국에 다시 전해줄 정도의 상황이었음을 말해준다.[17] 968년에는 광종이 오월의 영명永明 연수延壽의 문하로 승려 39명을 유학보냈다. 이처럼 10세기 후반에 고려는 오월 천태종과 교류가 많았으며 그 거점은 의통이 세운 명주 전교원傳教院이었다.

송은 임안臨安, 항주에 양절 시박사를 설치하여 절강의 교역을 관리하였다. 1200년대 초 전성기의 남송 수도는 임안이었다. 마르코 폴로는 항주를 '세상에서 가장 세련되고 찬란한 도시'라고 썼다. 북송 말까지 항주는 대운하의 종점이었지만, 남송대에는 운하의 남쪽 기점이 됐다. 광범위한 수로를 따라 농산물이나 상품이 내륙에서 수입됐다. 항주 바로 북쪽에 위치한 조주潮州에는 소금장사로 부를 축적한 유명한 조주 상인이 자리잡고 있다.

남송 말기에 경산徑山을 정점으로 한 다섯 개의 사찰을 5산, 그 아래의 10개 사찰을 10찰이라고 하고, 다시 그 아래의 갑찰甲刹로 불린 30여 개 사찰을 두었다. 5산 10찰에는 해외 여러 나라 승려들이 모여들었고 선종과 강남의 문화를 각각의 나라에 전하였다. 당연히 고려의 승려들도 5산 10찰을 찾았다. 경산사는 당대의 수선도량修禪道場으로 명성이 드높았다. 경선사는 당대 법흠法欽이 시작하였으며, 남송 시기 오산십찰 중의 으뜸이었다. 송대 선종에서 융성했던 것은 운문종과 임제종이었다. 운문종에서는

16 이진한, 『고려시대 무역과 바다』, 경인문화사, 2014, 94쪽.

17 惠洪, 『禪林僧寶傳』 7.

목조관음상, 송 또는 금(영국박물관)

영파 근처의 설두산雪竇山에서 많은 제자를 길러낸 설두중현雪竇重顯, 980~1052이 활약하였다. 경산사에서는 화두를 관하는 명상법인 간화선을 만든 대혜종고大慧宗고 선사가 주석하면서 임제종 종풍이 천하에 명성을 날렸다.

항주 천축사는 상천축사, 중천축사, 하천축사 세 절이다. 천복 연간936~944에 도익道翊이 상천축사 터에 초막을 짓고 살았는데 어느 날 기이한 나무를 얻어서 관세음보살상을 조각하여 봉안하였다. 그 뒤 949년 숭훈崇勳이 낙양에서 붓다의 사리를 모시고 와서 모셨는데 당시 오월왕 전홍숙錢弘俶이 관세음보살의 감흥을 얻어 절을 짓고서 천축간경원天竺看經院이라 부른 연기 설화가 전해온다.[18] 1062년 인종이 대장경 5,330권을 하사하여 장경각을 건축하여 봉안하였다. 상·중·하 천축사는 모두 관음보살을 본존으로 삼으며 매년 봄이 되면 강소성·절강성에서 많은 사람이 몰려온다. 천축사에서 동쪽으로 조금 나가면 항주만이고 보타락가산이 있어 관음 신앙을 매개로 연결된다.

법경사法鏡寺는 천축산 세 절 가운데 가장 아래에 있으므로 하천축이

18 『大明一統志』 卷38.

라 불렀다. 동진 때인 330년에 창건된 항주에서 오랜 절의 하나이다. 천축향사天竺香寺라고도 일컫는다. 항주 적산에 위치한 고려사에 관한 연혁도 기록에 등장한다. 고려사는 본디 혜인사惠因寺였다.[19] 1085년 송에 들어온 의천義天, 1055~1101이 고려사에서 불법을 배우고 화엄각華嚴閣·유역암有易菴 등을 건립하였다. 의천은 『금화화엄경金畵華嚴經』 50권, 『당칙천시역唐則天時譯』 80권, 『덕종조역德宗朝譯』 40권을 기증한다. 의천의 대장경 시납은 계속 이루어져 『금강경』 등이 송에 전해진다.[20]

항해의 수호 보살인 관음보살상, 청, 백자(영국박물관)

1076년, 송 신종神宗이 지방 관아로 하여금 항주 천축사에 머물고 있는 고려승 3인을 경사京師로 데리고 오도록 명한다. 고려승이 송으로 넘어가 구도에 힘쓰고 있던 사정을 알려준다.[21] 최자崔滋에 의하면, 고려시대에 송으로 건너간 저명한 승려로 현광玄光·의통義通·덕선德善·지종智宗·의천義天 등이 있었다.[22]

---

19 최병헌, 「대각국사 의천의 渡宋 활동과 고려·송의 불교 교류」, 『진단학보』 71·72, 1991.

20 장동익, 『宋代麗史資料集錄』, 서울대 출판부, 2000, 405쪽.

21 『咸淳臨安志』 40.

22 『동문선』 117.

항주의 널리 알려진 절은 영은사靈隱寺다. 무림산에 자리잡은 영은사는 동진시대에 창건되었으며 비래봉에 많은 동굴사원이 있고 불교적 색채가 완연한 석조물이 즐비하다. 천축승 혜리慧理가 창건자이며 자그마한 절집에서 출발하여 오월국907~978시대에 천여 칸에 3천여 승려들이 주석하던 사찰로 부상한다. 혜리가 천축에서 바다를 통해 들어온 것이다. 남송 시기 강남의 10대 사찰로 봉해질 정도로 최고의 선종사원에 속하였다.

오늘날 영파시에 위치한 아육왕사阿育王寺는 동진시대에 창건되었으며 중국 선종 5산의 하나이다. 아소카 왕에게 그 이름을 빌려온 아육왕사의 탑에 붓다의 진신사리가 안치되어 있다. 천축에서 중국으로 들어온 진신사리 가운데 이것 하나가 남았는데 항상 광명을 발한다고 하였으며, 중국의 역대 제왕이 모셔왔다. 서진西晉 무제 281년에 아육왕사 지하에서 종소리가 들렸다. 땅을 파보니 금속도 돌도 아닌 자색 장식이 출현했다. 이 것이 아육왕사 사리전의 기원이다. 이어 동진 의희義熙 원년405에 칙명으로 탑과 정자 및 선실禪室을 조성하였다. 양 무제도 522년에 칙명으로 당전堂殿을 세우고 아육왕사라 사액하였다. 송 태종 3년939에는 칙명을 내려 불사리탑을 맞아들이게 하였으며, 1066년에는 운문종의 대각회련大覺懷璉이 주석하면서 종풍을 드날렸다. 일본 임제종의 종조 에이서榮西가 이 절에서 수행하였다. 이후 원과 명에 이르기까지 중수하여 근자에 이르렀다고 명 만력 연간萬曆年間, 1573~1619 찬술된 『명주아육왕산지明洲阿育王山志』에서 이르고 있다. 이 책은 청 건륭 연간1736~1795에 다시 편찬되었다.[23]

명주 아래 쪽에 자리잡은 온주溫州도 해양불교사에 간과할 수 없는 지역이다. 온주 안탕산雁蕩山은 10대 명산의 하나로 바다가 굽어보이는 절

23 『中國佛寺志彙刊』 권1.

경인데 북안탕산·중안탕산·남안탕산으로 나뉜다. 양의 소명昭明 태자가 북안탕산 아래에 사찰과 탑을 조성하였고, 당대에는 서역승 낙거나諾詎那가 이 산의 아름다움에 매료되어 제자 300명을 거느리고 와 불교를 선양하였다. 송대에 이르러 안탕산에서 본격 불사가 이루어져서 안탕산의 개조로 일컬어지는 죽암사규竹庵士珪가 창건한 능인사能仁寺를 비롯하여 도합 18개 사찰이 조성되었다. 이같은 불사는 온주가 전통적으로 상술과 상도의 귀재인 온주 상인의 본거지이기에 가능했던 일이다. 중국 화상의 뿌리이기도 하므로 바다무역으로 일군 재력으로 거대한 불사가 일시에 가능했다.[24]

5 | 몽골제국의 잠치 바닷길과 여전히 지속된 송상

팍스 몽골리카 출현은 10세기 이래 요·금·서하와 송 등의 각축장이 됐던 동아시아가 분열의 종지부를 찍고 대통합으로 가는 단초를 제공했다. 더 넓은 세계로 나가자면 대륙만 가지고는 불가했으며, 바다로 나아가야 했다. 몽골제국을 하나의 큰 순환체계로 연결시키기 위해서는 기존의 초원로 이외에 유라시아를 꿰뚫는 해상교통 거점과 해로 확보가 선결과제였다. 유라시아 대륙을 연결하는 잠치Jamči가 구축되어 중세의 글로벌 시스템이 마련되었다. 『원사』에서 역전驛傳이라 표기한 이 시스템은 제국경영에 필수였으며, 초원은 물론이고 바닷길까지 연결시켰다.[25]

몽골제국의 성립과 더불어 중요 사건이 벌어졌다. 이슬람 아바스왕조의 몰락이었다. 이슬람 칼리프를 부순 몽골은 기존 무역 주도집단을 견인하여 제국의 품에 넣었다. 몽골로서는 제국을 유지하기 위해서라

---

24 맹명관, 『상술의 귀재, 온주상인』, 청림출판사, 2009.

25 김성수, 「몽골제국시기 유리시아 광역 교통망」, 『몽골학』 25, 2008, 227~268쪽.

도 상인과 장인 집단, 기술과 행정 집단을 포용해야 했다. 그 결과 1200년경부터 1300년경의 아시아는 '해양 아시아의 전성시대'라고 해도 좋을 시대를 맞이하였다. 몽골세계제국이 당제국 이래의 실크로드와 이슬람 상업망을 하나로 결합했기 때문이다. 페르시아만에서 지중해에 이르는 실크로드가 하나로 연결되어 마침내 유라시아 대륙에 국제 순환 상업망이 등장하였다.

원의 정책은 개방성이었다. 불교, 도교, 기독교, 이슬람, 배화교, 심지어 유대교도 포괄하는 다원 체제였다. 제국 입장에서는 상이한 종교세력을 적절히 통제하여 평화를 유지하는 일이 중요하였다. 단일 국교는 존재하지 않았다. 티베트 불교를 받아들이면서 부처를 보르한Burkan이라고 불렀고 원칙적으로 라마교라고 불린 티베트 불교를 수용하였다. 많은 사찰이 만들어졌으나 불교만을 강요한 것은 아니었다. 몽골이 지나치게 불교에 의존하여 망했다는 청대 사학자 조익趙翼, 1727~1814 류의 주장은 과도한 주장이며, 동시에 몽골 종교에 관한 무한 관용성만을 강조하는 것도 타자의 시선일 뿐이다. 또한 몽골인 심성 바탕에는 고유의 유목민 샤먼 전통도 강고하게 자리잡고 있었다.[26]

원대에는 중국 남부에서 마니교가 유행하였다. 중국에 마니교가 당도한 시기는 적어도 당으로 소급되지만, 신도가 세력을 얻은 시기는 원대다. 복주는 복건성의 마니교 중심처였다. 절강의 온주, 영파, 그리고 산동에도 마니교가 전래되었다. 원대의 유수의 국제항구인 천주에서도 마니교가 세력을 확장했다. 천주 진강晉江의 초암草庵은 동남부에 최초로 설립된 저명한 마니교 유적이다. 동시에 천주는 중국에서 마니교가 소멸한 최후의 본거지일 것이다.

원대에는 세계를 개척하는 발군의 시도도 이어졌다. 무력정벌만이 아

26 고명수 외, 『관용적인 정복자 대원제국』, 동북아역사재단, 2023, 447쪽.

라마교사원(브리야트 공화국 울란우데)

몽골로 전파된 티베트 불교(울란바토르 시내)

니라 탐험과 조사가 이루어졌다. 1280년에 양정벽楊庭璧이 공식 파견되어 오늘의 통킹만을 거쳐서 점성, 다시 남하하여 보르네오 서쪽을 거쳐

마니교의 본산이었던 복건성에 전해온다. 晉江草庵, 원나라, 1271~1368년(천주해외교통사박물관)

서 자바에 이르는 대대적 항해를 감행하였다. 1281년에는 주달관이 진랍국에 파견되어 『진랍풍토기』를 남겼는데, 그 안에 쇠퇴한 상태의 진랍 불교실상이 기록으로 전한다. 세계를 누비면서 진귀한 풍경과 사물을 두루 구경하고 관찰한 왕대연의 『도이지략』도 원대 1349년에 출간되었다. 『도이지략』은 소략하게 불교를 기록하였다. 진랍의 스투파와 상향불사桑香佛舍, 붕가라朋家羅의 상향불 등을 다루었는데 송대 『제번기』보다 축소된 기록이다. 송대보다 원대에는 보다 동남아 불교가 축소된 양상이다.

원대에는 해양실크로드의 상징적 랜드마크가 불교건축물로 조성되었다. 1339년 천주만 입구 금채산金釵山에 세워진 팔각의 높이 31m 육승탑

六勝塔이 좋은 예다. 천주의 외항이던 후호后湖 좌우로 원 순제 2년1336에 세워진 해양실크로드 유산이다. 진강 초입에 자리잡아 등대 역할을 했다. 국제항로상 천주의 진정한 항로표지는 사자시獅子市 산정의 석탑이다. 거대 암산 위의 탑이 위풍당당하다. 남방항로로 북상해온 국제무역선이 탑의 불빛을 보고 안내를 받았을 것이다. 무역선 난파를 막기 위한 목적이 분명한 만큼 많은 재력을 쏟아부어 건축했다. 불법의 수호인 불탑이 상선의 수호로 진화한 결과이다.

천주 육성탑

나라가 망했어도 여전히 송상松商은 원대에도 무역 활동을 계속하고 있었다. 송상은 원대에도 일본, 고려, 중국의 삼각 무역로를 경영하였다. 원이 일본을 정벌하려 침략하였음에도 불구하고 일본과의 무역은 멈추지 않았다. 신안 해저유물선도 바로 이러한 시기에 침몰한 원-일본 무역선이다.

원대에는 영파를 경원이라 불렀다. 일본이나 고려로 경원, 천추 등에서 무역선이 출발하였다. 1323년 경원에서 화물을 선적하고 출발한 상선은 일본을 향해 출발했으나 신안 앞바다에서 침몰했다. 청자, 백자, 토기, 금속용기, 목간, 유리, 목재, 선원 생활용품 등 유물이 무려 2만 4

천여 점 발굴되었다. 발굴 장소에 빗대어 신안선 호칭이 붙었다. 가마쿠라 말기의 일본은 이들 중국제 도자기를 카라모노唐物라 하여 열심히 희구했다. 국제상품으로 도자기 박래품이 동아시아 바다를 누빈 것이다.

몽골 침략으로 양국은 소원해졌지만 오산승五山僧을 중심으로 중국유학 열풍이 다시 불었고, 민간무역 교류가 빈번해졌다. 상선 가운데는 대규모 재원이 소요되는 사원 혹은 신사 건축과 수리비 충당을 위해 상선을 보낸 경우가 종종 있었다. 1235년 건장사建長寺 조영자금을 얻기 위한 파견, 1332년 스미요시住吉 신사 조영을 위한 상선, 1342년 천룡사선天龍寺船 2척 등이 그것이다. 이용한 항구는 대부분 경원이었다. 박래품에는 당연히 불경, 불상, 불화도 포함되었다. 무역선과 사원과의 밀접한 관계는 사원이 당시 중요 경제적 주체였던 점과 함께 구법승이 이들 선박을 이용하여 왕래했기 때문이다. 원대에도 구법승이 오고갔으며, 중세 경제에서 사찰이 한 역할을 하고 있었다는 증거들이다.

일본의 수출품은 남송대와 유사했다. 금, 사금, 철, 구슬, 약용 진주, 수은, 녹이, 복냉, 유황, 나전, 완석, 목재 부채 등을 수출했다. 원 수출품은 동전, 자기, 불경, 각종 서적, 견직물, 약재 등이었다. 원 수출품에서 불경이 확인된다.

6 | 명청시대 중국 불교의 남진과 동진 바닷길

명청시대 중국 불교는 동남아와 타이완을 향하여 본격 남진하였으며, 동쪽으로는 멀리 사할린섬까지 동진하였다. 불교가 타이완에 당도하여 섬-불교의 시대를 열은 것은 섬-불교왕국인 스리랑카와 스리위자야, 일본열도 이래로 역사적인 사건이다. 사할린섬에 당도한 사실도 아마도 세계불교사상 가장 머나먼 동단의 바닷가에 이른 중요 사건이다.

명은 태조 주원장 자신이 사미 출신으로서 불교계 내부를 잘 알고 있었다. 원에서 티베트 불교에 몰두하면서 생겨난 폐단을 철폐하고 한족이 전통적으로 신앙하였던 화엄종·천태종·선종·율종 등을 중시하였다. 불교를 방임하지 않았으며 엄격히 관리하였다. 명 태조 주원장이 세상을 떠난 후, 영락제는 회통하會通河 운하를 완공시켜 남북 물자 교류의 교두보를 확보한 후, 1421년 수도를 남경에서 북경으로 옮겼다. 영락제는 황제로는 역사상 최초로 다섯 번에 걸친 막북漠北, 몽골 친정親征을 치렀다. 일본과 동남아에 대한 패권 확립, 베트남 정벌, 티베트 회유와 티무르제국과의 전쟁, 정화의 남해 대원정과 문물 교류 등 팽창정책을 추진했다. 그의 치세로 명은 전성기를 맞이한다.

1418년은 영락제에게 기념비적인 한 해였다. 이 해에 정화함대가 전 세계를 주유하라는 영락제의 명령을 완수한 것이다. 영락제는 석가모니의 은혜에 감사드리기 위해 거대한 영락대종永樂大鐘을 주조했다. 현존 중국의 가장 큰 청동종으로 국보이자 '종의 왕' 별칭이 있으며 베이징 북서쪽 교외의 대종사에 지금도 걸려있다. 영락종은 무게 46.5톤, 높이 6.75m, 외경은 어깨에서 2.4m, 가장자리에서 3.3m이다. 대종은 수백 년 동안 지진과 바람과 비를 견뎌 왔지만 잘 보존되어 부식되지 않았다. 종은 당시 음향 특성, 기계적 구조 및 주조 기술 측면에서 세계 최고 수준이다.

종 앞·뒷면에 한자 22만 6,266자, 산스크리트어 5,400자 등 총 23만 자로 각인되었다. 『제불세존여래보살존자신승명경诸佛世尊如来菩萨尊者神僧名经』, 『금강경』 및 『마하반야바라밀다심』 등이 포함되었다. 불경 문구에서 특징적인 것은 12개의 염원을 기록한 『대명신주회향문大明神咒回向文』이다. 석가모니의 대자대비를 기원하고, 명과 주변국이 같은 법도를 준수하도록 기원하며, 모든 재난이 없어지기를 기원하고, 명의 영원한 통일을 염원하는 것 등이다.

베이징 근교의 영락대종

영락제는 이 발원으로 정화가 해외에서 했던 봉불奉佛이 자신의 의지에 따라 성과를 내고, 그가 속세를 떠난 후에도 영혼이 지옥에 떨어지지 않도록 해주고 명이 영원히 존속하도록 해줄 것을 기원했다. 정화의 하서양下西洋 목적 안에 영락제 자신의 불교적 사명도 포함되어 있었다. 대종사는 이후 왕실이 기우제를 지내는 장소가 되었으며 국행 기우제는 청이 멸망할 때까지 계속되었다.

대항해를 이끈 정화의 성씨는 무함마드의 중국식 한자인 마馬씨다. 정화의 이름은 삼보三寶, 三保였으며, 환관 최고위직 태감太監이 됐기에 삼보 태감으로 알려진다. 황제의 심복으로 외교관, 전사로서 빼어난 재능을 보여 함대를 이끄는 중책을 맡았다. 국제통 가문의 이슬람교도라는 점이 대원정 총수로 발탁된 배경이다. 하서양 주요 임무는 국위 과시였으며, 천하가 평화롭게 지내는 원교책략遠交策略은 성공적이었다. 조공무역이 중요 임무였기에 가는 곳마다 도자기, 비단, 금은 등 명 황제가 내리는 하사품을 전달하고, 보석·약재·향료·희귀 동물 등을 기증받았다. 많이 주고 적게 받으며 경제이익을 초월했기 때문에 조공무역은 각국에 유리했다. 정화함대는 전대미문의 규모로 동서양 해상항로를 개척했으며, 아시아와 아프리카 해역을 연결했다. 대항해 선단의 안녕을 비는 영락제의 종은 명나라 시기 국가 불교의례의 품격과 수준을 잘 설명해준다.

불교사적으로 특이한 일은 1407년영락 5 남경에서 출발한 2차 원정이다. 정화는 스리랑카 남부 해안에서 무사히 여기까지 찾아온 항해에 감사하는 불사를 개최했고 기념비를 세웠다. 비문 오른쪽에는 한자, 왼쪽에는 타밀어, 왼쪽 아래에는 페르시아어로 되어 있다. 무슬림 정화가 항해자들이 기원하던 스리랑카 인도양 해안의 사원에서 공양을 했다는 사실과 불교의례에 바친 품목에 항해사적 의미가 있다.

타밀어 부분은 명 황제가 힌두신을 찬양해 공물을 바친다는 내용이다. 당대 바다를 누비던 힌두 무역상을 배려하는 의미다. 페르시아어는 이슬람교와 알라신과 성인의 영광을 찬양해 공물을 바치고 비석을 세운다는 것이다. 곧 당대 페르시아의 무슬림 상인을 배려하는 뜻이다. 특정 종교 배타성이 아니라 불교, 힌두교, 이슬람을 모두 배려한 의례를 집행한 것이다.

명대에는 복건성 민인閩人의 남양 이주가 급등했다. 중국 정부는 해상무역을 통제했고, 마지못해 이주를 묵인하고 있었다. 명청 시기 정치사회적 변화는 해상무역과 그것에 수반되는 해외이민이라는 압력을 만들어내고 있었다. 그 압력은 정부가 더욱 실용적 태도를 취하도록 자극했다. 국가 이해관계와 사회적 역동성 사이의 상호작용이 5세기에 걸쳐 이민의 형태를 만들고 있었다. 아마도 정화 하서양으로 알려진 동남아의 현지 정보도 이민을 부추키는 요인이 되었을 것이다. 마침내 남양 화교 명칭이 고착됐다.

이민자는 대체적으로 온주인, 복주인, 조주인, 광동인이었다. 남쪽 복건성 해안은 역사적으로 가장 왕성한 이민의 원천으로 '화교의 뿌리'다. 동남아 곳곳에서 보이는 복건회관·광동회관·조주회관 등의 간판은 민월의 천부적 해양력을 암시하는 증거물이다. 정크선을 몰고서 동남아로 진출해 집단 이민촌을 꾸리고 개척한 이들은 단순 이민자가 아니라 해양실크로드의 개척자이자 해양교역 시스템을 만들어낸 사람들이다.

이들은 동남아 땅에 바다 여신으로 '항해의 신'인 마조묘와 성인으로

베트남 호이안의 중국 사찰

등극한 정화묘를 세웠다. 도교에서 '재부의 신'으로 모시는 관우關羽도 함께 모셔갔다. 당연히 불교도 바다를 건넜다. 화교를 따라서 동남아 곳곳에 사찰이 만들어졌다. 바다를 건너서 중국으로 건너왔던 불교가 다시금 바다를 건너서 동남아로 퍼져나간 것이다. 이들 절 건립에서 이민자를 따라서 남해로를 건너온 승려의 역할이 절대적이었다.

바닷길을 따라 천후마조도 함께 갔다. 가령 메콩강의 경우, 17세기 후반경에 남중국 사람들이 메콩강 삼각주를 비롯한 베트남 남부로 이주하면서 천후가 이 지역의 신앙으로 자리 잡았다. 메콩강 전 지역에 총 74개의 천후사그중에서 중국인은 57개, 베트남인은 17개가 생겨났고, 그중에는 바다 수호신 관음을 함께 모신 곳도 많다. 300년이 넘는 문화통합 끝에 천후는 바다 수호자 기능에서 중국 민족과 베트남 민족 모두가 수용한 여신으로 변화하였다.[27] 바닷길을 따라가는 디아스포라와 더불어 바다의 수호신이 함께 한 것이다.

---

27 Nguyen Ngoc Tho, "Buddhist factors in the cult of Tianhou in the Mekong River Delta,Vietnam", *International Communication of Chinese Culture,* vol.5, pp.229~246, 2018.

타이완의 불광사

페낭 남양 화교의 사찰

중국의 남양화교가 많이 분포하는 태국, 베트남, 말레이시아, 싱가포르 등에 중국식 사원건축이 다수 생겨났다. 동남아로 건너온 남부 출신 이주자와 예술가들은 도교와 불교 및 민간 신앙을 복합적으로 응용한 건축 양식을 취하였다. 이들은 중국식의 기하학적 도형과 풍수사상에 따른 디자인 원리를 적용하였다. 중국 사원에 바탕하여 건축하였지만 엄격한 의미에서 불교건축의 전형성보다는 유교와 도교풍을 강하게 드러냈다. 친척관계나 자리적 끈을 바탕으로 한 콩시Kongsi와 혈연 바탕의 클랜Clan으로 유형화되었다.

1645년 말레이시아 믈라카에 세워진 챙 훈 텡Cheng Hoon Teng사원, 1880년대 싱가포르의 티안혹 켕Tian Hock Keng사원과 체 야Cze Ya사원, 1890년 말레이시아 페낭의 켁록 시Kek Lok Si사원 등이 중국풍 사원의 대표격이다.[28]

아울러 본토에서 타이완으로의 이민 행렬과 대만해협을 건넌 불교의 정착도 불교사에서 중요 사건이다. 타이완은 본디 유구라고 불려왔던 섬으로, 이후에 등장한 '오키나와 류큐국'과는 다른 것이다.[29] 그 타이완에 언제 불교가 정확하게 전래되었는지는 불분명하나 정성공鄭成功, 1624~1662 일가의 통치와 더불어 공식화된 것으로 보여진다. 청대에는 이미 1백 여가 넘는 사찰이 세워졌는데 관음 현판이 걸린 사찰이 절반 이상이었다. 관음 신앙이 해협을 건너온 사람들에게 중요한 의지가 되었을 것이다.

대만 종교의 특징적인 것은 불교만이 아니라 바다를 건넌 마조 신앙이 함께 신앙화됐다는 점, 재가 불교 형태의 불교·유교·도교를 융합한 재교齋敎가 활발하다는 점이다. 명말 동남부에서 형성된 재교가 1748년 푸젠성에서 바다를 건너 타이완으로 들어간 것이다. 원주민이 살던 타이완에 중국 대륙에서 불교가 건너가서 정착함으로써 새로운 '섬-불교'를 형성한 것은 세계불교사 전래에 중요한 사건이었다.

한편, 명대의 불교는 남쪽 대만으로의 남진 이외에 동쪽 아무르강으로의 동진도 이루어졌다. 명대에 이르러 극동 쪽으로도 영토가 확장된 결과이다. 행정 소재지 누르간도지휘사사奴兒干都指揮使司, Nurgan Regional Military Commission가 아무르강 둑에 설치되었는데 바다에서 100km 떨어진 곳이

28 박순관, 『동남아 건축문화산책』, 한국학술정보, 2013, 162쪽.

29 박세욱, 『유구 변증설 – 타이완과 오키나와』, 경북대 출판부, 2024.

다. 누르간성奴兒干城이라 부르는 성으로 1409년에 설치되었으며 1435년에 철폐되었다. 누르간에는 관음보살을 모시는 영녕사永寧寺가 있었다. 1413년 이시하亦失哈, Išiqa가 설립한 것으로 알려진다. 1709년 청 강희제가 다시금 아무르강 하류 유역에 예수회 선교사를 포함한 탐험대를 파견했다. 이들은 현지를 실측하고 비문을 남겼다.[30]

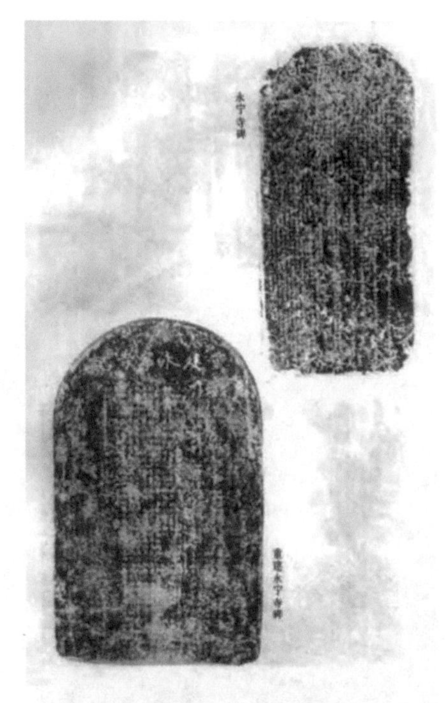
영녕사비와 중건 영녕사비

훗날 일본인 고고학자이자 인류학자인 도리이 류조鳥居龍藏, 1870~1953가 방문하고 그림을 남겼다. 러시아인이 사할린섬에 처음 당도했을 때 단애에 벽돌탑이 있었다고 한다. 이 벽돌탑은 무너져서 사라졌지만 벽돌탑 옆에 관음당 및 영락永樂·선덕宣德 두 비문이 남아 있었다. 제국 영역 확대 차원에서 사할린까지 비문을 세운 것이다. 러시아인이 남긴 스케치를 도리이 류조가 다시 기록한 것인데 그림을 보면 절벽에 중국식 탑이 위태롭게 서있다. 그 아래로는 배가 한 척 떠간다. 관음당이 사할린섬의 바닷가까지 나아간 것이다. 아마도 불교가 최동단으로 나아간 경우일 것이다.[31]

한문과 여진 문자, 몽골 문자로 되어 있는 영녕사비永寧寺碑에 따르면, 영락 초기에 명나라가 사할린을 정복했다. 이후에 청나라가 다시 사할린섬에 들어온 것이다. 영녕사란 절을 세우고 바닷가 절벽 위에 관음

---

30 Crossley, Pamela Kyle, *A Translucent Mirror : History and identity in Qing Imperial Ideology*, University of Califonia Press, 2001, p.185.

31 주강현, 『환동해문명사』, 돌베개, 2015, 614~615쪽.

도리이 류조의 보고서에 등장하는 사할린의 청나라 탑. 러시아인이 처음 당도했을때 그린 스케치로 탑 옆에 관음당과 비문 2기가 있었다

당을 세운 것으로 파악된다. '상류로 200km 올라가면 1850년대에 세워진 불교 사찰의 폐허가 아직도 남아 있다. 절에는 한자와 몽골문자로 '영락사 현판과 부처님의 손길이 온누리에 뻗어나가길 기원한다는 문구가 남아 있다'고 전한다. 오늘날 이 비석은 블라디보스토크 프리모리예Primorsky박물관에 전시되어 있다. 비석은 별다른 장식이 없는 소박한 것이며 영녕사 문귀가 뚜렷하다.[32] 불교가 동진한 가장 먼 곳이다. 자료는 없으나 관음당을 모시는 승려도 그곳까지 갔을 것으로 비정된다.

32 안나 레이드, 윤철희 역, 『샤먼의 코트—사라진 시베리아 왕국을 찾아서』, 미다스북스, 2003, 216쪽.

Chapter 13

가야에서 고려로
한반도 연대기

신라 35대 경덕왕 8년[749] 돌배 한 척이 홀연히 달마산 아래 사자포구로 다가왔다. 하늘에서 들리는 음악인 듯 범패소리가 배 안에서 계속 들려오기에 어부들이 가까이 가서 살펴보려고 하자 배는 멀어지고,멀어지면 다시 다가오기를 며칠간 반복했다. 의조화상義照和尙이 향도 백명을 데리고 가서 목욕재계하고 기도하니 돌배가 육지에 닿았다. 배 안에는 금으로 된 뱃사공과 금함, 60나한, 탱화 등이 가득 차 있었다. 배 안에 있던 검은 바위가 벌어지며 소 한 마리가 튀쳐나오더니 삽시간에 큰 소가 되었다. (…중략…) 소가 누운 자리에 통교사를 짓고 그 다음에 미황사를 지었다.

민암 장유閔黯 長儒, 〈미황사사적비〉

Chapter 13

가야에서 고려로

한반도 연대기

1 | 미궁의 가야 불교와 남래설

천축과 한반도의 직접 교류 서사에서 모두에 등장하는 것은 가야다. 허황옥許黃玉 표착 때문이다. 『삼국유사三國遺事』 「가락국기」 김수로왕조에 아유타阿踰陀, 아요디아왕국의 공주 허황옥이 가야에 당도하는 기사가 나온다.[1] 이를 근거로 천축국에서 한반도로의 불교 직접 전파를 내세우곤 한다. 이 기사는 원해 항해로 인도와 연결됐을 가능성을 제시한다. 수로왕의 아내가 되라는 몽의를 받은 부왕의 명에 따라 파사 석탑을 배에 싣고 동쪽으로 항해하여 후한 건무建武 24년48에 가야국에 이른다. 훗날 가야 8대 질지왕 2년452에 표착지 주포主浦에 왕후사王后寺를 세워 추모했다. 이외에도 하동 쌍계사 『칠불암현판기』에 수로왕 일곱 왕자가 이 절에서 성불했다는 사적이 남아 있다.

가야에 불교가 전래한 서사가 아니라 수로왕과 허 황후가 혼인한 곳에 절을 세웠다는 기록으로 읽어야 옳다. 가야국에 당도한 시점은 48년

1 『三國遺事』 卷2 「紀異」 2 「駕洛國記」.

이고 절을 세운 시점은 452년이기 때문이다. 400여 년의 간극은 이들 서사가 후대 창작품임을 입증한다. 가락국기는 그 순서나 분량·제목 등으로 보아 고려 문종때 금관주金官州를 다스리던 어떤 문인이 편찬한 것이라는 추정이 설득력 있다.

보통 그러하듯이 건국신화는 윤색이 많아서 신뢰성이 문제된다. 『삼국유사』의 주장은 중간단계 이론화 작업middle-range research이 필요하다.[2] 1세기 중엽 항해 기술상 인도에서 곧바로 가야까지 직항이 쉽지 않기 때문에 중간단계가 반드시 필요하다. 고대에도 원해 항해가 없던 것은 아니지만 중간 거점을 들려서 점선으로 연결하며 움직이는 것이 보편적 항법이었다. 1세기 중엽의 항해 기술상 인도에서 곧바로 가야까지의 직항은 불가하다. 동남아로부터 한반도에 이르는 문화 전파 경로가 중국을 반드시 거쳐야 하는가 하는 점을 지적하는 연구도 있다. 중국을 경유하지 않은 남방 문화의 한국 전파 사례로 지석묘와 벼농사를 들곤 한다.[3] 가야 문화권에서 확인된 Indica형 야생벼가 인도와 연관이 있다는 주장이 제시되었다.[4] 이러한 주장이 천축에서 한반도까지 고대 항로의 가능성을 증명해주는 것은 아니다. 동인도에서 남중국을 거치고 한반도에 당도한다는 가설이 현실적 실체에 가까울 것이다.

『한서』「지리지」를 보건대, 후한시대인 48년에 중국과 인도 사이에 남해 해양 루트가 존재하고 있었다. 그러나 불교는 바닷길이 아니라 육로로 처음 들어왔다. 후한 명제明帝, 57~75 재위가 반초를 서역에 보내 적극 개척을 했고 그 시점에서 불교가 중국에 처음으로 당도했다는 것이 지

---

2 Binford, Luwis R., *Bones : Ancient Man and Mordern Myths*, Orando : Academic Press, 1981, pp.21~34.

3 석길암, 「동아시아 해항 문화 전파 경로와 불교의 한국 전래」, 『동아시아불교 문화』 33권, 동아시아불교문화학회, 2018, 107~131쪽.

4 이화선, 「가야 문화권 인디카형 야생벼 분포 양상과 고고유적 속벼 식물유체 분석을 통한 삼국유사 속 '허황옥 설화' 재조명」, 『문화와 융합』 제43권 11호, 한국문화융합학회, 2021, 63~87쪽.

금까지의 합의된 학설이다. 폴 펠리오의 학설에 따르면, 명제 재위 시기에 처음으로 인도의 두 사신 가섭마등迦葉摩騰, Kasyapamatanga과 축법란竺法蘭, Dharmaratna이 중국에 불법을 설파하기 위해 미얀마 이라와디 북부와 운남의 길을 택했다.[5] 중국으로의 불교 전파 시점과 경로가 이러한 상황일진데, 그보다 빠른 48년에 뱃길로 가야에 직접 당도했다는 것은 논리적으로 무리이다.

다만, 높은 수준에 도달한 가야의 바닷길을 주목하는 것은 별개의 문제이다. 허황옥의 역사 실체와 무관하게 동아시아 해양실크로드사에서 중요한 것은 가야의 선진적 역할과 위상이다. 천축과 한반도를 연결하는 해양실크로드사 구축까지는 불가하더라도, 동아시아 권역 내에서의 바닷길 구축 가능성을 염두에 두는 것이다. 실제로 가야는 풍부한 철을 매개로 낙랑이나 중국, 일본 및 한반도 여러 지역과 교역했다. 가야 세력이 동아시아 바닷길에서 어떤 역할을 했을 가능성은 충분하다. 가야의 소왕국은 해양력을 기반으로 왜와 소통하면서 바다를 수시로 건넜다. 고구려·백제·신라 중심의 사고를 뛰어넘으면 해상왕국 가야의 존재를 재평가하게 된다. 그러나 중국 사서에 웬만한 사건들은 대부분 등장하는 데 반하여 가야의 해상 활동에 관한 문헌증거는 불충분한 상태이다. 다만 한일간에 고고 유적·유물을 통하여 빈번한 해상 접촉이 있었음은 다수 밝혀졌다.

한반도 전체로서의 불교 전래 기점도 비판적으로 검토할 필요가 있다. 정설로 되어 있는 최초의 불교 전래는 고구려 소수림왕 2년372에 전진前秦의 왕 부견符堅이 사신과 함께 승려 순도順道를 보내 불상과 불경을 전한 것이 그 시초이다. 2년 뒤에는 아도阿道가 들어와 초문사肖門寺·이불란사伊佛蘭寺를 세웠다.

5 『梁高僧傳』 권1 「釋攝摩騰傳」.

가장 오래된 고구려 불상. 연가 7년이 새겨져 있다
(국립중앙박물관)

기원전 5세기에 발생한 불교가 8세기나 뒤에 한반도에 당도한 것은 설득력이 부족하다. 공전 이전에 사전이 당연히 있었을 것이다. 동진 격의 불교의 고승 지순도림支遁道林이 고구려 도인道人에게 보낸 편지를 보면, 고구려에 도인으로 불린 승려가 이미 존재했음을 시사한다. 편지는 지둔 이전에 활동한 고승 축법심286~374을 소개하는 내용을 담고 있다. 순도가 고구려에 당도하기 전에 이미 중국과 고구려 간에 고승의 교류가 있었음을 말해준다.

백제에는 고구려보다 늦은 침류왕 1년384 동진에서 호승 마라난타摩羅難陀가 당도했다. 대체적으로 오늘의 영광 법성포로 들어왔으며, 영광 불갑사나 나주 불회사를 청건하였다는 설이 있으나 미궁이다. 마라난타가 오기 이전, 불교가 성행한 동진에서 사신들이 불교를 접촉한 것은 불문가지이다. 근고초왕 27년372, 28년373, 근수구왕 5년397에 동진으로 백제사신이 들어갔다. 이미 백제 땅에 불교가 당도하여 무르익은 상태에서 천축승이 뒤에 등장한 것으로 보는 것이 맞다. 마라난타의 당도는 천축승이 한번도에 본격 도래한 불교바닷길의 효시일 것이다.

신라의 경우, 눌지왕 때 묵호자墨胡子가 고구려에서 들어와 모례毛禮의 집에 머물렀다. 그가 떠난 뒤에 아도라는 자가 모래의 집에 왔는데 그 모습이 묵호자와 비슷하였다. 이따금 신봉하는 자가 나타났으니 이것

법성포에 세워진 마라난타 백제 불교 초전 전래지. 아소카의 담마 유적을 카피하였다

이 신라 불법의 시초이다.[6] 이차돈 순교와 불교 공인이 훨씬 뒤인 법흥왕 14년527이므로, 신라의 경우에도 이보다 훨씬 전에 불교가 들어와서 민간 신앙과 갈등을 빚으면서 공존하다가 일정 시점에서 공인되는 수순을 밟았던 것이다.

다시 가야 불교로 되돌아간다면, 가야의 해양력 수준이 높았던 만큼 고구려와 백제 이전에 가야로의 바다를 통한 불교전래의 가능성은 가능할 것이다. 가야지역의 사찰연기에 근거하면, 김해의 은하사銀河寺와 모은암母恩庵·장유사長遊寺·해은사海恩寺·금선사金仙寺, 창원의 성주사聖住寺, 밀양의 부은사父恩寺와 만어사萬魚寺, 부산의 흥국사興國寺, 지리산의 칠불사七佛寺 등을 허 황후와 연관이 있는 것으로 손꼽는다.[7] 이들 연기 설화는 바다로부터 무언가가 당도했을 고대의 도래渡來 서사를 말해주는 것이나 역사적 실체는 미궁이다.

---

6 정동유, 안대회 외역, 『晝永編』, 휴머니스트, 2016.

7 도명, 『가야불교, 빗장을 열다』, 담앤북스, 2022, 232~275쪽.

천축으로부터의 직접 전래는 동의하기 어려워도 중국에서 바닷길로 직접 가야에 불교가 당도했을 가능성까지 부인할 수는 없을 것이다. 허황후 서사의 역사적 실체와 무관하게 바닷길을 통한 불교 전파 남래설南來說이 유효하기 때문이다. 남래설의 요지는 불교가 고구려·백제·신라 삼국에 공전되기에 앞서서 남해·남방 루트로 한반도 동서남해 연안, 가야·신라에 유성적流星的으로 전파됐다는 것이다. 가야에 불교가 유성적으로 전파되었을 가능성을 염두에 두고 문헌 결핍 상태에서 고고학적 증거들이 나와주길 기대해본다.

2 | 백제 불교와 남조의 바닷길

불교의 바닷길에서 백제가 중요하다. 3세기 후반의 대중국 교섭은 『진서晉書』에서 확인된다. 4세기에 백제와 동진관계가 각별했고 교역도 이루어졌다. 한성 백제의 풍납토성에서 발굴된 동진 계통의 초두鐎斗, 석촌동 고분의 동진 청자와 배 젓는 노는 백제와 동진 사이의 교류를 반영한다.

남중국해 및 머나먼 동남아까지 연결된 해양실크로드와의 연관성은 6세기 전반기 성명왕성왕 기록에 백제와 푸난扶南, 일본의 관계에서 엿보인다. 해상왕국 푸난의 물자와 인간을 백제가 어떻게 확보했는지는 알 수 없으나 6세기 중엽에 백제와 푸난이 교섭했고, 그 결과 일본열도에도 푸난에 대한 정보가 들어갔음이 『일본서기』에 등장한다.

> 가을 9월에 성명왕이 전부前部 내솔柰率 진모귀문眞牟貴文과 호덕護德 기주기루己州己婁 그리고 물부物部 시덕施德 마기모麻奇牟 등을 보내어 부남의 물품과 노예 2명을 바쳤다.[8]

백제가 푸난의 물품과 노예를 일본에 선물한 453년은 푸난이 쇠퇴하던 즈음이다. 백제로 건너온 물품과 노예가 백제와 푸난의 직교섭인지, 양梁을 비롯한 남조南朝를 매개로 한 것인지는 불분명하다.[9] 『양서梁書』에 따르면 백제가 수차례 사신을 파견하는 기록이 등장한다. 푸난에서 중국을 거쳐서 백제까지 물품과 노예가 건너온 것으로 보는 것이 현실적 설득력이 있다. 남경박물원에 소장된 양 원제 재위 연간의 『양직공도』가 물증이다. 그 그림에 중국에서 조우한 백제와 푸난 사신이 같이 등장하기 때문이다.[10]

백제의 항해술에 관해서도 구체적 자료는 없다. 그러나 3세기 후반 고이왕은 서진에 여덟 차례 사절을 파견했다. 근초고왕 때부터는 남조와 빈번하게 통상했고, 황해 남부를 거쳐 남해를 돌아 왜와 교류했다. 영산강 유역 역시 대외 해양교역의 중요 거점이었을 것이다. 백제와 왜가 서로 필요해서 가까워지려고 노력한 흔적이 다수 보인다. 한강변 한성 백제 유적에서도 왜의 유물이 보인다.[11] 백제가 원거리 항해를 통해 남조 및 왜와 교류할 수 있었음은 무엇보다 항해술 덕분이다. 주목을 끄는 것은 백제 특유의 조선술로 만들어낸 백제선이다.

마라난타摩羅難陀는 384년침류왕 원년에 남조 동진을 거쳐 백제로 건너왔다. 동진의 법현이 천축에서 돌아오던 413년에서 30여 년 이전인 384년의 일이었다. 이는 불교가 바닷길로 극동까지 전래된 중요 사건이다. 동학童學은 마라나다Malanada의 한역어이며 음사어는 마라난제摩羅難提·마라난타摩羅難陀이다. 『해동고승전』과 『삼국유사』에 그의 행장이 잘 나와 있다. 『해동고승전』에 따르면, "마라난타는 인도 스님이다. 신비한 신통

8 『日本書記』 卷19, 欽明天皇 4년(543) 秋 9일.

9 권오영, 「백제와 푸난의 교섭」, 『베트남 옥에오 문화-바닷길로 연결된 부남과 백제』, 한성백제박물관, 2019, 189쪽.

10 金鍾完, 「梁職貢圖의 성립 배경」, 『魏晉隋唐史硏究』 8, 중국고중세사학회, 2001.

11 한성백제박물관, 『한국사 속의 백제와 왜』, 2015.

가장 오래된 철불. 중국에서 한반도로 들어오는 길목인 태안반도의 보현사지 출토

력을 지니고 있었을 뿐 아니라 원력이 홍대하여 국한된 한곳에서만 머물지 않고 해외 포교를 위해 험한 산길과 사막을 지나는 등 천신만고 끝에 진을 거쳐 백제에 들어와서 백제 땅에 처음으로 불교를 전파하였다"고 한다.

산길과 사막을 지났다는 표현으로 미루어, 서역에서 육로로 왔을 가능성도 있다. 그런데 남조와 백제의 교섭을 고려한다면, 북쪽 고구려를 통과해야 하는 북방육로보다는 남중국을 거쳐서 선박으로 백제에 당도하였다고 보는 것이 보다 합리적이다. 마라난타를 싣고 온 상선이 있었을 것이고, 대부분의 국제상선이 그러하듯 일정한 선박규모에 일정한 선원이 동승했을 것이다. 어떤 선박이 얼마만 한 규모의 선원을 태우고 마라난타를 백제 땅까지 당도시켰는가는 미궁의 역사일 뿐이다.

마라난타가 들어오자 왕은 예를 갖추어 그를 맞아들여 궁궐에 머무르게 했다. 왕이 무턱대고 천축승을 받아들였을 것 같지 않다. 동진과의 외교 교섭을 통하여 불교에 관한 기본 정보를 얻고 있었고, 이미 그 전에 불교가 여러 맥락으로 이미 당도한 상황에서 마라난타가 백제에 등장한 것이다. 역으로 상상하면, 백제에서 부탁하여 천축승을 초빙한 경우도 상상할 수 있다. 불법 전래 초기에는 어느 나라나 승려를 초빙하여 법을 배우고 세우는 것이 관례였기 때문이다.

왕이 예경함으로써 백제 불교가 시작되었다. 그 이듬해 백제는 한산지금의 광주에 절을 짓고 열 사람을 출가시킨다. 『해동고승전』에는 마라난타가 신통한 이적을 행하는 이로 기록된다. 마라난타가 백제로 넘어온 동진東晉, 317~420은 서진西晉 유연劉淵의 전조前趙에게 멸망한 후, 사마예司馬譽에 의해 강남에 세워진 진의 망명왕조이다. 효무제는 372~396년 재위하였으므로 384년에 백제에 등장한 마라난타는 그의 시대에 보내진 것이다. 효무제는 불교군주였으며, 왕실과 귀족층의 적극 지지 아래 인도 및 서역에서 많은 불경이 들어와 한역되고 있었다. 동진의 수도는 바다로 나가는 길목인 건강이므로, 바다를 건너면 곧바로 백제에 당도할 수 있었다.

마라난타가 동진을 경유하여 백제에 입국하였으므로 당시 동진 불교의 특성인 노장현학적 태도에 영향받았을 것으로 추정된다. 백제에서 그의 활약은 신이神異와 감통感通과 관련된 것이었다는 기록이 전해진다. 신이와 감통은 초기 불교전래에서 중요한 교화 수단이다. 그러나 그의 사상적 색채를 명확히 밝힐 수 있는 자료는 없는 실정이다. 백제는 끊임없이 남조와 소통하였다. 남조를 통하여 천축국을 비롯한 전반적인 국제정세를 파악하고 있었을 것이다. 당시 백제가 확보하던 글로벌적 정보의 수준과 깊이가 문헌으로 전해오지 않으나 국가경영을 위해서라도

금동관음보살입상, 백제 7세기 중반

상당량 축적되었을 것이다.

뒤를 이은 무령왕도 불교에 관심이 많았으며 남조의 양과 밀접한 교류를 했다. 무령왕은 512년과 521년에 양나라에 사신을 보내 외교관계를 강화했다. 이때 동맹국이었던 신라 사신을 양나라에 같이 데려갔다. 신라는 진흥왕 이전까지는 서해안에 항구가 없었으므로 중국과 직접 교류가 거의 없었다. 무령왕시대에 양나라 문물이 물밀듯 들어온 좋은 사례로 무덤 양식을 들 수 있다. 무령왕릉의 벽돌식 묘제는 양나라와 비슷하다. 무령왕릉 출토유물은 대부분이 백제의 고유 문화를 반영하지만 일부는 육조 문화의 영향을 받았다.[12]

불교 중흥은 무령왕의 아들인 성왕 때 돋보인다. 성왕은 수도를 사비로 천도하고 국호를 남부여라 칭하며 중흥을 위해 노력하였다. 성왕 7년529에 창건된 대통사大通寺는 불교공인 이후에 문헌으로 확인되는 최초의 사찰이다. 백제는 불교식 왕명과 연호를 쓸 정도로 불교

12 충남대 백제연구소, 『고대 동아세아와 백제』, 서경, 2003.

를 깊이 신행하면서 남조와 적극 교류하였다.

성왕시대에는 천축국으로 넘어가는 승려도 생겨났다. 이능화의 『조선불교통사』에 수록된 『미륵불광사사적彌勒佛光寺事蹟』에 의하면 성왕 4년 526에 겸익은 계율을 구하겠다는 일념을 품고 바다를 건너 중인도로 건너가 5년 동안 공부하여 천축의 언어에 능통하고 율부의 장엄한 요체를 깊게 전공하게 되었다.[13] 천축 상가나대율사常伽那大律寺에서 5년간 범문梵文을 익히고 계율을 배운 후 천축승 배달다삼장倍達多三藏과 함께 범본 아비담오부율阿毘曇五部律을 가지고 귀국한다. 중국을 거친 천축행으로 백제불교사에서 중요한 사건이다. 겸익이 역경한 율부 72권은 백제 율종의 시작이었고, 이후 담욱曇旭·혜인惠仁 두 법사가 율부의 소 36권을 지었다. 겸익은 한국→남중국→인도에 이르는 해양실크로드를 경유했을 것이다. 이때는 백제에 불교가 전해진 지 100여 년이 지나서 교단 팽창에 따라 새 율문律文을 구하지 않으면 안 되었다. 겸익은 천축으로 갈 때 남조 양나라를 거쳤고, 귀국 시에도 양을 거쳤을 것이다. 당시 양에는 천축승이 많이 와 있었고 천축국을 다녀온 중국 승려도 많았기 때문에 천축에 관한 상당한 정보가 축적되어 있었다. 겸익이 이러한 인적 네트워크를 활용했음은 당연지사다.

겸익이 귀국하자 성왕은 그를 교외에서 맞이하며 성원한다. 전륜성왕을 자처했던 성왕은 겸익을 중심으로 불교 교단을 재편하고 529년에 대통사를 창건하게 된다. 양무제가 불교군주를 자처하던 동일 시대이다. 절 이름을 양 무제 연호인 대통527~528으로 삼은 것은 백제 불교가 양과 깊이 연계되었음을 반영한다. 군수리 출토 금동보살입상과 석불좌상 등에서 남조의 자취가 엿보인다.[14]

백제 승려 대부분은 법화 신앙과 관련이 있는데 그 첫 기록은 발정發

---

13 이능화, 『조선불교통사』, 신문관, 1918.

14 정병삼, 『한국불교사』, 푸른역사, 2020, 73쪽.

正이다. 『관세음응험기觀世音應驗記』에 따르면, 백제 사문 발정이 양나라 천감 연간502~519에 중국에 갔다가 30년 만에 귀국하였다. 발정은 월주계산越州界山에 관음도량이 있다는 말을 듣고 그곳을 찾아 법화경 독송자의 영험을 듣고 왔다고 하였다. "두 도인이 있었는데 입산하기를 재촉하였다. 각각 골짜기 하나를 자치하여 한 사람은 『화엄경』을, 또 한 사람은 『법화경』을 독송하고자 하였다"고 하였다. 발정이 6세기 전반에 법화경 독송 신앙을 백제에 수용했음을 알 수 있다. 현광玄光은 웅주 출신으로 6세기 후반에 중국에 들어가 천태종 비조인 진陳의 남악혜사南岳惠思, 514~577로부터 『법화경』 안락행품安樂行品 강의를 듣고 정진수행하여 법화삼매를 증득하였다. 현광은 혜사로부터 본국으로 돌아가 사람들을 제도하라는 당부를 듣고 바닷길로 돌아와 웅주에 절을 창건하였다.[15]

성왕 19년541에는 양나라에 사신을 보내어 모시박사毛詩博士와 열반경 등의 경의經義 및 공장工匠과 화사畵師를 요청하였다. 이에 양에서는 열반경소 등을 백제에 보냈다. 열반학은 당시 남조 불교의 중심을 이룬 수준 높은 교학이었다.

3 | 재당 신라인의 바닷길

신라의 불교공인은 백제보다 늦은 527년법흥왕 14년 이차돈 순교를 계기로 이루어진다. 신라 역시 이미 불교가 사전되었지만 공전이 뒤늦게 이루어진 것이다. 433년 나제동맹 이후의 백제와의 관계를 고려한다면 백제로부터의 불교전래가 있었을 것이고, 그 성격은 백제를 통한 양나라 불교의 전래였을 것이다. 521년법흥왕 8년, 백제 사신을 따라 처음으로

15 『宋高僧傳』「玄光傳」.

양에 조공하였다. 백제 사신을 따라갔다는 것은 중국으로 들어가는 항해술과 선박에서 백제가 우월했다는 증거이다.

백제 불교는 흥륜사 창건 등 신라 불교에 영향을 주었다. 경주 흥륜사는 법흥왕이 불교를 공인한 뒤 세워진 신라 최초의 절이었다. 성왕은 양의 선진기술을 받아들여 공주에 대규모로 대통사를 창건하던 상황이었다. 성왕은 스스로 전륜성왕이 되려 하였고 대통사를 여법하게 짓고자 하였다. 이러한 백제의 기술이 신라에 전달되었을 것으로 보인다. 신라는 불교공인 이후인 529년법흥왕 16년에 공식적으로 살생을 금지하였고, 말년에는 왕비와 함께 출가하였다. 임금의 출가는 국가통치 시스템을 불가에 의탁하는 불교왕국의 전형적 사례로서 신라에서도 왕권과 불법의 결합이 공식화된 것이다.

신라의 바닷길을 통한 불교 교류도 본격화되었다. 백제에 비하여 낮은 수준에 머물던 신라의 조선술은 6세기 중엽 금관가야 병합을 계기로 한 단계 높은 수준으로 발전했다. 낙동강 하구 금관가야는 2, 3세기경부터 철을 매개로 낙랑군과 대방군, 왜와 해상교역을 했다. 그만한 항해술과 조선술을 보유하고 있었다는 뜻이고, 가야의 해양력이 신라에 전수된 것으로 보인다. 국가간 전쟁과 병합이란 해당 나라가 보유한 기술과 인력이 접수됨을 뜻하기 때문이다.

7세기 중엽 삼국전쟁이 치열하게 전개되면서 신라 조선술도 폭발적으로 발전했다. 그리하여 2세기쯤 흐른 통일 이후 9세기 자료에 의하면, 일본인은 신라선을 일본과 중국선에 비하여 바람과 파도에 잘 견디는 안전한 선박으로 인식하고 있었다. 황해를 횡단한 신라 견당사와 장보고의 해상무역은 신라선의 조선술이 비약적으로 발달했음을 증거한다. 황해 해상무역을 원활하게 수행해서 교역 규모가 커지면서 그를 통한 세수가 증대되기에 해상무역을 적극 전개하기 위해서 나·당·일 삼국항로의 주요 거점에 무역기지를 둘 필요성이 있었다.

신라인은 신라와 당의 교역경로에 해당하는 연해와 장안으로 통하는 운하 권역에 집단 이주하여 신라방을 설치하였다. 재당 신라인의 무역 활동은 주로 산동성과 강소성, 절강성, 복건성에서 이루어졌다. 신라방은 등주 등 산동반도 북부에서 회수淮水 하류까지의 연해안, 강회江淮지방의 운하 유역, 항주만과 태주台州만 연해 등 바닷가와 운하 권역에 분포하였다. 당에서는 신라인 통제를 위하여 신라방 설치를 용인하고 신라인의 자치를 허락하였다. 당의 제도적 규범 안에서 자치권을 행사하는 제한적 방식이었다. 성곽 내에 위치한 신라방과 여러 개의 흩어진 신라촌을 하나로 묶어 통제하는 신라소新羅所가 별개로 존재했다.[16] 당의 통제 시스템 내에 머무는 것이었으나 그만큼 신라인이 중국 연해에 대거 진출했음을 증거한다. 이러한 조건에서 당대의 불교가 한반도로 속속 들어오는 것은 불문가지였다. 신라방·신라소 거주민에 신라 승려들이 포함되었을 것이다.

남북조시대 해상 활동은 장보고?~846가 등장함으로서 본격화된다. 그에 관한 기록은 『삼국사기』와 『삼국유사』에 제한적으로 남아 있고, 엔닌圓仁의 『입당구법순례행기入唐求法巡禮行記』는 장보고뿐 아니라 신라방 등 재당 신라인의 동향을 알려준다. 장보고가 20대에 당으로 건너갈 당시, 신라에서는 8세기경부터 유민화가 증가하고 있었고, 상당수가 당으로 들어가 무역상, 유학생과 함께 신라방을 형성했다.

장보고 해상 활동은 불교적 활동을 포함하였다. 산동 동단의 적산촌赤山村에 덕사원·신라원 등으로 불리는 법화원法花院사찰이 있었다. 엔닌 순례기에 따르면, 법화원에서는 『법화경』 강경講經과 송경의식誦經儀式이 상시 거행되고 관음 등 여러 불보살의 칭면찬탄稱名讚嘆 의식이 있었다. 재당 신라인과 당을 드나드는 신라와 일본 구법승 기도처로 이용된 국제선원

16 권덕영, 「재당신라인사회의 연구현황과 과제」, 『백산학보』 68, 2004.

이었다.

일본승 엔닌의 『입당구법순례행기』 송경의식에 대중들이 관세음보살을 부르는 대목이 등장한다. 해상위험을 안고 사는 해상들이 관음 신앙에 의지하고 있었고, 장보고 선단의 해상 활동에서도 관세음보살이 중요했다. 장보고가 세운 법화원도 『법화경』의 「관세음보살보문품」에서 비롯된 것이다.

20세기 초반의 석굴암. 천축국의 석굴전통이 중국을 통하여 전승되었다

후대 송대 자료를 보면, 절강지방에 신라승이 만든 경덕국청사景德國淸寺가 등장한다. 천태현현재 절강성 天台에 위치한 천태종 중심 사찰에 대한 설명인데, 이 사원 내에 당대 신라승 오공悟空이 만든 신라원이 있었다.[17] 신라원이나 오공이나 그 역사는 더 이상 구체적으로 알 길이 없지만 신라 승려에 의해 천태종 본산에 신라원이 만들어졌음을 증언한다.

먼 훗날인 1261년 기록에, "적산법화원의 산왕山王은 신라 명신明神"이라고 하였다. 수백 년이 흐른 시점에서도 일본에 장보고가 전승되고 있었다는 증거이다.[18] 신라명신이란 원성사 북쪽에 위치한 신사인 신라선신당新羅善神堂에 봉안한 수호신으로, 866년 일본의 지증智證 대사 원진圓珍에 의해 신라신사가 설립되었다.

장보고가 세운 법화원 말고도 많은 신라 사찰이 중국 해안에 존재했

17 陳耆卿, 『嘉定赤城志』 28 「寺觀門 4」.

18 『古簡雜纂』 2.

금동십일면천수관음보살좌상, 조선시대(국립중앙박물관)

다. 당대의 신라방이 산동반도 등주 등 북쪽에 있었다면 오대 때는 점차 장강 이남으로 이동한다. 오대 시기907~959 임해현臨海縣, 현 절강성 임해에 신라산新羅山, 고려두산高麗頭山, 신라초新羅樵가 등장한다.[19] 이 지역은 중국 동해 연안 및 도서지역으로 한반도와 연결되는 지점인 동시에 중국에서 한반도로 출발하는 분기점이다. 신라 초는 당대 이래로 신라상인新羅賣人이 배 떠날 준비艤舟를 하던 곳이다. 나말여초 과도기에도 과거 뱃길이 고스란히 이어지고 있었다. 원 시기1320에 펴낸 경원영파의 지방지 『연우사명지延祐四明志』에, "신라오현新羅嶴縣 북쪽 7리에 옛 신라국인 배를 정박하는 곳이 있다"고 하였다.[20] 신라오현은 아무래도 훨씬 이전 시기부터 존재하던 것으로 여겨지며 고대로부터 양국 간의 뱃길이 닿는 오랜 전통을 지닌 장소로 비정된다.

남송 시기1227에 펴낸 지리지 『여지기승輿地紀勝』에도 고려산이 등장하는데 본디 구려산句麗山이라고 하였다. 또한 고려정高麗亭이 2개 있는데 "옛날에 고려 사신이 입조하던 곳"이라고 하였다. 문헌에 등장하는 신라산, 고려두산, 신라초 등의 명칭은 중국과 한반도를 오고갈 때 지표로 삼은 항로상의 '가늠'이었으며, 고려 시기에도 이용됐다. 신라방과 장보고의 궤적은 동아시아 인적 물적 교류의 좋은 사례로서 해양 불교의 전파와 교류에서 빼놓을 수 없는 증거이다.

4 | 당과 천축으로 떠난 신라 구법승

구법승 발길은 끊임없이 이어졌다. 개인 순례를 뛰어넘어 국가적 배려와 지원이 있었다. 중국 및 천축행은 그 자체로 '국제 프로젝트'였기 때문

19 陣耆卿, 『嘉定赤城志』 2.

20 『延祐四明志』(影印 宋元方志叢刊本), 北京 : 中華書局, 2006.

이다. 문헌에 기록된 한반도에서 떠난 구법인은 출신지가 확인된 전체 구법승 92명의 16퍼센트에 해당하는 14명이다. 한반도 출신 14명 가운데 신라 출신 구법인은 12명, 백제와 고구려가 각 1명이다. 14명 가운데 대다수인 9명이 『대당서역구법고승전』에 수록된 7세기 구법인이다.[21] 공인 수치만을 뜻할 뿐, 전체가 확인된 것은 아닐 것이다. 바람처럼 떠났다가 바람처럼 사라진 구법승도 많았기 때문이다.

신라시대의 자장

당나라 의정義淨의 기록에,[22] 아리야발마阿離耶跋摩, 혜업慧業, 현태玄太, 구본求本, 현각玄恪, 혜륜慧輪, 현유玄遊 등 신라 구법승 8명의 이름과 간략 행장이 보인다. 신라 불교의 다양한 종파는 구법승을 통하여 당에서 직수입된 경우이다. 『송고승전』에 따르면, 7세기 순경順憬은 사신을 따라서 당에 들어가 현장에게 유식唯識, 유가瑜珈의 불법을 배웠으며 귀국 후에 해동 유식종을 전파하였다. 원측圓測은 현장을 비롯한 많은 역경승 번역 작업에 참여하였고, 중국에서 18부 90여 권을 저술하여 유식사상의 독자적 특징을 선양하였다. 원측은 신라 유식학의 토대를 닦았으나 당대의 모함과 세상의 망각으로 잊혀졌다가 뒤늦게 재발견되었다. 지명智明은 수나라 때 율종을 배운 후에 귀국하여 신라 율종의 대덕大德이 되었다.

---

21 이주형 편, 『동아시아 구법승과 인도의 불교 유적』, 사회평론, 2009, 37~39쪽.

22 義淨, 『大唐西域求法高僧傳』.

의상대사

신라에 율종을 전파하는 데 노력한 승려는 원광과 자장이다. 『속고승전』에 따르면, 원광은 남방으로 가서 10여 년을 살았으며 수나라에서 널리 명예를 드높였다. 신라로 귀국한 원광이 세속오계를 정립한 것은 잘 알려진 사실이다. 자장은 636년에 10여 명의 제자를 데리고 당나라로 들어가서 강학하다가 귀국하여 대국통大國統에 임명되어 신라 율종의 비조가 되었다.

밀종을 신라에 전한 고승은 명랑법사明朗法師와 혜초이다. 혜초는 중국에서 입적하였지만 그의 밀종은 제자에 의해서 고국 신라에 전해졌다. 선종은 중당 이후에 중국에서 크게 성행하였는데 신라 유학승이 당에서 선종을 배웠다. 법랑은 4대조 도신을 스승으로 삼아 신라 유학승 가운데 가장 먼저 선종을 배웠다. 남종선 형성기에 무상無相은 독자적 선풍으로 정중선淨衆禪이라는 흐름을 만들기도 하였다. 784년에는 당에 건너갔던 도의道義가 821년에 돌아와 남종선을 처음으로 소개했다. 826년에는 홍척洪陟이 돌아왔고, 이어서 혜소彗昭, 830, 현욱玄昱, 837,혜철惠哲, 839, 체증體澄, 840 등이 귀국하였다. 당말 회창폐불 이후에는 무렴無染, 845, 범일梵日, 846, 도윤道允, 847 등이 속속 귀국하였다. 그밖에도 진감眞鑒, 무염無染, 범일梵日, 체징體澄, 충담忠湛, 김지장金地藏 등 많은 승려들이 당나라행 배에 몸을 실었다. 신라에 전해진 선종은 이후 선문구산禪門九山을 형성하게 된다.[23]

---

23 이해원, 『당제국의 개방과 창조』, 서강대 출판부, 2013, 219~220쪽.

신라 출신 승려들은 귀국 후 역할뿐 아니라 중국 현지에서 두각을 나타내는 경우가 많았다. 진각대사 영조는 9세기 말에 해로로 남중국 천주에 상륙하여 복건성 복주를 거쳐 설봉문하로 들어갔다. 다시 설봉산을 떠나 오월로 진출하여 전등 활동을 하였다. 마지막 전등처는 오월의 항주로서 이는 오월 왕가의 요청에 의해 이루어졌다.

화엄종은 자장慈藏에 의해 들어왔으며, 자장 이후에 화엄종을 신라에서 크게 발양시킨 고승은 의상이었다. 불교의 바닷길이란 관점에서 화엄경에 입각한 의상의 행장을 섬세하게 살펴볼 필요가 있을 것이다. 『삼국유사』 권3에 의하면, 의상은 당에서 귀국한 후 관세음보살을 친견하기 위하여 낙산사에서 7일 동안 재계하였다. 좌구座具를 새벽 물 위에 띄웠더니 용천팔부시종龍天八部侍從이 의상을 이끌고 굴로 들어갔다. 의상이 공중에 참례하였더니 수정염주 한 꾸러미를 내어주기에 받아 나왔으며, 동해 용이 또한 여의보주 1과를 바치므로 받들고 나왔다. 의상이 다시 7일 동안 재를 하니 이내 관음보살의 진용을 뵐 수 있었다. 좌상이 있는 산 정상의 쌍죽이 나온 곳에 불전을 지으라는 관세음보살의 지시대로 금당을 짓고 소상을 만들어 봉안하였더니 그 대나무가 없어지므로 바로 관세음보살의 진신이 계시는 곳임을 알게 되었고 이로 인하여 이 절을 낙산사라고 하였다. 낙산에는 언제나 관음이 머물고 있으므로 관음진신주처신앙觀音眞神住處信仰이라고 하였다. 주산군도 보타락가사에서 받아온 의발을 가지고 낙산사가 창건된 것인데, 한중일 선박들이 활발하게 움직이던 국제항로에서 관음 신앙이 넘어온 것이다. 이후 한반도의 관음 신앙은 낙산사뿐 아니라 상주 보리암, 석문도 보문사 등 바닷가에 주처를 마련하게 된다.

입당 구법에 머물지 않고 직접 천축으로 떠난 이도 있다. 천축 구법승은 중국에서 활동하다가 건너갔으며 북방육로, 남방해로를 모두 이용했다. 고구려 현유는 중국 승철僧哲 선사를 따라서 7세기에 바닷길로 인도로 가다가 사자국에서 승려가 됐다. 중국-스리랑카 항로를 이용했다. 혜초는 중국으로 건너갔다가 723년에 광주에서 바닷길을 이용하여 동남아를 거쳐 동천축국으로 들어갔다. 고구려 현유의 항로와 거의 같다. 벵골만 갠지스강 하구의 국제무역항 탐라립티Tāmralipti를 이용했을 것으로 비정된다.

627~645 연간에 인도 나란다사, 대각사 등지에서 교학을 연마한 아리야발마阿離耶跋摩와 혜업慧業도 확인된다. 아리야발마는 마가다국 나란다사에 머물렀다. 혜업도 나란다사에서 오랫동안 경전을 들었다. 현태玄太는 토번도吐藩道를 통하여 네팔을 지나 중인도에 이르렀다. 혜륜사慧輪師의 범어 이름은 반야발마般若跋摩로 신라에서 출가하여 당 초기에 배를 타고 민월에 이르렀고, 후에 육로로 장안에 도달하였다. 이후 북천축으로 들어가서 나란다사에 머물렀다. 이외에 두 명의 신라 승려는 이름을 알 수 없으나 장안을 출발하여 남해로 갔고, 스리위자야 서쪽에 정박하였는데 우연히 병에 걸려 모두 세상을 떠났다.[24]

송대 988년 찬영贊寧 등이 편찬한 『송고승전宋高僧傳』은 당 개국부터 송 980년까지 350년 동안의 고승 533인 전기와 아울러 130인의 부전附傳을 기록했다. 신라의 순경, 의상, 원효, 현광, 원표 등이 등장한다. 특별히 중국에도 영향을 미쳤을 것이기에 등재됐을 것이다. 원효는 유학승이 아니지만, 바다 건너 그의 이름과 영향력이 입증된다. 원효와 의상만 생몰연대가 분명하다. 현광은 진晉에 가서 법화삼매法華三昧를 배우고 돌아와 웅주熊州 옹산翁山에 절을 세우고 법화종을 창시했다. 원표는 당 천보 연간에 당을 경유하여 천축으로 가서 불교성지를 순례하다가 심왕보살心王菩薩을 만나 천관보살天官菩薩이 있는 지제산支提山의 영부靈府를 찾아갈 것을 지시받았다.

24 이해원, 『당제국의 개방과 창조』, 서강대 출판부, 2013, 223~224쪽.

신라가 멸망할 때까지 바다를 건너가 구법을 하거나 그곳에 머물면서 홍법弘法에 전념한 승려의 수는 족히 기백에 달했을 것이다. 중국에서 벼슬살이를 한 최치원은 "유자儒者이건 불자이건 할 것 없이 많은 사람들이 앞을 다투어 입당하였다"고 전하였다. 기록으로 남은 승려 전부를 망라한다 해도 이름 없이 중국과 천축 등지에서 제 소임을 다하다가 역사의 기록 없이 사라진 무수한 승려들이 있었다. 뒤늦게 신라 승려로 발굴된 혜초가 좋은 예다. 그야말로 유사무서有史無書이다. 험난한 뱃길에서 생명을 잃은 사람도 부지기수였을 것이다. 오늘날 통계치로 잡는 구법승이 제한적 숫자임을 말해준다.

고운 최치원857~?이 비문을 지은 봉암사지증대사적조탑비鳳巖寺 智證大師 寂照塔碑는, "때는 곧 양의 보살제가 동태사에 간지 한 해만이요, 우리 법흥왕께서 율령을 마련한 지 팔 년째였다"고 시작하고 있다. 그런데 "비바사費婆娑, 아비달마대사바사론(阿毘達磨大毘婆沙論)가 먼저 이르자 우리나라에 사제四諦의 법륜을 몰았고, 마하연摩訶衍, 대승 불교이 뒤에 오니 전국에 일승一乘의 거울이 빛났다"고 하였다. 바닷가에 접해있던 가야와 백제, 신라에 아비달마 계통의 부파 불교가 먼저 당도하고, 대승 불교가 늦게 도착했음을 비문이 명확하게 알려준다. 빨리어를 경론으로 하는 남방 불교와 산스크리트계 경론을 기반으로 한 대승 불교를 모두 수용한 것으로 본다. 비문에 따르면, 통일신라 이후에는 늦게 당도한 대승교를 취하였다고 봄이 옳을 것이다.[25]

5 | 남북국시대 발해 불교의 바닷길

발해 불교의 뿌리는 고구려 불교이다.[26] 불상이나 와당 등에서 동질성이 확인된다. 가령 함경남도 동해안 신포의 오매리 절골 유적에서 고구려와 발해 문화층이 함께 확인되었는데, 이는 고구려 대에 만들어진 사찰이 발해까지 이어진 것으로 보인다.[27] 발해 문종 대에 불교를 진작시키는데 그의 존호인 대흥보력효감금륜성법대왕大興寶歷孝感金輪聖法大王의 금륜과 성법은 불법의 수호자를 자처하는 전륜성왕에서 비롯되었다. 문왕의 딸 정효貞孝공주 무덤에서도 탑 양식 등 불교적 요소가 엿보인다. 발해의 상경, 동경, 중경, 남경 등지에서 불교 유적이 다수 발견된다.

불교의 바닷길 관점에서는 환동해 루트를 통한 일본과의 관계가 중요하다. 발해는 727년부터 일본에 사신을 파견하기 시작한다. 당-발해-일본 사이의 교역로를 통하여 불교가 유통되었으며, 신라가 한반도 남부를 장악한 상황에서 발해는 동해 루트를 이용하고 있었다.[28] 발해의 환동해 루트는 이전에 고구려에서 이미 개척한 동일 루트이다. 문헌상으로 공식적 환동해 사신로가 시작된 것은 고구려 말기다.

『일본서기』에 흥미로운 기사가 전해진다. 570년 고구려 사절이 배를 타고 일본 동북지방인 월越의 가하加賀, 연이어 근강近江에 도착한다. 572년에도 고구려 사절단이 월에 도착하고 있으며, 그 이듬해에도 월에 당도한다.[29] 신라가 한강 유역을 차지하자 고구려 입장에서는 황해를 거

---

25 고영섭, 「부파불교 전래와 전통 한국불교-테라와다 불교의 전래와 관련하여」, 『선학』 제24호, 한국선학회, 2009, 327~376쪽.

26 송기호, 『발해 사회문화사연구』, 서울대 출판문화원, 2011.

27 최성은 외, 『발해의 불교유물과 유적』, 학연문화사, 2016.

28 송기호, 「발해불교의 전개 과정과 몇 가지 특징」, 『가산 이지관 스님 회갑 기념 논총 한국불교 문화사상사』 上, 1992.

29 小嶋芳孝, 「日本海對岸世界との交通-七世紀の越と日本海對岸世界」, 『日本海域歷史大系』 卷1, 淸文堂, 2005, 199쪽.

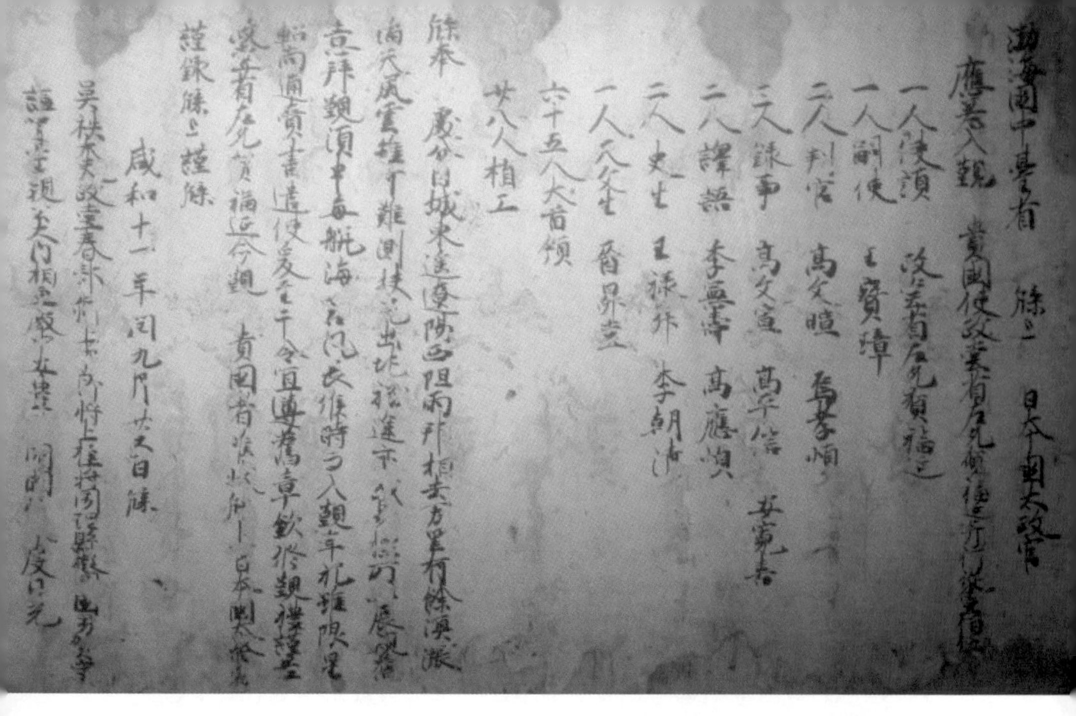
渤海國中臺省 牒上 日本國太政官
應差入覲貴國使政堂省左允賀福延并行從壹伯伍人
一人使頭 政堂省左允賀福延
一人副使 王寶璋
二人判官 高文暄 烏孝慎
三人錄事 高文宣 高平信 安寬喜
二人譯語 李憲壽 高應順
二人史生 王祿昇 李朝清
一人天文生 晉昇堂
六十五人大首領
廿八人梢工
謹錄牒上謹牒
咸和十一年閏九月廿五日牒

발해국 일본 사신 문서(국립중앙박물관)

쳐서 일본에 당도하는 루트가 불편해졌기에 동해를 가로질러 동북 해안에 일단 당도하고 거기서 왕도에 도달하는 방식을 구사하였다.

고구려 승려 혜자惠慈가 외교 활동의 일환으로 왜국에 파견된 사실이 확인된다. 동북일본 가나자와金澤의 여러 유적에서 6세기 유물과 유구가 나오고 있으며, 이것들은 고구려의 대외 교류 흔적으로 여겨진다. 혜자가 왜국에 도착하기 전에 이미 가나자와가 고구려와 왜국의 오랜 교섭 창구였다는 점을 알려준다. 6세기에 형성된 이같은 환동해 루트가 그대로 발해에게 전수된다. 왜냐하면 원해 항로라는 것은 바람, 해류, 포구 등의 종합적인 결과물이라 어떤 왕국이 바뀌었다고 뒤바뀌는 단기 지속이 아니라 장기 지속의 결과물이기 때문이다. 고구려의 항해기술과 항로가 그대로 발해로 연결되었을 것이다.

그런데 발해사의 일반적인 문제점이지만 문헌 기록이 제한적이다. 고고학적 발굴 증거는 다양한 파편들의 유추와 비정은 될지언정 역사 서술에서 모든 문제를 해결해줄 수는 없다. 발해 불교의 바닷길도 지극히 제한적인 취약한 자료에 근거하여 엮을 수 밖에 없는 것이다.

환동해는 발해와 일본의 장기 지속적 국가 교통로로 채택되었다. 8세기 후반에 일본으로 건너간 발해 사신 사도몽史都蒙은 귀국할 때 황금과 수은과 함께 수정 염주 네 알을 요구하였는데, 발해에서 불사에 염주를 사용했고 귀족들의 이에 대한 수요가 있었음을 뜻한다.[30] 762년에는 일본에 사신으로 갔다가 이듬해 귀국한 왕신복 일행이 동대사에서 예불하였다는 정창원 문서가 남아 있다.

문왕 이후 전성기를 맞이한 발해 불교는 800년대 이후 인정仁貞, ?~815, 정소貞素, 774~828, 살다라薩多羅 ,재웅載雄 같은 승려들이 활동하였다. 814년에 발해 사절로 일본에 간 왕효렴王孝廉, ?~815 일행에 인정이 동행하였는데, 인정은 일본 문인들과 시를 주고받으며 교유하였고 왕효렴도 일본 고승 공해空海와 교유하였다. 공해는 천축국까지 가서 밀교를 배우고 돌아온 승려였다. 한편 발해 사신이 일본에 불경을 전해준 일도 있다. 일본 석산사 소장 『불정존승다라니경佛頂尊勝陀羅尼經』 발문에 의하면, 861년 사신으로 갔던 이거정이 전해준 것이라 한다. 이거정은 당에 유학한 외교관 출신으로 70세 고령의 나이로 860년 겨울에 105인을 거느리고 발해를 출발하여 이듬해 이즈모出雲國에 도착했다. 이때 다라니경을 전달한 것으로 확인된다.

발해 승려 정소는 당과 일본의 불교 교류를 중개하는 역할도 했다. 엔닌의 『대당구법순례행기』 840년 기록에 정소가 지은 일본의 당 유학승 영선靈仙, ?~828 화상에게 바치는 시가 남아 있다. 발해와 일본 승려가 당에서 만나 우정을 나눈 기록인데, 화상이 죽자 죽음을 슬퍼하며 쓴 시를 엔닌이 순례기에 적어 놓았다. 영선이 1만 개의 사리와 새로 만든 불경 2부, 그리고 천자가 쓴 편지 5통을 주면서 일본으로 건너가 전해달라

---

30 『續日本紀』 권34 「光仁天皇」.

하여 정소가 이를 응낙한다. "어찌 만 리의 겹친 파도를 꺼릴 수 있겠는가"라며 일본으로 들어갔다. 돌아오는 길에 일본왕은 정소에서 100금을 주어 보냈다. 정소는 일본 조정 사이를 두 번이나 왕복하면서 심부름하다가 풍랑으로 사망하였다. 일본-발해-중국의 긴밀한 바닷길 소통관계가 엿보인다.

8~9세기에 걸쳐 존재한 연해주 크라스키노Kraskino 성지 사원터에서 불상과 기와가 발굴되었다. 이 성은 염주의 중심 유적지로 발해에서 일본으로 가는 일본도가 시작되는 교통의 요지였다. 성안에는 와요 생산시설을 포함하여 불전佛殿 구획 등이 있다. 8~10세기 발해의 유적지로 여겨지지만 발굴 결과 그 이전 고구려 유물도 발굴되어 고구려에서 발해로 이어지는 장기 지속적 대일본 창구였음이 확인된다. 고구려시대에 기능하던 사찰이 발해로 이어진 경우, 또는 발해에 들어와서 창건된 사찰 등이 같이 존재했을 것이다. 727년부터 922년까지 약 200년 동안 이 항구를 통해서 발해 사절이 35회나 일본을 오고간 것으로 추정된다.[31] 크라스키노성과 일본 사이의 교섭에 당연히 불교도 포함되었을 것이다.[32]

발해는 926년 거란에게 멸망한다. 발해가 멸망해도 발해 권역 내의 불교는 명맥을 유지하고 있었는데 928년에 거란이 발해유민을 요동으로 강제 이주시키면서 상경성을 불태울 때 절들도 타버렸다. 그 후 요동으로 이주한 발해유민들 사이에서 발해 불교전통이 이어져, 200여 년이 지난 금나라 때도 이어졌다. 금나라 황실의 후비들이었던 발해 유민에 의해 금나라에 불교가 성행하게 된다.

멸망 이후 수세기가 흐른 1248년 일본 기록에 흥미로운 대목이 있다. 승려 공경公鏡이 안양원安養院 교법방教法坊에서 발해국사가 가져온 『가구

31 주강현, 『환동해문명사』, 돌베개, 2015, 230쪽.
32 고구려연구재단, 『러시아 연해주 크라스키노 발해 사원지 발굴 보고서』, 2004.

영험존승다라니기加句靈驗尊勝陀羅尼記』를 사경하고 있는 대목이 있다. 오랜 시간이 흐른 다음에도 그 불경이 사경되고 있음은 여전히 발해의 불법이 바다 건너 일본에서 지속되었다는 좋은 증거다.[33]

6 | 송상을 매개로 한 고려에서 중국으로의 불교서진

고려가 건국한 918년의 한반도에는 신라와 후백제가 있었고, 중국 장강 이남에는 오·월·민 등 여러 왕조가 있었다. 당 이후에 성립된 5대 10국五代十國, 907~960시대에도 신라-당 사이에 맺어졌던 해로는 단절되지 않았다.[34] 고려의 성립으로 다차원 외교는 종료되었으나 중국 측 사정은 여전히 복잡하였다. 강소·절강·복건의 강남 연해지역은 민월·오월·남당의 군주들에 의하여 해양국가로 발전하였으며, 국제무역으로 얻은 경제적 부를 바탕으로 그들 호불 군주들은 불교애호 정책을 펼쳤다. 10세기에 동남 연해에는 법안종이 유행했는데 자연히 해양적 성격을 띠게 되었다.[35] 이러한 불교계 동향에 나말여초의 고려승이 깊숙이 개입할 정도로 깊게 중국과 한반도의 불교 교섭이 이루어졌다

고려 광종 11년960에 송은 통일국가를 수립한다. 960년 조광윤이 후주後周를 멸망시키고 송을 건국한다. 고려는 바로 송과 국교를 맺었다. 이후 고려의 배가 산동에 가서 무역하고, 장강 이남의 송상이 고려에 와서 예성강과 개경에서 무역했다. 고려 초에 중국 여러 나라와 다원적으로 복잡하게 전개되던 해상 교류는 고려와 송의 해상海商이 양국을 왕래하는 단순관계로 변했다.

33 『大日本史料』製5編, 東京大學出版會, 1989, 215~216쪽.
34 이진한, 『고려시대 무역과 바다』, 경인문화사, 2014, 86쪽.
35 조영록, 『동아시아 불교교류사연구』, 동국대 출판부, 2011, 162~163쪽.

북송은 신종 때부터 친려책親麗策을 구사하여 요를 견제하려 하였고 이러한 방책은 양국 간 무역 증대로 나타났다. 남송은 북방세력을 견제할 입장이었으므로 고려와의 친린을 중시하였고 덕분에 상인은 물론이고 많은 유학생, 유학승이 파견되었다. 당시 뱃길은 남중국해에서 북서로 가로지르는 남북항로가 근간이었으며 북선항로도 일부 쓰여졌다. 이후 북방 거란의 위협으로 북선항로는 포기되고 남북항로가 간선으로 이용되었다. 남선항로는 명주에서 동북으로 흑산도에 이르고, 서해안을 따라서 북상하여 예성강에 이르는 노선인데 서긍의 『고려도경』에서 밟아나간 기본 노선이다.

송이 건국된 960년경부터 송이 멸망한 1279년까지 송상이 거의 해마다 고려에 왔다. 그러나 송은 기본적으로 거란 사신을 가장 높게 대우하였으며, 그 외 고려나 하夏, 교주 등은 그들이 필요할 때만 환대하였다. 다만 신종의 부국강병책으로 고려 사신단이 일시 우대를 받기도 하였다. 거란을 견제하기 위해 고려가 필요했기 때문이다. 고려도 사신을 보내어 중국 각지의 사원에서 신종 황제를 위한 축성의 재를 올릴 때 참여하기도 했다.[36] 고려는 신종 사후에 다시 푸대접을 받기 시작하였다. 소식蘇軾 등의 강한 반고려 인식에 대하여 의천을 위시한 고려인도 잘 알고 있었다. 고려는 거란과도 일정한 불교 교류를 하고 있었다.[37]

송상은 동아시아 해상무역을 사실상 독점했다.[38] 한때 거란의 눈치를 보던 고려가 송과의 외교를 단절한 상황에서 송상에게 예성항 무역을 허락했기에 상선이 자주 들어왔다. 거란에 막혀서 송에 직접 가기 어려웠던 동여진·서여진·흑수말갈 상인도 고려를 찾아와 송상과 교역했다. 대식국과 일본, 탐라 상인도 예성항에 들어왔다. 외국인은 팔관회

---

36 『宋大詔令集』 237 「申秦設齋祝聖壽勅書」.

37 후지와라 타카토, 김영미 외역, 『거란 불교사 연구』, 씨아이알, 2020.

38 張東翼, 『宋代麗史資料集錄』, 서울대 출판부, 2000, 188~189쪽.

행사에 오래 참석하면서 친교를 맺고 거래를 성사시켰다. 송상은 당상관唐商館으로 불리던 개경의 객관과 배가 닻을 내리는 예성항에 머물렀다. 송·고려·일본을 잇는 중계무역이 이루어졌기에 개경과 예성항이 동북아 교역망의 중심지가 됐다.[39]

송상의 방문은 고려 현종 3년1012에서 충렬왕 4년1278까지 126회에 이르는데 실제는 그보다 많은 150여 회로 추정된다. 한 번 내왕에 50여 명 규모이므로 7,000여 명에 달하는 연인원이 오고 갔으므로 물산이동은 물론이고 인적 교류를 통한 문화적 교섭이 수준 높게 진행되었을 것이다. 『고려사』에 그 정보가 상세하게 기록됐으며, 왕래가 잦았음은 그만큼 고려와의 무역이 중요했다는 뜻이다.[40] 송상은 경제적 이익을 얻기 위해 왕래했기 때문에 외교 단절 상황과는 무관했다.

송상은 광동·천추·복주·태주·명주 등 남쪽 출신인데 그중에서 천주와 명주 상인이 많았다. 천주 상인은 당 이래의 오랜 전통을 지닌 상인이며, 명주 상인은 송대의 무역정책에 의하여 국가적으로 옹호되었다. 명주 시박사가 고려와 일본 무역에 종사하는 상인들을 통제하는 공빙을 발부하였으므로 동북아 무역은 명주가 중심이 될 수 밖에 없었다. 명주 시박사에서 고려 상인은 세금을 19분의 1 감면이라는 특별대우를 받았다. 무역방식은 조공무역과 상인에 의한 호시로 대별되었다. 상인무역은 합법무역과 밀무역으로 나뉘었는데 밀무역 금단조치에도 불구하고 많은 수익이 보장되는 밀무역이 성행하였다.

송대의 『평주가담萍州可談』1119에서 고려인은 바다를 건너 명주에 도착해, 남로와 동로를 이용하여 밀주를 거쳐서 경사로 갔다고 하였다. 산동반도에서 밀주를 거쳐 육로로 경사에 이르는 동로, 명주에서 수로로 양절지역을 거쳐 경사에 이르는 남로가 이용되었다. 이들 두 길을 서해 횡

39 이진한, 『고려시대 무역과 바다』, 경인문화사, 2014, 45쪽.

40 金庠基, 「宋商의 활동」, 『신편 고려시대사』, 서울대 출판부, 1986, 161~163쪽.

단과 연결지으면 동로는 북선항로에, 남로는 남선항로에 해당된다. 고려가 동로보다 남로를 많이 이용한 것은 고려인이 항해술에 익숙하고 실어나르는 화물이 많았기 때문이다. 이 점은 1074년 이후 고려가 거란의 간섭을 피해 명주를 통한 양국 교류를 요청하였다는 정치적 이면에 경제적 사정이 깔려 있음을 말해준다. 이러한 남로는 일본인의 송나라 왕래에도 이용되었다. 그만큼 명주가 중요했다.[41]

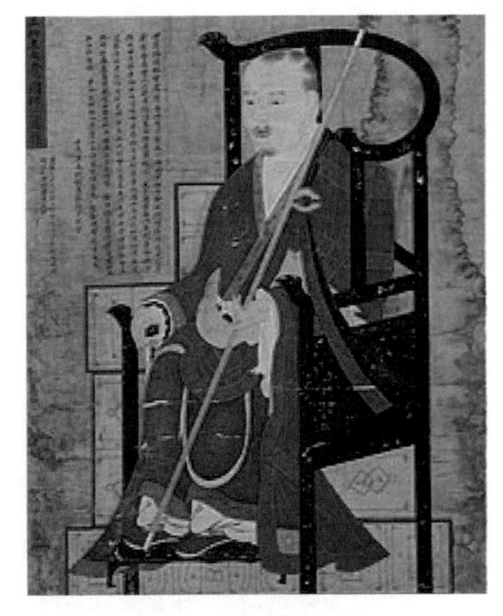
대각국사 의천(선암사)

송상의 거래품목에는 불경이나 불상이 포함되었다. 고려나 일본의 주문을 받아서 불경과 불상을 수출하기도 하였다. 국제거래 수출품으로 사찰의 요청과 주문에 의거하기 때문에 송상에게는 확실하게 담보가 되는 이득이었다. 불교전적 거래는 붓다의 말씀을 담은 경經, 승단의 규율을 담은 율律, 불교경전에 대한 다양한 해석과 주석을 담은 론論의 삼장을 두루 망라한다. 한역 삼장이 이질적 수입사상이 아닌 동아시아 전통으로 안착된 것이다.

10세기 들어 송은 축적된 문화 역량과 발달된 인쇄술에 힘입어 북송 태종의 명령하에 당시까지의 불교전적을 집대성하여 971년부터 977년까지 최초의 대장경 개보장을 판각하였다. 개보장을 종이에 찍은 인경본이 83년 고려에도 한 질 전해졌다. 마침 인쇄술이 고도의 수준에 올라 있던 고려도 이 대장경에 충격을 받고 대장경 제작에 들어가 초조대

41 張東翼, 『宋代麗史資料集錄』, 서울대 출판부, 2000, 235쪽.

장경을 완성한다1087. 거란의 침략 와중에 강화도에서 불력으로 물리치려고 간절한 바람을 담아서 각인하였다. 대장경으로 경전을 집대성하는 과정에서 불교문헌을 구하려는 송-고려-일본 사이의 활발한 교류와 상인 거래가 형성되었다. 이들 불경 거래는 바다를 통한 국제 물류 이동으로 나타났다.

『송사』「고려전」에 이르길, 고려 인구 210만 명에 셋 중 하나는 승이라고 할 만큼 승려층이 두터웠다고 하였다. 대장경 판각으로 경전을 찍어낼 수 있는 기본을 마련한 고려 입장에서는 불경에 대한 역대 주석서까지 집대성할 필요성을 느꼈다. 왕자로서 국사 자리에 오른 대각국사 의천은 직접 송 유학길에 올라 중국 전역과 일본에 이르기까지 역대 중요 불교주석서를 빠짐없이 수집하여 돌아온다. 이 자료들을 집대성하여 속장경 교장을 펴낸다. 대각국사 의천이 불경을 구하기 위해 얼마나 노력했던가는 그가 산동반도 밀주密州의 관리에게 보낸「여대송지밀주장與大宋之密州狀」에 잘 드러난다. 변방의 스님이 불법을 배우고자 반대를 무릅쓰고 변장하여 몰래 바다를 건너 밀주에 도착하여 편지를 올리니 외호外護를 바란다는 내용이다.[42]

송과 고려, 일본 사이에 동아시아 불교시장이 형성되었다. 일방적으로 중국에서 한반도로 동진하던 시장이 역류하기 시작하여 서진이 나타났다. 대장경 판목을 구비하지 못한 일본은 여전히 불경을 필사하여 복사하는 단계였으므로 불경 수요가 늘 존재했다. 송과 마찬가지로 불교국가였던 금과 요도 불경 수요가 존재하였다. 불경 거래에서 흥미로운 점은 신라 이래로 중국을 통한 불교 관련 수입이 고려시대에 역전되는 양상이다. 송 성립 직전인 오대 때부터 나타난 현상이다. 당까지는 중국에서 일방 통행으로 한반도에 전수되던 불경 등이 오대 때부터 역

42 『大覺國師文集』.

으로 한반도에서 중국으로 건너가기 시작하였다. 불교의 동진에서 서진으로 바뀐 것이다.

서진의 조짐은 송 성립 직전인 오대부터 이미 시작되었다. 송상을 통한 국제 불교거래의 사례 몇 개를 연도별로 살펴본다. 범광梵光, 1064~1143 탑비에 의하면,[43] 1123년 고려 사신이 연경사延慶寺에 주석하고 있던 범광을 방문하여 큰 감화를 받는다. 그 3년 후인 1126년 고려 사신단이 다시 범광을 방문하고 고려국왕의 경모하는 뜻을 전하는 동시에 법의 1점과 원효대사가 찬술한 논소論疏 200권을 전달한다. 이 논소는 범광을 통하여 중국에 널리 유통되었다. 이 역시 고려 불적이 중국으로 확산된 사례다.

송상에 의한 불경 밀무역이 활발했다. 1089년 천주 상인 서전徐戩이 고려 승려 5명을 태우고 절강에 내렸다가 체포된 일이 있었다. 서전은 고려에서 재물을 받고 항주에서 『화엄경』을 조각해서 만들었다. 많은 비용을 들여서 만든 인쇄판을 배에 싣고 가서 납품했으나, 조정에서 금단한 이 사건이 발각되어 고려 승려들은 돌려보내고 서전을 귀양 보낸다. 서전은 대각국사 의천義天의 의뢰를 받고 『화엄경』 170권을 보냈으며, 1087년에는 항주에서 『협주화엄경夾注華嚴經』 경판 2,900여 점을 고려에 만들어 보내 이득을 취하다가 사단이 벌어진 것이다.[44] 의천이 광범위하게 중국 서적을 수집하던 시기이다. 그로부터 8년 뒤인 1095년, 일본 흥복사興福寺의 승려가 다자이후에서 송상 유유柳裕를 만나 고려의 대각국사 의천에게 『극락요서極樂要書』, 『미타행원상응경전장소彌陀行願相應經典章疏』 등을 구해줄 것을 요청하였다. 송상 유유가 앞의 약속을 지켜 흥복사 승려에게 『극락요서』 등 13부 20권을 가져와서 전달하였다.[45]

---

43 『延慶院圓照法師塔銘』.

44 蘇軾,『東坡全集』 卷56.

45 『平安遺文』(題跋編) 675.

고려 말의 대방광불화엄경소, 1372년(천태종박물관)

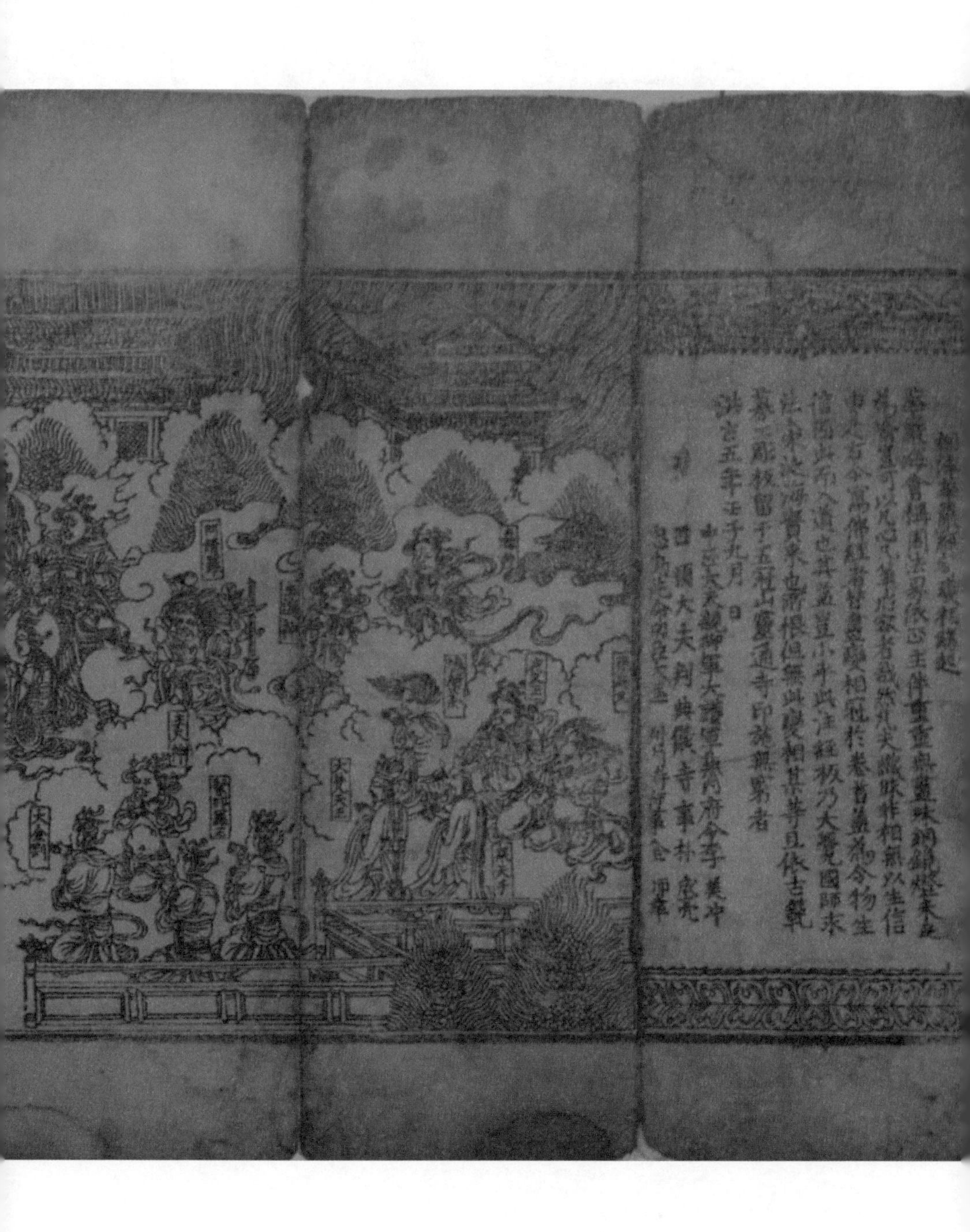

회암사 지공선사 부도. 여말에도 천축에서 승려들이 오고 있었다

『고려사』에도 서전이란 연대 미상의 복건 출신 승려가 등장한다. "송상 서전 등 20여 명이 고려에 와서 신주新註 화엄경판을 바쳤다"라고 하였다.[46] 이 경판은 실차난타實叉難陀가 한역한 80권본 『화엄경』에 당의 징관澄觀이 소疏를 붙이고, 다시 송의 정원淨源이 주해한 책이다. 그러나 송상의 이같은 불경 무역 행위에 대하여 송나라 내부 반고려파의 반발이 노골적으로 존재했다. 『동파전집』 권 58에서, "서전이 멋대로 고려국을 위하여 경판 2,900여 편을 만든 뒤, 공공연히 고려로 싣고 가서 그 보답으로 은 3,000냥을 받아 챙겼음에도 누구 하나 이를 알아차리지 못하였습니다"고 지적하고 있다,

송은 여타 왕조에 비하여 이민족에 대해 폐쇄적 외교관계를 유지하였기에 고려에 대해서도 제한 접근을 허락하였다. 송인은 고려에 대하

46 『高麗史』 卷10 「宣宗世家」.

여 제대로 알지 못하였으며 소식蘇軾·장방평長方平·소철蘇轍 등은 고려와의 통교에 대하여 부정적 인식을 지니고 있었다. 부정 인식을 지닌 인물들은 송의 고려 창구였던 명주 및 인근 지역의 구법당 인물들이었다. 소식은 대각국사 의천이 송에 들어갔을 때 강한 거부감을 표출하였다. 부정적 인식은 고려에 친근하였던 승려 요원了元에게도 나타나 그가 의천의 인사를 받을 때 속가의 예를 취하지 않고 불가의 예를 취한다는 명분으로 거만하게 굴었다고 한다.[47] 송과 고려의 불교 교류가 만만한 조건에서 편안하게 진행된 것이 아님을 알려준다. 남송시대에 편찬된 『한림신서翰林新書』를 보면, 소식은 심지어 고려 사절이 유교 서적 구매를 요청한 것도 거부하는 옹색함을 보여준다.

고려 사신이 불아佛牙를 돈을 주고 사가지고 온 기록도 전해온다. 충렬왕 대에 내전에 봉안된 불아는 1119년에 송에 갔던 사신들이 가져온 것인데 사실은 돈을 주고 사가지고 온 것이다. 송에서 진신사리조차도 없애려고 했다는 기록을 통해 송에서 도교가 중흥하면서 불교가 쇠퇴하고 있었음을 알 수 있다. 그것이 고려 사신이 불아를 가져올 수 있는 직접적 계기가 되었을 것이다.[48]

> 송 휘종 대110~1125에 황제가 좌도左道, 도교를 받들었고, 사람들이 도참을 전하여 "금인金人이 나라를 망하게 할 것이다"라고 하였다. 황건의 무리들이 일관을 통해 "금인은 불교를 이르는 것이니 장차 국가에 불리할 것입니다"라고 황제에게 아뢰었다. 이에 조정에서는 의논하여 석씨釋氏를 파멸하고 여러 사문을 땅에 묻고 경전을 태워 없애려 하였다. 그런데 특별히 작은 배를 만들고 부처님 어금니를 싣고 망망대해에 띄워 인연에 따라 흘러가게 하였다. 마침 고려의 사신이 송에 이르러 그 얘기를 듣고 천화용天花茸 50

47 張東翼, 『宋代麗史資料集錄』, 서울대 출판부, 58~62쪽.

48 이진한, 『고려시대 무역과 바다』, 경인문화사, 2014, 107~108쪽.

령領과 모시 300필을 주고 몰래 불아를 받았고, 빈 배는 떠나보냈다. 사신 등이 돌아와 이 사실을 아뢰자 예종이 크게 좋아하고 십원전十員殿 왼쪽 작은 전각에 두고 항상 문을 자물쇠로 잠가두었으며, 밖에서는 향등香登을 두어 매양 친히 납시는 날에 전각의 문을 열고 경배하였다고 한다.

원과 고려의 불경 교류에 관해서도 한 줄 언급이 필요하다. 원과의 교류는 두 통로를 이용하였는데 북방의 육로, 남방의 뱃길이 그것이다. 고려 경전이 중국에 수출되는 현상은 원에서도 지속되었다. 충렬왕 대의 대표적 문신으로서 충선왕이 세자 시에 원에 있을 때 수행한 문신 민지閔漬, 1248~1326의 기록에 의하면, 1304년 고려에 왔던 원의 승려 철산경鐵山瓊이 강화도 보문사에서 얻은 대장경 1부를 강서행성의 대앙산大仰山으로 옮긴다.[49] 고려 대장경이 원으로 수출되고 있는 것을 보여준다. 이 시기에는 대장경의 수출뿐만 아니라 고려 사경승寫經僧이 대거 원에 진출하여 대장경을 제작하기도 하였다.[50] 송에서 원으로 바뀌었어도 고려와의 불교 교류는 지속되었으며, 다만 교섭 루트의 변화가 있었을 뿐이다.

별기할 것은 제주도에 남아 있는 불당사 5층탑이다. 전국 유일의 현무암 탑인데 원 말에 고려 공녀로서 황후에 오른 기황후가 태자 잉태를 기원하며 세운 탑이다. 먼 바다 건너 탐라의 땅에 원나라 탑이 조성된 것이다.

49 周南瑞 編,『天下同文』「高麗國大藏經移安記」.

50 허흥식,「1306년高麗國大藏經移安記」,『고려불교사연구』, 일조각, 1986, 706~717쪽.

7 | 표착과 표류, 우연과 필연

고려시대 황비창천煌丕蒼天 동경에는 거친 바다를 항해하는 선박이 각인되어 있다. 한국과 중국에서 비슷한 시기에 같은 양식의 동경이 많이 만들어졌음은 망망대해를 헤쳐가는 상선이 의미하는 상징성을 양국이 동시대적으로 공유하고 있었다는 뜻이다. 일엽편주로 바다를 헤쳐나가다 보니 많은 배가 수장되어 바다로 사라지기도 했다. 한반도는 삼면이 바다인지라 느닷없이 불경과 불구를 실은 배가 표착하여 절이 성립되는 연기 설화가 많이 전해온다. 우연과 필연에 의한 표착이 많았고, 불교 전파도 표착을 통해 이루어졌다.

철종鐵鐘이 표착한 기사가 있다. 금강산 『유점사 사적기』와 유점사 『월씨금상문月氏金像文』에 53불佛이 내박했다는 기록이다. 부처가 이적한 후에 문수보살이 3억 명을 모아놓고 교화했는데, 그들이 부처님을 성심으로 사모하므로 각자 불상을 지어서 공양케 했다. 상像 중에서 가장 잘 만들어진 것 53존을 골라서 주조 사실을 적은 글과 함께 큰 철종에 넣어 인연 있는 나라에 닿으라고 기원하면서 바다에 띄웠다. 철종이 신룡의 호위를 받으며 월지국에 이르자, 국왕은 전당을 지어 53불상과 글을 봉안했다. 인연 있는 국토에 닿으라는 서원과 함께 바다에 다시 띄웠다. 철종이 무수한 나라와 바다를 거쳐서 마침내 신라 땅 금강산 동쪽 안창현安昌縣, 현재의 간성에 표착했다.

신라 남해왕 원년기원후 4의 일이었으니, 전한 시기에 벌어진 사건이다. 이 역시 하나의 서사일 뿐, 실체는 미궁이다. 기원후 4년에 불교가 동해안에 표착한 것은 논리적으로 설명이 안 된다. 그러나 천축에서 53불상이 표착하는 극적 서사는 중국에서의 육로를 통해서가 아니라 천축에서 바닷길로 직접 불교가 당도했음을 강조하고 있다. 표착을 통한 사찰의 성립이라는 전형적인 연기 설화인데 불교의 바닷길을 알려주는 자

천축에서 배가 당도한 금강산 유점사(일제강점기)

금강산에는 곳곳에 불상이 있고 유점사 같이 천축에서 바다를 통해 불구가 당도한 연기 설화가 전해온다
(妙吉祥圖, 許佖, 1759, 국립중앙박물관 소장)

료이다.

공민왕 2년1353에 만들어진 신광사비神光寺碑도 불교의 표착서사이다. 비문은 비를 찬하게 된 계기, 신광사의 사적, 그리고 비명의 세 부분으로 나뉜다. 후량後梁 용덕隆德 3년923, 고려 태조 6년 봄에 승려 준정俊呈이 후량에서 아라한의 그림을 가져오다 풍랑에 배가 파괴되어 그림 상자만이 해주 부근에 표류해왔다. 왕이 이를 수집하여 신광사에 봉안하게 된 기연奇緣을 말하고 있다.[51] 그림이 표류한 사실 자체가 특이한 일일 뿐더러 그것이 해주에 표류해서 왕이 수습한 것도 특이한 일이다. 무언가 바다를 통해 당도한 기연을 강조하고자 하는 연기 설화가 기록으로 남은 경우이다. 신광사는 여·원 왕실과 밀접한 관계가 있었고 당시 크게 이름을 떨친 나옹懶翁이 귀국하여 주석하였던 사찰이다. 조선조 중기까지 큰 규모의 사찰로 남아 있어 승려가 천여 명에 달했다고 한다.[52] 중국에서 불화가 넘어오던 극적 사연을 비문에 기록한 것이다.

불교표착의 보편적 사례는 한반도 곳곳에 전해오는 석선石船 연기담이다. 천축 등 남방에서 출발한 돌배가 부처, 불구 등을 싣고 불성이 깃든 곳을 찾아 헤메다가 마침내 한반도 해안에 정박한 뒤 인근에 불상 등을 봉안할 길지를 찾아 절을 세우고 싣고 온 경상經像 등을 봉안하는 것으로 요약된다. 동해안권 석선 설화가 유점사를 중심으로 전승된 반면, 남해안권 석선 설화는 미황사, 법장사, 대둔사, 관음사, 보리암 등을 축으로 전개되며, 서해안에서는 선운사에 표착 설화가 전승된다.

석선 설화 전승자들은 불교가 북방에서 유입되었다는 공식 견해에 반하는 입장을 취한다. 아득한 과거에 이미 천축과 긴밀하게 소통하고 중국을 거치지 않고 직접 불교가 당도하였다는 시각을 보여준다. 대표적 석선 설화가 고려 후기인 1297년에 민지閔漬가 찬술한 금강산 『유점

51 危素, 『危太樸文續集』「高麗海州神光寺碑」.

52 장동익·권영배, 「危素의 神光·普光寺 비문에 대한 검토」, 『경북대 논문집』 51, 1991.

사사적기』다. 앞에서 언급한 대로, 사적기는 천축에서 종을 싣고 출발한 배가 53불을 싣고 온 것으로 적기한다. 중간에 중국을 거쳤다는 서사가 없다. 사적기는 배에 안치된 53불이 바다를 횡단하여 금강산 인근 안창현 포구에 이르는 대장정이 이야기의 중심축을 이룬다.[53] 『화엄경』에 의거해 금강산이 법기보살法紀菩薩이 상주하는 불교적 인연의 장소라는 점, 천축에서 조성한 53불이 항해한지 900년 만에 신라 남해왕 때에 금강산에 도착하여 유점사가 창건되었다는 점, 불종佛鍾의 주조 내력 등이 기록되어 있다. 실제로 유점사 능인보전에는 일제강점기까지 53불이 있었으나 현재는 모두 사라지고 없다.

신라 의조화상이 창건했다는 달마산 미황사의 경우에도 석선이 당도한다. 숙종 18년1692 병조판서를 지낸 민암 장유閔黯 長儒, 1634~1692가 세운 『미황사사적비』에 신비로운 표착 서사가 전해온다.

> 신라 35대 경덕왕 8년749 돌배 한 척이 홀연히 달마산 아래 사자포구로 다가왔다. 하늘에서 들리는 음악인 듯 범패 소리가 배 안에서 계속 들려오기에 어부들이 가까이 가서 살펴보려고 하자 배는 멀어지고, 멀어지면 다시 다가오기를 며칠간 반복했다. 의조화상義照和尙이 향도 백 명을 데리고 가서 목욕재계하고 기도하니 돌배가 육지에 닿았다. 배 안에는 금으로 된 뱃사공과 금함, 60나한, 탱화 등이 가득 차 있었다. 배 안에 있던 검은 바위가 벌어지며 소 한 마리가 튀쳐나오더니 삽시간에 큰 소가 되었다. 이날 밤 의조화상의 꿈에 금인金人이 나타나 "나는 우전국인도 사람인데 여러 나라를 두루 다니며 경상經像 모실 곳을 구하였다. 그런데 이곳에 이르러 산 정상을 바라보니 일만불一萬佛이 다투었기에 여기를 인연토로 삼고자 한다. 경전과 불상을 소에 싣고 가다가 소가 누워 일어나지 않는 곳에 경을 세안치

---

53 김승호, 「해안권 창사연기담의 일 고찰」, 『한국 불교서사의 세계』, 소명출판, 2023, 513~527쪽.

거북이가 있는 미황사 주춧돌

미황사부도밭의 물고기와 게

부도밭의 거북이

하여라" 하였다. 다음 날 시키는 대로 했더니 소가 달마산 중턱에 이르러 일어서지 못하였다. 그래서 소가 누운 자리에 통교사를 짓고 그다음에 미황사를 지었다.

미황사 연기 설화는 반야용선으로 해석이 가능하다. 대웅전 주춧돌에 게와 거북이 노닐고 있으니 주춧돌과 그 아래의 기단은 바다를 상징한다. 대웅보전은 바다 위에 떠 있는 배가 되는 것이며, 바닷길로 부처님을 모시고 온 배를 상징하는 것이다. 실제로 대웅전 모서리의 초석에는 게와 거북이 조각되어 있으며, 부도밭에도 갯것이 산다. 법당은 고해의 바다를 건너 극락으로 가는 반야용선일 수도 있으므로 거북이와 게가 그 상징으로 앉아 있는 것이다. 이같은 바다 상징은 바닷가에 자리 잡은 여수 흥국사 대웅전 석축에도 나타나 게가 앉아 있고 거북이가 기어다닌다.[54]

미황사 연기 설화는 어느 시점에서인가 바다로부터 무언가가 당도한 내력을 전달하고자 하는데 더 상세한 내용은 미궁이다. 바닷길은 분명히 있으되 역사문헌이 없고 오로지 구술만이 존재하기 때문이다. 미황사 연기 설화도 남방에서의 불교 전파설로 여겨진다.

동해의 유점사, 남해의 미황사에 이어서 서해에서는 선운사 연기 설화가 돋보인다. 『선운사사적기』에도 석선 설화가 등장한다. 1794년 편찬된 『선운사사적기』는 선운사와 참담사의 역사와 전각·불상·불화 등을 다룬 사적기다. 3책으로 이루어지는데 그중 1책인 『참당사사적기』에 석선이 등장한다. 석선이 당도하자 은은한 음악 소리가 들렸다고 한다. 배에는 옥추대장경과 석가모니불, 가섭, 아난존자, 16나한상, 그리고 금인이 나란히 앉아 있었다. 그날 밤 스님의 꿈에 금인이 현몽하여 말하길,

54 주강현, 『관해기 1 남쪽 바다』, 웅진지식하우스, 2006, 132~141쪽.

“나는 우전국 왕인데 불상 모실 곳을 찾아 떠돌다가 여기의 기운이 좋아서 당도하였으니 편안히 모시도록 하시오”라고 하였다. 이에 세운 절이 대참사이다. 대참사는 지금은 작은 암자이나 선운사에서 가장 오래되고 컸던 절이다.

문무왕이 세운 감은사지의 사리갖춤. 동해 용왕과 소통한 절이다(통일신라 682년경, 국립경주박물관)

천축에서 곧바로 석선이 변산반도에 당도한 것이다. 이같은 선박 표착설은 사적기 문헌뿐만 아니라 민간에서 다양한 버전으로 구비전승되고 있다. 변산반도 진서면의 관선불마을에는 석선이 아니라 목선 표착 설화가 전해온다. 어느 날 목선이 해안에 당도하였는데 스님 한 명이 타고 있었다. 그가 하선하려 하자 물가에서 바윗돌이 솟구쳤다. 스님이 그 바위에 앉아 염불을 하자 이내 스님 자신이 사라졌고 그 자리에 넓직한 바위가 있었다. 실제로 관선불마을에는 목탁바위, 관음바위 등으로 불리는 바위 전설과 지명이 남아 있다. 앞의 사적기에 등장한 석선에 구체적인 불상이 등장한다면 민간 구비전승에는 모든 것이 형해화하고 바위 전설 정도로만 징표를 남긴다. 그러나 사적기의 문헌기록이나 구비전승이나 공통적인 것은 선박의 표착이며, 이로부터 그곳에 불교 신앙이 뿌리내렸다는 것이다.

이상의 표착서사와 달리 구체적으로 불경이 당도한 역사적 사건도 존재한다. 17세기에 서해안에서 일어났던 불경 실린 선박의 표착이다. 이 서사의 중심 인물은 조선 후기 불서 간행에서 큰 업적을 남긴 백암 성총佰庵 性聰, 1631~1700이다. 1681년 6월 5일, 임자도에 태풍에 휩쓸린 중국 배가 표착했는데 배에는 방대한 분량의 불경이 실려 있었다. 나주 관아에서 불경을 수습하여 조정에 올렸다. 관아에서 1천여 권이라고 한 것은 조정에 올려진 책을 말함이며, 이 책이 6,000권에 달하는 『가흥대장경嘉興大藏經』이므로 일부만 올라가고 나머지는 바닷가로 흩어졌을 것이다.

> 표류선에 불경이 있었는데 표지가 아주 새 것이고 불기佛器 등의 물건은 아주 좋은 것들이었다. 그것들이 물에 떠다니다가 조수에 밀려서 잇따라 전라도·충청도 등의 바닷가 여러 진과 포구에서 건졌는데 서적의 총계는 1천여 권이었다.[55]

불경은 임금에게까지 올라갔다. 숙종은 틈틈이 불경을 열람하였으나 당대 주자학적 풍토에서 궁궐에서 불경을 보기가 어려워 남한산성의 절로 내려보냈다. 숙종은 책을 내주면서 "책의 글자가 바르고 곧으니 아낄 만하다. 근래 물건 같지가 않다"고 하였다. 마침 임자도에서 가까운 영광 불갑사에 주석하던 성총은 소식을 듣고 현장으로 달려갔다. 성총은 이들 불경이 예사롭지 않다는 것을 알고서 수집에 나섰다. 바다로 흩어진 책 상자는 능가사, 선운사 등 서해안 사찰에서 일부 수습되었다. 성총은 관아에서 미처 수습하지 못한 불경을 찾아나서 4년여에 걸쳐 수집을 마치고 불경을 간행하기에 이른다.

이 불경들은 당시 타이완을 장악하고 있던 반청존명反清尊明의 정성공

55 『숙종실록』, 7년 7월 9일조.

鄭成功 휘하 상선이 일본으로 수출하던 수출용 불경이었다. 『가흥대장경』은 명 만력 17년1589에 오대산에서 판각이 시작되었다가 교통이 불편한 산간이라 바닷가로 옮겨서 청 강희 51년1712까지 120여 년에 걸친 역사였다. 수록 전적 2,195부, 10,332권으로 대장경 출간 사상 최대 규모였다. 전란을 겪으면서 판각은 지지부진하였으며, 시주가 여의치 않아서 자금사정이 어려웠다. 절강성 가흥부의 능엄사가 판각과 유통의 중심이었는데 인쇄본을 팔아서 사찰운영 자금에 보태고 있었다. 임자도에 표착한 불경도 일본에 수출하던 중이었다.

조선 후기 불경출판의 중심이었던 징광사의 흔적
(대원사 석현장 제공사진)

『화엄경소華嚴經疏』 같은 불경은 신라를 거쳐 고려시대에도 유행하였으나 조선시대에 일실되어 찾아보기 어려웠다. 성총이 펴낸 불경은 18세기 화엄학의 바탕이 되었다. 성총은 표류선의 흩어진 불경을 수습한 서해 연안의 사찰을 찾아다니는 수집을 거쳐 1685년 징광사에서 판각을 마치게 된다.

낙안벌과 서쪽 금화산 사이에 있는 징광사는 가히 조선시대 출판인쇄의 보고였다. 징광사는 화엄법회를 열어 8도 승려들이 모여들던 곳이다. 백암 성총이 주석하면서 징광사의 시설을 이용하여 『금강반야경소

론찬요간정기회편金剛般若經疏論纂要刊定記會編』, 『정토보서淨土寶書』, 『가흥대장경』 10종 등 총 15종 167권을 간행하였다.

중국에서 출발하여 일본으로 향하던 배가 임자도에 표착하고, 거기서 건져진 불경이 한반도 화엄학의 자료로 쓰이게 됨으로서 한중일 삼국의 바다를 통한 네트워크가 완성된 것이다.[56] 명말까지도 불경이 국제적으로 유통되고 있었다는 좋은 사례이며, 표착 불경으로 인하여 쇠락해가던 유교사회의 불교가 되살아나는 촉매제 역할을 한 경우이다.

표착이 아니라 배가 떠내려가는 표류사건도 더러 있었다. 사실은 구법승 등 수많은 표류가 있었으나 표류기록은 '살아남은 자의 기록'이기 때문에 기록이 없을 뿐이다. 표류 표착 논의는 오직 남은 기록만을 전제로 한다. 능주 쌍봉사 출신의 화원승畵員僧 현정賢正의 표류 서사는 능히 누구나 표류당할 수 있음을 보여준다.

현정은 해남 대둔사의 요청으로 경주 불석산佛石山에 가서 옥돌로 천불을 조성하였다.[57] 그중 232위는 작은 배, 768위는 큰 배에 실어 대둔사를 향해 갔으나 부산 앞바다에 이르러 태풍을 만난다. 작은 배는 해안으로 접근하여 무사히 해남에 도착하였으나 현정이 탄 큰 배는 해남으로 가는 상선으로 해안에 배를 붙일 수 없어서 결국은 표류한다. 장기도長崎島로 표류하여 약 7개월 동안 일본에 머문 후 표류민 송환절차에 따라 거의 8개월 만인 1818년 7월 14일에 해남 앞바다로 돌아온다. 15일에는 불상을 대둔사 천불전에 봉안하여 지금까지 전해온다. 표해록은 1821년에 저술되었다.[58]

---

56 이종수, 「숙종 7년 중국 선반의 표착과 백암성총의 불서 간행」, 『불교학연구』 제21권, 불교학연구회, 2008, 259~295쪽.

57 쌍봉사 출신임은 오세창의 『槿域書畵徵』에 밝혀져 있음.

58 풍계 현정, 김상현 역, 『일본 표해록』, 동국대 출판부, 2010.

8 | 향을 묻고 미륵을 기다리다

붓다는 현세뿐 아니라 미래의 희망을 열어두는 것도 잊지 않았다. 도솔천 용화수 아래에서 중생제도를 행할 삼회를 기다리는 '마스터 플랜'이 그것이다. 미륵을 기다리는 민중의 서원은 하나의 운동적 양상으로 발전하곤 하였다. 특히 한반도에서는 미륵이 바다와 관련되는 독특한 의례가 집행되었으니, 이는 세계불교사에서 유례가 없는 특이 경우이다.[59]

고려 충선왕 원년1309, 금강산 삼일포에 강릉도 존무사存撫使를 비롯하여 동해안 일대의 지방관리들이 승려 지여志如와 함께 모였다. 그들은 삼일포에 매향비를 세웠다. 비밀 서원이 담겨져 있는 매향비埋香碑란 글자 그대로, 향을 묻고 미륵이 오기를 기원하면서 세운 비문이다. 그들은 왜, 무슨 마음에서 그런 비의秘儀를 행했을까.

갯벌에 묻어둔 향목은 침향이 되면 물 위로 떠오른다. 이무기가 천 년이 되면 용이 되어 승천하듯이, 향목도 침향이 되면 승천한다. 미륵하생을 기다리는 변방의 민중에게 침향의 상승은 바로 새로운 세상의 떠오름이었다. 매향비는 강물과 바닷물이 합수하는 갯고랑에서 미륵을 기다리며 집단적으로 서원하던 당대 민중의 장엄을 웅변한다.

서해바다 당진 땅 안국사지에는 거대한 배바위가 있고, 그 바위에 향을 묻었다. 해미읍성에서도 세종 9년1427 지역민이 주동이 되어 미륵당래彌勒當來를 기원한 해미 매향비가 발견되었다. 고창 선운사 일대에도 매향처가 있으며 갯벌 속에서 향나무가 나왔다. 영광 법성포에서도 매향비가 발견되었다. 월출산이 바라보이는 영암의 엄길리에 가면 쇠바위라 부르는 작은 바위산에 매향 각석이 있다. 삼십포三十浦가 바라보이는 언덕배기에 세운 장흥 매향비1434는 "천인이 같이 서원하여 향을 묻

---

59 주강현, 『마을로 간 미륵』 1·2, 대원정사, 1993.

바닷가 작은 섬에 위치한
엄길리매향비 충목왕원년 1344년 매향비를 각인하였다

영암 엄길리 매향비 바위벽에 각인하였다(보물 1309호)

었다宣德 九年 月 日 千人同願 巳地埋置香徒主洪信"는 각석이다. 신안 암태도에서도 매향비1405가 발견되었다. 사천군 홍사리 사천 매향비는 고려 말 우왕 13년1387 지방민 4,100여 명이 모여 세웠다. 당시 인구수에 비하면 대단한 숫자인 수천 명이 갯고랑에 모여서 미륵하생을 서원하였다.

매향은 대체로 말단 지방사회를 단위로 이루어졌으며 발원자들이 느끼는 현실 위기감을 반영한 민간 신앙 형태에서 나왔다. 어떤 시대적 위기감이나 전환기에 처한 지방민의 동향, 그 자체였다. 심리적 불안감에서 나온 집단적 제의, 그리고 새 세상에 대한 염원이 투영된 것이다.

한반도에서는 미륵의 출현 방식에서도 바다가 선택되었다. 미륵은 일반적으로 땅에서 솟구치는데 제주도 미륵은 바다에서 올라온다는 특징이 있다. 북제주 화북의 미륵은 바다에서 낚아 올려졌다. 바다에서 건져진 미륵은 오키나와 미야코지마宮古島의 바다를 건너온 미륵을 연상케 한다.

예전의 제주읍성 동문과 서문밖에 미륵이 각각 1기씩 전해지고 있다. 하나는 제주시 동쪽 건입동健入洞, 하나는 용담동龍潭洞 한두기大甕浦口에 서 있다. 이들 미륵을 미륵돌미륵, 미륵부처 등으로 불러오고 있다. 『신증동국여지승람』에는 해륜사海輪寺를 서자복사, 만수사萬壽寺를 동자복사라고 부르고 있다. 이들 미륵불은 제주시 동서에 서서 바다를 지키는 지킴이로 기능해왔다. 세계불교사에서 바다를 수호하는 독특한 경우이다.

Chapter 14

웅진에서 나라로

일본열도 연대기

임진왜란 이후에 수륙의 고혼과 아귀들에게 법식을 평등하게 공양하여 구제함을 목적으로 한 수륙재 의식이 널리 행해진다. 수륙재를 행하면서 내걸었던 걸괘에 조선인 병사는 물론이고 왜병도 같이 등장한다. 두 나라 병사들이 같은 그림에 등장하는 독특한 경우이다. 두 나라 병사들의 서사는 다양한 판본의 〈수륙무차평등재의촬요水陸無遮平等齋儀撮要〉에도 등장하고 있다. 그만큼 전쟁이 처절했고 물에 빠져 죽은 고혼들이 많았으며 이를 달래는 진혼의식이 전국의 바닷가 사찰에서 널리 행해졌다는 뜻이다.

Chapter 14

웅진에서 나라로
일본열도 연대기

1 | 해협을 건넌 불교

일본 불교의 특질은 '섬-불교'다. 스리랑카와 스리위자야, 그리고 일본 불교, 뒤늦게 시작된 타이완 불교까지 '섬-불교'는 전파의 속성과 수단에서 뱃길에 의존할 수 밖에 없다. 일본 불교는 해협을 건너온 한반도 불교의 강력한 세례를 받았으며, 바다 건너 중국의 세례도 받으면서 독특한 '섬-불교'를 키워나갔다. 섬이라는 고립된 조건에 놓여 있었기 때문에 전란 등의 피해에서 상대적으로 유리하였으며, 고대 이래의 불교 유산을 간직한 드문 경우이다.

일본의 고대 불교 형성은 한반도 도래인이 바다를 건넌 데서 출발하였다. 일본과 한반도의 본격적 불교 교섭은 6세기 후반에서 7세기 전반인 아스카飛鳥시대에 시작된다. 스이코推古 조정을 중심으로 한 전후 약 100년, 즉 6세기 후반에서 7세기 전반인 아스카 문화시대에 시작된다. 아스카 문화는 일본 최초로 전래된 불교 문화 그리고 유교 문화와 도교 문화를 포함하는 국제성을 갖추었다.[1]

해협은 불교 문화의 징검다리였으며 교두보였다. 불교 전파에서 백제가 특히 중요했다. 『북사北史』「외국전」에 이르길, "불법을 숭경하여 백제에서 불경을 구하여 얻어서 비로소 문자가 있게 되었다"고 하였다. 백제에서 왜로 향하는 항로의 주 노선은 오늘날의 가라쓰唐津시 가카라섬加唐島 근해를 경유하는 루트였다. 바다를 건너온 사신은 하카타만으로 들어가서 다자이후大宰府의 통제를 받고 홍려관鴻臚館으로 들어섰다. 홍려관은 당사, 백제사, 신라사의 숙박 시설이었으며, 당과 한반도 상인이 접촉하는 공간이었다.

홍려관에 당물唐物이 당도하면 조정에서 파견된 당물사唐物使가 궁중과 귀족에게 의뢰받은 물건을 우선 구매하고 나머지를 분배했다. 백제와 신라의 물건도 동일하였다. 헤이안平安시대에는 수도에서 다자이후까지 육로로 14일, 해로로 30여 일 걸렸다. 상인은 3개월에서 반년 정도 이곳에 머물렀다. 11세기에 이르러 다자이후에서는 역인의 사무역私貿易도 행해졌다. 물품이 도착하면 조정이 선매권先買權을 행사하던 공식이 일부 와해됐다.[2] 다자이후를 통해 다양한 이국의 물산이 열도로 퍼졌다.

백제에서 왜국으로의 불교전래 시기는 538, 552년 등 설이 다양하나 대체로 6세기 중반이다. 불교를 처음 수용한 세력은 소가蘇我 씨족이었다. 백제에서 불사리를 보내온 588년부터 일본 최초의 사찰 비조사飛鳥寺를 건립하기 시작하여 20여 년 만인 609년에 완성한다. 불상과 경전을 직접 전한 인물은 달솔達率 노리사치계怒唎斯致契다. 소가 씨는 백제에서 건너와 세력을 키운 호족이었으며 백제 성왕의 불상을 모신 가문이다. 또한 사찰 건축 조영을 책임진 사람들도 백제 장인들이었다. 스이코 천황 원년593에 탑심주를 세울 때에 100여 명이 모두 백제 옷을 입고 참석해서 심초心礎 속에 백제 왕이 헌납한 불사리를 넣었다.[3]

---

1 일본 관련 사료는 다음을 참조. 김기섭 외, 『일본 고중세 문헌 속의 한일 관계 사료 집성』, 혜안, 2005.

2 讀賣新聞西部本社 編, 『博多商人』, 海鳥社, 2004, 6~13쪽.

한반도 뱃길의 길목인 세도나이카 도모라우라의 관음당

만 엔권 지폐에 등장하는 쇼토쿠 태자

나라에 있는 원흥사元興寺가 바로 비조사이다. 탑 심주心柱에서 사리가 발견됐는데, 이 불사리는 쇼토쿠聖德 태자가 백제에서 받은 사리를 안치한 것이었다. 이뿐 아니라 수백여 개의 금은 기물도 나왔다. 747년 편찬된 『원흥사 연기元興寺緣起』에 따르면, 『일본서기』와 달리 552년이 아닌 538년 12월에 불교가 전래한 것으로 밝히고 있다. 백제국 사신과 승려 혜총·영흔令欣이 바친 불사리로서 그 이전에는 사리가 전해지지 않았다. 불교가 처음 전래될 때 일본 내부에서 격렬한 논쟁이 벌어졌다. 불교수용에 적극적이었던 백제계 호족 소가가 나서서 불교가 들어온 것이다.

백제 불교는 양나라와 밀접한 관련이 있었다. 남조 양의 문화와 백제 문화가 일치되는 것이 한둘이 아니다. 백제는 양에 정기적으로 사신을 보내고 있었고, 양은 최고의 불교국가로서 불법을 널리 전파하던 상황이었다. 인도에서 양나라로 넘어온 불교가 백제로 넘어가고, 다시 백제 불교가 바다를 건너 일본으로 들어갔다. 한반도에서 불교가 일본으로 전파되던 광경을 연도별로 간추려본다.

538년 백제의 26대 성명왕성왕, 523~554 재위이 불상, 경전, 승려 등을 보냈으며,[4] 552년에 성명왕은 금동석가불, 경론을 보냈다.[5] 당시 일본에서는 불교를 마레비토가미客神, 외래신라고 하여 불교수용 여부가 정쟁에 휩

3 김달수, 『일본 속의 한국문화 유적을 찾아서 – 고대사의 열쇠를 쥔 도시, 奈良』, 대원사, 1995, 30~31쪽.

쓸렸다. 554년에는 백제에서 승려 도심을 보냈다.[6] 554년 성왕이 신라와의 관산성 전투에서 사망한 후에 왕위에 오른 위덕왕은 557년에 백제에서 귀국하는 일본 사신으로 하여금 경론 약간 권과 더불어 율사, 선사, 비구比丘, 주금사咒禁師, 조불공造佛工, 조사공造寺工 6인을 보냈다.[7] 사찰 건립에 필요한 장인들이 바다를 건넌 것이다. 한반도에서 사라진 고대 불교 유산을 일본에서 고구할 수 있는 것이기도 하다.

584년에는 일본 사신 녹심심鹿深臣이 미륵 석상 1구, 좌백련佐伯蓮이 불상 1구를 가져갔고, 그해에 이들 불상을 가지고 불전을 만들어 안치하였다. 584년에는 백제 환속승 혜편을 법사로 하여 일본 최초로 선신니善信尼 ,선장니禪藏尼, 혜선니惠善尼가 출가했다. 587년에는 선신아니善信阿尼 등이 계율을 배우기 위하여 벡제로 갈 것을 요청하였다. 588년 백제는 혜총惠摠·영근令斤·혜식惠寔 등을 불사리와 함께 보냈으며, 절 짓는 사공, 여반박사, 와박사, 화공 등을 보냈다. 선편에 선신니, 선장니, 혜선니 등 비구니 셋을 백제사에 동행시켜 유학시켰다. 당 이전에 백제로의 유학승이 존재했다는 뜻이다. 이들 비구니는 백제에서 계를 받고 정식 비구니가 되어 2년 후인 590년에 돌아갔다.

일본과의 불교관계는 백제와 고구려, 신라, 그리고 당이 동시에 매개되는 국제적 성격을 띠었다. 가령 7세기 상안常安, ?~653은 당에서 유학하다가 무왕 33년632에 사신을 따라 일본으로 건너간다. 『일본서기』에 따르면, 의자왕 5년645에 고토쿠孝德 천황이 일본 승려들을 가르칠 10명의 지도자十師를 선출하였는데 이때 일본에서 불법을 전수하고 있던 백제 승려 상안과 고구려 도등道登, 복량福亮, 영운靈雲 등이 그 지도자로 추대

4 『寧樂遺文』 中券, 東京堂出版, 1962, 383쪽.

5 『日本書記』 卷19.

6 『元亨釋書』 卷20.

7 『日本書記』 卷20.

한반도에서 넘어간 목조 미륵반가사유상
(교토 고류지(廣隆寺))

되었다. 이 사례에서도 보이듯이 당, 일본, 백제가 모두 계류된다.

한편 신라에서 일본으로의 불교전래는 백제보다 뒤늦게 이루어졌다. 579년부터 신라는 석가상을 보냈는데 이 상은 대단히 영험해서 숭배한 즉 재앙이 사라지고 복을 받을 것이라고 말하여 천황이 받들어 모셨다.[8] 595년에는 고구려 승려 혜자惠慈가 귀화해 황태자의 스승이 됐으며, 같은 해 고구려 승려 혜자와 백제 승려 혜총이 귀화하였으며 불교를 널리 퍼트려서 삼보의 동량棟梁이 되었다.[9] 성덕태자574~622에 이르러 불교는 비로소 고대 국가의 공식 국교가 되고 국가 성립에 직접적으로 기여한다. 태자는 『송만경』·『법화경』·『유마경』에 대한 『삼경의소』를 지었는데, 595년 귀화한 고구려 승려 혜자慧慈의 도움이 컸다.

602년에는 삼론에 정통하고 의학에도 조예가 깊은 관륵觀勒이 역본·

8 『元亨釋書』 卷20.
9 『聖德太子傳曆』 上.

천문지리서·둔갑방술서 등을 일본에 전하였는데 후에 일본 최초의 승정僧正이 되었다. 관륵은 원흥사에 머물면서 쇼토쿠 태자에게 불교를 가르쳤다. 624년에 재미있는 일이 벌어진다. 승려가 그의 조부를 때린 사실을 알고 악행한 승려를 처벌하고자 천황이 모든 절의 승려를 모아 처벌을 하려고 했는데, 이때 백제승 관륵이 불법이 백제로부터 들어온 지 100년이 못 되었기에乃傳之至於百濟國 而僅一百年, 아직 법과 계율을 익히지 못하였으므로 악행을 범한 승려를 제외한 나머지 승려는 용서하고 벌하지 말 것을 청하였다.[10]

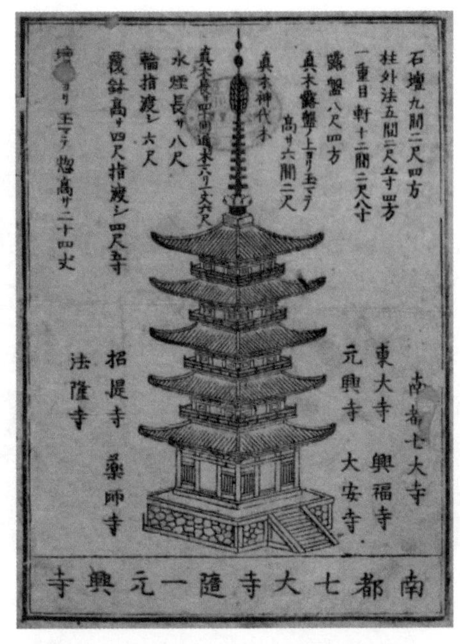

후대에 편찬된 『대화원흥사탑적(大和元興寺塔跡)』

605년, 고구려 영양왕이 장육불상丈六佛像 건립에 황금 300냥을 바쳤다. 그해에 천황이 태자의 묘설에 따라 불교를 알게 되었다.[11] 609년에 백제승 10여 인, 속인 75인이 비후국肥後國에 머물렀는데 본국으로 돌아가는 길에 폭풍우를 만나 표류했다고 답하였다.[12] 610년에 고구려 영양왕이 승려 담징曇徵을 보냈다. 담징은 채색과 종이, 먹 만드는 법을 전했다.[13] 그런데 『일본서기』에 의하면 백제를 거쳐서 일본으로 건너갔으며, 일본승 법정法定과 함께 나라의 법륭사法隆寺에 주속하면서 오경五經과 불

10 『日本書記』 卷22.
11 『聖德太子傳曆』 上.
12 『日本書記』 卷20.
13 『日本書紀』 卷22.

아스카시대 법륭사, 20세기 초반 사진

법을 강론하고 금당金堂의 벽화를 그렸다고 한다.[14]

625년에는 고구려에서 승려 혜관惠灌을 보냈으며 이에 승정으로 임명하였다. 639년에는 대당승 혜은惠隱과 혜운惠雲이 신라 송사와 함께 입경하였다. 이 경우에 신라배를 이용하였다. 이상 600년대 전반 아스카시대 이전의 기사들은 고구려·백제·신라 삼국이 경쟁하듯이 승려를 보내던 정황을 보여준다.

645년 천황은 불교 흥륭의 조를 내렸다. 백제가 불교를 전해준 상황, 소가 씨의 신불信佛을 말하고 다시 바른 가르침을 숭상하고 큰 도리불교를 널리 열 것을 이야기하였다. 10사를 정하고 혜묘惠妙 법사를 백제사 사주로 삼았다.[15] 이렇게 인도에서 발생한 불교가 중국을 거쳐 한반도로, 한반도에서 다시 일본으로 전래된 것이다. 이 모든 전파는 바다를

14 이홍직, 「일본 서기 소재 고구려 관계 기사고」, 『동박학지』 3, 1957; 안휘준, 「삼국시대 회화의 일본 전파」, 『국사관논총』 10, 1989.

15 『日本書記』 卷25.

건너야 가능한 일이었다.

역사는 묘한 것이어서 이 짧은 시기가 불교 전파가 집중적으로 이루어졌다는 사실에서 불교를 서원하던 열화와 같은 불길을 짐작할 수 있다. 불교는 열도의 정신적 근본을 흔들었고 이후 1,500년 이상 일본을 지탱하는 근간이 되었다. 반면에 아스카시대에 한반도에서는 삼국 간 격쟁이 치열하게 전개됐으며, 남북조를 통일한 수가 출현하고589, 강력한 당이 탄생하고618, 고구려와 백제가 멸망하는 등 동아시아는 격동기로 접어들고 있었다.

2 | 신라 배를 이용한 일본 구법승들

많은 중국 유학승이 신라 배편을 이용하여 신라를 경유하여 귀국하였다. 623년에 승려 혜제彗濟 · 혜선彗先 등이 입당 유학하다가 신라 사신과 함께 돌아왔다.[16] 657년에 사신을 신라에 보내어 일본 승려들을 신라 사신에 딸려 당에 보내려고 했으나 신라가 응하지 않은 사건도 있었다.[17] 이듬해 658년에는 승려 지통智通 · 지달智達이 칙명을 받들어 신라 배를 타고 당에 가서 현장법사가 있는 곳에서 무성중생의無性衆生義를 배운다. 신라 배를 이용한 일본-신라-당나라 불교 네트워크가 확인된다.

일본은 신라 문무왕 8년668 견신라사를 파견했다. 호키寶龜 10년779을 마지막으로 정규 견신라사는 멈추었으나 교섭은 계속됐다. 통일신라 이후 대당관계에서 신라와 왜의 이해가 일치하면서 교류가 다시 시작된다. 신라에 보낸 일본 유학승이 중용됐으며, 일본 조정은 신라 왕에게 배와 비단을 보내기도 한다. 양국 교섭의 장애는 일본의 번국관蕃國觀이

16 『元亨釋書』 卷16.

17 『日本書記』 卷26.

신라의 배 모양 토기, 경주 금령총, 6세기

었다. 일본 지배계층으로 흡수된 백제계, 고구려계 망명인이 갖고 있는 대신라 적대감이 반영된 시각이었다.

한반도에서 삼국통일이 이루어진 8세기, 일본은 710년에 수도를 나라로 옮기며 일본 불교는 진호鎭護 국가의 기원에 봉사하면서 국가 불교의 길을 걷는다. 당에서 불교전적을 수입하고 국가에서 사경소를 직접 운영하였는데, 외국에서 건너온 승려들에 의해 사경소의 경전들이 늘어났다. 신라 불교가 일본에 미친 강력한 영향은 사경寫經에서 드러난다. 729년부터 769년까지 조사된 나라시대 『일체경一切經』은 인도와 중국 찬술 못지않게 신라승의 저술이 많이 포함된다. 신라승 25인의 저서 140종에 대한 190여 회의 사경이 이루어졌다. 이중 원효의 저술이 가장 많았다. 또한 이 시기에 많은 일본승이 중국뿐 아니라 신라로 유학을 왔으며 일본 불교 교단에 영향을 주었다.[18] 신라승과 일본승이 바다를 부단없이 오갔기에 가능한 일들이었다.

한편 당의 측천무후가 세운 대운사大雲寺를 모방하여 국가가 관리하는 국분사國分寺를 지방에 설치한 것도 나라시대였다. 752년에 나라에 세워진 동대사東大寺는 화엄경을 근본으로 하여 세워진 일본 화엄종의 본산으로, 도래인계 행기行基, 668~749의 노력과 전통 신앙 신도의 협력으로 완공되었다. 이는 고대 일본 불교의 신불습합神佛習合의 모습을 보여주고 있다.[19]

670년에서 779년까지 신라에서 일본에 파견한 사행은 39회, 일본의 신라 사행은 25회였다. 중국 교섭보다 훨씬 총량이 많았다. 뱃길은 나니와쓰難波津를 출발해 세토 내해를 통과하고, 다자이후가 있는 고로칸鴻臚館, 일종의 영빈관에 도달한 뒤, 이키와 쓰시마를 거치는 전형적 노선을 취했다.

756년 쇼무聖武 천황이 죽은 직후에 고묘光明 황후가 천황을 기리면서 헌납한 물건에서 출발한 정창원正倉院 수장품은 해양실크로드의 구체적 증거물이다. 박래품으로는 아마도 세계에서 가장 오래된 일괄 유물이다. 동대사東大寺 외에도 여러 절에 정창세금 거두는 창고라는 뜻이 있었지만 모두 사라지고 동대사 것만 남았다. 동아시아는 물론이고 실크로드를 통해서 들어온 서역의 진귀한 보물도 채워져 있다. 정창원 소장 목록에만 1만 2,000여 점이 올라 있다. 헤이안794~1185시대의 자료는 일본에 온 사절의 날짜별 동향을 포함해 한반도 관련 내용이 적지 않다. 통일신라와 일본의 관계가 제한적인 반면, 발해와의 대외관계는 10세기 초까지 활발했다.

엔닌圓仁, 794~?의 『입당구법순례행기入唐求法巡禮行記』는 어떻게 신라와 일본이 연관을 맺고, 중국에 대처해 나갔는지를 말해주는 좋은 증거다. 장보고의 국제적 지위, 일본인의 신라선 이용, 삼국의 불교 네트워크 등이 잘

18 정병삼, 『한국 불교사』, 푸른역사, 2020, 257~258쪽.
19 조계종 불학연구소 편, 『세계불교사』, 2012, 349쪽.

엔닌

드러난다. 인도에서 전래한 불교가 구법승의 국제공조를 통해 일본까지 전파되는 해양실크로드사의 맥락도 보여준다. 엔닌은 천태종에서 수행을 시작했으며 견당선을 타고 당으로 들어갔다. 당에 10년 머물면서 본국에 완질이 갖추어지지 않은 『천태교의天台敎義』를 수집하고 양주, 오대산, 장안 등의 고승을 찾아 순력하면서 불법과 범어, 한문 등을 배우고 성지를 순례한다. 당 무종武宗 연간에 벌어진 숱한 법난을 겪으면서도 불경, 만다라 등을 수집해 847년에 귀국했다.

『입당구법순례행기』는 838년 6월 13일에 시작해 847년 12월 4일에 끝나는 9년 6개월간의 기록이다. 엔닌의 기록은 당대 신라인과 그들의 거주처를 직접 경험한 유일한 외국인 목격담이다.[20] 신라인이 자주 등장한다. 엔닌은 출항할 때부터 신라인 통역 김정남과 동행했다. 839년 정월 8일 신라인 왕청王請을 만나 인사했다. 왕청은 819년 데와국出羽國, 일본 서북부에 표착한 당인과 같은 배를 탔던 사람인데, 표류해 복건성에 당도했다. 839년 6월 7일 산동반도의 신라방에 도착했으며, 적산법화원赤山法花院에서 840년 2월 19일까지 머물렀다.

839년 4월 24일의 "일본 조공사가 신라 배 다섯 척을 타고 갔다"는 기록은 동아시아 항해에서 신라 항해력의 우위를 말해준다. 839년 6월 27일 청해진 대사 장보고가 당에 파견한 교역 사절인 견당매물사遣唐賣物

20 Edwin O. Reischauer, *Ennin's Travels in T'ang China*, New York : The Ronald Press, 1957.

使가 탄 교관선交關船이 적산포赤山浦에 당도했다. 엔닌 일행은 적산법화원에 머물면서 신라인의 불경 의식을 기록했다. 엔닌은 한 해가 저물던 12월 29일, 신라 선원의 불당과 경장經藏에 등을 밝히고 공양했다. 적산원강경의식赤山院講經儀式, 신라일일강의식新羅一日講儀式, 신라송경의식新羅誦經儀式의 진행과 절차를 상세히 기록하였다. 이들 세 의식 진행에서 범패가 중시되었는데, 범패에 당풍과 일본풍, 신라풍의 구분이 있음을 밝히고 있다.

당시 중국은 법난法難이 일어나서 승려가 견디기 어려운 상황이었다. 엔닌은 일본으로 귀국하기 위해 신라방을 찾아갔다. 신라인 통역을 통해 귀국하려고 하니 배를 탈 수 있게 허락해달라는 공문을 내밀었다. 법적으로 도항이 불가능했기에 산동반도 등주의 구당신라사勾唐新羅使를 찾아갔다. 당시 중국 천자는 평로군 절도동십장 겸 등주제군사 압아押衙 장영張詠으로 하여금 문등현文登縣의 신라인을 관할하도록 임명한 상태였다. 결국 신라소의 주선으로 공문을 받았다. "승려들을 편안하게 해주고, 만약 일본으로 가는 배편이 있으면 그들의 뜻에 따라 갈 수 있도록 하라"는 내용이었다.

엔닌은 신라 배를 얻어 타고 한반도 서해안을 따라 귀국길에 올랐다. 배는 웅진 서계西界를 지나 고이도高移島에서 1박을 한 후 흑산도와 제주도를 바라보면서 남해안 안도鴈島를 거쳐 항해했다. 마침내 쓰시마를 거쳐 히젠국으로 들어갔고, 846년 9월 15일 국제항 하카타에 당도했다. 그리고 다자이후의 태정관을 만남으로써 고난의 여정을 마쳤다. "천태종 승려로서 입당구법하던 엔닌이 제자들을 데리고 작년847 10월에 신라상선을 타고 다자이후에 도착했다"는 일본 측 기록이 남아 있다.[21]

엔닌은 배편을 마련해준 신라인에게 사례하고 불경과 만다라 등을

21 『續日本後記』 卷18.

사찰에 기증했다. 그해 11월 14일 태정관의 공문을 받았는데, 당에서 온 손님인 감진鑒眞 일행을 우대하라는 내용이었다. 감진은 오늘날 일본 불교에서 율종의 개조로 추앙받는 인물이다. 이 일기를 통해 엔닌이 만나고 기록한 신라인이 당인보다 많았다는 사실은 여러 의미가 있다. 외국인을 통제하는 상황에서도 신라방 적산법화원은 연간 500석 농지를 갖고 있었다. 내륙에는 신라관新羅館이 있었고 신라인은 경내를 떠나 중국 내륙을 자유롭게 여행할 수 있었다. 일본인이 더 강한 통제를 받는 상황에서 비교적 자유로웠던 신라인의 국제위상이 보여진다. 장보고가 대당 무역의 총책임자로서 서해의 해상권을 장악하고 있었기 때문이다.[22]

장보고 사후 적산법화원은 자취를 감추었다. 장보고 선단의 도움을 받은 엔닌은 귀국 후 그 제자로 하여금 교토 히에이산에 적산선원을 짓고 적산신을 받들게 했다. 858년 당에서 귀국한 천태종 승려 엔친圓珍 역시 온조사園城寺 경내에 수호신으로 모시고 신라명신新羅明神이라 칭했다. 장보고 사후에도 영향력이 장기 지속적으로 이어지는 사례다. "적산법화원의 산왕山王은 신라명신"이라고 했다.[23] 엔닌이 당에서 귀국하던 중에 배에 노인이 나타나 "나는 신라명신이다. 엔닌을 위해 불법을 수호할 것"이라고 했다는 데서 유래했다. 현재도 온조사 경내 신당에 신라명신상을 안치하고 있다.

이처럼 고대 불교는 지극히 국제적 성격을 띠고 있었다. 교통이 불편했던 시대였음에도 불구하고 선진사상과 종교를 찾고자 서원이 많은 승려들을 움직이게 하였다. 그들은 바다를 건너는 위험천만을 무릅쓰고 불법을 전파시켰다. 오늘날 일본 불교의 첫 장에 이처럼 바다를 건넌 해양 불교의 DNA가 깔려있는 것이다.

---

22 엔닌, 신복룡 역·주해, 「엔닌의 『입당구법순례행기』에 나타난 한국(신라) 관계 기록과 몇 가지 문제점」, 『입당구법순례행기』, 정신세계사, 1991, 317~318쪽.

23 『園城寺傳記』.

3 | 견당사와 견수사를 통한 불교이입

일중 직접 교섭은 기원전부터다. 남북조시대에 성립된 야마타이국 히미코 여왕에게 북조에서 친위왜왕親魏倭王 칭호를 내려 책봉한238년 혹은 239년이라는 설이 있다[24] 사실이 있다. 5세기에는 남조와 왜국 왕이 본격 통교한다. 유명한 사례는 421년에서 478년까지 열 번에 걸친 이른바 왜 5왕의 기재다. 중국 사서에 찬贊, 진珍, 제濟, 흥興, 무武 다섯 왕, 즉 왜의 5왕 이름이 남아 있다. 왜 5왕에 관한 『송서宋書』의 기술은 5세기 동아시아에서 왜국 왕 실상에 관한 귀중 사료다. 남조와 일본열도 간에 인적, 물적 교류가 있었다는 증거다.

425년에 왜왕 찬이 특산품을 바쳤고, 438년에는 왜왕 진이 상표上表해 관직을 제수받았다. 중국에 조공하고 군호와 작호를 부여받는 책봉 체제에 왜 5왕이 편입된 것이다. 동아시아에서 왜국 왕의 지위는 높지 않았으며, 고구려와 백제에 비해 격이 낮았다. 당대 남조와 일본 사이의 항로는 남조 건강建康에서 한반도 서해안으로 건너가 남하하면서 남해안을 거쳐 세토 내해로 접어드는 방식이었을 것이다.

일본과 중국의 공식 교섭 활성화는 수·당 시기다. 쇼토쿠 태자聖德太子, 572~621시대부터 불교를 국가통일의 사상적 기반으로 생각하면서 수나라로 유학을 떠났다. 율령국가 성립과 더불어 불교기반이 더욱 강렬해졌다. 태자는 평생 불법을 신봉하였으며 대승의 정신을 구현하는 데 진력을 기울였다. 삼경三經 : 法華經·維摩經·勝鬘經을 개강하였고 사천왕사四天王寺·법륭사法隆寺·광융사廣隆寺·법흥사法興寺 등을 창건하였다.

견수사·견당사가 나타나고 그들과 함께 유학승이 활약하면서 중국에서 온 고승도 점차 많아지게 됐다. 6세기에 견수외교遣隋外交가 활발하

24 『三國志』「東夷傳」·「倭人傳」.

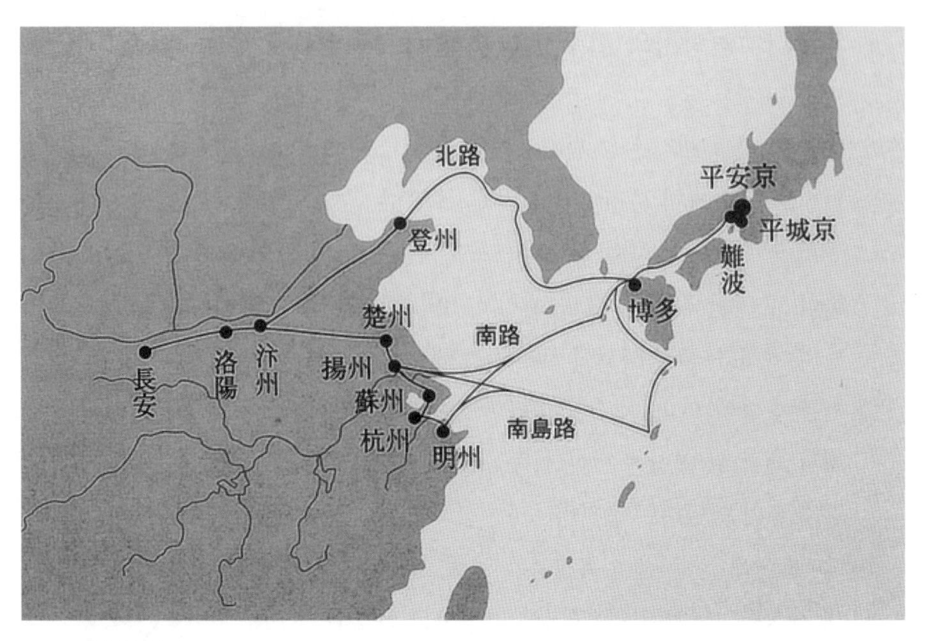

견당사 항해로

게 전개되어 견수사 파견이 적어도 다섯 차례600, 607, 608, 610, 614 확인된다. 18년간 다섯 차례는 그 횟수에서 후대의 견당사에 비해 많다. 견수사 파견 목적은 대략 세 가지였다. 첫째는 중국을 통한 불교수입, 둘째는 중국 본토의 선진 문화 수입, 셋째는 당시 각축하던 한반도 삼국과의 관계 개선을 꼽을 수 있다.[25]

견당사 파견은 630년 조메이舒明 천황 때부터 894년까지 264년간 19차례, 즉 16년마다 한 차례 이루어졌다. 유학생·유학승이 수가 많을 때는 500여 명에 이르렀다. 8세기 동아시아 정세가 안정되어 문화사절의 성격이 강해졌다. 당은 일본 견당사를 조공사절로 인식하고 20년에 한 번 조공을 원칙으로 했지만, 일본은 천황이 바뀔 때마다 사신을 파견했다. 견당사는 도착한 지방관리의 안내를 받아 장안으로 올라갔다. 천자

25 玉心喜,「日本遣隋使硏究」,『海交史硏究』30, 泉州海外交通史博物館, 1996, 38~39쪽.

를 만나는 대면의례를 통해 조공을 바치고 중국 측도 일본에 할 말을 전했다. 견당사가 돌아갈 때도 국서를 지참하고, 때로는 황제가 사신을 동행해 일본으로 건너가게 하는 경우도 있었다. 일본에서 중국으로 가는 뱃길은 험난했으며, 낮은 항로기술과 취약한 선박 때문에 사고가 많았다. 쉽지 않은 여정이었다. 그래도 중국 선진문물이 일본 내에서 커다란 반향을 일으켰기에 견당사를 최선을 다해 보내고자 했다. 8세기 동아시아 정세가 안정되면서 문화사절의 성격이 강해졌다. 견당사에는 반드시 승려가 포함되었고 그들은 목숨을 걸고 불법을 구하려 바다를 건넜다.

견당사는 대체로 난바難波에서 세토 내해를 거쳐 하카타에 도착했다. 하카타에서 바람을 기다리다가 세 가지 길로 중국으로 갔다. 북로, 남로, 남도로南島路는 당 이후에도 장기 지속적으로 이용되던 항로다. 당대에 대략적으로 일본과 중국의 항해 노선이 만들어졌으며, 이후 도착 항구에 따라서 약간의 변형된 노선이 만들어졌다.

유학승은 불교가 흥성하던 당의 유명 사찰에서 공부를 하고 불교경전을 들여왔으며 사찰 건축의 양식과 불교조각 등 실용적 지식을 전파시켰다. 그 결과 삼론종·성실종·법상종·구사종·화엄종·율종의 이른바 남도육종이 형성됐다. 도소道昭, 629~700는 중국에서 현장으로부터 법상종을 전수받아 들여왔다. 화엄종은 당의 도선道璿, 702~760이 율 및 천태와 함께 장소章疏를 전했다. 나라시대에는 신라계의 화엄, 지론종계地論宗系의 원시화엄, 법장 성립화엄의 세 종류가 모두 연구되었다. 삼론종은 중국의 길장吉藏에게 전수받은 고구려 승려 혜관이 일본에 전했다. 율종이 가장 늦게 전파됐다.

율종은 당에서 직접 계율을 배워온 도광道光이 씨앗을 뿌렸으며, 그는 칙명을 받아서 『의사분율초찬록문依四分律抄撰錄文』을 지었다. 754년 일본의 간청에 의해 바다를 건너온 당의 고승 감진鑒眞, 688~763이 본격적으로 율종을 전파했다. 바다를 건넌 감진의 서사는 고대 불교 교류의 국제성을 실감케 한다. 감진은 양주 대명사大明寺에서 율을 강의했다. 일본 유학생 후쇼普照의 요청에 따라 여러 차례 도일을 시도한 끝에 일본으로 건너가 나라의 동대사東大寺에 들어갔다. 그때 감진은 이미 눈이 먼 상태였다. 천황은 계를 내려 그에게 계율 전교의 전권을 부여했다. 그는 일본에서 수계제도가 확립되는 데 도움을 주었으며 동대사의 계단원戒壇院과 당초제사唐招提寺를 세웠다. 동대사는 일본 불교의 중심이 되었다. 감진은 계를 전수하는 한편 건축·조소·미술과 의약도 전파하고, 일본 율종의 개조가 됐다. 엔닌이 그의 3대 제자다.

헤이제이平城天皇의 아들인 다카오 친왕高丘親王이 역모에 몰려서 승려 진여眞如가 되었다. 진여는 862년에 60명의 승려와 일반민을 이끌고 당선에 올랐다. 『두타친왕입당약기頭陀親王入唐略記』에 따르면, 그들은 명주에서 하선했으며 북쪽으로 가서 낙양에 이르렀다. 장안에서 인도로 가는데 필요한 허가를 받았으며 그 사이 유명한 고승을 여럿 만났다. 남쪽 광주로 가서 바다를 통해 천축국으로 갔다. 그러나 여정 중에 말레이반도 나월국羅越國에서 사망하였다.

한편 중국승도 설법을 요청받고 바다를 건넜는데 당승 도명道明과 도영道榮이 좋은 사례다. 도명은 장곡사長谷寺를 세웠고 718년에 본존 11면 관음입상을 만들었는데 이는 일본 밀교사에서 중요 사건이었다. 도영은 중국 한자음 전파에 기여하였다. 736년에는 낙양 대복사大福寺 승려 도예가 당에 온 일본 견당사 부사인 나가코미노 나시로中臣名代와 함께 일본으로 건너갔다. 그는 다대안사大安寺에서 살았고 남도육종南都六宗 중 하나인 율종 확산에 선구 역할을 했다.[26]

9세기 초엽 최징最澄, 767~822과 공해空海, 767~822에 의한 천태종과 진언종 성립으로부터 12세기 말 가마쿠라 신불교 출현까지 약 4백여 년간 헤

---

26 이경신, 현재열·최낙민 역, 『해양실크로드의 역사』, 선인, 2018, 138~139쪽.

이안平安 불교시대가 열린다. 수도를 교토로 옮긴 칸무 천황 대의 불교정책은 율령제 재건의 일환으로 세워졌다. 최징과 공해는 헤이안 불교의 중핵이자 양대산맥이었는데 이들은 모두 바다를 건너 중국에서 배우고 돌아왔다. 최징은 9개월간 천태산을 역방하고 원선계밀圓禪戒密을 받고 귀국한 후 교토에 천태법화종을 세운다. 공해도 2년여 중국 여러 사원에서 가르침을 받았는데 특히 불공과 선무외 제자인 현초玄超에게 밀교를 배운 혜과惠果에게서 진언밀교를 전수받았다. 불공의 제자가 신라의 혜초이므로 혜초와 법맥이 닿는다. 천태종은 엔닌에 의해 더욱 발전했는데 그가 신라 장보고 법화사와 인연이 있고 신라 선편을 이용하였음은 앞장에서 밝힌 바와 같다.[27]

4 | 장기 지속된 일·송·고려의 불교 교류

후량後粱 정명貞明 6년920 발해와의 사신 왕래를 끝으로 일본은 외국과의 교류를 단절한 채 외교고립 상태로 접어들었다. 송대를 통해서도 공식 사절단을 주고 받지 않았다. 10세기에서 14세기까지 중국과 공식 외교관계가 결여된 상태였다. 따라서 『송사』「일본전」에 등장하는 교류나 조공 사례도 철저히 민간 차원, 그것도 승려의 왕래에 관한 것이 대부분이었다. 그런데 민간 차원의 승려 내방을 모두 조공으로 기록하였다. 중국 측도 실제 사정을 잘 알고 있었음에도 기록을 그리한 것이다.

가령 『송사』「외국전」에, 1004년에 일본승 적조寂照 등 8명이 바다를 건너와서 '조공을 바쳤다'고 하였다. 1072년에는 승려 성심誠尋이 태주에 도착한 다음 천태산 국청사에 머물기를 청하였다. 신종은 그가 멀리

27 조계종불학연구소 편, 『세계불교사』, 2012, 352~357쪽.

서 온 사람이고 또 계업戒業이 있음을 가상히 여겨 개보사開寶寺에 머물게 하고 같은 승려 모두에게 자색 방포를 하사하였다. 양국 간의 외교 단절 정세와 무관하게 민간에서는 무역이 성행했으며 오히려 활발해졌다. 일송무역은 10세기에서 13세기 헤이안平安시대 중기에서 가마쿠라鎌倉 중기까지 이어졌다. 894년 견당사가 폐지된 이후에 등장한 중일 간 교섭과 무역이다. 견당사가 폐지된 이후 후지와라씨藤原氏와 오대십국의 오월 사이에 교섭이 이루어진다. 북송이 통일왕국을 만들면서 일본과의 무역은 지속되었다. 남송 이후에도 일본과 공식적인 무역은 없었으나 사무역 형태는 지속되었다.

일송무역에는 사찰을 짓기 위한 목재 교역도 포함되었다. 남송의 사원 조영이나 조선을 위한 목재를 일본 스오周防 등지에서 대량 수입·조달한 것이다. 아육왕사阿育王寺 사리전 조영에 도다이지東大寺를 재건한 주겐重源이, 천동사天童寺 천불각 재건에는 임재종을 일본에 전한 메이안 에사이明菴榮西가 목재를 제공하였다.[28]

고려와 일본관계도 밀도 높게 진행됨에 따라 송상은 고려-송-일본의 중개무역도 담당했다. 고려에서 불경을 구하려는 일본의 노력도 오랫동안 지속됐으며, 한반도를 통한 불교의 바닷길이 장기 지속으로 이어졌다. 북송에서 13만 장의 대장경이 수입됐으며, 고려에서도 다량의 판본이 바다를 건너 일본으로 갔다. 일본 인쇄 문화는 송과 고려의 영향을 크게 받았다. 송상은 고려를 상업 활동의 배경으로 삼고 규슈 일대 서부 일본에 기항하며 다자이후를 중심으로 일본인과 사무역을 하거나 승려를 태우고 왕래했다. 송의 사신 서긍이 개경에 왔을 때 일본에서 만든 부채를 관람했다는 기록이 있듯이 바다를 통한 동아시아 3국의 물물 교류가 활발했다.[29] 고려 상인의 국제 활동도 두드러졌다. 1072년 기록에

28 岡元司, 『宋代沿海地域社會史研究』, 汲古書院, 2012.

29 『高麗圖經』 29, 供張.

는 항주에 머물던 일본인 일행이 일본어를 하는 고려인을 만났다는 내용이 담겨 있다.[30]

990년, 백제국고려 황후가 송상 주문덕周文德·양인초楊仁紹를 통해 섭진국攝津國의 승미사勝尾寺에 관세음보살살 금고金鼓·금종 등을 기증하였다.[31] 일본에 기증하는 보살상 전달을 송상이 매개하고 있다.

교토의 승려 조진1011~1081은 1072년 송의 항주에 상륙하여 천태산·오대산·변경汴京, 개봉 등을 순례하고, 변경에서는 신종神宗을 알현하여 선혜대사善慧大師 법호를 하사받았다. 이후 태평흥국사太平興國寺·개보사開寶寺 등에 머물면서 역경에 참여하다가 그곳에서 입적하였다.[32] 『참천태오대산기參天台五臺山記』 8권 8책은 성진이 1072년 3월 15일 비전국肥前國 송포松浦에서 제자 7명과 항께 송상의 배를 타고서 중국에 들어간 이후 다음해 6월 12일 명주 정해현定海縣에서 제자 5명을 귀국시킬 때까지의 1년 3개월에 걸친 송에의 입국 및 그곳에서의 체재 일기이다.[33] 『삼천대오대산기』에 의하면, 송상의 배가 항주 부근의 바다에 정박해 있을 때 고려선인高麗船人이 찾아와 접촉한 일이 등장한다. 일본어를 구사하는 것으로 보아 일본, 중국을 오가는 고려 국제무역상인으로 추측된다.[34]

문종 30년1076 일본국 승속 25인이 고려 영광군에 도착하여 상경하기를 요청하여 허락을 받았다.[35] 1079년에는 일본 상객商客 등원藤原 등이 고려 흥왕사興王寺에 법라法螺·해조海藻 등을 시납施納하였다.[36] 숙종 8년

30 『參天台五臺山記』「麗船人來 告知日本言語」.

31 『元亨釋書』 28.

32 데시마타 키히로, 「일본 승려 조진, 성진과 북송, 북송 불교계 사람들과의 교류에 대하여－參天台五臺山記가 파악한 북송 사회의 一端」, 『한국일어일문학회』 93권 2호, 2015, 226~246쪽.

33 『東洋文庫叢刊』 7.

34 『參天臺五臺山記』 1.

35 『고려사』, 문종 30년 10월 무술.

36 위의 책, 문종 33년 11월.

〈고야대사행장도(高野大師行狀圖) 부분도〉, 가마쿠라시대(白鶴美術館), 14세기

1103 고려에서 간행된 『화엄경수소연의초華嚴經隨疏演義抄』가 파마국播磨國 성해사性海寺에서 필사되었다.[37] 숙종 10년1105 5월 중순 대재사大宰師 등원계중藤原季仲이 이 시기 이전에 인화사仁和寺의 이품친왕二品親王 각행覺行의 명을 받아 사신을 고려에 파견하여 『석마하연론통현초釋摩訶衍論通玄鈔』 4권, 『석마하연론찬현초釋摩訶衍論贊玄鈔』 5권을 요청한 일이 있었는데, 이때 이들 책이 일본에 도착하였다.[38]

1079년 2월 송에 파견된 고려 사신단 유홍柳洪이 일본에서 만든 수레車를 바쳤다.[39] 1082년 9월에 연력사延曆寺 승려 계각戒覺이 송상의 배를 타고 탐라 부근을 통과한 기록이 있다.[40] 1082년 연력사延曆寺의 승려 계각戒覺도 송상 유곤劉琨의 배를 타고 탐라도耽羅島 부근을 통과하였다.[41] 남송에서 일본으로 가는 노선에서 한라산이 좌표로 이용되었다는 증거이다. 1095년 10월 약사사藥師寺 승려 대방大房은 다자이후에서 송상에게 고려 대각국사 의천에게 『극락요서極樂要書』·『미타행원상응경전장소彌陀行願相應經典章疏』 등을 구해줄 것을 부탁했다. 1097년 3월에는 송상이 고려 간행 『아미타극락서阿彌陀極樂書』 등 13부 320권을 일본에 전했다.[42] 고려에서 간행된 불경 구입을 송상에게 부탁하고 있는 것으로 보아 송상이 송-고려-일본 사이의 활발한 중개무역에 종사했다. 실제로 2년 뒤인 1097년 3월 23일 송 상인 우유에 의해 고려에서 간행된 『미타극락서』 등 13부 20권이 일본에 전해지고, 이것이 같은 해 5월 23일 흥복사興福寺 쟁명원淨名院에 도착한다.[43]

---

37 『華嚴經隨疏演義抄』.(東大寺 尊勝院 소장)

38 『釋摩訶衍論通玄鈔』; 『釋摩訶衍論贊玄鈔』 刊記.(高野山 金剛峰寺 소장)

39 『宋會要輯稿』 199.

40 戒覺, 『渡宋記』.

41 위의 책.

42 『阿彌陀經通贊疏』 下.(그런데 다른 기록에는 약사사가 아니라 興福寺 승려가 宋商 柳裕에게 부탁한 것으로 나온다. 『題跋編』 675 「平安遺文」)

43 『阿彌陀經通贊疏』 下.

12면관음상, 가마쿠라시대, 13세기(神戸 太山寺)

1120년에는 일본 승려 준원俊源이 다자이후에서 일찍이 승려 각수覺樹가 송의 상인 장승莊承·소경蘇景 등을 통해 고려에서 가져온 성교聖教 수백 권 중에서 『홍찬법화전弘贊法華傳』을 필사한다.[44] 1224년에는 일본 승려 도원道元이 송의 경원부에서 고려 승려 지현智玄·경운景雲을 만난 기록이 나온다.[45]

일본 천태종의 본산인 교토의 연력사延曆寺 승려 계각이 쓴 『도송기渡宋記』는 관의 허락을 받지 않고 송상의 배를 얻어타고 1082년 비전국肥前國 송포松浦에서 출발하여 송으로 입국한 견문기이다. 이 견문기에도 탁라산託羅山, 한라산 부근을 통과한 내용이 등장한다. 당시 남송과 일본의 항로에서 제주도가 하나의 가늠항해 표식으로 작동하고 있었다는 증거는 그 밖에도 여러 문헌에 등장한다. 연력사 문수루 옆에는 청해진 대사 장보고를 기리는 비석이 후대에 세워졌다.

1095년 고려 대흥왕사에서 대각국가 의천에 의해 간행된 선무외善無畏 삼장三藏을 일본 승려 현신玄信이 필사하고 있다.[46] 이 자료도 수입된 책

44 『弘贊法華傳』.(東大寺 도서관 소장)

45 『正法眼藏』 12.

46 善無畏三藏, 『大毘盧遮那成佛神變加持經義釋』 刊記.

으로 추측된다. 고려 흥왕사에서 대장경이 간행되고, 그중 『정원신역화엄경소貞元新譯華嚴經疏』가 중원으로 역수출되어 재간행되었다. 이 경전은 북송대에 유실되었는데 남송 초에 다시 간행되었으며 그후 어느 시기에 일본에 전해져서 1264년에 어느 사찰에서 승려 순고順高에 의해 다시 필사되었다. 결국 이 자료는 11세기 말에서 13세기 후반이 약 250년 사이에 하나의 경소가 동아시아 3국에 전래되고 있음을 보여주는 사례이다.[47]

1094년에서 1096년 사이에 고려에서 간행되었던 『대방광불화엄경수소연의초大方廣佛華嚴經隨疏演義抄』가 7년 후인 1103년에서 1105년 사이에 파주播州 성해사性海寺에서 밀조密助 겸진兼眞 등의 승려에 의해 필사되었다.[48] 대각국사 의천이 입적한 4년 후인 1099년에는 그가 만든 대장경 목록인 『신편제종교장총록新編諸宗教藏總錄』이 조조되어 후일 일본에 전해졌다. 다자이후 최고 책임자가 고려에 사신을 보내 『석론통현초釋論通玄抄』 등의 경전을 구하려고 1105년 고려에 사신을 파견하여 요청하였고, 이것이 곧 일본에 도착한 것으로 되어 있다.[49]

1105년에는 인화사仁和寺 각행법친왕覺行法親王이 사자를 고려에 파견하여 『석론통현묘釋論通玄抄』 등을 구해올 것을 청하고 있다.[50] 1216년 일본국 승려가 고려에 와서 불법을 구하였다.[51] 1120년에는 고려국에서 가져온 『법화전法華傳』을 필사시키고 있다.[52] 고려와 일본의 교류는 송을 매개로 한 국제적 성격을 띠고 있었다. 1247년 고려승 요연법명了然法明이 송에서 장기 체류하다가 경산徑山 무준사범無準師範을 찾아갔다가 상선을

47 장동익, 『일본 고중세 고려자료 연구』, 서울대 출판부, 2004, 420쪽.
48 『大方廣佛華嚴經隨疏演義抄』 跋尾.
49 志福, 『釋摩訶衍論贊玄사』 刊記.
50 『東大王代記』.
51 『고려사』, 고종 3년 2월.
52 『平安遺文』 題跋編, 1043.

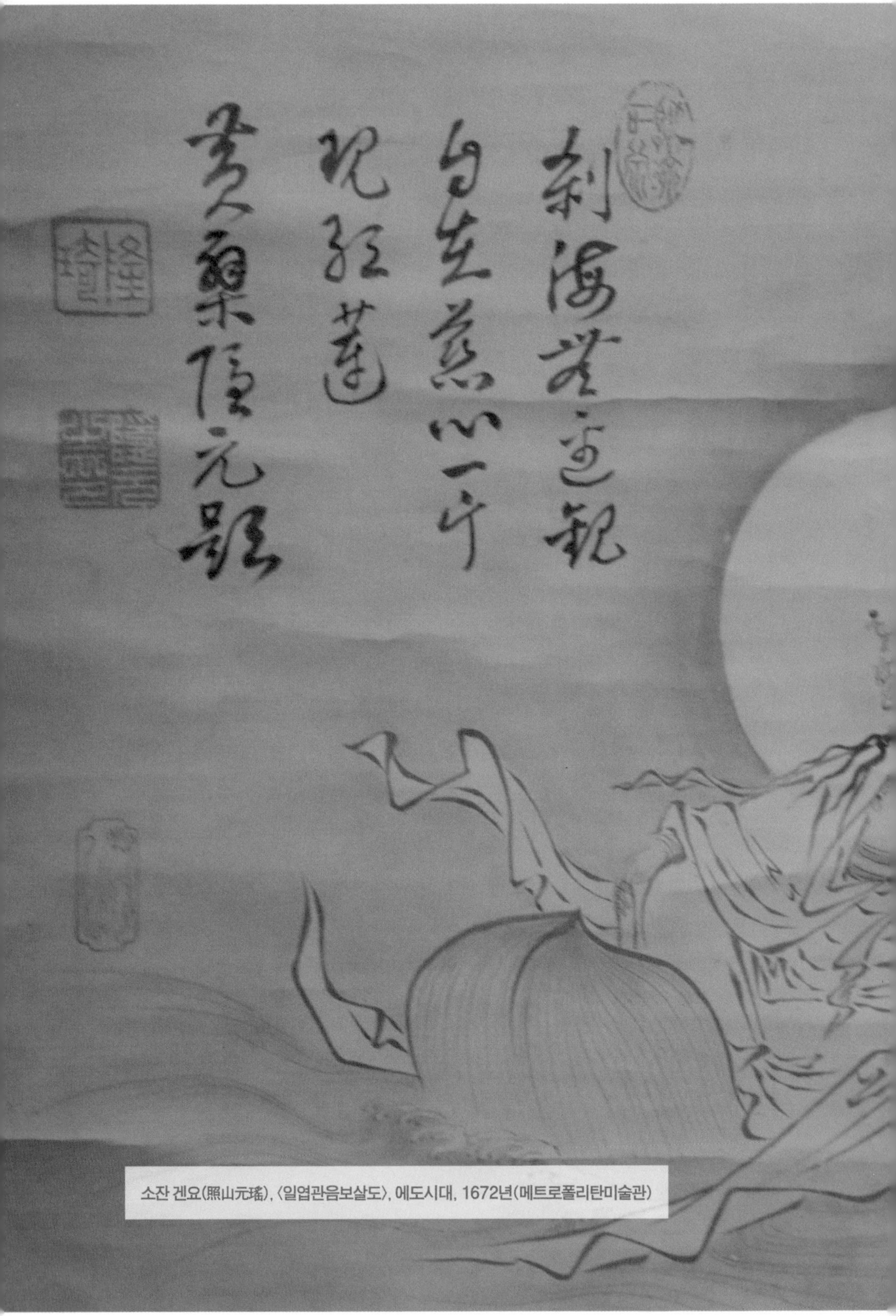

소잔 겐요(照山元瑤), 〈일엽관음보살도〉, 에도시대, 1672년(메트로폴리탄미술관)

爲龍

謝 壬子春

彼岸世外僊

度瀾浮高

獨坐蓮舟廣

따라 일본으로 건너가 경도京都·겸창鎌倉지역을 유력遊歷하였다.[53] 1120년 7월에는 일본 승려 준원俊源이 다자이후에서 승려 각수覺樹가 송상을 통해 고려에서 가져온 성교聖教 수백 권 중에서 『홍찬법화전弘贊法華傳』을 필사했다.[54] 송상이 수백 권의 경전을 중개무역할 정도로 고려-일본 사이에서 활약했다는 증거다.

고종 38년1251 3월 18일 일본에 건너간 고려 승려 요연법명은 출우국出羽國 선견촌善見村 옥천사玉泉寺를 개창하고 이어서 북월北越에 머물고 있던 도원道元을 방문하여 그의 불법을 계승하였다.[55] 1259년 일본 승려가 고려 거제도의 승려 홍변洪辨을 찾아와 법화경을 구하여 다자이후 숭복사崇福寺에 비치하였다.[56] 그 이후 기록에서 대일 교섭 자료가 제한적으로만 등장한다. 몽골 침략의 여파였다. 13세기 후반 몽골의 대규모 침략으로 인해 원·일 간 공식관계가 단절되고 민간관계만이 남는다.

5 | 몽골 침략에도 끊기지 않은 불교 교류

원의 1차 침략1274 이후 2차 침략1281 사이에도 민간교역이 가능했던 것은 남송 출신 송상과의 기왕의 교역 시스템이 정상 가동하고 있었다는 증거다. 원의 침략에 대비해 일본이 바짝 긴장하는 가운데 이와 관계없이 원 무역선은 일본으로 향했고, 일본 선박이 고려에 진출해 무역하는 등 동아시아 무역은 유지되고 있었다.

신안 해저 유물선도 바로 이 시기에 침몰한 원-일본 간 무역선이다. 경

53 『日本洞上聯燈錄』1.
54 『弘贊法華傳』, 東大寺圖書館 所藏.
55 『日本洞上聯燈錄』1.
56 『法華靈驗傳』下.

덕진요의 영청影青이라 불리는 코발트 60의 엷은 청색 자기와 절강성 용천요의 청록색 자기를 싣고 있었다. 가마쿠라 막부 말기의 일본은 이들 중국제 도자기를 당물唐物이라고 하여 희구했다. 몽골과의 전쟁으로 양국은 소원해졌지만 오산승五山僧을 중심으로 중국 유학 열풍이 다시 불었다. 민간무역을 주축으로 인적, 물적 교류도 빈번해졌다.

가마쿠라 대불. E.S.Morse 사진, 淸淨寺 아미타여래상, 1252년(미국 피바디박물관)

상선 가운데 대규모 재원이 소요되는 사원 혹은 신사 건축과 수리비 충당을 위해 상선을 보낸 경우도 종종 있었다. 1235년 건장사建長寺 조영 자금을 얻기 위한 파견, 1332년 스미요시 신사 조영을 위한 상선 파견, 1342년 천룡사선天龍寺船 두 척 파견 등이 그것이다. 이들이 이용한 항구는 대부분 경원영파이었다. 남중국해로부터 일본열도에 이르는 해양실크로드의 무역로가 길게 이어졌으며, 박래품에는 동남아시아와 서역물품도 포함됐다.

원 지배기인 14세기는 일본에서 중국으로 건너간 승려가 가장 많았던 시기다. 상선이 빈번하게 왕래했다는 뜻이다. 경계를 취하면서도 한편으로 무역을 허용하는 태도는 원도 일본도 마찬가지였다. 동아시아 바다는 송상, 고려상, 일본상 등이 교차하는 열린 바다였다. 영파, 천주 등 남중국에서 일본으로 배가 들어왔으며, 배에 탄 이들은 대체로 송상이었다. 남송 해역은 원에 접수됐지만, 여전히 동아시아 교역의 매개처로 기능했다. 송상은 중국·일본과의 통상뿐 아니라 고려와 일본의 통상에서도 중간 역할을 하여 문화 전달자 역할을 겸했다.

『불조통기』에는 나말여초 한반도 출신 승려에 관한 기록이 여러 건 있다. 천태종 정사인 『불조통기』는 불교성립, 중국 전례, 중국에서의 발전 과정 등을 사승관계를 통해 정리했다.[57] 고려승들이 신라시대처럼 무조건 중국에서 불교이론, 불구佛具, 불교서적 등을 들여오는 것이 아니라 고려의 것을 중국에 되돌려주는 경우로 전환되고 있었다. 현눌玄訥을 위시한 여러 승려가 고려에서 가까운 산동반도나 절강성을 벗어나 강남으로 진출했으며 중국 불교계에 깊숙이 관련되었다.

일본 남선사 승려 춘옥묘파春屋妙葩, 1311~1388 탑명 중에 고려와 관련된 내용이 등장한다. 춘옥묘파가 53세가 되던 해인 1379년고려 우왕 5년 고려 왕이 그의 이름을 듣고서 사신을 파견하여 금루대의金縷大衣를 선물하고 그의 도상을 그려가 담례膽禮했다고 한다. 그는 전국의 선사 성승을 총괄하고 있었고, 그의 불교계에서의 영향력을 알고 있던 고려 측에서 영향력을 빌려서 왜구 문제에 신경을 써 달라고 부탁한 것으로 추측된다. 그러나 이 기록의 진위는 사실성에서 왜곡 여부도 운위된다.

1344년 가을에는 일본승 여문如聞이 중국에 들어가려다가 탐라에 표착하여 고려인에게서 고림청부古林清茂의 어록을 얻어보고 베껴갔다.[58] 1345년에는 일본승 남해보주南海寶洲가 중국에 들어가려다가 고려에 표착했고 곧 일본으로 돌아갔다.[59] 1359년에는 일본승 중암수윤中菴壽允이 중국에 들어가려다가 풍랑에 고려에 도착하여 개경에 머물면서 이색李穡을 위시한 관료들과 교유하였다.[60] 1376년에는 라흥유羅興儒가 일본승 양유良柔와 함께 귀국하였고 글을 보내 왜구를 금지할 것을 약속하였다.[61] 1378년에는 정몽주가 일본승 대유大有를 대동하고 일본에서 귀국

---

57 志磐, 『佛祖統紀』.

58 『古林清茂禪師語錄』 6.

59 『扶桑禪林僧寶傳』 7.

60 『목은문고』 12.

61 『고려사』「열전」「羅興儒」, 우왕 2년 10월.

하였다.[62] 1379년에는 백기국伯耆國에 위치한 증휘선원增揮禪院에 신라시대 종을 기증하였다. 이 종은 현재 시마네현 광명사光名寺에 소장되어 있다. 장문국長門國에 위치한 보제선사普濟禪寺에는 고려종이 기증되었는데 현재 오사카시 학만사鶴滿寺에 소장되어 있다.

1390년에는 일본 승려 영무永茂가 개성의 석방사에 머물면서 정몽주·정도전 등과 교유하면서 오대산을 구경하려 했다.[63] 공양왕 3년1391 일본 국승國僧 현교玄敎가 도본道本 등 40여 인을 파견하여 토물을 바쳤다.[64] 공양왕 4년1392 일본이 사신을 파견하여 방물을 바치고 대장경을 요청했다.[65]

명대에도 일본과 중국의 관계는 계속 바다를 넘나들었다. 당대의 실력가 오우치大內氏는 임제종 학승 사쿠겐 슈로策彦周良, 1501~1579 화상을 명에 보냈다. 그가 남긴 『도해록』을 통해 당대의 도해 정황을 알 수 있다. 이처럼 실력가들은 큰 스님을 직접 중국으로 보내어 선진 불교 문화를 흡수하는데 노력을 기울였다. 중국의 선禪 문화가 일본에 들어와 일본식의 새로운 선 문화를 창조해냈다. 불교회화도 수입됐다. 일본은 받아들인 불교예술을 독창적 스타일로 구현하여 나름의 불교예술을 창조하였다.

6 | 바다에서 이루어진 흑역사

고려에서 불경을 구하려는 일본의 노력은 오랫동안 지속됐다. 한반도를 통한 불교 문화 바닷길이 장기 지속적으로 이어진 것이다. 고려-

62 『圃隱集』 4.

63 『圃隱集』 2.

64 『고려사』, 공양왕 3년 10월 갑술.

65 위의 책, 공양왕 4년 6월 경신.

일본의 불교 교섭에 중국 강남의 송상이 큰 역할을 했다. 송상은 고려를 상업 활동의 배경으로 삼고 규슈 일대 서부 일본에 기항하며 다자이후를 중심으로 일본인과 사무역을 하거나 승려를 태우고 왕래했다. 바다를 통한 동아시아 3국의 물물 교류가 활발했다.

그러나 바다를 통한 한일 양국의 교류는 이면에서는 복잡한 양상을 띠고 있었다. 일본은 불경 등을 수입하는 등 한반도를 선진 문화지로 인식하면서도 전통적인 적국敵國 의식이 발동돼 폐쇄적·방어적 의심을 포기하지 않았다. 한반도에서 건너간 물건도 막연하게 당唐, 당물唐物로 표기되어 중국 것인지, 고려 것인지 구별이 되지 않았다.

조선시대로 접어들어서도 일본은 고려대장경을 보내달라고 요청하는 등 한반도 불교에 대하여 끊임없이 희구하였다. 그러나 여말선초 한반도와 일본 불교의 관계는 기본적으로 약탈과 파괴의 흑역사로 점철된다. 왜구 약탈과 임진왜란을 통한 불교 유산의 훼손과 일본으로의 이동이 이루어져서 그 이전에 동아시아에서 이루어지던 순조롭고 평화로운 불교 문화의 교섭과 이동은 훼손되고 만다. 왜구는 특히 고려 말에 극성을 떨었다. 왜구는 한반도를 노략질하면서 수많은 사찰을 불태웠다. 왜구의 준동은 대략 조선 초에 멈추지만 곧바로 임진왜란으로 연결되어 전쟁 수준의 약탈이 시작되었다.

임진왜란은 가히 문화전쟁이라고 할 만했다. 많은 불상과 탱화가 일본으로 건너갔다. 오늘날 일본이 세계 최대의 고려불화 소장처인 것도 대부분 약탈품 덕분이다. 백제·신라 등을 통한 합법 증여가 있었던 반면 왜구와 임진왜란을 통한 무차별 약탈과 방화라는 흑역사의 시대가 열렸다. 한반도에서 가까운 왜구의 본산 중 하나인 쓰시마 사찰에 고려 및 조선의 불교 문화가 다량 소장되어 있는 것도 이러한 약탈의 소산이다. 불교국가이면서도 사찰을 골라서 불태운 것은 이해하기 어려운 일이었다. 임진왜란 시기에 전국 중요 사찰의 대부분이 불에 타고 불교 유

임란 이후에 바다의 해전이 감로탱에 자주 등장한다(직지사 감로탱 부분도 1724년)

산이 소멸되었다.

임진왜란 이후에 수륙의 고혼과 아귀들에게 법식을 평등하게 공양하여 구제함을 목적으로 한 수륙재 의식이 널리 행해진다. 수륙재를 행하면서 내걸었던 결괘에 조선인 병사는 물론이고 왜병도 같이 등장하고 있다. 두 나라 병사들이 같은 그림에 등장하는 독특한 경우이다. 두 나라 병사들의 서사는 다양한 판본의 『수륙무차평등재의촬요水陸無遮平等齋儀撮要』에도 등장하고 있다. 그만큼 전쟁이 처절했고 물에 빠져 죽은 고혼들이 많았으며 이를 달래는 진혼의식이 전국의 바닷가 사찰에서 널리 행해졌다는 뜻이다.

한편, 왜구와 임진왜란 이전에 중국과 일본, 한반도가 각기 목적에 따라 취한 해금정책도 원활한 불교 교류를 막은 측면이 있다. 명은 1368년 건국되고 얼마 되지 않아 금해禁海와 폐관閉關을 선포하였으며 해금은 조선에도 영향을 주었다. 주원장은 어떠한 배도 바다로 나아가지 못하도록 했다. 이 정책은 황책黃冊이라 불렸다. 바다를 건너 남양으로 살길을 찾아가는 이들을 겨냥해 금해를 선포했다. 방문하는 각국 사절과 상인 수, 방문 기간, 선박 숫자를 엄격히 통제하고 금엽표문金葉表文을 검사하는 등의 조치를 취했다. 외국 상인과의 통상은 관이 독점하고 사상私商은 금지했다.[66] 이러한 조건에서 불교서적 교류 등 과거 송상의 활동 같은 민간선단의 중국-일본 간의 내왕은 불가하였다. 조선 역시 해금정책을 구사하고 있었다.

---

66 샤오젠성, 조경희·임소연 역, 『송나라의 슬픔』, 글항아리, 2021, 382~385쪽.

일본에서 어렵사리 귀환한 고려불화

찾아보기

ㄱ

ㅅ

ㅈ

ㅊ

ㅋ

ㅌ